ケアリング | CARING COMMUNITY
コミュニティの理論

社会福祉の新しい地平を拓く地域福祉のメタ理論

OISHI TAKESHI

大石 剛史

[著]

学文社

・まえがき・

　本書は筆者の博士論文,『ケアリングコミュニティの哲学的・思想的研究―社会福祉の新しい地平を拓く地域福祉の鍵概念としてのケアリングコミュニティ概念―』を修正・加筆し,補論を付して書籍化をしたものである。

　本書における筆者の関心は,社会福祉の主流となった地域福祉の,実践や理論の根拠となる福祉のメタ理論の思想・哲学的探究を行うことである。

　本書のもととなる博士論文に取り掛かろうとしていた 2016 年当時,筆者の関心は,その実施が本格化し始めた地域包括ケアシステムや,すでに登場が予定されていた地域共生社会を,地域の中でどのような形で展開することができるかということであった。筆者はそれまでも,各自治体の地域福祉実践者への様々なアドバイスを行う立場にあった。今思えば,そのころから,地域福祉の効果的実践やその結果以上に,人々が地域福祉を行う営みそのものの意義や,実践プロセスのあり方等に漠然ながら関心があったのだと思う。しかし,その頃はこのような思想・哲学的研究についてはほとんど意識していなかったし,自分がこのような研究を行うことは予想だにしていなかった。

　大学院での研究指導のやり取りの中で,指導教授の大橋謙策先生から,本書のテーマであるケアリングコミュニティの哲学的・思想的研究という課題を提示された。「君がやりたいのはこういうことではないのか」とわが師に指摘されたとき,それまで漠然としていた自身の関心の方向性が言語化され,具体的な形を持って目の前に現れた感じがしたことを今でもはっきり覚えている。

　医療・福祉といった対人支援を扱う学問領域では,現在どちらからといえば量的・質的を問わず,データに基づいた客観主義的な研究が中心になりつつある。筆者が哲学・思想的な理論研究に関心を持ちながら,その方向性に思い至らなかったのも,そのような研究が今やあまり時代の潮流にそぐわないことであると,心のどこかで思っていたからかもしれない。しかし,師にその方向性を示

され，また実際に研究を進める中で，客観主義的な研究が溢れている今だからこそ，思想・哲学的な理論研究はその価値を増していると気づくことになった。

　その具体的内容は本書をお読みいただければと思うが，ここで1点だけ指摘しておきたいことは，対人支援を行う医療・福祉領域においては，人間の本質をどのようなものとして捉えるのかということについての原理的な認識がきわめて重要であるということである。そしてその認識を得るには，医学的，生物学的，心理学的，社会学的，文化人類学的等々の人間に関わる学問分野を横断し，なおかつそれらの知見をもとに，「人間とは何か」についてを探究する「哲学的営み」が重要になる。

　本書はその「哲学的営み」を筆者なりに展開したものである。その営みの成否については本書をお読みいただいた皆様からの忌憚のないご批判・ご意見をいただければと思っている。

　本書を執筆するにあたり，様々な方に多大なご指導，ご助言，ご支援をいただいた。この場を借りて感謝を申し上げたい。

　まず，学部，修士とご指導をいただき，さらに東北福祉大学大学院博士課程へお導き下さり，長年に亘りご指導を頂いた大橋謙策先生に深く感謝申し上げる。博士論文の研究テーマを定めかねていた私に，私の本来の研究関心を読み取ってくださり，テーマ「ケアリングコミュニティの哲学的研究」をお示し下さった。私にとって自分自身の考えを深める最良のテーマであったと，今改めて実感している。

　また，博士論文の副査をお引き受けくださった故・小笠原浩一先生にも感謝を申し上げる。当時体調がお悪い中，あまり面識のない私の副査をお引き受け下さった。先生の訃報には，最終の口頭諮問に臨む際に接した。大変驚くと同時に，先生が生前，私の論文を評価してくださっていたことを聞き及び，大変勇気づけられた。生活経済学という分野を探究されていた小笠原先生からご評価いただいたということは，今でも私の自信となっている。改めて感謝申し上げるとともに，先生のご冥福をお祈り申し上げたい。

　論文審査委員をお引き受けいただいた，東北福祉大学の田中治和先生，東北

学院大学の阿部重樹先生にも感謝申し上げる。お二人の先生からは，論文審査の指摘の中で，大変貴重で重要なご指摘をいただいた。お二人のご指摘によって本書の内容をさらに深められたと感じている。

　また，筆者が当時所属していた国際医療福祉大学，医療福祉・マネジメント学科の諸先生方にも多方面にわたりご支援とご理解をいただいた。博士論文執筆当時，学科長の小林雅彦先生には学科の業務等について多大なるご配慮をいただいた。また同じ実習指導領域の林和美先生，松江暁子先生にも，様々なご協力，ご支援を賜った。また他にも学科内の諸先生方・職員の方から様々なご配慮や励ましをいただいた。先生方のご配慮のおかげで，円滑な論文執筆ができた。また，私がセンター長を務めていた，国際医療福祉大学 IUHW ボランティアセンターのボランティアコーディネーター，福田規予子さんにも，業務上のご協力，ご配慮をいただいた。また，時折私の論文の内容に興味を持って聞いて下さり，それが論文の整理に大いに役立った。

　さらに，東北福祉大学大学院でともに学び合った学友，特に「大橋塾」のメンバーの皆さんとは，お互いに励まし合いながら，それぞれの研究について意見交換し，有意義な学びや重要な示唆を得ることができた。塾を主催してくださった大橋先生をはじめ，塾生の皆様に感謝申し上げる。皆さんとの対話によって，様々な研究の示唆を得ることができた。

　そして，書籍化にあたっては，学文社の田中千津子社長に多くのご助言とご支援をいただいた。田中社長の的確なアドバイスのおかげで，無事本書を刊行することができた。この場を借りて感謝申しあげたい。

　最後に，私が幼少の頃より，私の自由な学びを見守ってくれた両親と姉に，そして，私の大学院での学びを後押ししてくれた妻と二人の子どもたちに感謝する。彼らの支えと理解が無ければ，本書を執筆することはできなかった。

2024 年 8 月

著　　者

————————————·目　　次·————————————

序　章　ケアリングコミュニティ研究の意義と方法

第1節　問題の所在

(1)　地域福祉の哲学・思想的研究（地域福祉のメタ理論研究）の必要性

　厚生労働省は2016年7月，「地域共生社会の実現」を掲げ，いわゆる，「我が事，丸ごと」のスローガンのもと，高齢者を主な対象としていた「地域包括ケアシステム」を全対象型のケアシステムにしていくこと，また地域に住む住民が「我が事」として福祉課題を捉え，地域の中に新たな支え合いの仕組みを構築していくことなどが，これからの地域におけるケアのあり方であることを示した。

　「丸ごと」が表す全対象型のケアシステムの必要性，「我が事」が表す住民主体の地域福祉の方向性は，これまでの地域福祉の理論・実践において求められてきたものであり，一定の評価をすることはできる。

　しかし一方で，わが国の社会保障財政が逼迫する中，「経済的合理性」の側面からこのような改革が求められていることも否定できない。多様な福祉ニーズの増大に対し，サービスを効率化し，財政支出を抑制しようという思惑は理解できないわけではない。しかしそれが「安上り福祉」となり「ケアの質」の低下を招くのであれば看過できない。

　このように地域福祉実践は，その実践の背景となるいわば「実践倫理や哲学」によってその方向性が大きく左右される。よりよい地域福祉実践のあり方を考えるためには，これからの地域福祉の目指すべき方向性を，その価値的側面，思想的側面，哲学的側面から精緻に検討することが必要である。

　地域福祉はすぐれて「価値定立的」あるいは「実践哲学的」な「学」である。例えば，大橋謙策は自身のコミュニティソーシャルワークの理論について，「コミュニティソーシャルワークは新しい社会福祉を切り拓く実践思想であり，新しい社会福祉システムを創造する哲学である」（大橋 2015：8）としている。また，稲垣久和は，社会福祉学が，実証的科学の方向性を示す傾向を批判し，むしろ「"生活世界の意味の充実"を目指す実践的哲学的営みとして位置づけるべき」ことを主張する（稲垣 2013：11-12）。

　大橋や稲垣が，地域福祉実践や社会福祉学を「実践哲学的営み」と捉えるのは，社会福祉・地域福祉の対象である人間や社会・コミュニティは，「創発」[1]的に豊かな存在であり，その実践や学問は，「思想的・哲学的営みでなければならない」という認識がある。

　稲垣は，自身の福祉学を「福祉の理論」「福祉の歴史」「福祉のメタ理論」の三層構造で把握し，「なぜ他者を支援するのかという哲学的問いは福祉の理論で問わなくてもいいが，福祉のメタ理論では問わなければならない」という。（稲垣 2013：12）。

　稲垣のいう「福祉の理論」とは，どのように他者を支援するか，そのために必要なシステムは何か，経済や法律のあり方はどうあれば良いかなどについての理論である。ここでは，「支援の効果的，効率的，正統的あり方」は問われるが，「なぜ他者の自立を支援するのか」という哲学的な問いはない。「福祉の理論」は重要だが，「他者の自立を支援するとはどういうことか」という哲学的な問いが無ければ，人間にとってのその行為の意味がよくわからないまま，「効率的・効果的・正統的」な支援のあり方のみが追及され，結果的に人間にとって良くない支援が提供される恐れがある。稲垣が「福祉のメタ理論」の重要性を強調する背景には，これまで「福祉のメタ理論」が，社会福祉学の中であまり問われてこなかったことへの批判的視線がある[2]。

　ではこのような「福祉のメタ理論」はどのように研究されるべきだろうか。これまでの社会福祉学研究で「福祉のメタ理論」があまり問われてこなかったとすれば，他の多様なケア関連分野における研究を参照しつつ，今後の地域福

祉の哲学となるべき「意味や価値」を学際的に探究することが必要であろう。

　本研究はこのような問題意識に基づき，「ケアリングコミュニティ」という概念を検討することを通して，地域福祉の基盤となる思想・哲学を検討することを目的とする「地域福祉のメタ理論」の研究である。

(2)　ケアリングコミュニティ概念を問うということ

　これからの地域福祉のあり方を考える時，人々がコミュニティの中で「ケアし合う」ことの重要性は高まっている。「ケア」や「コミュニティ」は，古くから議論されてきた概念であり，近年，多様な分野の研究により，人間存在にとってのそれらの意義が徐々に明らかにされつつある[3]。一方，「ケア」や「コミュニティ」という概念は，きわめて論争的な概念でもあり，捉え方によってはポジティブにも，ネガティブにも捉えられる概念である。

　筆者自身は，「ケアリングコミュニティ」という言葉が内包する概念が，これからの地域福祉の方向性を指し示す「哲学・思想」を内包する言葉になり得ると考えている。しかし，新しい言葉は，概念が十分検討されぬまま安易に用いられれば，物事の本質を覆い隠す「きれいな言葉」として機能する危険性がある。一方，新しい言葉は，これまでの概念とは異なる，文字通り新しい価値を生み出す可能性もある。そのような意味において現時点では，「ケアリングコミュニティ」という言葉はどちらにも転びうる可能性を持つ言葉である。

　本研究では，このような問題意識に基づき，「ケアリングコミュニティ」概念についての哲学的検討を行う。そして，その概念の検討を通して，私たちが目指すべき「ケアし合うコミュニティ」の本質を明らかにし，その本質に基づいた「コミュニティづくり」の方法論を明らかにする。ケアリングコミュニティ概念を精緻に明らかにすることができれば，これからの地域福祉実践が目指すべき（目的概念としての）「地域づくり」「地域共生社会」の基礎理論を確立することができると考えている。地域福祉のメタ理論としてその「価値」を深く探求し，地域福祉実践の目的概念としての「ケアリングコミュニティ」概念を精緻に明らかにすることが本研究の目的である。

第2節　ケアリングコミュニティ研究の意義と課題

(1)　ケアリングコミュニティを哲学的に探究する意義

　ケアリングコミュニティ概念を哲学的に探究する意義は，超高齢社会，成熟社会，ポスト産業社会における生活のあり方を考え構築していく際，ケアやコミュニティ本質に基づいた，新しい人と人との関係性のあり方を模索できることである。

　周知のように現代社会は，近代化以降の経済成長を前提とする社会から，特に先進諸国を中心に経済成長が鈍化し，高齢化が進み，人口が減少するというポスト産業社会へと移行しつつある。

　広井良典は，このような社会を「経済成長」を前提とした変化の激しい社会から，経済成長が鈍化し，むしろ変化がゆるやかな成熟社会という意味を表して「定常型社会」（広井 2001）と名付けた。このような社会では，経済成長による都市化，過疎化，産業化，あるいは資本主義社会が必然的にもたらす格差の拡大，貧困問題など，社会の様々なひずみを「経済成長」に頼らずにどのように解決していくかが求められる。広井はこの課題に対し，その後の著作の中で，「ケア」と「コミュニティ」概念に特に着目し，これからの「定常型社会」を考えるうえで欠かせない要素となることを示した。

　さて，ケアリングコミュニティは，この「ケア」と「コミュニティ」をつなぎ合わせた用語である。ケアリングコミュニティ概念を検討する際，「ケア」が「キュアからケアへ」という方向性で求められてきた点，そして「コミュニティ」が旧態依然とした「村社会」ではなく，人々の自律性と連帯性を重要視し，人々が主体的に社会参画して，あらゆる人を排除せず，個性の違いを認めながらつながりを作るという，それぞれきわめて価値的な概念として検討されてきた点が重要であろう。

　これから検討する「ケアリングコミュニティ」は抽象的な概念であり，ややもすれば都合よく用いられる危険性がある。その意味でも「ケア」と「コミュ

ニティ」が求められる文脈を丁寧に明らかにする必要がある。例えば，現在「地域包括ケアシステム」や「地域共生社会」の推進が，大きな課題となっている。「地域包括ケアシステム」や「地域共生社会」の推進が急がれる背景には，逼迫する社会保障財政を背景に「福祉の効率化」を図るという目的があることは一面の事実である。そしてこれは，「福祉の持続性」を考えれば必要なことであるともいえる。しかし「効率」だけが追求され，一部の人々が制度から排除されるような事態になるのであれば本末転倒である。

　このような事態を招かないためにも，我々が目指そうとしている「ケア」や「コミュニティ」のあり方を丁寧に明らかにすることは重要である。例えば「ケア」を，専門家が一方的に患者を治療の対象とするのではなく，その人自身の主体性に配慮しながらその人の成長を目指すことを重視する考え方だと位置づければ，ケアの「効率性」を単に追求すればよいわけではないことが理解される。同様に「地域包括ケアシステム」や「地域共生社会」の目指す「コミュニティ」のあり方は，単にサービスの効果的・効率的運用を目指すだけではなく，本来の「コミュニティ」概念が含意する「自律と連帯」に基づいたコミュニティとして構築することの重要性も理解されるだろう[4]。

　このようにケアリングコミュニティという概念を精緻に明らかにすることができれば，目の前に迫る課題への「対症療法」としての地域福祉を考えるのではなく，より根本的に地域福祉のあり方を考えることができる。「ケアリングコミュニティ」はそのような「価値」や「哲学」を内包できる概念であり，この概念を検討することによって，人がケアを通じて人と関わることの意味，人々が「コミュニティ」を形成して，そこで共に生きることの意味を深く探求することにつながると考える。これが「ケアリングコミュニティ」概念を哲学的に探究することの意義である。

(2)　ケアリングコミュニティ研究の学際性

　ケアリングコミュニティ研究は学際的に進める必要がある。

　例えば大橋謙策は，「地域包括ケアシステム」については，歴史的に少なく

とも5つのベクトルから求められてきた経緯があることを指摘しており（大橋2016：8-10），それを研究・実践する手法も，異なる専門分野で行われてきた。同様に今日，「ケア」や「コミュニティ」が分野横断的な研究対象となっていることを考えれば，ケアリングコミュニティに関する研究も必然的に学際的な性格を帯びることになる。

　事実「ケア」や「コミュニティ」概念は，すでに様々な分野の哲学的研究対象となっている。「ケア」は，医学，看護学，心理学，死生学，教育学等の分野ですでに多様な哲学的検討が行われており，「コミュニティ」は，従来，社会学の分野での研究が盛んであったが，近年はケア関連分野で地域医療，地域看護，地域リハビリテーションなどの形で研究・実践が進められているし，都市工学や教育学においても研究が行われている。

　このようにケアリングコミュニティ概念を検討する際には，学際的な視野が重要である。

(3)　ケアリングコミュニティ研究が対象とすべき研究領域

　学際的にケアリングコミュニティの価値，思想，哲学を研究していく際に，対象とすべき研究領域を今一度確認しておきたい。例えばケア，ケアリングについての研究は，社会福祉学，看護学，リハビリテーション学といった，ケア関連分野に限らず，その周辺領域である教育学，心理学等でも数多くの議論が展開されている。また，高齢社会化の影響により医療・介護・福祉の政策的重要度が高まったため，これらのケア関連分野は政治的な課題としてもその重要度が増しており，政治学，政治哲学の分野でも，「ケア」の倫理を「正義」の倫理と対比させて，政治哲学としてケアの倫理，哲学を位置づけようとする機運が高まっている。

　社会のあり方を哲学的に問う立場からは，リベラリズムへの疑念から近年コミュニタリアニズムの哲学が注目を集めている。「自由」や「正義」の価値を重視するリベラリズムに対し，コミュニタリアニズムは「共通善」や「美徳」を重視し，コミュニティ内部での人々の熟議や，単に制度的に「正義」を実現

するのではなく，人々の「美徳」の涵養とその「美徳」に基づいたより良い社会のあり様の構築を目指そうとする。

そして，この「ケア，ケアリング」と「コミュニティ」あるいは「コミュニタリアニズム」は，思想的潮流として近接的な概念として論じられるようになっている。例えば，わが国のコミュニタリアニズムの研究者である小林正弥は，「ケアの倫理」と「コミュニタリアニズム」は親近性のある概念であることを指摘し，「ケアリングコミュニタリアニズム」という概念をすでに提起している（小林 2017：160）。

このように，ケアリングコミュニティという言葉の周辺にはすでに多様な思想・哲学的潮流が存在する。上記に挙げたもの以外にも，例えば「ケア，ケアリング」の淵源を検討する際，なぜ人は「ケアしあうのか＝助け合うのか」という問いに対し，進化生物学，進化人類学の視点から，人類の進化の過程で，理性（上から）ではなく動物が営む社会生活の必然から（下から），相手を思いやり，ルールを守り，公平を重んじるという「道徳」が発達してきたという知見が，様々な研究から確かめられつつある（例えばドゥ・ヴァール 2013＝2014）。

筆者としては，このような多様な領域で研究されている知見を用い，今求められている社会のあり様として，ケアリングコミュニティの概念を総合的に検討したいと考えている。

第3節　本研究の概要　各章の構成

本書は以下の各章で構成されている。

第1章では，「ケアリングコミュニティ」概念を検討する前提として，関連概念である「ケア」「ケアリング」概念について先行研究を踏まえ，現時点での「ケア」「ケアリング」概念の到達点について明らかにする。「ケア」「ケアリング」概念は，発達心理学の分野でギリガンが「ケアの倫理」を提起して以来（ギリガン 1982＝1986），正義の倫理とは異なる倫理概念として，様々な哲学的検討が行われてきた。第1章では，ギリガンの「ケアの倫理」の提起以降の

「ケア」「ケアリング」概念について，ノディングス（教育学），ベナー（看護学）らの「ケア」「ケアリング」概念の先行研究を分析する。また，「ケアの倫理」の意義と限界について徹底した検討を行った品川哲彦（倫理学）の論考に依拠しつつ，「ケア」「ケアリング」概念の哲学的考察の現時点での到達点を示し，「ケアリングコミュニティ」概念を検討する前提として，「ケアリング」という言葉をどのような内容を持つ言葉として捉えるのかを明らかにする。

　第2章では，第1章で検討した「ケア」「ケアリング」概念を踏まえたうえで，「ケアリングコミュニティ」概念の先行研究を整理し，現時点での「ケアリングコミュニティ」概念の到達点を明らかにする。「ケアリングコミュニティ」という言葉は2000年代の前半から後半にかけて，教育学，社会福祉学の分野で先駆的に用いられてきた。概念として本格的に検討されたのは，2014年の大橋謙策の論考が最初である。第2章では①大橋謙策の「ケアリングコミュニティ」概念についての論考，②「ケア」と「コミュニティ」概念についての検討を「定常型社会」に移行するこれからの社会の思想的潮流として検討してきた広井良典の論考，③コミュニタリアニズムの哲学の立場から，ケアの倫理と正義の倫理及びコミュニタリアニズムの哲学を総合的に捉え，「ケアリングコミュニタリアニズム」の考え方を提起している小林正弥の論考を取り上げ，現時点での「ケアリングコミュニティ」概念の到達点を明らかにする。

　第3章では，第2章までの「ケアリングコミュニティ」概念の到達点を踏まえたうえで，筆者独自の「ケアリングコミュニティ」概念の検討を行う。筆者は「ケア」「ケアリング」，および「ケアリングコミュニティ」の先行研究を踏まえ，「ケアリングコミュニティ」概念を検討する分析枠組みとして，①ケアの倫理，②正義の倫理（正義論），③コミュニタリアニズム，④ケアする動物としての人間を進化人類学の知見から捉える視点，⑤経済的合理性，⑥科学的合理性，⑦宗教や超越的存在，スピリチュアリティの観点から捉える視点，⑧討議倫理の8つの視点からケアリングコミュニティ概念を分析する必要があると考えている。本章では，これらの各視点について，筆者のケアリングコミュニティ概念を構成する分析枠組みとして詳細に検討する。

　第4章では，第3章で検討したケアリングコミュニティ概念の分析枠組みを踏まえ，筆者のケアリングコミュニティ概念の構造を示し，先ほど挙げた各枠組みがどのような関係にあり，また全体としてどのようなダイナミズムを持っているか，実践にはどのような形で適用可能かを考察する。ここで検討されるケアリングコミュニティ概念の構造こそ，本研究が目的とする，地域福祉の目的概念としてのケアリングコミュニティ概念となる。ケアリングコミュニティの実践的な実在的構造を明らかにするのも本章の役割である。具体的な地域福祉実践——個別ケアから地域福祉計画，システム構築など——に関わって，ケアリングコミュニティ概念がどのような形で適用されるのか，コミュニティソーシャルワークのプロセスとも関わらせながら，概念の実践における適用可能性を考察する。

　終章では，以上の検討を総合して，本研究の結論，及び今後の課題について検討し，本研究のまとめとする。

〈注〉
1）「創発」とは，稲垣久和の公共福祉論のキーワードで，例えば人間の「脳」における物質的な反応が，非物質的な「精神」という働きを生じさせるのは，単純に脳内の物質的な反応に還元できない何らかの「創発」があるはずだ，と考える立場である。つまり，人間存在は，「精神」という「非物質的」な働きを行うことのできる「創発」的な存在であり，それは「科学的実証主義」的な，言い換えれば「要素還元主義」的な見方では到底その全体を捉えきれないという，稲垣の基本的姿勢につながっている。これを踏まえて稲垣は，社会福祉学のような人間を相手にする学問では，「実証主義科学」を目指すのではなく（その重要性も認めながらも），人の「実存」（生活世界における意味の充実）を問う，実践哲学として定立されなければならないと考えるわけである。
2）稲垣は，「日本での社会福祉学（社会福祉原論）の樹立の試みの問題点，それは筆者のみるところ（中略）一個の社会科学（science）として確立したいとの研究者の意図にある。（中略）しかしそういった試みは，実は科学的営みではない。それはメタ科学的営みしいて言えば哲学的営みである，ということの理解が必要である」とする（稲垣 2013：10）。
3）例えば「ケア」については第1章で詳述するが，キャロル・ギリガンが提起した「ケアの倫理」（ギリガン 1982＝1986）以来，「正義の倫理対ケアの倫理」といった，新しい社会思想の探求が現代にいたるまで続けられている。「コミュニティ」については，ソーシャル・キャピタル研究の領域において，社会疫学等の分野で，人と人とのつながり（社会関係）が人々の健康に及ぼす影響等，重要なエビデンスが報告され，地域保健の分野に大きな影響を与えつつある（例えば，近藤 2005）。
4）もっとも「効率性の追求」と「自律性と連帯性」を持ったコミュニティ形成は，両立し

うる可能性もある。その場合は，「自律性と連帯性」のコミュニティが形成された結果，地域住民の意識変革が促され，自分たちでできることは自分たちでする住民が形成されたり，予防的活動に積極的な住民が形成されたりした結果，医療費の抑制や介護費用の抑制につながる場合などである。しかしこの場合は「自律性と連帯性」のコミュニティを作るという目的が先にあって，結果として「効率性」が達成されたのであり，「効率性」の追求が目的ではなかったことに留意する必要がある。

第1章　ケアリング概念の検討

第1節　ケアとケアリングの違い

　本章では「ケアリング」概念を検討するが，ここではまずその前提として，単に「ケア」といった場合と，「ケアリング」といった場合において，概念にどのような相違があるかについて考察する。

　まず現時点で「ケア」と「ケアリング」の概念の違いを明確に分類しての統一的な概念や見解（定義）はない。「ケア」及び「ケアリング」について検討している論文は数多くあるが，「ケア及びケアリング」や，「ケア／ケアリング」などと並列して書かれている文献が多く，両者の概念の違いは曖昧なままにされているか，ほぼ同様の概念を持つものとして用いられている場合が多い。「ケア／ケアリング」を実践やその実践倫理上の重要な概念として位置づけてきた看護学の分野においても，レイニンガー（1991＝1995）やワトソン（2012＝2014）のように，ケアとケアリングの定義を分けて論じるものはあるが，統一的な見解には至っていないのが現状である。

　そのような中で，「ケア」と「ケアリング」概念について，その根源的な意味を明らかにしながら，その相違を意識して論じるものがいくつかある。

(1)　石川道夫のケア及びケアリング概念の考察

　その一つは石川道夫のものである。石川は著書『ケアリングのかたち—こころ・からだ・いのち—』の中で，看護学の分野においては，1980年代半ばか一部ではそれ以前から，「ケア」と並んで「ケアリング」という用語が頻繁に

使われるようになってきたことを指摘している。その背景について石川は,「ケア」という言葉が,看護の中核となるような「ケア」以外にも多様なものに用いられた結果,「ケア」という言葉に込められた価値が陳腐化して,価値感情を込めた使い方が難しくなってしまったことを指摘している (石川 1998：7)。

　では,「ケア」をわざわざ「ケアリング」と呼びかえて込めたかった「価値感情」とはどのようなものだろうか。石川はその後の論述の中で,様々な分野のケアリング概念を検討し,「そこに何らかの共通する要素があるとすれば,それは『応答』とそれに伴った『責任』ではないだろうか」とし,哲学者の高山岩男の「呼応の論理」をもじって「『呼応の倫理』と呼ぶべきだろう」としている (石川 1998：10-21)。石川はこの「呼応の倫理」について「呼びかけられ,それに応えること。ノディングスのいうように,応えること自体がすでに,呼びかけて,手を差し伸べた人にとって最良の贈り物として,ケアを提供する営みそのものを支えていく」(石川 1998：21) と述べている。

　石川が参考にした様々な分野の「ケアリング論」を見ると,単に「ケア」という以上に「ケアリング」という言葉に込められた価値とは,以下のようなものだと思われる。

① 人間に根源的な「関係」と,それを基盤として求められる「応答」「気づかい」「配慮」

　この点は,「ケアリング」概念を検討する際に哲学的にもっとも根源的な基礎となる考え方である。この考え方の哲学的基盤になるのは,ハイデガーの存在論の哲学である。ハイデガーはデカルト以降の独我論的な存在論を批判し,人はそもそもはじめに相互的に存在する「共現存在」であり,「関わり」こそ最初にあるという存在論を展開した (Hidegger 1927＝2017)。このようなハイデガーの存在論を基盤とすると,「ケア」は「ケアする」―「ケアされる」という主体―客体の関係ではなく,もともとつながりのある関係の中での「ケアしあう関係」として理解される。言い換えれば「相互性」ということであるが,「相互性」という言葉のみでは,その根源的な意味を言い表せていない。重要

なことは「共現存在」つまり，「もともとつながりのある存在」である人は，別の「現存在」とのつながりから逃れられないのであり，その意味で「つながり」がまず先にあって，その中で時に「ケアする側」に回ったり，「ケアされる側」に回ったりするだけにすぎないということを理解することが重要だからである。

　ここに「ケアリング」という言葉が，「ケア」とは別の価値を含む言葉として用いられる理由がある。単に「ケア」だけでは，「ケア」があたかも単に技術的・道具的に誰かを「世話」する手段としてしか認識できない可能性がある。「ケア」が本来的に「つながり」を前提とした「現存在」同士の逃れられない関係の中で営まれるものである以上，「ケア」は単に道具的にやり取りされるのではなく，逃れられない関係の中で，互いに常にすでに「ケアリング」する関係にあるという意味が重要になる。「ケアリング」はこのような「ケア」の本来性を適切に表現できるよう言葉のように思われる。

　このようにみてくると，「ケアリング」概念において，「応答」や「責任」といった概念が重要であることが了解される。私たちは元々つながりを前提とした「共現存在」であるから，別の「現存在」が傷ついていたり，病んでいたりする場合には，「関係」に従ってそれに応答し，ケアする責任を果たすことが重要になる。それは別の「現存在」とともにある自分を癒すことでもあり，お互いをケアし合うことで，「共現存在」全体を癒すことにつながるからである。

②　ケアの能動性，ケアの主体性の重要性

　さて次に，「ケアリング」という言葉が，ケアの能動性や主体性という価値を表すという点を指摘したい。前述の人間の「共現存在」的な存在論を前提とした場合，ケアする場合に重要になるのはケアの能動性，もしくは主体性である。

　このことを説明するために，人間を「共現存在」ではなく，「独立した個人」として捉えた場合における「ケア」のあり様を例に考察を進める。

　独立した個人として人間を捉えた場合，二者の間には元々関係は存在しない

から，「ケア」という行為をしようとした場合，まず，「ケアする」―「ケアされる」という関係を作ってから，ケアという行為が開始される。これは「契約」と表現できる行為である。

　さて，この「契約行為」には，ケアする側，される側それぞれに主体性（主体的な選択），能動性（契約を行うという能動的行為）が必要となる。この時，当然のことだがケアする側も，ケアされる側も，基本的に「ケア」という行為を行ったり，受け入れたりするかどうかということは自由である。ケアという行為を行うことや受け入れることが「嫌」であれば，そのような「契約」をしなければ良いことになる。

　これが，先ほどの「関係」を前提とする存在論に立った場合はどうであろうか。誰かがケアが必要となった場合，その人とすでに関係している人は，何らかの「応答」を示す「責任」が生じる。つまり，独立した個人同士の「契約」以前に，すでに「ケアしなければならない」という状態が2者の間に発生することになる。この時問題となるのは，いずれにしても「ケア」から逃れられない人の，「ケア」に向かう「態度」である。なぜならケアを「いやいや」するのか，それとも，「能動的」「主体的」に行うのかによって，ケアの質は大きく異なってくるからである。

　「関係」を前提とした「ケアをいやおうなく引き受けなければならない」という状態においては，ケアを自由に選択できる場合よりも，ケアに向かう「主体性」や「能動性」は重要な問題として認識され，それを行うことができるかどうかの重要性が増す。このような重要さを価値として表現するためには，確かに「ケア」という言葉より，ケアの相互性を含意した「ケアリング」という言葉の方が，その価値の内容をより的確に表現できると考えられても不思議ではない。

　特に職業としてケアを行う看護分野で「ケアリング」という言葉が多用されるようになったことは示唆的である。逆説的にいえば，職業として「ケア」を行うものは，先ほどの例でいえば，「契約」を交わしてケアを提供するという色合いが濃い。つまり「契約」であるのであれば，本来的にはケアを否応なく

引き受けなくても良い。しかし，だからこそケアに向かう姿勢として，「ケアリング」，すなわち，ケアする態度としての「能動性」や「主体性」が強調されなければならない，と考えることもできる。

　さて，ここまで，石川道夫の論考を参考に，「ケア」と「ケアリング」概念の相違について検討してきた。石川が参考にした各分野の「ケアリング」論者の論考を参考にすると，「ケアリング」という言葉の背景には，①「関係性」を基盤とする人間存在の把握を基礎として，②その関係の中で相互に「お互いにケアし合う」ことが，「共現存在」である人間にとって重要であるということ，③「関係」から必然的に要請されるケアに「能動的」「主体的」に応答していくことが重要であることなどの価値が含まれていると考えることができる。

　なお，ここで，日本看護協会のケアとケアリングの説明について紹介しておく。

　ケア：従来，身体的な世話を言い表す用語として主に使われてきた。身体的な世話により対象者との相互作用が促進されたり，対象者の心身が安楽になったりすることから，『療養上の世話』もしくは『生活の支援』としてのケアに看護の独自性を見出そうとしてきた歴史も長く，看護職にとって重要なキーワードである。

　また，医療の中では，キュアに対して看護の特徴を際立たせるために，キュア対ケアという構図で用いられる場合もある。

　ケアリング：1。対象者との相互的な関係性，関わり合い，2。対象者の尊厳を守り大切にしようとする看護職の理想，理念，倫理的態度，3。気づかいや配慮，が看護職の援助行動に示され，対象者に伝わり，それが対象者にとって何らかの意味（安らかさ，癒し，内省の促し，成長発達，危険の回避，健康状態の改善等）をもつという意味合いを含む。

　また，ケアされる人とケアする人の双方の人間的成長をもたらすことが強調されている用語である。（下線は筆者）（社団法人日本看護協会 2007：13-14）

　この説明をみると明らかに「ケア」よりも「ケアリング」に，より価値的・倫理的な側面を含めて説明していることがわかる。ここからわかるケアリングの具体的な価値としては①「相互的な関係性，関わり合い」，②「看護職の倫理的態度」，③援助する側の「気づかい」や「配慮」により対象者にとって何らかの意味が提供されるという視点，④ケアする側，される側双方の人間的成長をもたらすこと，などである。先に述べた「関係」を基盤とした相互性，倫理的態度にみられる能動性や主体性などの価値が含まれていると考えられ，ケアリングにより価値的な側面を含ませていることがわかる。

(2)　上野千鶴子の「ケアリング」概念批判

　このような「ケアリング」概念に対し，上野千鶴子は著書『ケアの社会学』において，「本書が『ケアリング』という概念を採用しない理由」を述べている。以下は，上野によるケアリング批判の要点と，それに対する筆者の批判的検討である。

①　ケアリングという概念が主としてケアする側によって採用されていること

　上野は「ケア」や「ケアリング」という言葉が，「ケアする側」から語られがちであり，『ケアされる側』の視点を欠くことに批判的である。よって上野は「ケア」についても，規範的なアプローチと記述的アプローチを区分けして，（上野自身はケアを記述的アプローチから分析する立場から）きわめて慎重に「ケア」という言葉の定義を選択している。上野は「ケア」の定義として，メアリ・デイリーらの定義を採用しているが（上野 2011：39），それは以下のようなものである。「依存的な存在である成人または子どもの身体的かつ情緒的な要求を，それが担われ，遂行される規範的・経済的・社会的枠組みのもとにおいて，満たすことに関わる行為と関係」（下線は筆者）（Daly 2001：37）。

　上野が採用したケアの定義において重要なのは下線部である。上野は，「ケア」が規範的（価値的）に定義されると，そのケアが実際に提供されている「文脈」から切り離され，「文脈超越的概念」になってしまうことに批判的である。

上野の立場は「ケア」が本来，「よきもの」としてだけでは捉えられず，歴史的にケアの重荷が，女性により多く担わされてきた事実からも，歴史的・状況的文脈によっては人々を抑圧することがあることに自覚的であれ，というものである。そのような理由から，上野が採用したケアの定義には，そのケアが担われる「規範的・経済的・社会的枠組み」という文脈的視点が盛り込まれており，その時に行われているケアが，その時の「規範的・経済的・歴史的」文脈からどのようなものとして機能しているのかを記述的に明らかにする必要があるという立場をとる。このような立場をとる上野にしてみれば，より規範的な意味合いを持つ「ケアリング」という言葉は採用することはできないということであろう。

　筆者も，上野のこのような姿勢には基本的に賛同する。確かに「ケアリング」という用語が，強い価値規範を持っており，それが無自覚に，現在ケアの重荷を負わされている人々に一方的な抑圧として機能する可能性は否定できない。かつまた，ケアする側の一方的な「ケアリング」の価値は，「ケアされる側」にとっては単なる価値規範の押し付けにもなりかねない。その意味で上野の指摘は「ケアリング」に関わるものにとって常に自覚しておかねばならない指摘である。

　しかしながら，上野が社会学的関心――現実の，現在の社会において「ケア」がどのようなものとして存在しているかを分析する立場――から，「ケアリング」という価値規範の強い概念をわざわざ用いる必要性がないとしたことには賛同できるにしても，「ケアリング」という概念を検討することを通して，その価値を検討することは否定されなくてもよい。むしろ，上野のような問題意識から出発した「ケアの現実」の研究に基づいて，ありうべき「ケア」の姿や価値を検討することはやはり重要であろう。

②「ケアリング」が，女性的なケアに言及する際に用いられる傾向があること

　上野が「ケアリング」概念を用いない2つ目の理由は，ジェンダー論的な視点から，「ケアリング」という言葉がより「女性性」を帯びて用いられること

への指摘である。上野は，ジェンダー論の知見から，ケアが歴史的に女性により多く担わされてきたという点を指摘する。さらにそこから「ケアリング」という言葉が，看護学，教育学のような母性的職業で好んで用いられ，父性的な医学分野ではあまり用いられないことを指摘している（上野　2011：56-57）。

　しかし筆者のみるところ，この批判の論拠について上野はそれほど深い考察をしていない。例えば，上野は「ケアリング」という言葉が教育学や看護学など，母性的な職業において多く用いられることを指摘しているが，教育学や看護学がどのような根拠で「母性的」な職業であるか，ということについては，「ケアリングが教える，育てる，看るという行為に親和的」であると述べているだけである。なぜ，教える，育てる，看るが母性的であるかという説明は一切なされていない。例えば「教える」は見方を変えれば，パターナリスティック（父性的）に教えることが問題視されることもあるわけで，「母性的」とだけ捉えることには違和感がある。

　筆者は上野の，歴史的にケアを女性がより多く担ってきたという指摘について異論はない。「ケア」や「ケアリング」が女性に対して抑圧的に機能する可能性が現実的にあることも否定するものでもない。しかしそれを強調するあまり，「ケアリング」という概念が持っている積極的な意義まで捨象することになれば，より豊かなケア実践を考える可能性を閉じてしまうことにもなりかねない。

　しかし上野は，「ケアリング」概念が持つ相互性や能動性，主体性の概念についても批判的に検討している。

③ ケアリング概念の相互性，能動性，主体性についての批判

　上野は，次のように述べている。

　「ケアリング」は，ケアの相互性を強調することにより，本来「ケア関係」が持っている非対称性（ケアする側より，ケアされる側の方がより選択肢が少なく抑圧されがちである）を覆い隠し，その結果，ケアという行為を無条件に「よき

もの」として構築し,「ケアする側」にも「ケアされる側」にもケアがネガティブな行為でありうる可能性を隠蔽する効果がある。「ケアリング」はまた,ケアする側の能動性,主体性を強調する傾向があり,その場合,ケアされる側は「ケアド（cared）」と（受動的な存在として）概念化すべきなのだろうか。(上野 2011：56)

　この点については,筆者が先に検討した「ケアリング」概念の哲学的基盤を考えれば,上野の批判が的を射ていないことは明らかである。上野のいうケアの非対称性は,現実に確かに存在する。しかしこれは上野のように,ケアする側—される側といった,独我論的（人間存在を独立した個人として捉える）思考を前提とすればその通りであろう。もっとも,関係論的思考を前提とした場合にも,上野のケアの非対称性については留意する必要があり,そのことを否定するものではない。しかし,上野の立論はあまりに独我論に偏っており,関係論的なケアの関係性を捉えられていないように思われる。
　例えば,たしかに「ケアされる側」の方が「ケアする側」よりも力関係が弱くあることは多いであろう。しかし,「ケアする側」も「ケア」という重荷を背負い込むことになり,葛藤が生じることになる。これはケアが私たちにとって関係性を前提に逃れられないものになっているからである。このことによりケアは,「ケアする側」「ケアされる側」双方にとって,まったくの等価ではないにしても重荷としてのしかかる。上野の指摘とは異なり,このような関係論的前提に立つことによってこそ,「ケアは重荷である」というケアのネガティブな側面が浮かび上がる。「ケアリング」とはこのような状態を前提にしたうえで,ではどうやってこのような「ケアの重荷」を互いに,あるいは様々な人々が助け合いながら解決していくことができるか,ということを考えることである。
　同様に,上野が指摘する,「ケアリング」が「ケアする側」からの能動性,主体性を強調する結果,「ケアされる側」を「ケアド」として受動的な位置に置くという批判も的を射ていない。関係論的前提に立てば,「ケア」は双方に

とって重荷としてのしかかる。関係の網の目の中での人々はともに「受動的」な立場に置かれる。しかしここから，その関係の網の目の中で，各「主体」が「主体的，能動的」にケアに向かって行為することにより，「受動的」な立場から「主体的，能動的」な立場へと助け合いながら変化することができる。これが「ケアリング」という言葉の持っている価値の一つである。

　上野は，「ケア」が現在，どのような状態に置かれているか，という社会学的関心に基づき，あえて価値概念を多く含む「ケアリング」という言葉は採用せずに，「ケア」という言葉を意図的に用いてケアの実態を検討した。しかし上野は社会学の方法論上の必要性以上に，「ケアリング」という概念を価値的に批判しすぎているきらいがあり，結果，「ケア」という事象における現在の個別的な葛藤状況を考察できる理論枠組みを提示できていない。

(3)　ケア概念とケアリング概念の相違について

　上記の考察からケアとケアリング概念の相違をまとめると，以下のようになる。

① ケア概念より価値的側面の強調を含んでいるケアリング概念

　まず，第1にケア概念に比べ，ケアリング概念の方がより価値的な側面を持つ概念である。もっともケア概念にも価値的な内容は含まれており，"cure" に対する "care" といったように，単に人間を治療の対象とするのではなく，全人的な心地よさやその人の成長などの価値を含む言葉として用いられてきた。そして「ケア」の量と質を問うことが重要な課題となった現代の「ケアの現場」において，ケアより価値的な概念を含む言葉として「ケアリング」概念が求められてきたと考えられる。

② 人間の本質を「関係性」として捉えるケアリング概念

　第2に，ケアリング概念は，人間の本質を「関係性」として捉える価値を持つ概念である。先述したようにケアリング概念が深化するプロセスにおいて，

ハイデガーの存在論の哲学が援用されている。人間の本質が「関係性」を前提として成り立っていることを基盤に据えると、「ケア」という営みは人間が「選択的」に選び取れるものではなく、「関係性」に既定されて、人間は「ケア」そのものから逃れられない存在であることを自覚することになる。この自覚ないし了解は重要であり、このように自覚・了解することで、「ケア関係」はそもそも「相互性」の中で営まれるものであること、「ケア関係」が相互的であるがゆえに、ケアは「重荷」として私たちに否応なく課せられていること、しかし「関係性」が前提にあるがゆえに、そこに私たち人間の喜びや人としての成長も内包されていること、などについてはっきりと自覚することができるようになる。

③ ケアを倫理的に「主体的」「能動的」なものとして規定するケアリング概念

　第3にケアリング概念は、ケアを倫理的に「主体的」「能動的」なものとして規定する価値規範を持つという点である。もともと、"caring" は、動詞 "care" に、現在分詞（あるいは動名詞）を形作る "ing" がついたものであり、より主体的・能動的なイメージを喚起する。ケアリング概念がよりこのような「主体的」「能動的」なイメージを含みこませてきた背景には、ケアをより倫理的に「主体的」「能動的」なものにする必要性があったからであろう。看護学の分野でケアリング概念が特に深められてきたことから推察すると、看護職のようなケアに関わる専門的従事者の倫理規範として「ケア」により倫理的価値づけを要請されたことが背景にあると考えられる。このように「ケア」をより主体的・能動的な「ケアリング」として捉えることは、ケア実践をより倫理的なものとして捉えることにつながる。

④ 「ケア」概念に、より哲学的・倫理的価値概念を含ませた「ケアリング」概念

　以上の考察から、ケアリング概念が「ケア」概念をより深めようとする中で、より哲学的・倫理的価値概念を含ませた概念として、深められてきた概念であ

ることがわかる。単に「ケア」という以上に,「ケアリング」という言葉には,人間のより本質的な理解（関係性的理解）と,その本質的理解を基盤にしたうえでの倫理的な概念（主体的・能動的なケアという概念）が含まれている。「ケアリング」は「ケア」という言葉から生まれた概念であるが,より哲学的・倫理的側面を持つ言葉として用いられているところにあると結論することができよう。

第2節　ケアリング概念の変遷
―ケア概念の淵源からケアの倫理の問題提起,現象学的ケアリング概念まで―

　本節では,第1節で示したケア概念とケアリング概念の相違を踏まえたうえで,ケアリング概念がどのように変遷し,現時点でどのような概念として位置づけられているかを,ケア概念の淵源からケアの倫理の発見を経て,ケアリング概念の深化の過程をたどることで明らかにしていきたい。

(1)　ケア概念の淵源
　まず,ケア = "care" の語源を探ることから,care 概念の淵源を考察する。

　"care" 概念の淵源を探るとき,多くの論者が英語の "care" の語源であるラテン語の "cura" という言葉に触れている。森村修は著書『ケアの倫理』の中でケア概念の歴史に言及し,「『ケア』という言葉は,古代ローマ時代におけるラテン語『cura』に由来し,主に2つの意味で使われていた。一つは,『ある人が心配で苦しむ』というときに使われる『心配,苦労,不安』の意味であり,もう一つは,『他の人の幸せを準備すること』という意味であった。後者の意味には,思いやりの意識や献身というケアの積極的な意味が含まれている。ケアの語源の『cura』には,『重荷としてのケア』と『気遣いとしてのケア』という対立する意味があったのである」（森村 2000：84）と述べている。
　実際,羅和辞典（田中 1993）を参照すると,"cura" の訳語としては,「世話」「関心」などとともに,「心配」や「不安」「苦悶」などの意味が掲載されている。

また，Oxford Latin Dictionary を紐解くと，"cura" の項目には，"care" の他に，「心配」「心労」などとも訳される "solicitude" や，「身体的もしくは精神的な悩み」と訳せる "Trouble (physical or mental)"，「痛み」「苦痛」「憂苦」などと訳される "pain" などの訳語が挙げられている。

　また，オンライン語源辞典 Online Etymology Dictionary において，"care"（名詞）の項目を調べると，古代英語の "caru"，"cearu" が語源として挙げられ，その意味として，「悲しみ，不安，悲嘆」や「心の負担，深刻な精神的な気がかり」「あまり良くない重い負担からくる心配」などの説明がなされている。そして，その第一義的な意味は「内向きの悲嘆の感覚」であり，「何かに与えられた痛みや悩みである」ことが述べられている。また動詞としての "care" の項目には興味深いことに，インド―ヨーロッパ語の語源として，"gar" という泣き声や叫び声を表す言葉が "care" の語源である可能性が紹介されており，「もしそうであれば，先史時代においては，"cry"＝泣き声から，"lamentation"＝嘆き，"grief"＝悲しみといったように，意味が広がっていった」可能性について触れられている。また，この語源辞典では，"care" の語源としてラテン語の "cura" は関係がないという見解も示されている（ONLINE ETYMOLOGY DICTIONARY 2017）。

　"care" の語源がラテン語の "cura" にあるのか，それともインド―ヨーロッパ語の "gar" にあるのかについては，これ以上追求することはできなかった。しかし，いずれにしても，"care" という言葉には，「世話」という意味以上に，どちらかといえばネガティブな「心配」や「悲しみ」，「精神的な負担」など，森村のいう「重荷としてのケア」の側面が，語の根源的な意味として含まれていると考えられる。

　村井尚子は，このようなケア概念の変遷を検討し，「このように元々は『心配』『気がかり』といった意味合いが強い care という語であるが，我が国においても諸外国においても『ケア』『ケアリング』という語が術語として用いられるようになるにつれ，『心配』『気にかかっている』という本来の語義から実践的な行為へと指示内容が異なってきているとも考えられる」とし，看護や介

護，教育など，「ケア実践」を必要とする立場から，「ケア」「ケアリング」が
実践的な意味を持つ言葉として用いられるようになってきたことを指摘してい
る（村井 2013：193）。

　村井自身は，むしろ "care" の語源的な意味である「心配」や「気がかり」
という語義に着目し，教育学者のヴァン・マーネンの論考を手掛かりに，「ケ
ア」「ケアリング」を，実践的で能動的な「世話」という概念と，「気がかりと
してのケア」という概念とに一度分離して，「気がかりとしてのケア」の側面
から，「ケア」「ケアリング」がどのように現象するのか，特に親と子のケアリ
ング場面に引き寄せて考察している（村井 2013：193-198）。

　ここではケア概念の淵源には，もともと，「心配」「苦労」「不安」「気がかり」
といったネガティブな側面としての語義があり，それがその後，おそらくはこ
のような「心配」や「不安」「気がかり」を癒し，回復するための行為や実践
として「世話」といったようなケア概念に発達していったのではないかという
ことを指摘しておきたい。

(2)　ケアの倫理の問題提起

　学問上，「ケア」概念が重要さを増した経緯として，多くの論者が取り上げ
るのが，ギリガンが示した「ケアの倫理」（Gilligan 1982＝1986）である。

　倫理学の視点から「正義の倫理」とは異なる形で倫理規範を提示する「ケア
の倫理」を取り上げて検討した品川哲彦は，ギリガンが提起した「ケアの倫理」
について「（前略）ギリガンの提起した問題はまた倫理学の歴史と倫理学そのも
のを問い直すものとして解釈されていった」（品川 2007：144）と述べている。
品川は「ケアの倫理の根本には，人間は傷つきやすく，だからたがいに依存せ
ざるをえないという認識」があり，「これと比べれば，近代の正統的な倫理理
論の中核にある自律の観念が，他者からの分離を自己の独立とみなす思想に裏
づけられていることが明らかになろう」（品川 2007：147）と述べ，正義の倫理
が持つ「自律」とケアの倫理が持つ「依存」を対比的に捉えて，「正義」と「ケ
ア」の倫理規範の異質性を論じている。

　ギリガンのいうケアの倫理（ケアの道徳的価値）とは，女性の多くにみられる関係性を重視した文脈依存的な道徳的な配慮のあり方のことである。ギリガンは，師にあたるコールバーグの道徳的発達理論を批判的に検証し，コールバーグの道徳的発達理論が主に男性的な道徳的発達のみに焦点を当てて構築されたものであることを指摘した。

　コールバーグは道徳的発達を，より高次の抽象的な普遍的価値を考慮して，解決を導けるようになることとして理論化した（Kolberg 1980＝1987）。しかし，コールバーグの発達理論に従うと，女性の多くが抽象化された普遍的価値を道徳的判断の基準として上手く用いることができず，道徳的発達のレベルが低次に留まる傾向があることが指摘されていた。ギリガンは，女性には女性が大切だと考える関係性への配慮の倫理があり，男性的な道徳的発達とは異なる発達のあり方として評価すべきことを主張した（Gilligan 1982＝1986）。

　表1-①は，「正義の倫理」とギリガンが提起した「ケアの倫理」を対照的にまとめたものである。

　この表において，「正義の倫理」は「独立した個人」を前提とし，志向性としては「権利志向」，倫理基準としては法や一般道徳としての「普遍的価値」を重視する。一方「ケアの倫理」は人と人とが「相互に依存する関係」を前提とし。志向性としては「責任志向」となり，倫理基準は普遍的なものではなく，倫理的判断が求められるその時々の「文脈」に依存する。

　このように「正義の倫理」と，「ケアの倫理」を対比して見たとき，「正義の倫理」の利点は，その倫理基準を「普遍的な権利保障」として，より多くのも

表1-①　正義の倫理と配慮（ケア）の倫理の対照表

	志向性	前提	倫理基準	利点	欠点
正義の倫理	権利志向	独立した個人	普遍的価値（法や一般道徳など）	普遍的権利保障	分離，孤立化の促進
配慮（ケア）の倫理	責任志向	相互に依存する関係	文脈依存的（特殊的）価値	つながりの維持，強化	自己犠牲（抑圧）を強いる危険性，ケアの重荷

出所）ギリガンの論述（Gilligan 1982＝1986）を基に筆者作成

のにその恩恵をもたらすことができる点である。しかし一方で，「正義の倫理」
は基本的に人と人との関係性を前提にしないか，関係性はあっても「契約関係」
になるため，人と人とのつながりを強化する働きは弱く，むしろお互いの「権
利主張」を繰り返すことで，関係性が「分離」したり，「孤立化」が促進され
る可能性がある。これに対して「ケアの倫理」は，「相互に依存する関係性」
に基づいた「責任」を重視するがゆえに，人と人との「つながりの維持，強化」
が基本的な倫理的行為となる。しかし，欠点としては，そのような「つながり」
や「関係性」を重視するあまり，ケアを提供する人々の自己犠牲や抑圧を強い
たり，そもそもケア自体が重荷として人々にのしかかる可能性がある。後ほど
詳しく述べるが，この2つの倫理のもたらす効果は対称的であり，対称的であ
るからこそ，お互いにそれぞれの倫理の利点と欠点を補い合うような形になっ
ている。

　このギリガンの女性特有の関係性を重視する「配慮（ケア）の倫理」は，男
性的な普遍的な「正義の倫理」に対置されるものとして，その後様々な分野で
多様な「正義」対「ケア」論争が行われることになった[1]。

(3)　ノディングスのケアリング論

　さて，ギリガンが提示した「ケアの倫理」は，それぞれの学問分野の関心に
従って摂取されていった。特にケア実践に関連する看護学や教育学といった分
野では，ケアの倫理によって提示されたより深い意味での「ケア概念」を，そ
れぞれの実践における倫理的指針として，どのように取り入れていくかが問わ
れた。

　教育学者のネル・ノディングスは，ギリガンの提示した「ケアの倫理」を，
「ケアリング」という語を用いて，その内実をより詳細に，精緻に検討した。
ノディングスは，ギリガン以前にすでに哲学的な視点からケアの概念に言及し
ていたミルトン・メイヤロフの論考なども取り入れつつ，ケアする人とケアさ
れる人の間の相互性に着目し，ケアを「関係性の行為」と端的に指摘して，そ
のような関係性の行為としてのケアを「ケアリング」と呼んだ（Noddings 1984

= 1997：4-5）

　ノディングスはケアを関係性の行為として，ケアする人が自分の中に他者を受け入れるという「受け容れ」や，ケアされる側からの適切な「応答」などの重要性を指摘しており，ケアする側だけでなく，ケアされる側のケアリングの倫理も示している。ノディングスは，「展開されるべき倫理学が，助け合い（reciprocity）の倫理学である」（Noddigs 1984＝1997：6）ことを示唆し，「助け合いの問題は，おそらく，論じられるべき最も重要な問題」としている。これらのことからも，ノディングスがケアリングの基盤に「関係性」や「相互性」を置いていることがわかる。

　また人間がその自然な感情として「ケアしてあげたい」と思うことからケアリングが行われる「自然なケアリング」と，その「自然なケアリング」を基盤としつつも，意図して道徳的によいケアリングを行うことができる「倫理的ケアリング」とを分けて論じ，意図的にケアリングすることができることを目指す教育学的立場から，「倫理的ケアリング」がその内実として持つべき倫理規範や，それを教える道徳教育のあり方について詳細に論じている。

　このようなノディングスのケアリング概念を，村井は「現在最も大きな影響を及ぼしている」（村井 2013：193）と評しているが，一方で様々な批判にもさらされた。ここでは品川哲彦のノディングスのケアリングの倫理についての批判的論考を取り上げ考察する。

　品川のノディングスのケアリング概念に対する批判の要点は，ノディングスがケアリングの倫理を他の倫理規範よりも基底的なもの（優先されるもの）として位置づけ過ぎており，他の倫理規範を受け付けないという点にある。このようなノディングスの「ケアリングの倫理の最優先」という事態は，様々な問題をはらむ。

　その問題点として品川は，バベックのノディングス批判を取り上げているが，その第1は，「ケアを実践するさいに実質的には正義の原理に依拠している面があり，したがって，ノディングスが原理原則的思考を峻拒する姿勢は破綻せざるをえない」というものである（品川 2007：188）。

　正義の原理とは，ここでは「分配の正義の原理」であり，ケアリングに引き寄せていえば，ケアの資源は有限であるので，ケアすべき対象すべてにケアを提供することができない場合は，ケアを受けられないことから来る「害」の最小化を図るために，正義の原理に基づき分配基準が設定され，ケアの分配がなされることを指す。しかしノディングスのケアリングの倫理は，このような正義の原理に基づく「害の最小化」を否定する。なぜなら，ケアリングの倫理は，「害の最小化」によって分配の基準が明確化（正当化）された結果，ケアを受けるべき人が，ケアを受けられない状態になることが正当化されてしまうと考えるからである。（品川　2007：189）。

　品川が取り上げたバベックのノディングス批判の第2は，「ケアリングの倫理にはケアする者の搾取を抑止できないというものである」（品川　2007：189）。この批判はノディングスがケアリングの倫理を「女性の倫理」としているところから生じる。もっともノディングス自身も，ケアリングが性差としての女性性と結び付けられることについては慎重に議論を進めている（Noddings 1984＝1997：2）。しかし品川はノディングスの，女性が育児を主に担う原因についての社会学的説明を否定し，生物学的説明に重きを置いている点を指摘し，その点について批判を加えている（品川　2007：190）。

　また品川は，ノディングスがケアするものへの搾取を回避するために採用した「倫理的自己の維持」という考え方についても批判的に検討している。ノディングスは，適切なケアを行うためにも「倫理的自己」を維持することが重要であり，もしその人が「倫理的自己」を維持できない状態に陥っているのであれば，その人は「ケアする人」ではなく，「ケアされる人」になるとしている。（Noddings 1984＝1997：77-81）。

　しかし，品川はこの「倫理的自己の維持」だけでは「ケアの要請」を完全に押しとどめることはできないことを指摘する。なぜならノディングスにおいては，「倫理的自己の維持」を行うための「自己へのケア」は，ケアする人が，ケアリングの関係の中で，内的対話を行うことによって解決すべき課題とされているからである。「自己へのケア」がその人の内的対話だけで行われるとす

れば，「ケア」を行うかどうか（止めるか，止めないか）は，結局のところ「その人の考え次第」ということになり，その結果，「ケア」がその人に無限に要請されてしまう可能性が残ってしまう。

　しかしながら，以上の限界を含みながらも，ノディングスのケアリングの倫理は，関係性を人間存在の基礎に置き，その関係性をケアリングすることが，私たちの道徳や倫理，あるいは人生の喜びの源泉であるとした点で評価し得る。品川は，このノディングスのケアリングの倫理への積極的な評価として「それが生の経験の一面を的確に表している点」を挙げている（品川 2007：191）。

　品川のいう，「生の経験の一面」とは，ケアリングの倫理が「人生が1回限りであることを深く意識した思想」であり，「人やそのひとの人生の個別性は身に添うようにして理解すべきものであって，他の事例と比較して評価すべきものではない」（品川 2007：191-192）と，生を捉える視点である。それは，「いま，ここ」の関係性の一回性を重視し，一般化できない生の独自性を大切にする視点である。品川はこの点について「ケアの倫理の擁護者たちは，この生の日々がいつ無に帰してしまうかわからないからこそ，今，生きていることに超絶した価値があり，維持し，展開しなくてはならないものとみなすのである」（品川 2007：192）とし，ケアリングの倫理の価値を語っている。このようにノディングスのケアリングの倫理は，ケアリングの倫理の内実を精緻に描き出した点で評価される。

　品川がもう1点評価しているのは，「ノディングスが倫理的自己を事実としてのこの私から遊離した超越的なものとして語らなかった」点である。それは，先ほどの品川自身の批判にもかかわらず，ノディングスが「ケアリングとそれを支える倫理的自己は，それ自体，つねにケアされなくては保たれない，傷つきやすいものであることを表すためである」ことを指摘した点である（品川 2007：192）。つまり，ノディングスは，ケアリングを無限定的に良きものであると捉えたわけではなく，傷つきやすさや脆さをはらんだ概念として構築したのである。このような捉え方は，別の意味でのケアリングの倫理を要請する。それは，私たちはケアリングを分かち合い，助け合いの中で行う必然性がある

という，社会的な倫理の要請である。この点は，本書の主題でもある，コミュ
ニティの中でのケアリング，すなわちケアリングコミュニティ概念を構築する
際の手掛かりとなる考え方である。

　しかし，品川の批判に見たように，ノディングスはケアリングの倫理を「倫
理の基底」に位置づけすぎたあまりに，様々な批判にさらされることになった。
ノディングスを批判的に検討した品川は，その後の論考の中で，「ケアの倫理」
と「正義の倫理」はどちらかの優劣を争うのではなく，どちらかが，どちらか
に含みこまれるという統合を志向するのでもなく，「編み合わせる」ことが重
要であることを指摘している（品川 2007：214-240）。その意味では，品川はノ
ディングスが検討したケアリングの倫理そのものを否定していない。ケアリン
グの倫理の積極面を認めつつ，他の倫理との編み合わせを志向する論拠を提示
したのである。

（4）　ベナーの現象学的ケアリング理論

　次に，看護学の分野で，現象学的なケアリング理論を提示した，ベナーのケ
アリング理論を取り上げる。

　城ヶ端によれば，看護学においてもケア，ケアリング概念の統一的な見解は
ない。（城ヶ端 2007：22）しかし，看護学の分野ではこれまで多くのケアリング
概念の検討が行われてきた。

　例えば，レイニンガーは，「ケアとは人間の条件，もしくは生活様式を改善
したり，高めようとする明白なニード，あるいは予測されるニードをもつ個人
に対して行われる援助的行動，支持的行動，あるいは能力を与えるような行動
にかかわる抽象的・具体的現象である」と述べたうえで，ケアリングについて
は「人間の条件や生活様式を改善したり，高めようとする。あるいは，死に対
処しようとする明白なニード，あるいは予測されるニードをもつ個人あるいは
集団を援助したり，あるいは能力を与えたりすることをめざす行為および活動」
（Leininger 1991＝1995：51）と定義する。

　これに対してワトソンは，「ケアは行為をさし，ケアリングはその基盤とな

る態度や心をさす」(Watson 1985＝1992：155) と述べており，看護学において
ケアリング概念を用いた代表的の二人の研究者においても見解が分かれている。

　城ヶ端は，ウイングスプレッド会議における論争，ニューマンとフォーセッ
トの論争などを取り上げ，看護学分野で，ケア，ケアリング概念をめぐって，
激しい論争が戦わされた経緯を紹介している (城ヶ端 2007：54-58)。そして，
マレーイン・スミスの看護におけるケアリングの議論に関する以下の 6 つの問
題点を取り上げている。

　①「曖昧さ　看護の中で使われているケアリングは多様な意味があり，明確
性に欠ける問題」，②「狭さと特定の見方　ケアリングのとらえ方が狭いうえ
に特定の見方をしており，看護の焦点を定義するものではなく，ある特定の理
論的な見方になって」いる。③「偏在性　ケアリングはサービスを主体とする
分野で認められ，看護に特有のものでは」ない。④「非現実的　ケアリングは
アートの部分であり，当然そうあるべきであるという状態でもあ」り，「対象
の情動や行動に関係したもので，看護学の実質的な知識体系という意味が含ま
れてい」ない。⑤「非一般化　ケアリングは文化と民族によって違いがあり，
文化的に一般化でき」ない。「また看護学に対して文化を超えて定義できる概
念も」ない。⑥「女性らしさ　ケアリングは女性の感受性と女性の仕事をイメ
ージさせるものであり，社会における看護に対する偏った見方をいっそう強め
ることにつながる」(Smith 1999：14-28)。

　ここに挙げられている看護におけるケアリング概念の問題点は，看護の本質
にケアリングが位置づけられるかどうかを問うものであり，ケアリング概念そ
のものの問題点を指摘したものではない。むしろ，このような問題がありなが
ら，ケアリング概念は看護実践にとって重要な概念であり，上記の問題は今後
克服が目指されるものとして位置づけられている (城ヶ端 2007：57)。

　ケア，ケアリング概念が，看護学の分野で重要性を帯びてきた背景には，第
1 に看護が対象とする「病気」や「疾患」に対するアプローチが，時代を追う
ごとに自然科学的・医学的アプローチに偏ってきたことへの反省がある。高度
な医療技術が開発されるにつれ，「病気」や「疾患」は自然科学的なアプロー

チにより「治癒」「治療」されることに重点が置かれるようになり，生活に根差した，全人的なケアやケアリングは軽視されるようになってしまった。このような反省として，人間の生全体を考えることのできるケアやケアリングの概念が要請されてきた。

　また第2に，医療の高度化によっても解決できない慢性疾患や高齢化の進展によって，医学的な回復を図るよりも，その人の生のあり方を含めて考える事態が，医学・看護学分野のニーズとして増大してきたことも，ケア，ケアリング概念が看護分野で検討されてきた背景にあろう（例えば，在宅医療やターミナルケアなど）。

　例えば，看護学の分野でケア，ケアリング概念の検討の先鞭をつけたレイニンガーは，患者の持つ文化的背景に対応した看護のあり方が重要だと考え，文化人類学の視点を看護学に導入することにより，「文化ケア」理論を構築していった。レイニンガーはその著書の中で，自身の「文化ケア」理論の開発にあたって，「創造的思考によって文化とケアの潜在的相互関係を研究することによって，また私の過去の専門的な看護の経験と人類学的な考察を哲学的に施策することによって，開発した」と述べ，また「人類学その他の社会科学，哲学，看護学の理論や理論的見方についての読書は，ケア理論についての私の思考を大いに刺激した」と記述している。(Leininger 1991＝1995：21)

　また，「ヒューマンケアリング」という概念を用いて看護理論を構築したワトソンは，自身の看護理論の基盤には形而上学があることが重要であるとし，哲学者リチャード・テイラーの著書 "Metaphysics" から，その第1章の「形而上学の必要性」を長く引用して，形而上学的な見方を看護理論の基底に据えている。(Watson 2012＝2014：67-79)

　このように，看護学の分野におけるケア，ケアリング概念の検討においては，自然科学的なアプローチに対する人文科学的アプローチの重視という側面があり，文化人類学，心理学，社会学，哲学などの知見を用いて，看護におけるケア，ケアリング理論を構築してきたといえる。その中で，特に現象学的人間観を基底にすえて，ケア，ケアリング概念を構築したのがベナーとルーベルであ

る。

　ベナーとルーベルのケアリング理論の基底的な部分を先取りしていえば，ベナーらは"caring"（＝翻訳者の難波卓志は，これを「気づかい」と訳して，必要に応じて原語を当てている）こそ人間存在にとって第一義的なものとして捉えている点である。そして，その哲学的な人間の本質論をハイデガーやメルロ＝ポンティといった現象学の哲学者の論考に依拠している。

　まず，ベナーらはデカルト的な心身二元論の人間の捉え方を批判し，機械論的な"モデル"として人間を見る人間観を否定する（Benner and Wrubel 1989＝1999：33）。

　デカルトらの心身二元論は，人間の身体や，精神などを客体として「物」のように扱うことを通して，自然科学的な人間理解に大きな飛躍をもたらした。しかし，心身二元論は，身体や精神を客体化することで，人間そのものを客体化し，人間はまるで機械のように，外部からの何らかの働きかけにただ客体的に反応するだけの存在として規定する。それは，一方で，自然科学的な人間の理解を促進したが，それが行き過ぎると，人間の「全体性」や，主体的あるいは目的論的な生のあり方を奪い去ってしまう。ベナーらは，このような機械論的人間観への批判から，"caring"を中核とする現象学的人間観を対置したのである。

　さて，ベナーらは現象学的人間観の哲学的基礎を，ハイデガーやメルロ＝ポンティといった現象学の哲学者に依拠して説明している。

　まず，現象学とは，創始者のフッサールに従えば，「事物」を「客観的に存在するもの」と即断せずに，「事物」がそこに存在しているように知覚している「主観」の側に基礎を置き，物事の本質を明らかにしようとする哲学の系譜である。ただし，一口に「現象学」といっても，様々な捉え方があり，ベナーらが依拠するのはあくまでハイデガーに端を発する「存在論的現象学」である。ベナーらは，著書の中で，自分たちの依拠する「現象学」はフッサールのそれではなく，ハイデガーの現象学であることを明言している（Benner and Wrubel 1989＝1999：47-48）。

　ハイデガーはフッサールの現象学的手法に学びながらも，自身の哲学的探求の対象を物や人といった「存在者」ではなく，「存在」そのものとした。デカルト以来の西洋哲学が，物や人間をすでに存在しているもの（＝存在者）として，「客観的」に分析しようとしたものとは異なり，ハイデガーは物や人が「ある」「存在する」ということはどういうことかを問い，存在論の哲学を推し進めた。フッサールとハイデガーの違いは，哲学的方法としてはどちらも現象学的方法を用いながら，哲学の対象をフッサールは「存在者」としたのに対し，ハイデガーは「存在そのもの」にした点にある。

　このようにハイデガーは，人間を含む「物事」が存在するとはどういうことかを哲学の対象にした。それは物事を客観化して，それが「どのようなものか」を捉えようとするデカルト以来の認識論に対し，私たちの存在の本来的な目的や，そもそも私たちの存在とは本質的にどのようなものなのかを問うことにつながった。ベナーらがハイデガーの現象学をケアリング理論の基礎に据えた理由は，物事を客体として観る自然科学的な見かたではなく，人間存在の本質を存在論的なアプローチで捉えようとしたからであろう。

　では，ベナーらが採用した存在論的現象学の人間観とはどのようなものか。ベナーらはハイデガーだけでなく，メルロ＝ポンティの現象学的人間観も参照しつつ，次の4要素によって基礎づけられる人間観を提示している。それは，①身体に根ざした知性，②背景的意味，③関心，④状況，の4つの要素で説明される。

①　身体に根差した知性

　まず，①の身体に根ざした知性とは，メルロ＝ポンティの「身体性」の哲学をその基盤としている（Merleau-Ponty 1945＝1967, 1974）。

　デカルトが「われ思う，ゆえにわれ在り」と，人間の認識（知覚）の基盤を意識（精神）として，人間の身体を客体化したのに対し，メルロ＝ポンティは精神と結びついた身体の重要性を指摘する。例えば，私たちは「歩く」という行為を，普段は特段意識することなく（非反省的に）行うことができる。このよ

うなことができるのは，私たちにはもともと，非反省的に（意識・精神に頼ることなく），身体を用いて世界を認識し，そこに適応することのできる能力が備わっていることを意味する。このことは，私たちの認識（知覚）の基盤は精神だけでなく，身体に根差した知性もあることを示している。

　デカルトの心身二元論では，認識する主体と，認識される客体という主—客の分離をもたらし，意識以外のもの（身体を含めた意識外に広がる世界全体）は認識される客体として対象化される。

　これに対し，メルロ＝ポンティの「身体性」の哲学は，「身体」が「私」と「世界」をつなぐ「器官」としての役割を果たす。私たちは身体を通して「世界」と関わり，「世界」から，その状況における「意味」を時々刻々と読み取り，非反省的に，「世界」を対象化することなく，「世界の内に私たちが存在すること」を可能にする。

　ここでいう「意味」について，ベナーらは「我々がそれぞれ自分のものとして生き抜いている意味」（Benner and Wrubel 1989＝1999：49）と表現しているが，筆者なりに解釈すれば，「生きている実感」「世界に受け入れられている感覚」「私が固有の存在として世界の内に存在しているという感覚を与えてくれるもの」などと換言できる。

　ベナーらは，先ほどとは別の箇所で，「人間は身体に根ざした知性として存在するがゆえに，世界の内にあって，それを自分の世界，意味の世界として認識でき，この世界に安らぎを感じながら生きることができる。人間はここで『くつろぐ』のである」（Benner and Wrubel 1989＝1999：50）と述べている。

　人間はもちろん「精神」も持ち合わせており，事後的・反省的に自分が「世界」の中でどのような状況に置かれているかを「認識」する時には役に立つ。しかし「精神」だけでは，人間は「世界」の中に自分が意味あるものとして存在していることを実感することはできない。「身体に根差した知性」があることで，人間は「世界」と関わり，「世界」の意味を読み取り，時々刻々と変化する世界の中で「意味ある存在」として存在することができる。つまり，「身体に根差した知性」は，人間が世界の中に存在すること（意味ある存在として存

在を実感すること）の欠かせない要素となっている。

　またこのことは言い換えれば，人間は「身体」を通じて世界と関わり，世界の意味を読み取りつつ（その世界に規定もされてはいるが），世界の内に存在する存在者である。これは，ハイデガーが，人間の存在のあり方を「世界―内―存在」として捉えたことに通じる。デカルト的心身二元論では，「世界」は反省する意識である主観が客観的に把握（認識）するものにすぎなかったが，フッサールの現象学的方法を存在論に適用したハイデガーや，「身体性」を存在論の現象学に導入したメルロ＝ポンティにより，人間は「世界」に「身体」を通じて関わり，世界の内に存在する「世界―内―存在」であることが，存在論的に分析されるのである。

②　背景的意味

　次に，②の背景的意味について述べる。ベナーらは，ハイデガーの言説を引き，「背景的意味とは，（中略）文化によって人に誕生の時から与えられ，その人にとって何が現実とみなされるかを決定する（後略）」ものであり，「それは，『何が存在するか』に関する，人々に共有された公共的理解である」（Benner and Wrubel 1989＝1999：52）と述べている。

　ベナーらは，コーディルとワインスタインの日本と米国における母子の相互関係の比較研究を引き合いに出し，日本と米国で異なる赤ん坊の行動様式について触れている。コーディルとワインスタインの研究によれば，「赤ん坊は三，四ヶ月までに完全に日本人あるいはアメリカ人になる。日本の赤ん坊は身体が受け身であり，周りの事物や人々を見ることに満足している。それに対してアメリカの赤ん坊は，身体が能動的で，動作や声を通じて絶えず母親とやり取りしている」（Cadill and Wienstein 1969 ただし，ここでの記述は Benner and Wrubel 1989＝1999：52）。

　このような違いが生まれるのは，日米において文化的（背景的）意味に違いがあるからであり，例えば日本では，「新生児というのは教化されていない孤立した存在であるから，家族の中に迎え入れて教化しなければならないと考え

ているが，アメリカ人は新生児は無力で依存的な存在であるから，励まして自立できるようにしなければならないと考えている」(Benner and Wrubel 1989 = 1999：52) からである。

　さて，このような背景的意味を生まれたときから取り入れることができるのは，人間が身体に根差した知性として存在するものだからだと，ベナーらは捉える。私たちは意識による認識に先立って，身体に根差した知性を用いて，生まれ落ちた国や地域の文化的 (背景的) 意味を自らに取り入れる。そして，この背景的意味を通して，人間は自らが存在する世界の中から (背景的意味に沿う形で) 意味を取り出し，その世界に適応しつつ，その世界の内に存在する存在者となる。

　もっとも，背景的意味はそれぞれの文化の中で一定ではなく，それを担う人々の集合意識は少しずつ変様する (Benner and Wrubel 1989 = 1999：53)。ベナーらは，その変様がなぜ起こるのかについては具体的には述べていないが，想像するに，背景的意味を取り入れた個人の個性により，背景的意味がそれらに影響を受けて変様することもあるだろうし，文化間の衝突や交流によっても，背景的意味の変容は生じると考えられる。

　この①身体に根差した知性と②背景的意味の２つは，人間存在の２つの側面を描きだすと同時に，相互に関係し合って，人間存在の基本的な様態を表している。まず，①身体に根ざした知性は，人間存在が本来的に，この知性の働きによって，非反省的に「世界」と結びつけられた存在，ハイデガーに沿って言い換えれば，本来的に「世界─内─存在」であることを表している。次に②背景的意味は，人間に自分がどのような存在として，世界の内に存在している存在なのかの意味 (それぞれの国や地域などの文化的意味) を与えている。そして，この①と②の関係は，①の働きによって，②を読み取ることにより，人々をそれぞれの文化において「存在することの意味を実感しつつ，世界の内でくつろぐ」=「非反省的な自己解釈によって存在を実感できる存在」にしていることがわかる。

　もう少しかみ砕けば，人間は「世界」との関係の内に存在する。「世界」と

の関係なしに，人は存在すること（存在を実感すること）はできない。そのような存在として人間を規定しているのは「身体」であり，「身体」は「世界」と「人間」をつなぎ留めつつ，人に世界の内で存在をしていることを実感させる役割を果たしている。それはいかに「精神」が事後的・反省的に「世界」や「身体」を客観化し，認識上分離しようとしても，人間が「身体」を有している以上，「人間」と「世界」は分かちがたく結びついている。これが人間存在の最も基本的な様態である。

③ 関　　心

　ベナーらは，「関心は現象学的人間観の鍵となる特性である。人間がいかにして世界の内に存在でき，意味を直接把握できるかは，身体に根ざした知性と背景的意味によって説明されるが，なぜそうなのかはそれでは説明できない。このなぜを説明するのが関心である」と述べている（Benner and Wrubel 1989 = 1999：55）。

　ここで，ベナーらが「関心」といっているのは，英語では "concern" と表記されているものを訳したものである。ベナーらの著書の訳者である難波が，訳者による補足として用語解説で指摘しているように，この "concern" は基本的にはハイデガーの用いた "sorge" によっている。"sorge" は英語では "care" と訳された単語であり，ベナーらの書の鍵概念である，"care"，"caring" は，難波によって「気づかい」と訳されている。難波は，「〈concern〉と〈care〉は，もともと意味内容が大きく重なる語で，本書でも区別不可能な形で使われていることが多い」と指摘したうえで，しかし，そのニュアンスの違いとして，「〈concern〉は，（大事に思う事柄や人のことに）『関心をもって関わり合う』，（大事に思うがゆえにその対象に）『引きつけられて関与する』という含意に即して『状況に巻き込まれ関与するという人間の基本的なあり方』を表現する言葉として使われ（本書における現象学的人間論の中心概念となり），〈care〉の方は，『人の世話をする，看護する』という含意を活かして，現象学的人間論を看護論につなげていく文脈で使われる」（Benner and Wrubel 1989 = 1999：456）とし，

「〈concern〉には基本的に『関心』を，〈care〉（caring）には，『気づかい』を当てた」としている。つまり，この「関心」という概念こそ，ベナーらが，自身のケアリング理論において，中心概念として据えた概念といえる。

　では，ベナーらがいう「関心」とはどのようなものか。ベナーらは『なぜ人はそのようなことをするのか』『その人がそのような選択をするのはなぜか』という問いに対して，機械論的理論ではその答えを，人間を動機づける「人間の内的な衝動や欲求ないし心理構造上の何らかの特性か，さもなくば外的な刺戟ないし環境内にある何らかの報酬，いずれかである」とするのに対し，現象学的な観方では，「人間は関心を通じて己れ以外の事象に巻き込まれ関わり合うのである。このことは，世界が人それぞれの関心に照らして（例えば当の関心事にとって，ひいては自分にとって脅威となることは何かという観点から）理解されるということをまずは意味する。加えてそれは，人間が主観／客観関係の一方の項というより——サンデルの言い方でいえば，所有者／所有物関係の一方の項というより——自らの関心によって規定される存在だということである」。(Benner and Wrubel 1989 = 1999 : 55)

　「関心」という語を用いてベナーらが表そうとしている現象学的人間観は，以下のように整理できる。

　第1に，人間は自分の衝動や欲望，外的刺激によって動かされる「機械」ではなく，自らの「関心」によって状況に関わり，巻き込まれる存在だということである。ここには人間を「主体的存在」として捉える含意がある。

　第2に，しかし人間は，その「関心」によってある状況や事象に巻き込まれ，「自己を規定される存在」でもある。ここには「関心」が「主観／客観」という二項図式ではなく，「関心をもちつつ，その関心によって規定される」という，両義的な概念として規定されていることがわかる。人間存在を「主体・主観」が先か，「客観（外部の環境や構造）」が先かと捉えるのではなく，そもそも人間は「世界の中で関心の只中にいる」とでも表現できるような存在だと規定できる。つまり，「関心」はそれ自体で人間を人間たらしめているものであり，人間存在の基底に置くべき概念ということができる。

　さて，先ほども触れたが，この「関心」は，ベナーらの現象学的人間観の中核をなすものであり，それゆえベナーらのケアリング概念の中核でもある。「関心」はハイデガーの存在論的現象学の "sorge" の概念に基づいているので，"sorge" を英語では "care" と訳すことを考えれば「関心」＝ケアリングともいいうる。人は，自分の「関心」によって自分が住まう「世界」を構築する。それは同時に，自分の「関心」によって自己自身を規定する存在でもあるということである。人は自分の「関心」にしたがって世界に巻き込まれる。その「関心」の対象を気にかけ，気づかい，ケアリングしている（と同時にケアリングに規定されている）存在だということができる。つまり，現象学的人間観においては，ケアリングそのものが，人間存在の最も基底に置かれるのである。

　さて，ベナーらは「関心」の基本的な位置づけを終えたあとで，ハイデガーを引きながら，他者への「関心」の2つの型を取り上げている。

　その1つ目は，「他者の代理になる顧慮的な気遣い」（Heidegger 1927＝2017：177）であり，これはハイデガーによれば，「他者から気遣いの必要性をとり除いてやろうとするものであ」り，「他者の身代わりとなり，他者の代理を目指すものである」。このような顧慮的な気遣いがなされると，「他者は自分が本来しめるべき場所から押し退けられ」「相手に依存するようになり，相手に支配されることになる」とし，気遣いのあり方としては評価されない。これは，「気遣い＝ケアリング」がその人の存在の基底をなしていることを考えれば，当然の帰結であろう。

　2つ目は「他者に手本を示す顧慮的な気遣い」である。これは，「他者からその『気遣い』を奪いとるのではなく，相手に気遣いを気遣いとして本来の意味で返してやるのである」。ハイデガーはさらに，「こうした顧慮的な気遣いは，本質的に相手が本来関心を持つべきこと，すなわち相手の〈実存〉にかかわるものであり，相手が配慮的に気遣うべきものごとに関わるものではない。このような顧慮的な気遣いは相手が自分の気遣いにおいて鋭く見通することができるようにしてやり，それに向かって自由になることができるように手助けするのである。」と述べている（Heidegger 1927＝2017：177）。

　ベナーらは，ハイデガーのこの後者の気遣いの型について「それは他者がこうありたいと思っているあり方でいられるようその人に力を与えるような関係であり，看護関係の究極の目標をなすものである」(Benner and Wrubel 1989＝1999：55-56) と評価している。このような考え方が，社会福祉援助の目標である「自立支援」と似ている。しかし，「自立」概念が経済的，身体的，社会的……といった，その人の「実存」以外のものに関わる「自立」を単に意味しているのであれば，ハイデガーのいうところと，「自立支援」は似て非なるものである。それがいわば「実存的自立」あるいは「自己実現的自立」というべきものであれば，ハイデガーの趣旨と同様になる。私たちは，人をケアしようとするとき，その人の存在の基盤となっている「関心＝ケアリング＝その人の実存の基盤になっているもの」のあり様を見極めたうえで，その「関心（それは時に重荷だったりもするが）」を取り除いたり，肩代わりするのではなく，その人の存在の基盤であるその「関心事」に，その人自身が向き合えるように，手本を示すなどの方法で支援することが求められる。

④ 状　　況

　最後に④状況について説明する。ベナーらは，「人間は関心をもつことで状況に巻き込まれる (Benner and Wrubel 1989＝1999：56)」と述べ，人はその人の関心によって，「ある状況」に巻き込まれる存在であることを人間存在の4つ目の要素として規定している。この状況という概念について理解するためには，①身体に根ざした知性，②背景的意味，③関心との連関においてこの④状況を理解する必要がある。

　ベナーらは次のように述べている。「人間とは，環境の内に生息するというより自分の世界に住まう存在である。<u>身体に根ざした知性</u>と<u>背景的意味</u>と<u>関心</u>を通じて人間は<u>状況</u>を己れにとってそれが持つ意味という観点から直接つかむ」（下線は筆者）(Benner and Wrubel 1989＝1999：56)。

　この記述からは，①，②，③が連関しあった帰結としてその人がある「状況」に置かれるという事象が表現されている。人間は「自分の世界に住まう存在」

であるがゆえに,「常にすでに」ある特定の状況に置かれていることになる。逆に言えば,人間がある状況に「常にすでに」巻き込まれているのは,人間が身体に根ざした知性をもち,それによって自らの存在する世界の背景的意味をつかみ,その人の関心にしたがって世界を構築している存在であるからに他ならない。人はこのような存在様式を持つがゆえに,「常にすでにある状況に置かれている存在」なのである。

　しかし,人は日常的に自分が「ある状況に置かれている」とは意識していない。「状況」が意識されるのは,のちにその時点の状況を反省的に振り返る機会があったときのみで,普段は自分が今どのような状況に置かれているのかなど特に意識せずに生活を送っている。

　では人間が自分の置かれていた「状況」を反省的に振り返る機会とはどのような時か。ベナーらは,「生活の円滑な営みが破綻するとき」,たとえば「結婚・離婚・配偶者との死別・昇進や進学・失業」などをあげ,「これらを経験するとき,人はそれまでの自己理解がもはや完全には通用しなくなるような状況に投げ込まれる」とし,「このような変化に遭遇した時,それまで気づかなかった背景的意味と習慣的な身体的知性と関心が,もはやそれに頼ってはうまく生きていくことができない何かとして浮上してくる。当の変化した状況の内に置かれて初めてそられは意識され,反省を向けられる」と述べている (Benner and Wrubel 1989 = 1999：57)。

　人は,生活の営みが円滑な時は,自分が置かれた (巻き込まれた) 状況を特段意識することはない。それは,人が自分の置かれた状況に関心を寄せていない,ということではない。むしろ,円滑な生活が営まれている時には,人は世界と「関心」によって円滑に結びつけられている。しかしその人の「関心」が,否応なく別のものに向けさせられる契機によって,「世界」そのものが一変し,その人の前に別な「状況」として立ち現れることがある。

　このような「状況」への巻き込まれ方について,ベナーらは「これまで論じてきたことから,そうした破綻が,たとえ小さなものであっても,その人を丸ごと巻き込むことは明らかである」と表現している (Benner and Wrubel 1989

＝1999：57）。ある「状況」に巻き込まれた人にとって，その「状況」の外側
に立って，冷静に対処しようとすることはできない。その人自身の「関心」の
変化によって生み出された「状況」は，その人を丸ごと飲み込み，その人をそ
の「状況」の中に規定してしまうからである。

　さて，これまで見てきたように，ベナーらは，ハイデガーらの存在論的現象
学の知見を下敷きにして，自身らの看護学におけるケアリング概念の中核とな
る現象学的人間観を精緻に構築してきたことがわかる。このようなベナーらの
現象学的人間観は，ケアリング概念を検討する際，どのような意義を持ってい
るであろうか。

　それは，ケアリング概念を基礎づける哲学的基盤として，現象学的人間観を
位置づけたことであろう。現象学的人間観が位置づける存在の様態は，主体と
客体という二元論ではなく，私たち自身が関心によって意味づけた世界の中で，
常にすでに状況の内にあり，他者や世界の様々な事物と関係づけられている（巻
き込まれている）という事実である。ケアリングという概念は，そのような人
間観の中にあって，人と人，人と事物を結びつける「触媒」のようなものであ
る。ベナーらは，それを "concern"（関心）という言葉で記述しているが，先に
も述べたように，この "concern" は，ベナーらのケアリング概念にとって中核
をなす概念である。ケアリングは人が何らかの「関心」を持つことで，その人
と世界を結び付け，その人にとって世界を意味あるものとすると同時に，その
人を状況の中に規定する。言い換えれば，私たちはケアリングによって世界の
中に「意味ある存在」として存在することができると同時に，状況から規定さ
れ，その状況をケアリングしなければならないという，ある意味では責任や重
荷を必然的に背負い込む存在でもある。

　このように，現象学的人間観を基盤にすることにより，ケアリングの両義性
が浮かびあがってくる。ケアリングは人々にその存在の意味や意義を実感させ
るというポジティブな側面と，重荷を背負わせるというネガティブな側面を両
方含んでいるのである。

　そして重要なのは，ケアリングのこの2つの側面は不可分に結びついている

ということである。私たちは本来的にケアリングによって結びつけられた世界との関係性から逃れられないからこそ，ケアリングにより喜びも感じればストレスも感じる存在である。

第3節　ケアリング概念の論点

(1)　西村ユミによるベナーのケアリング理論への批判

本節では，前節までのケアリング概念の多様な分野における検討を踏まえ，それらへの批判的検討も踏まえつつ，ケアリング概念の到達点について考察するために，ケアリング概念が抱えているいくつかの論点について考察する。

まず，前項で述べたベナーのケアリング理論については，いくつかの批判的検討が行われている。同じ看護学の分野では，西村ユミが，ベナーらはメルロ＝ポンティが重要視した，始原的次元にまでさかのぼる身体論を組み込めていない点を指摘している（西村 2001：233）。

もっとも西村は，ベナーらが「看護における理論と実践を巡る問題に一石を投じた功績は否定できまい」とし，むしろ，現象学的アプローチによる研究，実践が関心を集めているからこそ，そのアプローチの妥当性について，より「クリティーク」（批評的）に見ていく必要性を訴えている（西村 2001：233-234）。西村は，ベナーらの議論そのものを否定したわけではなく，現象学的アプローチによるケアリング理論をより精緻に検討していくことの必要性を訴えたといえる。

(2)　ケアリング概念における他者概念の特徴―共感可能な他者―

次に，品川哲彦によるベナーらのケア論についての位置づけである。品川は，「ケアについての考察のすべてがケアの倫理に収斂するわけではないし，倫理学の分野におさまるものでもない」としながら，「（中略）哲学的ないし人間存在論的分析はケアの倫理が立脚するケア概念を理解し分節化する助けとなる」（品川 2007：241）と述べ，この哲学的，人間存在論的分析をしたケア論として，

ベナーらのケア論を取り上げている。品川は，このベナーらのケアリングの哲学を出発点としながら，現象学の他者論の系譜に言及し，ケアリングが他者をどのように捉えるのかという点について，さらに踏み込んだ議論を展開している。

　この品川の「他者概念」についての考察は，リベラリズム＝正義，コミュニタリアニズム＝徳，ケアリングの3つの倫理の対比から，ケアリングがどのように「他者に対する倫理構造」を持っているのか，あるいはその限界は何かを探求するために行われた作業である（品川 2007：246）。

　品川はまず，ケアリング理論が他者理解においてどのような特徴を持っているかを検討するために，現象学における他者論を検討している。品川が議論の遡上にあげるのは，現象学の系譜に属する，フッサール，ハイデガー，メルロ＝ポンティ，サルトル，レヴィナス，デリダの他者論である。

　表1-②は，品川の現象学における他者論の系譜についての考察を，その記

表1-②　品川哲彦の現象学的他者論の系譜のまとめ

	他者への関心の志向性	他者の位置づけ	他者との関わり方
①フッサール	認識論（他者はどのようにして認識できるのか）	類似者（相互主観性）	他我への自我の投入（あたかもそこに私がいるかのように）
②ハイデガー	存在論（他者とはどのような存在か）	共現存在	誰にも等しく不可避に訪れる死を前にした共苦
③メルロ＝ポンティ	存在論（他者とはどのような存在か）	相互身体性	傷つきやすい（ヴァルネラブルな）身体への共感を通したケアリング
④サルトル	存在論（他者とはどのような存在か）	自分を他者が意味づけた世界に釘付けにする「まなざしとしての他者」	他者は，私とは異なる世界を意味づける存在として「現前」し，私とは相克関係にある
⑤レヴィナス	倫理学（他者とはどのように関わるべきか）	決して私と同化されない「絶対的他者」	他者への責任の引き受けとしての「他者の優先」
⑥デリダ	倫理学（他者とはどのように関わるべきか）	法の対象になっていない「異邦人」	法の埒外の者を受け入れるという正義に基づいた「無条件の歓待」

出所）品川の論述（品川 2007：247-256）を基に筆者作成

述に基づいて筆者が試みにまとめたものである。

　品川は各論者の他者論を比較検討したうえで，ケアリング理論がどのような他者論の特徴を持っているかを浮き彫りにしていく。品川がケア論の哲学的，人間存在論的分析の例として取り上げたベナーらは，②ハイデガーと③メルロ＝ポンティの哲学を基盤としており，その特徴は，「他者への関心の志向性」としては存在論，「他者の位置づけ」としては，②ハイデガーは共現存在，③メルロ＝ポンティは相互身体性が鍵概念となり，「他者との関わり方」は，②ハイデガーは誰にも等しく不可避に訪れる死を前にした「共苦」，③メルロ＝ポンティでは傷つきやすい（ヴァルネラブルな）身体への共感を通したケアリングと整理できる（詳細は品川 2007：247-256 を参照）。

　品川が現象学の他者論を用いて浮き彫りにしたベナーらのケアリング理論の特徴は，哲学的には存在論の哲学を基盤とし，他者の存在は，ハイデガーによれば，世界の中に共に存在する共現存在として，メルロ＝ポンティではさらにそこに「身体性」が加わり，共に「身体」を持つ者同士，「傷つきやすい身体」を通じて共感し合える存在として他者を捉えるところにある。

(3)　「共感可能な他者」概念の限界と「絶対的他者」概念

　品川はこのようなケアリング理論の特徴を把握したうえで，その他の現象学的他者論とケアリング論を比較検討しながら，ベナーまでのケアリング理論の限界とその先を見据えたケアリング理論の可能性を見出していく。

　表1-②のうち，④サルトル，⑤レヴィナス，⑥デリダは，ベナーらが採用した②ハイデガー，③メルロ＝ポンティとは大きく異なる他者論を採用している。ハイデガーやメルロ＝ポンティでは他者は共感可能性を持つ存在として位置づけられていたが，サルトル以下では，他者は「私」が完全には把握できない存在であり，時に「私」と対立する存在として位置づけられる。ここではそれぞれの論者の他者論を詳細には論じないが，品川は，他者を「私」が完全に把握できないという立場に立つ他者論においては，「他者に対してどのように関わればいいのか」，という倫理学の次元にその議論が移ることを指摘している。

　ベナーらの存在論的現象学では，ケアリングは人間の存在の基盤であり，他者との共感やケアリングはその意味で必然である。しかし，レヴィナスやデリダのように，他者が「私」には捉えきれない「絶対的他者」とすると，共感可能な人同士のケアリングという前提そのものが崩れ，完全には把握（共感）できない他者に対して，私たちはどのように関わればいいのかという倫理的次元で他者との関わりが問われることになる。

　例えば，重度の障害を生まれながらに有する人と，そのような身体性（障害）を持たない人は，異なる「身体性」を持つといえるのではなかろうか。メルロ＝ポンティが前提とした「相互身体性」による他者への共感は，異なる「身体性」の感覚を持つものに対して，果たして有効に機能するかは疑問である。むしろ，そのような他者は，レヴィナスやデリダのいうように，「私」の理解からはみ出る「絶対的他者」として想定しておく必要がある。

　レヴィナスがそのような他者に対してとるべき姿勢として提起したのは，「私」に対する「他者」の非対称性を前提として，「他者を優先する」という倫理的アプローチである。レヴィナスは，他者は「私」によって完全に把握できないからこそ，現象学的には「私」によって暴力的に意味づけられてしまう存在である（私の勝手な解釈で，他者の考えや感情を勝手に捉えてしまう）と考えた。それゆえ他者を意味づける「私」と他者は非対称の関係にある。もしそのような非対称性の中で「私」が他者と倫理的に関わろうとするなら，「私」ではなく「他者」をこそ優先する必要があるとレヴィナスは考えたのである（Levinas 1961＝1989）。

　レヴィナスと相互的な影響関係にあったデリダも，「法」と「正義」という概念を用いて，他者に対する倫理的アプローチを展開している。デリダにとって「法」とは，なんらかの共通性や類似性を持つ者たちの内部に適用される一つの正義の行使の方法である。しかし，共通性や類似性を持たない者に対してはこの「法」は適用されず，時には抑圧として機能することがある。デリダはこのような「法」の埒外に置かれる者たちを「異邦人」という言葉で概念化し，本来の「正義」とはこのような「法」の埒外に置かれた「異邦人」に対して，

無条件の受け入れを提供する「歓待」を行うことだと説いた（Derrida 1997＝
1999 : 98）。

(4)　ケアリング概念における「共感可能な他者」概念と「絶対的他者」概念の関係

　さて，このようなレヴィナスやデリダの他者論を踏まえると，ベナーらのケ
アリング理論は，共感可能性を持つ——デリダにいわせれば，「内部」の——
人にのみ通用する「法」にすぎないのではないかとも思えてくる。品川は，上
記の問いを，マッキノンやコーネルのケアの倫理への批判と評価を経由して，
①レヴィナスとデリダの議論がケアの倫理とどのような関係を持ちうるか，②
その他者概念をケアの倫理は利用することができるか，③マッキノンとコーネ
ルによるケアの倫理批判に留意しつつ，ケアの倫理を支持する男性の論者のス
タンスの問題をどう解決するか，という3つの問いに分節化して検討し，最終
的に自身のケアの倫理についての見解を述べている。

　品川はまず，ケアの倫理に対するマッキノンとコーネルの批判と評価につい
て検討している。

　まず，マッキノンは，ギリガンのケアの倫理について，「男性に都合の良い
女性観を女性自らが肯定すること」として批判した（Mackinnon 1987＝1993 :
63-64）[2]。これに対してコーネルは，このマッキノンのギリガン批判に，「彼
女（ギリガン）はなぜそうした経験（女性的なケアの倫理に基づく行動による経験）
が正当な道徳的推論の仕方として評価されていないのかを問いかけるよう提案
しているのである」（Cornell 1999＝2003 : 310）としてギリガンを評価する。そ
して，マッキノンのように「女性的」なことを語ることが，すべて現実の（男
性中心の）ジェンダー構造の中に回収されてしまうという前提に立ってしまえば，
「女性的なものの価値」を語ることは一切できなくなり，袋小路に陥ってしま
うとして，マッキノンの姿勢を批判している。

　もっともコーネルは，先ほどのようにギリガンを評価しながらも，ギリガン
が女性の「一般的な傾向」を元にして生み出した「ケアの倫理」を，男性中心

の道徳的規範に対抗させてしまったがゆえに，やはり「女性らしさ」の再生産につながる可能性があることについては問題を提起している（Cornell 1999＝2003：310）。しかしコーネルは，それでもギリガンの主張は「女性的な経験を価値あるものとする，控えめだが倫理的な肯定が暗示されている」（Cornell 1999＝2003：310）としてギリガンの提起したケアの倫理そのものについては肯定的である。

　品川は，「だがそれでは，コーネル自身は女性の現実以外のどこに拠点を求めうるのか」と問う（品川 2007：257）。それは，「女性的な価値」としてのケアの倫理を，どのように語れば，既存のジェンダー構造に回収されることなくその価値を主張できるかということの根拠への問いである。

　この問いに対してコーネルが採用したのが，デリダの脱構築の思想である。デリダのこの思想は，既存の権力構造を疑い，またそのような権力構造の構築がなされることへの批判として展開された思想であるといえる。このデリダの脱構築の思想は，例えば男性優位のジェンダー構造といった，既存の社会的枠組みを解体しそこに新たな意味付与を行うことができる。

　デリダの脱構築の思想の要諦は，品川の言葉を借りれば，「テクストは常に開かれており，語の意味は特定のコンテクストによって規定しつくすことはできない。まだ書かれていないものが必ず残っている。この『まだない』は先取りされた未来ではない。先取りされるものならば既知の枠組みに回収されるものだからだ」（品川 2007：254），というものである。デリダは，特定の構造（コンテクスト）がそのまま固定化されることを否定する。テクストは常に開かれており，規定しつくすことはできない。しかし，それは「構築」がまったく生じないということではない。テクストは様々な語られ方，書かれ方をしながら，解体され，また構築される途上にある。

　さて，この脱構築の思想を用いて，コーネルは「女性的なもの（the feminine）」という言葉を，既存の女性観（＝女らしさ＝ femininity）と対置する（Cornell 1999＝2003：314-317）。「女性的なもの」は，「女らしさ」を脱構築した言葉である。「女性的なもの」は脱構築された言葉であるがゆえに，その意味は

常に解体と構築の途上にある。ギリガンは現実の女性の振る舞いから「女性ら
しい」道徳規範としてケアの倫理を構築した。しかし，「女性らしさ」とケア
の倫理が結びついて「構築」されている限り，既存のジェンダー構造のうえで，
ケアの倫理は「女らしさ」の構築を強化するものとして働かざるを得なくなる。
しかし「女性的なもの」としてケアの倫理を脱構築すれば，ケアの倫理は特定
のコンテクストから自由になり，既存のジェンダー構造の中で「女らしさ」を
強化する言葉ではなくなる。これにより「女性的なもの」としてのケアの倫理
は，「女らしさ」を強化する言葉ではなくなり，純粋に「男性的なもの」とは
異なる「女性的なもの」として様々な状況（テクスト）に到来することが可能
となる。

　こうしてケアの倫理は，様々な状況（テクスト）に到来しながら，「女性的な
ものの立場から」，既存の男性支配の構造に倫理的主張を行う。なぜなら，「女
性的なもの」は男性優位の社会構造に対して，「他者」としての位置づけを得
るからである。

　というのは，先述したようにデリダは，「法」と「正義」を対置して，「法」
はなんらかの共通性や類似性を持つ者たちの内部に適用されるもので，「正義」
とはこのような「法」の埒外に置かれた「異邦人」に対して，無条件の受け入
れを提供する「歓待」を行うことだと説いていた。デリダにとって，「正義」
は「法」を脱構築した概念であり，「法」は特定の集団内における「正義」を
一つの体系として構築したものであるが，「法」にはまだ書かれていないテク
ストがあるゆえに，脱構築の対象となる。デリダのいう正義とはこの「法」に
書かれていない，集団外部の「他者」に対して「法」を開き，無条件の歓待を
示すことで「法」の内の「正義」を絶えず書き換えることを志向する。

　さて，このように見たうえで，先ほどのケアの倫理との関係で述べれば，男
性優位のジェンダー構造はデリダのいう「法」にあたり，「女性的なもの＝ケ
アの倫理」は「他者」としての「異邦人」にあたる。このことを前提にコーネ
ルは次のように述べる。「男性たちが正義を望むつもりがあるなら，私たち女
性の呼びかけに耳を傾けなければならない」（Cornell 1999＝2003：263）。

　ここまでで，品川が分節化したケアリング理論に関する1つ目の問い「レヴィナスやデリダの議論が，ケアの倫理とどのような関係を持ちうるか」に答えることができる。つまり，ケアの倫理＝ケアリングは，既存の男性優位の社会構造の中で，「他者」「異邦人」としての位置づけを持ち，それそのものが倫理的主張を既存の社会の中で提起するという意義がある。ここでいう「既存の男性優位の社会構造」とは，単に「女性に対して男性が優位な社会」を意味しているのではなく，「男性的なもの」＝自立的であり，規範的であり，理論的であり，客観的であり，序列的であるような社会構造を意味している。一方「女性的なもの＝ケアリング」は関係的（相互依存的）であり，感情的であり，主観的であり，文脈依存的なあり様である。このようなケアリングのあり様は，先にも述べたように存在論的に基礎づけられている。そしてその存在論が排除した（あるいはその理論の内に取り込めなかった）レヴィナスやデリダの「絶対的他者」の概念は，ケアリングの概念そのもの自体が，既存の社会構造（法）の中で「他者（異邦人）性」を持つものとして関係している。

　品川の言を引けば「同種の集団の中での分配的正義とは異質の倫理を提言する点で，ケアの倫理はデリダの正義観念と批判の対象を共有している。構造的には，ケアの倫理のいう正義の倫理はデリダの議論における法の位置を占め，ケアの倫理が正義の位置を占める」（品川 2007：258）。つまり，ケアの倫理そのものがデリダのいう「他者性」を示すものとして存在しているのである。

(5)　「絶対的他者」概念のケアリング概念への適用可能性

　次に，②ケアの倫理の持つ他者概念は，レヴィナスやデリダの他者概念を利用することができるのか，という問いである。

　品川はこの点について，「ケアの倫理の他者概念は，レヴィナスとデリダのいう意味での他者概念とは異質である。なぜなら，ケアする者とケアされる者とのあいだには，同一性や共通性を徹底して排除した他者概念を適用することはできないからだ」（品川 2007：260），とし，ケアの倫理はレヴィナスやデリダの他者概念を適用することができないことを明言している。

　品川によれば，ケアの倫理が自他の共通性を主張する根拠としているのは，共に「傷つきやすい身体」を持っているということである。一方で，レヴィナスやデリダの他者概念は，身体性を前提にしていない。レヴィナスやデリダの他者は，いわば「自己」が認識しつくすことができないという意味で，「超越的存在」である。他者は「超越的存在」であるがゆえに，「非対称的」存在となり，それゆえに自己に対して倫理的対応を迫る。では，ケアの倫理はどのような理由で他者に対する倫理的対応を為すのであろうか。品川は，その根拠を，ベナーらが依拠したメルロ＝ポンティの哲学に見出そうとする。

　品川はメルロ＝ポンティの哲学を解釈した鷲田清一の議論を引きつつ，メルロ＝ポンティの哲学は自然的態度と超越論的態度を峻別できないとする哲学であることに言及している。例えば，ハイデガーの存在論は，ヴェルナー・マルクスの解釈に従えば，人間が「死」という超越的状況を前に「共に―苦しむ―存在」であることを契機として「共苦」という本来的な相互理解に到達できるとした（Marx 1986：24）。ここでは「死」という超越的契機が，他者への倫理的関わりを要請する契機となっている。ハイデガーの場合，人間の自然的（日常的）態度とは，やがてくる「死」から目をそむけ，「世人」の中に，非本来的に「頽落」しているという状況を指す。それが，「死」という超越的なことを直視することで，人間はその「本来性」に目覚める。つまり，ハイデガーの場合も，自然的態度と超越的態度は分離されている。

　メルロ＝ポンティの場合はどうだろうか。メルロ＝ポンティの鍵となる概念は「身体性」である。「身体」は人間が共通に有するものであり，特に「身体」は傷つきやすいがゆえに，「身体の共通感覚」を通した共通認識（共苦）を持てるというのが，メルロ＝ポンティにおける他者認識になっている。そして「身体」は日常性の中にあり，人間の自然状態の中に存する。これだけ見ると，メルロ＝ポンティの哲学には超越性の介在が無いように思える。

　品川はここで，メルロ＝ポンティが言及した「根源的なひと（On primordial）」（Merleau-Ponty 1960＝1970：29）という概念を超越的契機の一つとして挙げる。「根源的なひと」とは，ハイデガーの本来性，非本来性の議論と照らし

合わせると，自他は共に，本来的には「根源的なひと」として，共通する身体性を有しているにもかかわらず，その自他の身体性を，個々に分離して有しているとする見方は非本来的であり，そうではなく，「根源的なひと」として自他の区別なく，共有する「身体性」を有しているとする見方を本来的とする考え方である。ここにおいて「身体」は日常の中に自然的態度でありながら，「根源的なひと」という超越的な存在としても措定される。

　もう一つ品川が導入する超越的契機は「存在しないのではなく生きていること，出会わなかったのではなくともにここに居合わせていることそれ自身が超越としてうけとめられる」という，「生の現実への驚き」（品川 2007：262）あるいは，「存在や出会いの偶然性」とでもいうべきものである。

　品川自身ははっきりと言及していないが，このような超越的契機を可能にするのも，「身体性」が基盤になると考えられる。まず，「身体」は傷つきやすいがゆえに，その「傷つきやすさ」という本来性に自覚的であれば，「生きている」ことそのものが，まさに奇跡のように感じられるだろう。しかも，そのような「稀なる存在」としてお互いに「身体性」を有するものが，「いま，ここ」で共に生きて出会っているという，さらに稀なる事態において，奇跡的・超越的な水準は高まる。そのように出会った他者に対しては，当然，倫理的対応が求められる。傷つきやすい身体を共にもって奇跡的に生きており（存在しており），しかもほかでもないその2つの命が「いま，ここ」において出会った，という超越的契機が，他者への倫理的対応を要請する。これがケアの倫理の他者への倫理的関わりの基盤になる。

　このように考察すると，ケアの倫理は，レヴィナスやデリダの他者概念とは違う仕方で，独自の超越的契機に基づき，他者への倫理的なケアを展開するということがわかる。確かに日常的に「ケア」は「身体」へのケアに関わる場面が多くあり，その意味で日常性に根ざしながら，「身体」を通じた「稀なる生」という超越的契機をその都度呼び起こしていると考えられなくもない。その意味では，レヴィナスやデリダの他者概念とケアの倫理の他者概念は基本的には異なる論理構造を有していると考えるべきであろう。

　しかし，ケアの現場においては，時に「異なる身体性」を持つ他者へのケアリングが要請される場合がある。ケアするものとケアされるものの身体的特徴が著しく異なる場合などがそれである。重度の障害を生まれながらに有しているものに対して，果たしてすぐに「身体」を通した共感は成立しうるであろうか。

　そのような場合には，ケアのプロセスの中で，レヴィナスやデリダの「絶対的他者」の概念を用いる必要もあると考えられる。例えば，まずはその人を「絶対的他者」として無条件に受け入れることから始める必要があるかもしれない。

　しかし「ケア」とは，そのような「絶対的他者」として始まりながらも，その人が何を「快／不快」「好き／嫌い」「楽しい／楽しくない」「善い／悪い」などと感じるのかを読み取っていく作業である。その時，私たちは，やはり「身体」に根ざした「共通感覚」を基盤として，その人のケアを行う必要に迫られるだろう。私たちは，自分の「身体」をメルロ＝ポンティのいう「根源的なひと」として意識しながら，目の前の他者の「身体」を読み取っていく作業を求められる。よって，「絶対的他者」として他者を捉えながらも，ケアを行う場合には，私たちと共有感覚を持つ人としてケアを行う必要がある。逆を言えば，「絶対的他者」の概念だけでは，その人たちを無条件に「歓待」することはできても，その人の「感覚」を読み取り，例えばその人の「快／不快」を想定して関わることは難しい。ただし，一方ですぐに付け加える必要があるのは，私たちが「身体」を通して「共通感覚」を持つことはケアを行ううえで重要であるが，その「共通感覚」が本当に他者がそのように望んでいるかを確定するものではない。よって，厳密な意味では，やはり「他者」は私たちが完全には「了解」することのできない「他者性」を有していると考えることも重要である。

　このような意味で，ケアリングの共感的他者概念と絶対的他者概念は，ケアリングの現場において，相補的に用いる必要があると考えられる。ケアリングの他者概念は「身体」の持つ「共通感覚」を通して，他者の「快／不快」を認識し，具体的なケアを可能にするし，絶対的他者の概念は他者がどこまでも「他者性」を持つ者と認識しつつ，ケアを提供する者の側に常に倫理的・反省的に

他者と関わることを要請する。この2つが相補い合うことで，私たちは他者に共感しつつ，謙虚に他者と関わることが可能になる。

(6)　ケアリング概念の持つ「女性性」の脱構築

さて，品川が提起したケアリング概念に関わる3つの問題提起のうち，3つ目の「マッキノンとコーネルによるケアの倫理批判に留意しつつ，ケアの倫理を支持する男性の論者のスタンスの問題をどう解決するか」という問題を最後に検討する。

この問題については，先ほどのコーネルによるマッキノンへの批判の論拠を引けば，ケアリング概念が持っている「女らしさ」は「女性的なもの」として脱構築されることで，解決するようにも思える。しかし，「女性的なもの」として脱ジェンダー化がされてしまうことで，かえってケアリングが持つ女性への抑圧を隠ぺいされかねないという指摘がなされるのも事実である。この問題については，もう少し議論を展開する必要がある。

品川はこの問題について，「だが既存の性役割は男性にとっても抑圧として働く面がないわけではない」（品川 2007：263）として，男性的なものを中心とするジェンダー構造の中にあって，男性の側にもそのジェンダー構造が抑圧的に働くことを指摘する。

ここで品川は，再びマッキノンに対するコーネルの批判的言説を取り上げていく。その要点は，男性中心のジェンダー構造とは，「硬直した自己同一性」の考え方であり，「リバタリアニズムやリベラリズムの自律概念そのもの」であって，コーネルの言う「なぜ身体を受容の位置として思い描かないのだろうか」（Cornell 1999＝2003：339）という，女性的な「受け容れ」の概念と対立するものである。

品川は「男性の論者（少なくともその一部）がケアの倫理に惹かれる契機には，こうした硬直した自己同一性に対する疑念があると思われる」と述べ，「かたくなに強く自己を押し出す自分自身に暴力性を感じておぞましく思ったことはないか。（中略）逆に他者に応答することで自分が変容されていくことにみずみ

ずしい驚きを覚えたことはないだろうか」(品川 2007：263) として，男性の側にも女性的なケアリング概念を受け入れる素地があることを述べていく。

　ここでの「男らしさ」とは，品川が「リバタリアニズムやリベラリズムの自律概念そのもの」と表現しているように，いわゆる「正義の倫理」が内包する「自律した個人」を前提とした権利志向の価値観などであろう。ケアリング概念はこのような意味での「男らしさ」も脱構築し，男性であっても「女性的なもの」を身につけることを承認する。そのことにより，ケアリング概念が男性中心的なジェンダー構造の中で「女らしさ」を強化するというよりも，男性中心のジェンダー構造を脱構築し，男性にも女性にも必要なケアリングという関係性を社会の中に取り戻す，という可能性を見出すことにつながる。

第 4 節　ケアリング概念の可能性と限界

(1)　ケアリング概念の「存在論的次元」と「倫理的次元」

　さて，ここまでの議論において，ケアリング概念の持つ可能性と限界について，現時点での到達点を考察する準備ができたのではないかと考える。本節では，前節までの議論を踏まえたうえで，ケアリング概念の可能性と限界について考察する。

　まず，ケアリング概念を①「存在論的概念」で捉える位相と，②「倫理的概念」で捉える位相を設定したい。これまで見てきたように，ケアリング概念には人間を本質的にどのような存在として把握するかという「存在論的概念」で捉える視点と，「ケア実践」に関わって，ケアリングをどのような「倫理的概念」として捉えるかという視点がある。この 2 つの位相は，それぞれ独立した位相というより，①の「存在論的概念」を基盤として，②の「倫理的概念」が規定されるという関係性にある。

(2)　「存在論的次元」におけるケアリング概念の意義

　これまで見てきたように，ケアリング概念は存在論的現象学を基盤にしてお

り，特にハイデガーやメルロ＝ポンティの現象学がその基盤になっている。その要点をもう一度まとめれば，人間は①身体に根ざした知性を持ち，それによって，世界の②背景的意味を読み取ることにより，世界の内に（自己を規定しつつ）住まう存在である。このような存在であるがゆえに私たちは世界に③「関心」を持ち，その「関心」によって，常にすでに④状況に巻き込まれた存在である。

　「ケアリング」は，このような現象学的人間観の中で，③の「関心」の位置にある。人間は身体によって結びつけられつつ住まう世界の中で，本来的に何かに「関心」を払いながら生活をする存在である。ここで「関心」とは，「気づかうこと」，つまりケアリングすることである。私たちはこの「ケアリング」を通して世界と結びつけられ，その世界に自己自身を規定されつつも，またそうであるがゆえに，ケアリングを通して自らの存在意義を見出し，そこから自己の喜びを見出すことができるし，また逆に，その関係を重荷と感じ，ケアリング自体がストレスにもなる存在でもある。

　では，このような存在論的ケアリング概念が持っている可能性とはどのようなものであるだろうか。

① 人間存在の関係論的把握

　第1は，人間存在の関係論的把握を哲学的に基礎づけることにより，実際の人間が経験する様々な事象をより本質的に理解することを可能にする点である。

　例えば，現代の社会福祉の課題として「孤立」の問題がある。この「孤立」の問題を考える際，「孤立」を社会的に解決すべき課題として捉えるか，本人が望んで「孤立」していることを本人の「自由」の問題として捉えるかで，この課題への対処の仕方は異なってくる。後者のような認識については，人間存在の本質を関係論的な視点で見た場合，単純に「その人の自由意志だから」という問題で済ますことができなくなる。人間を関係論的に捉えた場合，「孤立」することは人間の本来のあり方からは逸脱するからである。もし仮に本人が「孤立すること」を望んでいるとすれば，それがもたらす影響や，なぜその人がそ

のように望んでいるのかということの背景に注目し，なぜその人が，人間の本来性に反して「孤立」を望むようになったのかを考える必要がある。

　例えば，本人がそう望んだわけではなく，様々な状況の中で「孤立」を強いられる状況に追い込まれ，そのような選択を本人がせざるを得ないとしたら，そのように望まれた「孤立」には注意を要する。

　一人暮らし高齢者が700万人になろうとしているわが国の現状において，この「孤立」をめぐる議論は大きな社会的関心になりつつある。2021年には内閣府内に「孤独・孤立対策担当室」が設置され，「孤独・孤立対策担当大臣」が任命された。2023年には「孤独・孤立対策推進法」も成立している。現象学的人間観は，「関係」に規定されている人間存在にとって「孤立」は人間の非本来的あり方であり，社会的な解決が要請される課題であると認識することを促す。このように人間存在を関係論的に基礎づける存在論的ケアリング概念は，そのような人間の本来性から生じる人間社会の関係性に基づく課題のより本質的理解を促進する意義がある。

② 主体的存在としての人間把握

　第2にケアリング概念は，人間存在が何らかの目的論的志向性を持っていること，言い換えれば主体的存在であることを基礎づけている。

　そもそも現象学では，事物を客観的な前提として捉えるのではなく，「主観」が捉える事物が，どのようなものとして「主観」に現象するか，という地点から出発する。

　人間は「主体」そのものの意思を「世界」に照射している。よって「世界」は「客体」としてその人の前に現れるのではなく，「主体」の意思が照射されたものとしてその人の前に現れる。言い換えれば「主体」と「世界」は一体的なものである。「主体」が，ある「関心」をもって意味づける「世界」は，まさにその「関心＝ケアリング」の働きによって，それが円滑にその人と「世界」を取り持っている場合は，その人は「世界」の中で「くつろぐ」ことができている。しかし，ベナーらが指摘するように，このような「関心＝ケアリング」

の働きが，何らかの理由（病気や，災害，大切な人の死，結婚，就職等のライフイベント等）によって「状況」が変化し，その対処にその人が戸惑う時，言い換えれば「ケアリング」が不調をきたした時，そこに「ストレス」が生じ，課題が顕在化する。このような課題の解決は，その人自身がその「状況」への新しい「関心＝ケアリング」の向け方を模索し，再びその人自身の「ケアリング」が円滑さを取り戻すことが必要になる。

　よって，私たちが支援する時重要なのは，その人の「ケアリング」の肩代わりしたり，その人を苦しめている「ケアの重荷」そのものを取り去ることではなく，その人の「ケアリング」が円滑さを取り戻すことを支援することとなる。そして，このようにすることこそ，本来的な意味での「主体性を尊重した支援」といえる。

　存在論的現象学の視点から「主体的存在としての人間」を考えると，「主体性の尊重」が単にその人の「意志の尊重」「自己選択，自己決定の尊重」というだけでは不十分であることがわかる。それが単に，「他者の意見を排した，その人だけが下した決定」とだけ理解されれば，本来的な意味でその人の「主体性」を尊重したことにはならない。そこには，そうした結果，その人が自ら意味づける「世界」と円滑な「ケアリング」関係を取り戻したかどうかを視る視点が欠けているからである。

　「主体」と「客体」を二元論的に考えてしまうと，上記のような誤謬に陥ってしまう。主客二元論では，決定する本人が「主体」であり，周囲はみな「客体」だとみなされ，「主体性の尊重」とは，「周囲の影響を排除し，その人自身が決めたこと」とされる。しかし人間存在は「関係論的存在」であることが基底にあり，「周囲の影響を完全に排除すること」はそもそもあり得ない想定であり，仮にそのような状況を想定したとしても，その決定の帰結（＝円滑なケアリング関係が取り戻せたかどうか）を視るのでなければ，その人が，自分で決定したことであっても，真の意味で「主体性が尊重」されたとはいえないだろう。

③ 人間存在の「現実的」,「日常的」把握

　第3に,存在論的ケアリング概念は「身体」が人間存在の根源的基礎づけの役割を担っていることを位置づけている。「身体」が人間存在の基礎となっていることにより,人間存在も,またケアリング概念自体も,「現実性」あるいは「日常性」の要素を色濃く帯びることになる。そしてこのことはきわめて重要な意義を持っている。

　意義の第1は,私たちはともに「傷つきやすい身体性」を持つことで,「他者への共感可能性」に開かれているということである。このことは,私たちが「他者」をケアリングの対象にせずにはいられないことを示している。私たちは「傷ついている他者」を見れば,共通の「身体性」を通じてその人に「本来的に」共感し,「関心＝ケアリング」を示す存在なのである。「共感し得る他者」という存在は,そのような意味で私たちの「関心」を強く引きつける存在であるともいえる。ゆえに私たちは,そのような他者への「ケアリング」が時に非常な「重荷」としても感じられることがある。それは,私たちが「身体」を通じて否応なく「他者」に引きつけられるからでもある。

　意義の第2は,先述したように,ケアリング概念を「現実性」「日常性」の中に位置づけるという点である。メルロ＝ポンティは「身体」を位置づけることにより,それまでの哲学の「主観主義（観念論）」と「客観主義（自然科学）」の両方を批判した。「客観主義」への批判については先述したとおりであるが,「主観主義（観念論）」への批判は次のようなものである。「主観＝意識」がすべてを決定する,ということになれば,極端にいえば私たちは「世界」を自分の意のままにできる,ということになり,先ほど述べた本来の意味で「他者への共感可能性」を持つことはできなくなる。なぜなら,「意識」によって自分の目の前に現れる「他者」を,「主観」は自分の都合の良いように「思い込む」こともできてしまうからである。

　しかし,私たちが「身体」を有していることによって,私たちは「意識」だけでなく,具体的に「触れる」ことができ,そして具体的な「痛み」を感じる存在として自分自身を,そして「他者」を認識できる。

このように，現象学的ケアリング概念の持つ「身体性」は，「他者への共感可能性」を開き，また私たちを「現実」につなぎとめるという点で重要な意義を持っている。

④　ケアリングの両義性

現象学的存在論のケアリング概念の第4の意義は，「ケアリング」がその人の「生きる意味」になる一方で，それが「重荷」となり，ストレスの原因にもなり得るという「両義性」を「ケアリング概念」そのものに明確に位置づける点である。

「ケアリング」を「重荷」として捉える視点は，"care" の語源が，本来的に「嘆き」や「心配」「苦悶」といった「重荷としてのケア」の側面があったことを考えれば重要な視点である。

もっとも，この時注意しなければならないのは，「ケアリング」は人間存在の根底にあり，それゆえ「ケアリング」は「重荷」になりもすれば「喜び」の源泉にもなり得るという，正負表裏一体のものとして捉えることである。よって「ケアリング」を「重荷」に感じている人の課題は，その人自身の「ケアリングの重荷」を除去したり，肩代わりしたりすることでは解決しない。その人が，その人自身の「ケアリング」を捉えなおし，その人が自らの「ケアリング」によって，「世界」ともう一度円滑な関係を取り戻せるように支援することが求められるのである。

また社会的には「ケアリング」が「重荷」としての側面もあることから，「ケア」をどのように分担していくかという社会的正義の観点からの検討も要請される。この問題については後ほど詳しく取り上げるが，このような社会倫理の要請につながるという意味でも，現象学的存在論のケアリング概念は重要である。

(3)　「倫理的次元」におけるケアリング概念の意義

次にこのような現象学的存在論を基盤にしたケアリング概念が，倫理的次元

においてはどのような知見と可能性を有するかについて，「ケアの倫理」「責任
の倫理」と「正義の倫理」を対比しながら検討した品川の論考に依拠しながら
概括する。

①「正義の倫理」が周縁化する人々をケアの対象にする意義

　品川は「正義の倫理」と「ケアの倫理」「責任の倫理」の最も際立った相違は，
「正義の倫理」が「対等で相互的な関係に依拠し，そこに成り立つ正義や権利
によって基礎づけられる」のに対して，「ケアの倫理」は「ケアされる者がケ
アする者の援助を要する」がゆえに，「責任の倫理」は「責任を担う者と責任
の対象との間の非対称的な力関係に成り立つ」がゆえに，いずれも非対称的な
力関係を前提としていることを挙げている（品川 2007：266）。

　このような非対称性への認識は，「正義の倫理」の枠組みでは「周縁化」さ
れて捉えることができない対象に，倫理的な目を向けることを可能にする。

　品川は例えば「正義の倫理」においても，女性や子ども，老人といった対象
をまったく捉えることができないわけではないとしながら，しかし「正義にも
とづく倫理はその存在者に尊重されるべき権原を授与するために，現実の非対
称性を捨象し，その存在者を対等な関係にまで『上昇』させ，その結果，変容
してしまう」（品川 2007：267）とする。

　例えばある基準に基づいて年金や生活保護，あるいは社会福祉の制度的なサー
ビスを提供することはできても，それでその人のすべての問題が解決するわ
けではない。何らかの具体的なケアが必要なものは，誰かの具体的な「ケア」
の提供がなければ生活することはできないし，そのような関係性は，ケアされ
るものが，ケアを提供する側の「ケア」に依存せざるを得ないがゆえに，非対
称的である。しかしこのような非対称性に対し，正義の倫理は，制度的に定め
られたサービスの提供以上のことを行うことは難しい。一方ケアの倫理は，こ
のような「ケアの非対称性」を捉え，普遍的なサービス以上のケア提供が必要
だという倫理的視線を—非対称的であるがゆえにケアの対象となる人々をより
尊重しなければならないという倫理的視線を—，非対称性の関係に依存せざる

を得ない人々に対して向けることができる。

②「無条件のケアの提供」という意義

　さて，このようにケアの倫理や責任の倫理が，非対称性を重視する背景を，品川は「人間の傷つきやすさ，生のうつろいやすさについての鮮烈な認識がある」（品川 2007：267）ことに求めている。先述したように，このような「生」への認識は，われわれの「生（＝存在）」が「傷つきやすい身体」に根ざしていることを基盤としている。「傷つきやすい身体」に触れる時，私たちはそこに日常性の中に埋め込まれた超越性を見出す。「はかない生」を共にしているという認識が，私自身の「根源的な身体性」として意識されるとき，私たちは「傷ついた他者」「ケアを必要とする他者」に対して，「その人をケアする」という倫理的態度に導かれる。その際，私たちは「その人をケアする」ということに何らの留保もつけない。「社会的に有用だから」とか，「私たちは対等な存在だから」とかの理由で，私たちは「ケアの倫理的態度」に導かれるわけではない。

　品川は，ケアの倫理と責任の倫理が「倫理の範型」に置くのは「乳飲み子への配慮」であるとし，次のようにいう。

　「責任原理やケアの倫理が乳飲み子の成育に力点をおくのは，それが今は尊重すべき条件を欠いているけれども，いずれ将来の正義の共同体の成員となることが約束されているという理由からではない。（中略）人間の尊重すべき側面（本体としての人間）を尊重するにはまるごとの人間（現象としての人間を含めた全体）が守られなくてはならない。（中略）責任原理とケアの倫理がこの共通の態度を示すのは，（中略）一切を支える基盤として生そのものをそれ自身として尊重しているからである」（品川 2007：268）。

　つまりケアの倫理は，条件付なしに，その人が「傷つきやすい身体」を持っているというその事実のみで，無条件のケアを提供するという倫理的態度を示すことができる。

③ ケアリングにおける「感受性」(実存的共感) の重視

　ケアリング概念の倫理的次元における第3の意義は，品川が指摘する「ケアの倫理はケアする相手のニーズをくみとるために推論能力より感受性を重視する」という点である (品川 2007：268)。

　推論能力は，「合理的推論」や「理性」に依拠した論理的思考であるが，これらだけではくみとれないニーズがある。「合理的推論」や「理性」は，その人が支援を受けるに値するニーズがあるかどうかを，客観的事実に基づいて把握しようとする。病気の具合や身体の状況，経済状況，その人の社会関係等々について調べたうえで，合理的推論を用いてニーズを規定する。しかし，それらはあくまで「客観的ニーズ」であり，その人がその人の「実存」として，何に最も苦しみ，悩み，また何を快と思い，何に生きがいを見出すのかという点についてのニーズ，つまり，その人が何を「ケアリング」しており，何に自身の「生きる意味」を見出しているのか (あるいは何に苦悩しているのか) というニーズについては把握できない。それらの客観的情報からインスピレーションを受けながらも，最後にそのニーズを把握しようとするのは，「身体性」をもって世界に住まう「共現存在」としての「私」の感受性である。

　このような「感受性」に基づくニーズ把握は「的外れ」の危険性もある。しかし，たとえ的外れであれ，ケアしようとしたこちら側の「共感」はケアの対象にも伝わっていく。その事実そのものが，ケアされる側を勇気づけ，その人の「実存」に触れることを可能にする。

　このように，ケアリングの倫理的次元が持つ3つ目の意義は，ケアリングの倫理が，ケアする相手のニーズ把握の際に理性だけではすくいきれない「実存的ニーズ」に対して，感受性 (実存的共感) をもって働きかけるという点である。

(4)　ケアリング概念の限界

　さて，ケアリング概念には限界もある。ここではケアリング概念の限界を示し，その限界を補う他の倫理概念との関係について整理する。

①「無限のケアリング」の要請という限界

　第1の限界は，ケアの倫理が「無限のケアリング」を要請する可能性がある点である。この「無限のケアリング」の可能性は現象学的人間観が人間の本質に「ケアリング」を置いている以上，無くすことができない限界だともいえる。なぜなら現象学的人間観では「ケアリング」は人間存在の基底であり，「重荷としてのケアリング」が無限に課せられる可能性が常にあるからである。

　この限界をケアリング概念内部で解決することは不可能である。ケアリング概念は「重荷としてのケアリング」を「喜びとしてのケアリング」に変えることはできるかもしれない。しかしケアリング概念内部におけるそのやり方は，ノディングスが言うように，「ケアの重荷」で自分自身が圧しつぶされないように，ケアリングしている自分自身をケアリングして「倫理的自己」を保つというやり方か，「ケアする人をケアリングする」という「他者のケアリング」が必要となる。また，本来「重荷」と感じているケアリングを，「喜びと思い込む（思い込ませる）」などといったことは欺瞞的であり論外である。

　「自分自身へのケアリング」と「ケアしている人へのケアリング」が「無限のケアリング」の限界を突破できないのは，「ケア資源の有限性」が根底にある。ケア資源が有限であるのは，私たちが有限な「身体」を有している存在であるからに他ならない。「有限」な身体を用いてケアリングする我々は，「無限」のケアリングの要請のすべてに応じることは物理的に不可能である。

　ではどうすればよいか。1つには「資源の有限性」を前提に，より全体的なシステム（社会制度）として資源を公正に分配するという「正義の倫理」による方法がある。これにより「無限のケアリング」の限界はある程度緩和することができる。しかし，正義の倫理（社会制度）の助力を得たうえでも，「無限のケアリング」の課題は残る。なぜなら，たとえ社会制度による分配がなされたとしても，それで満たされないニーズへの「ケアリング」はさらに要請されるからである。

　とはいえ，「正義の倫理」はこの限界の緩和に活用されるべきである。なぜなら，これらが活用されなかった場合，「無限のケアリング」が特定の属性（典

型的には女性，他にも家族やケア専門職）に一方的に負担として押し付けられる可能性があるからである。

　しかしまた，ケアリング概念がこのような限界を有するからといって，逆にケアリング概念やその倫理より，「分配の正義」の倫理を優先することはできない。なぜなら，「資源の有限性」の名のもとに，ある特定の人のニーズを満たさないこと（特定の人のケアリングをしないこと）が正当化されれば，それは我々の人間存在の基盤（＝ケアリングすること）を掘り崩すからである。よって私たちは「無限のケアリング」を前提にしつつそれをお互いにどのように分担するのか（分配の正義）や，その分担をどのような経緯で決定するのか（討議倫理＝第3章で詳述）を常に考えながら，ケアリングのあり方を考え続けなければならない。

②「誤ったケアリング（他者のニーズの誤認）」の可能性という限界

　ケアリング概念の限界の第2は，ケアリング概念に基づくケアリングが，時にケアリングする側の「思い込み」による誤ったケアリングを他者に提供しかねない可能性があるということである。

　ケアリングの倫理的次元においては，「共に傷つきやすい身体性」を持つもの同士が奇跡的に居合わせているという超越的契機によって，その他者に対して無条件のケアリングを行うという倫理的態度が導かれた。しかしこのことは，そのようになされるケアリング自体が他者の求めているものに対する正しいケアリングになることを根拠づけるものではない。ケアリング概念は他者に対するニーズ把握を「感受性（実存的共感）」を用いて行うが，このことは共に世界に住まう「共現存在」である我々が，「実存」同士で響き合うという点できわめて重要なことではある。しかしそれが時に大きな「誤認」をもたらすものであることも意識しておかなければならない。「誤認」に基づくケアリングは，ケアをする側にとってもケアされる側にとっても時に大きな負担となり，どちらか一方，あるいは悪くすれば両者を「ケアリングの重荷」によって圧しつぶしてしまうこともあり得る。

　このケアリング概念の限界を乗り越えるためには，やはりケアリング概念以外の倫理的概念を導入する必要がある。その一つは，先述したレヴィナスやデリダの「絶対的他者」概念である。私たちは「身体性」を共有するがゆえに他者への共感可能性に開かれているが，そのことは他者の気持ちや思いを完全に理解することを保障するわけではない。私たちは他者に共感はできるが，完全な理解をすることはできない。よって他者に関わるときには，「他者」は自分の理解を超える存在として，常に意識しつつ謙虚に関わることが重要である。

　ケアリング概念による「誤認」の限界を乗り越えるもう一つの方法は，「科学的合理性」の力を借りることである。もっとも，「科学的合理性」を導入したからといって，その人の真のニーズをケアリング概念以上に認識できるわけではない。「科学的合理性」の特質は，事物を客体化し，要素に分解して，要素間の関係やその要素が他の要素に果たしている機能や役割などをより具体的に明らかにできることである。しかし，「科学的合理性」は，それが集まって働く全体（言い換えれば要素に分解される前の全体）がどのような意味や目的を持っているのかという点についてはうまく説明することができない。特に人の「実存」を捉えるには「科学的合理性」のみでは限界がある。

　しかしそれでも「科学的合理性」を利用することの意義は，その人の「実存」を捉えるうえで，その実存の要素が分解され，その各要素の働きが明らかになっていた方が，より正確なその「実存」の理解が可能になる側面があるからである。もっともこのことは何度も述べるように，「科学的合理性」を突き詰めていけばその人の真のニーズを捉えることができると考えてはならない。ニーズ把握の最後の局面では，その人の「実存」を把握するために，同じ「実存」である人間が，他の実存への働きかけとしてニーズを捉える必要がある。もし最終的に「ケアリング」によるニーズ把握をせず，「科学的合理性」のみでニーズ把握をしてしまえば，そのようにして把握されたニーズは単に「要素間の因果関係の全体」でしかなく，私たちが捉えたい「実存」そのものではない。

　このように，「ケアリング」による他者のニーズの誤認という限界は，他の倫理概念や「科学的合理性」を導入しても完全になくすことはできない。それ

でもそれらの倫理概念を導入することにより，より謙虚にかつより他者の感覚に近づく可能性を高めることはできる。

③「出会った他者」にしかケアリングできない，という限界

　ケアリング概念の限界の第3は，ケアリング概念は，「出会った他者」あるいはその人の前に現象した事物や他者に対してはケアリングを行うことができるが，その人の意識に現象しない事物や他者をケアリングの対象にすることに限界がある点である。

　この限界に関係のある記述として，ノディングスは「私がケアする責務を負っている人を見捨てないかぎり，アフリカの飢えている子どもたちへのケアをまっとうすることができないなら，アフリカの飢えている子どもたちをケアする責務はない」（Noddings 1984＝1987：86：ただし，ここでの訳文はより正確な訳文という理由で，品川 2007：194 を採用）としている。

　このノディングスの言説は，「出会っていない他者」へのケアリングの限界を示しているわけではなく，ケアリングの優先順位の根拠を示した言説である。私たちのケアが優先するのは，私たちの目の前で現象する「身近な他者」である。「アフリカの飢えている子ども」もすでに「出会った他者（ケアが必要だと認識された他者）」としてケアリングの対象にはなりうるが，ノディングスに従えば，「アフリカの飢えている子ども」へのケアリングより，「私がケアする責務を負っている人」のケアリングが優先される。それはなぜだろうか。

　まず，「私がケアする責務を負っている人」は現にその人がケアリングの対象としている人である。そしてケアリングする私のケア資源は有限である。ケア資源が有限であれば，私は「アフリカの飢えている子ども」へのケアリングをまっとうすることができない。「ケアリングがまっとうされないこと」は，人間の本来性である「ケアリング」そのものからの疎外をもたらす恐れがある。それゆえに，私は「アフリカの飢えている子ども」へのケアリングの責務からは免責される。しかしこのことは，ケアリング概念が，「アフリカの飢えている子ども」のように縁遠い他者へのケアリングが不要だといっていると理解し

てはならない。そのような人々へのケアリングが免責されるのは，すでにある
特定の他者をケアリングしている人のみであり，免責の根拠は，特定の誰かを
ケアリングしているがゆえに，他の誰かをケアリングすることができない，と
いう状況においてのみである。

　よって，「アフリカの飢えている子ども」も，当然ながらケアリングの対象
にしなければならない。しかしそのケアリングの責務は「すでに誰かをケアリ
ングしていて，その子たちへのケアリングをまっとうできない人」にではなく，
ケアの資源に余裕を持ち，実際にケアリングをまっとうできる別の誰かが負う
べき責務となる。

　さてケアリング概念は「特定の誰かによって，特定の誰かがケアされる」と
いう状況を志向する。究極的にはすべての人が特定の誰かによってケアされる
状況を作ることで，あらゆる人をケアリングの対象にすることが可能となる。
これは，正義の倫理が「権利概念」によって，普遍的にすべての人にケアを受
ける権利を付与するやり方とは異なったやり方である。「権利」によってケア
を受ける権利を保障したところで，実際のケアリングの実質がともなうことは
保障されない。そればかりか普遍的な「ケアを受ける権利」の付与は，「ケア
の有限性」を度外視する危険性もある。「ケアを受ける権利」は抽象的概念で
あるがゆえに，ケアの資源が無限にあるかのような事態を想定している。すべ
ての人に権利があるのであれば，ケアはすべての人にくまなく配分されなけれ
ばならないが，実際にはケア資源は有限である。品川はこのような事態を「ケ
アする能力の有限性を忘れたケアは，空洞化するか，自己欺瞞に陥らざるを得
ない。すべてをケアするとは，実質的には，何もケアしない，何も大切に思わ
ないということである」（品川 2007：158）と指摘している。

　このような意味で，ケアリング概念は，「正義の倫理」よりもケアの現実性
に根ざしたうえで，「ケア」をより多くの人々が具体的に享受できるようなや
り方を志向しているという点で，より優れていると考えることもできる。

　しかし，ここで，最初の問いに戻りたい。ケアリング概念が，確かに特定の
人による特定の人へのケアの網の目のようなネットワークによって，すべての

人がケアリングされる状況を構想しているとしても，そのこと自体がすべての人がケアリングされる状況になることを何ら保障するものではない。根本的に，私たちがケアリング関係に入るには，特定の人と出会う必要があり，出会えばケアリング関係が発生するというのが，存在論的現象学が示す人間の本来的なあり方である。しかし私たちがもし「出会わなかったら」どうだろうか。ケアリング概念の内部において，この「出会い」を倫理的に根拠づける論理は見出せない。むしろ，ケアリング概念においては「出会い」は偶然性に任せられているがゆえに，よりそのような「偶然＝超越」によって出会った者たちの関係の中で，より強い「ケアリング」への動機づけが根拠づけられるような論理構成を取っている。私たちは「たまたま出会った他者」だからこそ，「ケアリング」を行う強い責務を感じることになる。

　しかし，「ケアリング」への意識が，「身近な他者」だけでなく，まだ「出会っていない他者」への「ケアリング」も想定すると考えてみるとどうであろうか。私たちはまだ出会っていない「ケアリングが必要な他者」もいるに違いないと考え，「出会っていない他者」にこちらから会いに行こうとすること（アウトリーチ）もできる。こう想定することは不可能ではない。実際，ケアリング概念の倫理的次元における意義を述べた際，「正義の倫理」に対してケアリング概念の方が，「ケアの非対称性」への意識から，より「ケアを要するマイノリティの人々」をケアするという倫理的態度を持ちやすいことを指摘した。

　つまりケアリング概念は本質的に「アウトリーチ」を志向するともいえる。ただ，このやり方にも問題がある。まず，すでに多くの人は特定の人やモノをケアリングしている可能性が高い。先ほど述べたように，ケアリングの優先順位はより身近な他者となる。より身近なものをケアリングしている人は，より縁遠い人へのケアリングからは免責される。もっとも，ケア資源に余裕のある誰かがアウトリーチを試みればよいかもしれない。または専門職のような「倫理的ケアリング」を行う者がアウトリーチの担い手になることも考えられる。それらの人が意図的にまだ「出会っていない他者」へのアウトリーチを展開すれば，ケアリングのネットワークはより拡張しうる。

　しかし，より根本的な問題がある。それはたとえ，現実にケア資源に余裕の
ある人がいるとはいえ，究極的には「ケア資源」は有限であることである。ケ
アリング概念によるアウトリーチを突き詰めていくと，どこかで「ケア資源の
有限性」という限界に直面することは避けられず，結果的にすべての人へのケ
アリング関係の樹立が困難となる可能性がある。

　よって，ケアリング概念のみで，「出会い」によるケアリングを意図的に保
障することはできない。ではどうすればよいだろうか。ここで，先ほど述べた
「権利」に基づく普遍的な「ケアの権利の付与」を採用することはできない。
繰り返しになるが，「権利」による「ケアの権利の付与」は，「ケア資源が無限
にあること」を暗に想定しており，「ケア資源の有限性」に基づくすべての人
へのケアの不可能性という限界を突破するのにこの論理は使えないし，もっと
悪いことには，ケアリング概念が持っている，ケアの現実性・具体性という側
面を「権利概念」は捨象してしまう。

　筆者がここで提唱したいのは，人々（理想を言えばすべての人々）がケアリン
グ関係に入ることができるようにするための，「出会い」の機会を保障する社会
倫理の必要性である。ケアリングが始まるためには，人と人とが「出会う」こ
とが重要な契機となる。ケアリング概念は人と人とが「ケアリング」によって
結びついていることを人間の本来性と捉えており，そのようなケアリング関係
から疎外されていること，関係から人々が切り離され孤立していることは，人
間の本来性から離れた状態として忌むべき状況である。よってケアリング概念
は，究極的にはすべての人が，「誰か」に「出会い」，ケアリングされる状態（ケ
アリングによるネットワークの網の目）を究極の目標にする。しかし，個々の人々
のケアリングの範囲は「身近な他者」が優先され，「縁遠い他者」や，「出会わ
れない他者」へのケアリングは免責されるという限界を有していた。

　そうであるならば，重要なことは，できるだけ多くの人が（究極的にはあら
ゆる人が），特定の「誰か」と出会い，ケアリング関係に入れるような，「出会
いを保障する倫理」を確立することである。この倫理は「普遍的な権利」を志
向する「正義の倫理」とは異なる倫理である。「権利」概念が抽象的な「ケア

の権利」の保障を目指すのに対し，「出会い」を保障する倫理は，「身体性」を有する人と人とが，その有限性をお互いに知覚できる仕方で文字通り「触れ合い，出会う」ことを志向する倫理である。そこには抽象的なケアの権利の保障ではなく，「出会い」による具体的なケアリング関係の発生の保障という視点がある。

　筆者はこの「出会い」を保障する倫理を実行するためには，第1に具体的に「人と人とが出会うことのできる場の保障」と，第2に，人と人とを出会わせるための「つながりづくりの支援」の2つを保障する必要があると考える。この具体的な「場」と「つながりづくり」を2つ合わせて，筆者は「コミュニティの保障」という倫理の必要性を提起したい。この「コミュニティの保障」という倫理は，ケアリング概念が持っている「出会っていないことの限界」を補完し，より多くの人がケアリング関係を有することを間接的に保障する。そしてこのことが，本書の主題である「ケアリングコミュニティ」概念の必要性につながっていくが，このケアリング概念と「コミュニティの保障」の関係についての詳細な論述は後ほど行う。ここでは，ケアリング概念の「出会っていないこと」の限界に対し，「出会うこと」を保障する「コミュニティの保障」という倫理を取り急ぎ提起することにとどめる。

(5)　ケアリング概念の到達点

　本章では，ケアリングコミュニティ概念を検討する前提として，ケアリング概念の検討を行ってきた。ケアリング概念の検討を通じて明らかになったことは，第1に，「ケアリング」概念そのものが，人間存在の基盤となっていることである。現象学的存在論の手法を用いることにより，人間は「身体」を媒介にし，「気づかい＝ケアリング」を用いて自己自身の存在を意味づける世界の中に住まう存在であり，そのような意味で「関係的」「主体（実存）的」「現実的」存在であることが明らかになった。また，そのような存在であるからこそ，私たち人間は「ケアリング」により自分自身の生きる意味や喜びを感じることができるが，同時にその「ケアリング」によって「無限のケア」という重荷を

背負っているという，「両義性」を抱えた存在であることも明らかになった。

　第2に，ケアリング概念は，このような「人間存在の基盤としてのケアリングの本質」を前提として，私たちに「他者と共に世界に住まう存在」として，他者に対する「ケアの倫理」という倫理的態度を要請することが明らかになった。ケアリング概念は，「ケアする─される」というケアの非対称性に基づくがゆえに，より「弱きもの」への「ケア」に，私たちの倫理的な「関心＝ケアリング」を向けさせる。また，そのような他者へのケアは，私たちが「傷つきやすい身体を持って生きている」ということと，その者同士が「偶然出会った」という超越的契機を基盤として，「偶然出会った他者」に対して「無条件のケア」を提供するという倫理的な基盤となっていた。そして，他者をケアするとき，私たちは何らかの条件付きで他者をケアするのではなく，その人の「実存」を丸ごとケアする。私たちは科学的合理性のみで人々をケアするのではなく，ケアする側の「実存」とケアされる側の「実存」が相互に響き合うという形で他者をケアすることが重要であり，そのような意味で他者をその人の実存丸ごととして捉える倫理的態度を要請していることがわかった。

　第3に，上記のような様態を持つケアリング概念は，それゆえに，ケアリング概念だけでは解決しえない課題を持っているという意味で，限界があることもわかった。ケアリング概念のみでは，人間は「無限のケアリング」を要請され，ニーズの誤認に基づく「ケアリング」によって，ケアする側もケアされる側も，圧しつぶされてしまう危険性があり，「身近な他者」以外の「出会っていない他者」に対して，ケアリングできない可能性があることもわかった。よって，これらの限界を補完するために，ケアリング概念以外の倫理的概念を合わせて用いる必要があることもわかった。

　ここで確認しておきたいのは，ケアリング概念が，人間存在の基盤に位置づいていることであり，私たち人間の本来性に関わっている概念であるということである。このことは「ケアリング」概念を抜きに私たちの人間存在の本質を語れないことを意味している。そして，そうであるがゆえに，「ケアリング」概念は，私たちの人間存在の様々な可能性を開く概念であると同時に，私たち

人間存在の様々な課題の大元を認識するのに不可欠な概念であるということである。

　以下の章では，このケアリング概念を，「ケア」に関わる人間存在の分析枠組みとし，「ケア」実践の必要性が増大する現代のわが国の社会状況において，どのような「ケアリング」を行っていけばよいか，その実践的あり方を明らかにする。特にこのような「ケアリング」を実現する場として，「身体性」を分かち合える現実的な「コミュニティ」が必要だという認識に基づいて，「ケアリングコミュニティ」のあり方の分析を進めることとしたい。

〈注〉
1）このあたりの論争の整理については，先ほどの品川哲彦『正義と境を接するもの―責任という原理とケアの倫理―』の他，小林正弥の「『ケアと正義』の公共哲学」『講座ケア　第1巻　ケアとは何だろうか』所収　に詳しい。
2）ここでの記述は，マッキノンのギリガンに対する評価を一言で意訳して表現したものである。マッキノンの実際の記述は次のようなものである。
　　「彼女（ギリガン；筆者追加）は，特別保護原則が法律の分野でなしとげているものを倫理的判断の分野でなしとげている。すなわち，女性を男性から明白に区別しているものを，否定的にではなく肯定的に評価し，それらの特性とその結果を，男性の優位性に生じたものとしてではなく，私たち独自のもののように扱っている。女性にとって差異を肯定することは，差異が支配を意味するときには，力のない者の特質と特性を肯定することを意味する」（Mackinnon 1987＝1993：63-64）。

第2章　ケアリングコミュニティ概念の先行研究におけるその到達点及び課題

第1節　ケアリングコミュニティ概念の現在

　本章では，第1章で検討したケアリング概念の検討を踏まえたうえで，本書で検討する主要概念である，ケアリングコミュニティ概念について検討する。

　本節では，まず，「ケアリングコミュニティ」という用語を用いた文献についていくつか取り上げ，その文献において「ケアリングコミュニティ」概念がどのような意図で用いられている概念なのかをまず検討する。

(1)　教育学分野における「ケアリングコミュニティ」概念の使用

　論文検索システム「CiNii」において，「ケアリングコミュニティ」を検索ワードとして検索すると，平成30年10月17日現在において13件の文献が検索される。また，「Google Scholar」においては39件の文献が検索される。

　さて，この2つの検索結果を調べてみると，両者ともにおいて，もっとも早く「ケアリングコミュニティ」の語を用いた文献は，教育学者の藤田英典「誰がどのようにケアするのか？：変動社会における少年犯罪・教育・社会福祉（視聴覚教育法）」である。(藤田 2004：131) [1]。

　藤田の論文において「ケアリングコミュニティ」という概念は精緻に検討されて用いられた概念であるとは言い難い。しかし，教育学分野において，いち早く「ケアリングコミュニティ」の語が用いられた背景には，教育学分野において「ケアリング概念」をいち早く検討したノディングスの影響があるだろう。このノディングスの「ケアリング」理論を教育学の分野でいち早く日本に紹介

した佐藤学も，ノディングスの影響を受け「学びの共同体」を志向した教育理論を提唱したことで知られる[2]。

　このように，わが国における「ケアリングコミュニティ」概念の使用は，まず教育学分野において，青少年の健全な成長を保障するコミュニティという意味合いで，精緻な概念規定はなかったとしても，ノディングスのケアリング理論の影響を含みつつ用いられたのが最初であるということができる。

(2)　福祉分野における「ケアリングコミュニティ」概念の使用

　さて，次に「ケアリングコミュニティ」概念が用いられたのは福祉の領域である。その最初のものは，2006年における高橋信幸らの論文，「離島・過疎地域におけるケアリング・コミュニティ形成に関する研究（その1）―長崎県西海市崎戸地区におけるインフォーマルサポートの活性化に向けて」である。

　この論文の中で，高橋らは，「ケアリングコミュニティ」を次のように定義している。

　「ケアリング・コミュニティ（以下，CCという。）とは，家族や近隣といったインフォーマル・サポートネットワークの強化を図るための小地域活動が，計画的にシステムとして機能している地域をいう。CC形成とは，欧米では教育や医療・看護，宗教等の分野での近隣のネットワーク活動を目的とする場合もあるが，本研究においては，地域福祉の視点から主に高齢者を対象として，ニーズを再確認し，それに対応する地域の現実的なサービス提供について，既存の，あるいは潜在化している住民ネットワークを強化することにより，安全に，かつ安心して住み続けられるコミュニティ形成を図ることとする」（高橋ら2006：143）

　この高橋らの定義は，福祉分野において最も早く「ケアリングコミュニティ」概念を定義したものとして注目されるが，「ケアリングコミュニティ」概念自体についての詳細な検討はなされておらず，いわば，この論文における操作的

定義として「ケアリング・コミュニティ」という語を採用したと考えられる。

　次に福祉分野において「ケアリングコミュニティ」概念を用いたのは，加藤悦雄である。加藤は「児童福祉分野におけるケアリングコミュニティの構築とその射程」と題した論文において，「子どもを取巻く人と人との対面的な絆を重視するアプローチとして，ケアリングコミュニティの構築という手法を提起し，その特徴および可能性について考えていく」とし，ケアリングコミュニティを「『他者や隣人への関心や配慮といった価値観を共有する人びとによるつながり』として，暫定的に定義しておくことにする」とした（加藤 2009：96）。

　加藤は，戦後のわが国における児童福祉の歴史的アプローチを振り返りつつ，今後必要な児童福祉のアプローチとして，「子どもの権利を志向するケアリングコミュニティ構築（アプローチ）」を提起した（加藤 2009：110）。

　加藤は，ケアリングコミュニティの構造を少なくとも3つの層，すなわち，もっともミクロな①個別的な行為の層，メゾ的な領域の②中間団体活動の層，自治体レベルでは最もマクロな③社会制度設計の層に分けた。このようなケアリングコミュニティの各層と，子どもの生きる複合的環境，すなわち，①子どもの主たる養育の場である「家庭的環境」，②子どもの仲間（peer）集団の社会である「子ども社会」，③子ども自身が社会の構成員として，市民社会に参画する場としての「市民社会」，④子どもも含め，生物種のいのちを育む環境としての（自然生態系）という4つの環境とをクロスさせて出来上がる，大小様々な「ケアリングコミュニティ」の構築が求められる，と加藤は論じている（加藤 2009：113）

　加藤のケアリングコミュニティ概念は，児童福祉分野にその関心の中心を置いているが，先ほどの高橋らの定義に比べ，より普遍的な概念として構想しようという意図が感じられる。しかし，その後，加藤がこのケアリングコミュニティ概念をさらに精緻に検討した形跡，またこのケアリングコミュニティ概念を用いて立論した論文等は見当たらなかった。

　このように，2000年代（00年代）までは，論文中に先駆的に「ケアリングコミュニティ」という用語が用いられることはあっても，この「ケアリングコミ

ュニティ」概念自体を分析対象とし，その内容を精緻に検討する研究には至っていなかったと考えることができる。

(3)　大橋謙策の「ケアリングコミュニティ」概念の提起

　このような「ケアリングコミュニティ」概念の研究に一線を画す提起を行ったのは，「ケアリングコミュニティ」という言葉を意図的に用い，一冊の本として編集した大橋謙策の「ケアリングコミュニティ」概念の提起である。

　大橋のケアリングコミュニティ概念がそれまでのケアリングコミュティ概念と一線を画しているのは，①ケアリングコミュニティ概念において重要な位置を占める「ケア」「ケアリング」概念について，精緻な検討を行っていること，②ケアリングコミュニティ概念を，これまでの社会福祉思想の系譜に連ねつつ，これからの新しい社会福祉の思想として明確に位置づけて検討を行っていること，③大橋自身が検討してきた地域福祉理論上の成果も踏まえつつ，ケアリングコミュニティを検討していること，④以上のことを総合して，「ケアリングコミュニティ」概念自体を検討することを主題として論述された，少なくともわが国では初めての論考であること，という点である。

　大橋のケアリングコミュニティ概念については節を変えて後ほど詳細に論じるが，厚生労働省の「安心生活創造事業」について言及しながら「このようなモデル事業をとおして，従来の地域の"支え合い"ではなく，"ケアリングコミュニティ"とも言える意識的に活動する住民による新しい地域づくりを進めようとした」と，ケアリングコミュニティの特質に触れた一節がある（大橋2014：18）。大橋の地域福祉理論は「住民の主体形成と参加」指向の地域福祉理論と評されるが，ケアリングコミュニティ概念の検討においても，大橋のこのような理論的特徴が色濃く反映されている。

　また，大橋は日本の社会福祉の歴史研究から，日本の「ケア観」＝社会福祉制度のあり様が，経済的自立を目的とした労働力政策の一環としてなされてきたことを批判し，そのような「ケア観」に対して，人間の本然的欲求として娯楽を捉えた権田保之助の『民衆娯楽論』を引き合いに出す。またアブラハム・

H・マズローの欲求階梯説を批判し，低次の欲求が満たされなければ，自己実現の欲求が満たされないという考えは誤りであることを批判する（大橋 2014：4-6：傍点は筆者）。

　大橋自身がはっきり言及しているわけではないが，大橋がここで権田保之助を引き合いに出し，マズローの欲求階梯説を批判する狙いは，「ケア」とは本来，人間の本然的欲求に対して提供されるべきであり，労働力再生産や，より高次の欲求の発現を目的として提供されるべきではないということであろう。また，筆者の解釈を交えていえば，「ケア」は人間の本然性（本来性）そのものに関わっているという認識から，人々のケアリングそのものを保障することが重要であると主張しているように思われる。このような意図は，その後に続く社会福祉の「自立」観の再検討の部分にも表れている。そして，そのような「ケアリング」を人々自ら互いに行い，そのことによって人々自らがそれを保障していく場（意識的に参加する住民による新しい地域づくり）として，「コミュニティ」を捉え，それらを合わせた概念として「ケアリングコミュニティ」概念を構想しているように思われる。

（4）　大橋以後のケアリングコミュニティ研究の現状

　さて，上記の大橋のケアリングコミュニティ概念の提起以降，この大橋のケアリングコミュニティ概念を引き継いだ論考が散見されるようになる。

　まず，大橋が編集した『ケアとコミュニティ』の所収論文，「『ケアリングコミュニティ』の構築に向けた地域福祉」を著した原田正樹は，住民自治によるローカル・ガバナンス成立のきっかけとなり得る地域福祉計画の意義に着目し，そのような住民参画の地域福祉計画策定プロセスを通して作られる「共に生き，相互に支え合うことができる地域」を，「ケアリングコミュニティ」としている。

　原田はそのあとに続けて，ケアリングコミュニティを成り立たせる5つの構成要素を挙げている。それは，①ケアの当事者性（エンパワーメント），②地域自立生活支援（トータルケアシステム），③参加・協働（ローカルガバナンス），④共生社会のケア制度政策（ソーシャルインクルージョン），⑤地域経営（ローカル

マネジメント）である（原田 2014：100-102）。

　原田はまた，2017 年の論文「ケアリングコミュニティの構築をめざして」において，「ケアリングコミュニティとは政策としての『地域共生社会』，運動や実践[3]を踏まえて，これからの地域福祉の実践モデルであり，目標である」（原田 2017：17）としている。この論文における原田のキーワードは，①あらゆる人の社会的包摂を行うという社会的合意を経たうえでの「共生」という概念，②従来の近代的な自立概念＝independent から，お互いが支え合いながらよりよく生きていけるような，「相互実現的自立」＝interdependent という概念，③持続可能で，一人ひとりを支えるために，住民・専門職などが協働して重層的なケアシステムを作り出していくという「地域づくり」の視点，④福祉教育による「当事者性の形成」の視点，⑤地域福祉計画をツールとしたケアリングコミュニティ構築の視点などがある。

　原田は大橋の「ケアリングコミュニティ」概念を引き継ぎ，これからの社会福祉・地域福祉の目指すべき，普遍的な目的概念として「ケアリングコミュニティ」を捉えようとしていることがうかがえる。特に，「ケアリングコミュニティ」の目指すべき具体的な機能や，内包すべき実践的価値（エンパワーメント，トータルケアシステム，ローカルガバナンス，ソーシャルインクルージョン，ローカルマネジメント）についてより分節化して捉え，その内容について検討している。

　しかし，筆者は，原田の「ケアリングコミュニティ」概念は，例えば「ケアリング」という概念を捉える視点において，大橋の視点を引き継ぎ切れていないと考えている。例えば原田のいう「相互実現的自立」という概念は，原田の「ケアリング」の捉え方を表していると考えられるが，この自立をめぐる議論に関しては，大橋の方が後ほど詳述する「6つの自立」の検討を通してより精緻に検討している。原田の「相互実現的自立」観には，大橋の「6つの自立」に匹敵する自立観の詳細な検討はみられない。また筆者が第1章で検討したように，「ケアリング」概念は意義と限界の双方を有する。単純に近代的な自立観を否定し，相互依存的にもなり得る「相互実現的自立」を対置することは危

うさを伴う。その点，大橋は，「6つの自立」の説明の各所に，「自立」概念の持つ両義性（意義と限界）を意識した記述がみられる。これらの点に関して，原田の「ケアリングコミュニティ」概念は，さらなる検討を要すると考えられる。

　次に佐藤陽の論文「高齢者が相互に支え合う意義―要援護高齢者の力を活かす場づくり―」における「ケアリングコミュニティ」概念について検討する。

　佐藤は，要援護高齢者が単に支えられるだけの存在ではなく，その「弱さの力」を活かして支える側にもなれることを指摘し，このような当事者性を帯びたものと，そうでない者たちが相互に支え合う「場」の検討を行っている。そして，そのような検討を行う際に佐藤が用いた概念が「ケアリングコミュニティ」概念であり，「ケア」概念である。

　佐藤は，「双方向の支え合い」という概念として，「ケアリングコミュニティ」概念を見ていると思われるが，特に佐藤が強調するのは，要援護者のような，従来福祉サービスの受け手と思われていた人たちが「支え手」に回ることのできるという意味で「双方向性」を捉えている。佐藤はこのような関心から，大橋と原田のケアリングコミュニティ概念を紹介し，共に支え合う仕組みについては，上野谷加代子の「住民の助けられ」に注目し，さらにコミュニタリアニズムの視点から助け合いを論じた妻鹿ふみ子などの名前を挙げている。しかし，これらの論考を参照したうえで，佐藤自身が独自にケアリングコミュニティ概念を検討しているわけではない（佐藤 2016：55-56）。

　一方で佐藤は，「ケア」概念については詳細な検討を行っている。佐藤は，ソクラテス，メイヤロフ，マルティン・ブーバー，金子郁容，岡本栄一らの「ケア」についての概念を取り上げ，「本論は，ケアを必要とする人が増大し得る近未来を想定し，要援護高齢者のもつ力に着目し，こうした支え合いの知見をもとに，『ケアされる存在』として捉えるのではなく，双方向性の支え合い，つまり『ケアする，される』関係性の中で人間としての尊厳をまもり，よりよく生きるために自己実現を図ることが重要と捉える」と論じ，特に「ケアされる存在」とされてきた要援護高齢者のような「ニーズの帰属する主体としての当事者性」に主眼を置くことが重要，という認識を示している（佐藤 2016：

58)。

　このように，佐藤は「要援護高齢者」のような人々が自己実現する条件として，その人たちが「ケアする存在」になること重視した「ケア」概念，「ケアリングコミュニティ」概念を提示しているといえる。この佐藤の「ケア」の捉え方は，第1章で筆者が検討したように，「ケア」は人間の存在論的基盤であり，まさに「ケアすること（＝ケアリング）」から人は喜びを得るという分析と通底する。そして佐藤はこのような双方向のケアリングを行う「場」を構築することこそ，「ケアリングコミュニティ」の構築であると捉えている。

　しかしながら，佐藤においても，「ケア」「ケアリング」概念の意義は述べられているが，その限界を意識した検討はなされておらず，その点においては，まだ不十分な検討に留まっていると言わざるを得ない。

　事実，後に詳述する大橋の「ケア（≒大橋においては自立）」概念の限界についての考察は，それ以降あまり深められておらず，どちらかといえばケアリングコミュニティがもたらすポジティブな側面に焦点が当てられる傾向があると考えられる。もっとも，原田は，コミュニティが時に「排除の論理」を持つことについて意識的であり[4]，また佐藤もケアリングコミュニティが単に一方的なケアを提供するだけのコミュニティではないことを強調しており，その意味で両者とも単に「ケアリングコミュニティ」という理想化された言葉のみでこの概念を語ることに慎重ではある。しかし，「ケアリングコミュニティ」という語を用いて，それを目的概念として設定する以上，「ケア」「ケアリング」の限界についてはより精緻に検討しておく必要があろう。

　次節以降では，このような現時点での「ケアリングコミュニティ」概念の現状を踏まえ，より精緻な「ケアリングコミュニティ」概念の検討を，大橋謙策，広井良典，小林正弥の「ケア」「ケアリング」と「コミュニティ」の関係についての論考を参照しつつ検討する。

第 2 節　大橋謙策のケアリングコミュニティ概念

（1）　大橋の「ケア」「ケアリング」概念

　まず，大橋がケアリングコミュニティ概念を検討するにあたり，「ケア」「ケアリング」概念をどのように捉えているかについて検討する。

　大橋は，「そもそもケアとは何を目的として，どのような価値，機能を有した営みとして考えたらいいのであろうか」（大橋 2014：1）と問い，「そもそも人間 1 人では生きて行くことが困難な動物であり，集団の中でこそ生きるすべを獲得し，言語や文字を発達させてきたのではないか。だとすれば，"ケアする"，"ケアされる" 関係性というものは人間にもともと求められていた機能だったのではないか」（大橋 2014：1-2）と述べている。この「ケア」観は，第 1 章で筆者が述べた，人間の存在論的基盤としての「ケア」観を大橋がとっていることを示している。

　また大橋は，ミルトン・メイヤロフのケア概念を紹介し，「本巻のねらいは，このメイヤロフの考え方を社会福祉の歴史，コミュニティのあり方などを通して考えることである」と述べている。メイヤロフは，ギリガンの「ケアの倫理」の提起に先立って，「ケア」についての哲学的な考察を行った哲学者であり，多くの論者がメイヤロフの「ケア」観を引用している。筆者自身は，大橋も引用している，「ケアすることは，（中略）世界の中にあって，自分の落ち着き場所にいる」（Mayeroff 1971 = 1987：15）という認識や，「他の人をケアすることをとおして，他の人々の役立つことによって，その人は自身の生の真の意味を生きているのである」などの部分において，メイヤロフが先駆的に「ケア」「ケアリング」が人間の存在論的基盤になっていることを認識していた点，また「ケアとは，ケアをする人，ケアをされる人に生じる変化とともに成長発展をとげる関係を指しているのである」と，「ケア」「ケアリング」を，これも先駆的に関係論的視点で捉えていた点について評価している。もっとも，メイヤロフは先駆的であるがゆえに，「ケア」「ケアリング」概念が持つネガティブな側面に

ついては言及していない。しかし，メイヤロフの先駆性の意義は，「ケア」「ケアリング」概念が，単に，「介護」や「世話」といった実践的領域で使われる言葉としてではなく，人間存在にとって普遍的，根源的に位置づけられる概念としていち早く検討を行ったことであろう。

　メイヤロフを引く大橋の「ケア」「ケアリング」概念は，人間存在の本質的基盤に「ケア」「ケアリング」があり，「ケア」「ケアリング」を行うことをとおして，それぞれが人間として互いに成長することができるという考え方を持っていると考えられる。

(2)　日本の社会福祉におけるケア観の批判

　前項のような「ケア」「ケアリング」概念を踏まえ，大橋は日本の社会福祉におけるケア観を批判的に検討している。大橋は社会福祉の歴史とはすなわち「ケアの社会化」の歴史であることを端的に指摘し，この「ケアの社会化」がどのような思想・哲学で行われてきたかを批判的に検証する。

　大橋は「ケアの社会化」の要因を，①「ケアを必要とする人がその時代において多数となり，時の為政者にとって看過できない状況，もしくは社会統合の必要性からすすめるもの」，②「労働力の確保が社会発展の鍵と考え，そのことに関わって推進させること」，③「住民自身の生活防衛的立場から生活協同組合的に推進すること」，④「新たな社会福祉思想，哲学に基づき推進されること」，という4点に整理する（大橋 2014：4）。「これらの要因は，相互に関わりながら，時の政治力学に左右されて実際の『ケアの社会化』は促進される」（大橋 2014：4）が，近代国家成立以降，これらの中でも特に，「ケアの社会化」を進める最大の要因になったのは，②の生産性向上のための「労働力の確保」のためであったと指摘する。

　大橋は，近代国家における「労働力の確保」としての「ケアの社会化」の事例として，特に内務省の井上友一によって主導された「風化行政」の影響を分析する。大橋は，井上が『救済制度要義』の中で示した“救貧よりも防貧，防貧よりも教化，教化よりも風化”という風化行政の思想を取り上げ，井上がこ

の思想を流布させるために二宮尊徳の教えに基づく「中央報徳会」を全国津々浦々に組織化し，風化行政を実行していった結果，「日本人は"エコノミックアニマル"と揶揄されるほど，労働生産性中心の社会哲学が創られ」たことを指摘する。そして，「そこでは『社会化されたケア』」を受けることは，"非国民"であり，"人間失格"との文化を歴史的につくり上げた。このような社会観，国民観，文化観は，社会福祉行政のあり方やケアの目的をも歪めることになる」（大橋 2014：5）とし，日本の「ケア観」に影響を及ぼした「労働力確保」偏重のわが国の「ケア」観を批判的に検討している。

　大橋の分析によれば，このような「労働力確保」に偏重したわが国の「ケアの社会化＝社会福祉」は，わが国の「ケア」観を歪め，引いては「自立」観にも偏った影響を与えた。大橋は，大河内一男の考え方を取り上げ，大河内が「労働力をどう豊かに確保するかが社会事業の課題であり，社会事業はその"補充"，"代替"であると位置づけた」結果，「社会事業という救済制度としての社会の制度は，常に労働力政策の補完であり，下部機能でしかないという位置づけになり，今でも社会的に経済の余剰が生まれたら社会福祉を充実させるという社会哲学が支持を受けることにな」ったと指摘する（大橋 2014：5）。その結果「戦後も一貫して，社会福祉行政における『自立論』は経済的自立を志向」してきており，産業構造にはなじまない障害者に対しても，彼らへの「ケア」として経済的自立を求める"就労支援"が重視されるという事態を招いていることを，批判的に検証している（大橋 2014：6）。

(3)　大橋の「自立」観と「ケア」「ケアリング」概念との関係についての考察

　大橋は，このような日本の社会福祉観の批判的検討に基づき，これとは対照的な自身の「自立」観を展開する。

　まず大橋は，前述の日本の「ケア」観を批判的に検討した後，伝統的な日本の「ケア」観とは異なる考えを提示した思想として，権田保之助の『民衆娯楽論』の思想を取り上げる。

　権田は『民衆娯楽論』において,「人間は生活余剰と関係なく娯楽を追求するものであり,（中略）それは生活創造の根底である」（権田 1931：211-213）という, 人間の本然的欲求として娯楽を位置づける思想を展開した。

　大橋はこの権田の思想について,「権田は余暇善用論のような"娯楽の他目的的活用"をいましめ, 娯楽は"生活美化の欲求"としての人間の本然的欲求であると考えた」（大橋 2014：6）とし, 権田の思想を評価する。大橋は「労働力確保」「経済的自立」ありきの日本の「ケア」観, すなわち「ケアの他目的的活用」を批判したが, 権田の娯楽論は, このような日本の伝統的な「ケア」観と対照をなす思想として取り上げられる。人間は本然的に,「娯楽」や「ケア」を欲求し, それらは人間の存在論的基盤に根付いていると考えるのが権田の「民衆娯楽論」であり, それを引いた大橋の「ケア」「ケアリング」観ということができる。

　そして大橋はこのような人間の本然的欲求としての「ケア」「ケアリング」観に基づいて, 社会福祉における 6 つの「自立」概念について検討を進めるわけであるが, 大橋の「自立」概念には, 一つには先述した日本の「経済的自立論」に偏重した「ケア」観への批判がある。二つには, 日本の社会福祉が「医学モデル」に引きつけられた結果, その人の"生き様"や"生きる"ことを保障する考えに乏しい「ケア」観になったことへの批判がある（大橋 2014：7）。

　大橋は日本の「ケア」観の展開について, 1915 年から 1940 年頃の「社会事業の時代」と呼ばれる時期に「全く違う思想・実践が展開された」時期があったことを指摘し, 海野幸徳の「消極的社会事業」「積極的社会事業」の思想や, それに類する思想を展開した高田慎吾, 大林宗嗣, 小河滋次郎らの名前を挙げ, これらの社会事業の思想は,「ケア」を,「身体的介護」や「物質的, 金銭的給付」に限定せず, その人の生きる希望や, 生きる意欲を励まし, また, その人の生きる意欲を削ぐような社会の偏見や差別がある場合には, それらを取り除き, 新しいサービスを開発するなど, 社会改良や社会開発を行うことも重視したアプローチであったことを指摘する。

　大橋はこれらの「社会事業の思想」に, 従来の日本の「ケア」観にはなかっ

たその人の"生きる"ことそのものを支えようとする思想を見て取っている。そして、「ケアとは（中略）要は人間としての尊厳を護り、自己実現を図ることに関わる営みである。（中略）ケアの目的は、人間が自立生活を送る上で必要な要件が何らかの要因で停滞、欠損、不足している時に支援を受けて、自己実現を図ることであろう」と述べる（大橋 2014：8）。

　以上のことを検討すると、大橋の考える「ケア」とは、第1に、「労働力の確保」のような「他目的的活用」のために行われるのではなく、人間の本然的欲求に対して直接提供されるべきものであること、第2に「医学的」なケア（＝キュア）、身体的介護、物質的・金銭的給付のような狭い枠組みではなく、人間の自己実現や"生きる"ことそのものを支援することであり、そのための生きる意欲の喚起、はげまし、その人が主体的に自己実現できる環境の整備や社会開発などの取り組みを含むものであることがわかる。

　つまり大橋の「ケア」観は、存在論的現象学的な意味での「ケアの本質」、すなわち、「その人がケアするものをケアすること」＝「自己実現へのケア」「実存へのケア」という視点を有していることがわかる。そして、そのような意味でのケアは、「医学的なキュア」ではなく、「人間として生きることを支えるケア」であり、メイヤロフの「一人の人格をケアするとは、最も深い意味で、その人が成長すること、自己実現することをたすけること」（Mayeroff 1971＝1987：13）、「ケアとは、ケアをする人、ケアをされる人に生じる変化とともに成長発展をとげる関係を指しているのである」（Mayeroff 1971＝1987：185）という考えを共有している。

　さてこのような「ケア」観を踏まえて、大橋の「6つの自立」概念を見てみると、それが単に「経済的自立」「契約論的自立」といった、近代の「独我論的自立（independent）」観を論じたものではないことが見えてくる。

　近代の「独我論的自立」観は、独立した個人を前提に様々な行為を「他者の手助け（＝ケア）」に頼ることなく「一人でできること」を前提にしている。しかし、大橋の「自立」観は、人々が自己実現を図る際に、人間の存在論的・実存的基盤からどのような側面への「自立支援＝ケア」が必要かという観点から

論じられているものとして捉えることができる。言い換えれば，大橋の「自立」観とは，その人が「自律的・主体的」に自らの「生き方」を選択し，それによって自己実現を図ることができるという意味での「自立」であり，その「自立」を可能にするためには，様々な「ケア」が必要だということを自立論として展開しているということである。さらに言い換えれば，大橋の「6つの自立」概念は，「人間が自己実現を図るために必要な6つの側面からのケアの視点」として捉えることができる。その意味で大橋の「ケア」「ケアリング」概念そのものが，この「6つの自立」概念に反映されているとみるべきである。

(4)　大橋の「ケア」「ケアリング」概念としての「6つの自立」概念の検討

　大橋の「6つの自立」概念の項目は以下の通りである。なお，それぞれの「自立」の項目につけられた矢印以下の項目は，大橋の「6つの自立」概念を，「ケア」「ケアリング」の視点から見たときに，それぞれの「自立」の項目がどのような「ケア」「ケアリング」の側面に当てはまるかを，筆者自身の見解で当てはめたものである。

〈大橋の「6つの自立」概念と，「ケア」「ケアリング」視点との対応〉
①労働的自立・経済的自立
　→　ケアの対象・目的（労働的自立），ケアを行う基盤としての経済的基盤と，その人のケア活動への金銭的な社会的評価（経済的自立）
②精神的・文化的自立
　→　ケアリング意思・感情の表出（精神的自立），それを支える文化的環境（文化的自立）
③身体的・健康的自立
　→　ケア実践の基盤となる身体的基盤（身体的自立），それを支える健康（健康的自立）
④生活技術的・家政管理的自立
　→　具体的なケア実践技術，作業的・道具的スキル

⑤社会関係的自立・人間関係的自立
　→　ケア，ケアリング関係そのものを成り立たせる社会関係・人間関係
⑥（自律的）意思決定的自立・契約的自立 [5]
　→　無限のケア，ケアリング関係の重荷から個人を一時切り離し（意思決定的自立），対等で適切なケア関係に再構築する能力（契約的自立）

① 労働的・経済的自立

　大橋は労働的・経済的自立について「人間の存在に欠かせない労働の機会を得ることと，経済的自立とは必ずしも同一ではない」とし，「労働を通して社会とつながり，労働を通してものを創造する喜びを得ることは人間の成長に重要な要件である」と述べている。そして，「その労働の結果が家計の維持，生活の維持につながる収入になればそれに越したことはないが，その両者を簡単に同一視しないことが大切である」とする（大橋 2014：8）。

　ここには，大橋独自の労働観と経済的自立との関係が表現されている。大橋にとって「労働」は，単に経済的に自立する手段として捉えられるのではなく，「労働」そのものを人間が社会とつながり，ものを創造する喜びによって自己実現し，かつ人間として成長する重要な営みとして捉えられている。そしてそのような意味での「労働」が人間にとっては本来的であり，「経済的自立」はその労働の結果もたらされるものとして，あくまで「労働」が「主」，「経済的自立」が「従」として捉えられている。

　このような大橋の労働観は，存在論的現象学的な「ケア」「ケアリング」概念に照らせば，「労働」とはまさに「その人が『ケア』しているもの」，すなわち，その人の存在論的・実存論的基盤として捉えられる。人は，「労働」を通して「何か」や「誰か」をケアし，それにより自分の存在意義を確立し自己実現を図る。

　そのような意味で「労働的自立」とは，その人の存在論的基盤を確立する，言い換えれば「生きる目的」となり得るものであり，「ケア」「ケアリング」概念に照らせば，その人の「ケアの対象・目的」と捉えることができる。

　そして，一方の「経済的自立」は，そのような意味での「労働的自立」を成り立たせるための，「経済的基盤」を確立するための支援という側面と，その人の「労働」を金銭的な形で評価し，その人の労働（ケア）を社会的に評価するという意味での支援であると位置づけることができる。

　人間が「労働」を通してその人の自己実現を果たしていくためには，その人の生活を成り立たせる経済的基盤がなくてはらない。しかしそれは「労働」だけから得るだけでなく，様々な社会保障から得ることもできる。そしてその人が「労働」を通した「ケアリング」を十分に展開するためには，「健康で文化的な」水準の経済基盤が保障されなければならない。

　また，その人が「労働」を通して作り上げた何らかの社会的価値を金銭的に評価して，その人の「ケアリング」の社会的な評価・承認として対価を得るという，「労働を通した経済的基盤の確立」という側面を捉えることが重要である。その人の生活を成り立たせるための経済的基盤は，究極的・最終的には社会保障制度によって支えられるものでなければならない。しかし，その結果人々が「労働」から疎外されるようなことがあってはならない。「労働」はその人の"生きる"目的の存立基盤になっているからである。単に「経済的基盤」を保障するのではなく，「労働」の中から自らの「労働の価値」を社会的に評価され，それによって自らの経済的基盤も確立しつつ，「労働」を通したその人の「実存的自立＝自己実現」を保障するという視点を持つことが重要だと考える。

② 精神的・文化的自立

　精神的・文化的自立について，大橋は，「人間としての自らの快・不快の感性をもとにして，自ら感じたことを自己表出させる文化的自立の問題が大切である。美しい空間で心地よい環境で生活し，思うところを多様な方法で感情表出するのは人間そのものの権利であり，人間だけに許された営みと言ってよい」と述べている（大橋 2014：8）。

　大橋の精神的・文化的自立とは，自己の感じるままの自己表現，自己表出を文化的に保障することであるといってよい。最も原初的には「快・不快」とい

った感覚から,「喜怒哀楽」といった感情,また,より文化的な「真・善・美」といった高次の価値に至るまで,人はより良いものを求め,文化を自らの表現によって創造し,自己実現を果たしていく存在である。

　この大橋の「精神的・文化的自立」概念を,「ケア」「ケアリング」概念の視点から捉えると,人間が自らの「関心」に基づいて,世界の中で何かを「ケア」「ケアリング」しようとする際の,「ケア感情」「ケアリング感情」の表出と捉えることができる。「私は○○をケアしたい」と,その人がその素直な感情を吐露できる環境が文化的に保障されていることが重要である。それはその人が「ケアしたい」と思うもの（こと,人）に,自らの感性に素直に従って向かっていくことのできる権利を保障するということである。仮に,このような素直な感情を自己表出することが抑圧されている文化的状況を想定すれば,そのような社会の中で人は自己の感情を押し殺し,歪め,健全な「ケア」「ケアリング」を行うことによる自己実現を果たすことができない状態に陥ってしまう。

　このような意味で大橋の「精神的・文化的自立」概念は,「ケアリング意思・感情の表出」（精神的自立）と,それを支える文化的環境（文化的自立）を保障するということに対応していると考えられる。例えば,地域社会に誤った偏見に基づく差別的状況があるとすれば,差別されている人々は自己の自由な「ケアリング感情」を表出することができず,自己実現への道を阻まれることになる。そのような場合は,地域社会の中の差別的状況を改善し,その人々が自由に自己の「ケアリング感情」を表出できる文化的な「場」の設定を行っていく必要がある。そして,そのような人々の「ケアリング感情」の自己表出を保障する「場」は,地域の人々の,そのような人々に対する「関心」を基盤にした「ケアリング」がなければ作り得ないものである。このような意味で,私たちはコミュニティの中で,多様な人々に対する「関心」を示し,それに基づいた「ケアリング」を互いに行うことによって,互いに「精神的・文化的」に自立できる場を作り合っていくことが重要な取り組みになると考えられる。

　例えば障害や高齢が特定の文化的表現の場（例えば,スポーツや娯楽,芸術など）から排除されてしまっているとすれば,その人たちはそれらの場面で自己表現

することができず，自己実現への道が妨げられてしまう。また感情の表出や文化的表現は，日常的な家族や友人等との会話の中でも常に交わされるものである。このように，日常，非日常を問わず，様々な場面で精神的・文化的自立の環境が保障されなければならない。

③　身体的・健康的自立

　次に，大橋は，「身体的・健康的自立」を挙げている。大橋のいう「身体的・健康的自立」とは，「生活のリズムを保ち，生きる気力，生きる意欲，喜怒哀楽を豊かに持てる」ことである。これらの重要性について，大橋は 1970 年代の子ども，青年の 3 無主義（無気力・無感動・無責任），1980 年代には「生きる力」の希薄化が指摘されたことに触れ，「今日の子どもの問題である"ひきこもり"や社会関係・人間関係能力の脆弱化，働く意欲，生きる意欲の喪失もしくは希薄化の問題は今に始まったことではない。24 時間の生活リズムをもち，社会関係・人間関係を築き，社会的に生きていくことは身体的自立・健康的自立のもっとも基本である」と述べる（大橋　2014：9）。

　この大橋の「身体的・健康的自立」概念について，「ケア」「ケアリング」概念の視点から解釈すれば，「ケア」「ケアリング」実践の基盤となる「身体的基盤」が「健康」であるということである。健康な身体を有しているからこそ，その人は十全な自己実現を達成することができ，身体の健康は，その人の自己実現を達成するための重要な基盤であると捉えることができる。

　この時重要なのは，「身体的・健康的自立」だけを単独で捉えるのではなく，このような身体の健康が，その人の自己実現に向けた「ケアリング」を十分に展開するうえでの基盤となっていると捉えることである。大橋は「医学は長らく，エヴィデンスを明らかにし，それに対応すれば問題解決ができると考えてきたが，身体的・健康的自立を支援するうえでは，その本人が主体的にどう生きたいのか，その人の物語づくりと関わっていくしかない」（大橋　2014：9）と述べ，医学やケアの領域における「ナラティブアプローチ」の重要性を説いている。ここには，大橋が，「身体的・健康的自立」をそれ単独で達成すれば良

いとは考えていないことが読み取れる。その人の主体的な生き方，すなわちケアリングそのものを十全に展開するためにこそ「身体的な健康」は求められるのであり，例えば本人の「尊厳」を無視した過度な延命治療などは，そのあり方をめぐって議論が展開されるべきである。

　このように考えてみれば，「ケア」「ケアリング」実践における「身体的・健康的」な基盤は，その人が何を「ケア」「ケアリング」したいかという，その内実に深く関わっているということができる。またその内実への関わり方は，その人が置かれている状況や，年齢によっても目指すべきところが違ってくるように思われる。

　たとえば，大橋が指摘した「子ども・青年」というカテゴリーでいえば，彼らはまだこれからの自分の人生の中で，何を「ケアリングの対象」とするかについて「可塑性」を多く有している存在であるといえる。そのような状態にある彼らにとっては，「身体的・健康的自立」は，より多くの可能性にアプローチできるように，より健全で，生きる気力に満ちるような状態にあることが望ましいと考えられる。大橋が指摘したように，「無気力・無感動・無責任」では，彼らのこれからの「ケアリング」の可能性が大きく狭められることになる。

　一方，障害を持つ方や，高齢期を迎えたものにとって，「身体的・健康的自立」は，なんらかの支援を得ない状態のままでは十分に確保されていない。このような場合，例えば若年層の障害を持つ方には，身体的機能の不全を補う様々な支援を通して，身体的には健全な若者や青年と同様，様々なその人の可能性を花開かせるような形で，「身体的・健康的自立」に向けた支援が十分に行われるべきである。

　またさらに，元気な高齢者は別にして，老いを迎え，人生の最終局面である「死」に向かっているような高齢者にとっては，「身体的・健康的自立」のみを目指した支援にこだわると，逆にその人の「人生の目的」や，その人の「ケアリング」の意思に反するような状態にその人を追い込むことになりかねない。老いによる「身体的・健康的衰え」は人間であれば避けて通れない。その時，その人の「ケアリング」「実存的に生きる意味」には目を向けず，単に「身体

的・健康的」自立のみを目指した治療等を行うことは，かえってその人の人間の尊厳を損なうことになり，本末転倒の結果となる。このような場合は，大橋がいうように，その人が主体的にどのように生きたいのかというその人自身の物語（ナラティブ）に耳を傾け，それに沿ったケアを提供していく必要があろう。

　「身体的・健康的自立」概念が，その人の「ケアリング」を十全に展開するための身体的・実践的基盤としての位置づけを持っているとすれば，障害を持っている方には，その人が十全に自己の「ケアリング」実践が展開できるように，その身体的機能を補うための様々な支援（福祉機器，意思決定支援等）を検討する必要がある。一方，人生の最終局面に向かう高齢者に対しては，単にその人の「身体的健康」を追い求めることだけが真のケアにならないことに注意を向ける必要がある。その人の「ケアリング」のあり方に寄り添い，「身体的健康」のみにこだわらない支援のあり方（緩和ケア等）を検討することが重要である。

④ 生活技術的・家政管理的自立

　生活技術的・家政管理的自立について，大橋は，「自らが生きていく上で生活を整える，日常生活を維持していくうえでの技術・知恵がなければ生きていけない」と述べ，この自立要件の重要さについて指摘している。

　大橋は，今日においては「コンビニ等"中食"機能が社会的に発展してきているので，この自立の要件は解決されたと思われるが，実際はこの問題が今もっとも深刻になってきている」（大橋 2014：9）と述べているが，この部分の指摘から，大橋が単に私たちの生活において，結果的に食事が満たされたり，家事や家政がそれらを補う様々なモノやサービスによって代替されていれば良いとは考えていないことが伝わってくる。

　この大橋の生活技術的・家政管理的自立を，「ケア」「ケアリング」概念の視点から解釈すれば，まず自分自身の生活の「ケア」の技術として重要であるが，自分以外の「誰か」や「何か」を「ケア」「ケアリング」する際の具体的な技術としても重要である。もしこの技術を持ち合わせていない場合，その人は自

分自身の「ケア」を上手くできず，また「誰か」や「何か」を上手く「ケア」「ケアリング」できないということになり，そうなればその人は「ケア」「ケアリング」を通じた自己実現をうまく図ることができないということになってしまう。

　大橋のいう生活技術的・家政管理的自立とは，その人が「ケア」「ケアリング」を展開する際の具体的な実践能力と捉えることができよう。この能力を用いることによって，人は具体的な「ケア実践」が可能になるのであり，もしこの能力が無かったり，衰えたりした場合は，「ケア」を通した自己実現が十分に得られないということになる。

　その意味で，大橋が「高齢化がすすみ，認知症の高齢者や知的障害者の地域自立，あるいは精神障害者の地域自立支援を考えると，分別してごみを出すこと，バランスの取れた食生活を送ること，家計面での創意工夫等は大きな問題である。それは今後ますます必要とされる成年後見制度や日常生活自立支援事業と深く関わる問題である」（大橋 2014：10）と指摘している部分は，重要な問題提起を含んでいる。大橋は成年後見制度や，日常生活自立支援事業は，生活技術的・家政管理的自立を補う制度であると捉えている。しかし，これらの制度はどちらかといえば，のちに出てくる意思決定的自立・契約的自立を補う制度としての側面でいわれることが多い。しかし，大橋がこの2つの制度を，この生活技術的自立・家政管理的自立の項目で言及した背景には，この技術を用いて人々が自分自身の生活を自分自身で「ケアリング」し，また同じ技術を用いて「誰か」や「何か」を「ケアリング」することを通してその人たちが自己実現していくことを重視する論理が含まれていると考えた方が良い。確かに，成年後見制度や日常生活自立支援事業の利用対象者になる人々は，判断能力の衰えにより生活技術や家政管理的技術が衰える可能性が高い。しかし，認知症の方の中には，「身体が覚えている」とでも表現できるような部分（料理等）においては十分にその能力を発揮することがある。そのような人に対しては，「この人はもう何もできない」と決めつけて支援するのではなく，その人の持てる能力を活かしてその人が何かを「ケアリング」することができるような支援を

していくことが求められよう。

　また仮に，実際にこれらの能力が衰えてしまったという人に対しても，単にその人の生活行為を支援者が「代理」や「肩代わり」するのではなく，その人の意思を最大限引き出し，その人が自分で主体的に生活行為を行える部分を最大限に尊重するような支援が求められる。また，現時点では生活技術・家政管理的技術を持ち合わせていないような人で，しかしこれからそれらの能力を高めることができる可能性がある人（施設や病院から地域自立生活に移行する知的障害者や精神障害者，児童養護施設から自立する若者等）に対しては，最大限その人の生活技術・家政管理的能力が身につけられるように支援し，自らのその能力で「自分」や「誰か」「何か」をケアリングすることができるように支援することが重要であろう。なぜならその能力が，彼らの自立的な自己実現を具体的に実現する力になるからである。それらの能力を身につけることを優先したうえで，結果的にこの能力が足りないと判断される人に対しては，ホームヘルパー等による適切な支援が提供されるべきである。

　このような意味で生活技術的・家政管理的自立の概念は，人々が自らの「ケアリング」実践を行うために，その人が自ら自由にその能力を駆使して「ケアリング」を行い，それによって自己実現を図ることを可能にするという点で，「ケア」「ケアリング」にとって欠かせない技術・力であるということができる。

⑤　社会関係的・人間関係的自立

　社会関係的・人間関係的自立は，「ケア」「ケアリング」概念が，「関係性」を人間の存在論的基盤としていることを考えれば，その根幹として重要な位置づけを持つと考えられる。

　少し議論を先取りすると，大橋の社会関係的・人間関係的自立は，この後に述べる⑥意思決定的自立・契約的自立と対をなしている。大橋はこの2つの自立概念の考察によって，わが国の人間関係の特質とそこからくる「自立観」の限界についての考察を行っている。それは筆者の「ケア」「ケアリング」概念の限界についての考察に対応している。

　まず大橋は，「日本は稲作農耕が産業構造の基本」であったため，「そこでは個人の自立というより，家族や地域が生き延びていくうえでの“力”が強く働き（中略），地域では個々人の意志が尊重されて“社会契約”するのではなく，上意下達的に命令に従う“長い物には巻かれろ”の文化がつくられ，それに従わなければ“出る杭は打たれる”，“村八分”という行為が取られる。結果として，自らの意見表明を憚る“物言わぬ農民”体質がつくられてい」ったことを指摘する（大橋 2014：10）。そしてこのような文化的背景の中では「地域にある社会関係・人間関係はすべて助け合いの精神に満ちた“麗しい”ものではない。プライバシーもなければ，生活共同体での役割を果たせなければ厳しい対応が求められる」（大橋 2014：10）。このような厳しい対応の例として，大橋は高齢者の“姥捨て”や，子どもの“間引き”といった風習を挙げている。

　さて大橋がこれらの記述によって指摘するのは，わが国における社会関係・人間関係の課題である。わが国の人間関係の特徴として，大橋は中根千枝の「タテ社会の人間関係」，阿部謹也の「世間体の文化」などを取り上げているが，その要諦は，わが国の人間関係は「個人」よりも所属集団や「場」の雰囲気，「世間」といった社会の風潮を重んじる傾向があるということである。「個」よりも「場」や「全体」を重んじる傾向は，一方では共同体的な「助け合い」の基盤として，ポジティブに捉えられる向きもある。しかし大橋が指摘するように，「個」よりも「集団」「場」「世間体」が重んじられる結果，個人が抑圧される傾向があり，また人間関係も，対等な個人による「連帯」ではなく，「全体」の利益や秩序を優先するため上下関係が重んじられ，そのこともまた特定の「個人」や「弱い立場」に置かれた人たちを抑圧する傾向を生み出す。

　このような大橋の問題意識を踏まえつつ，社会関係・人間関係的自立を「ケア」「ケアリング」概念の視点からどのように捉えられるかを考察してみたい。

　まず，「ケア」「ケアリング」概念においては，人間は世界と「関心＝ケアリング」によって関係しており，この「関係性」を人間の存在論的基盤としている。それは世界に共に住まう「他者」との関係性においても同様であり，私たちは「共現存在」である他者と様々な関係性を持ちつつ世界に住まう。人はこ

のような関係性を本質とし，この関係性の中で自分の生きる意味を見出すので，様々な社会関係，人間関係は人間の喜びや生きる意味（実存）の源泉であり，かつ「無限のケアリング」を要請する「ケアの重荷」の源泉でもある。

　さて，大橋はわが国の関係性の特徴が対等な「個」による“社会契約”的関係になっていないことを問題視している。そして「地域にある社会関係・人間関係はすべて助け合いの精神に満ちた“麗しい”ものではない」ことを指摘している。ここには大橋が人間にとって社会関係・人間関係を結ぶことは重要であるが，単に「関係」を結んでいれば良いというものではなく，「個」をないがしろにするような「関係」については批判的まなざしを向けている。つまり大橋は，社会関係的・人間関係的自立を，人間が本来的に「関係性的存在」であるということを前提にしたうえで，「個」が抑圧されないような関係性を社会の中で作ることと捉えていることがわかる。そしてわが国は，この「個」を尊重した関係性についてあまり重視してこなかったという課題を指摘しているのである。

　さて，「ケア」「ケアリング」概念からみれば，大橋の社会関係的・人間関係的自立の課題は，第1に孤立化，無縁化が進む社会において人間本来の「ケアリング」による関係性を取り戻すことが重要になるが，第2に，その時留意すべきは，その関係性が旧来のわが国の「個」を抑圧するような関係性としてではなく，対等な「個」を前提とした関係性として作られるべきということである。「ケア」「ケアリング」概念からいえば，関係そのものは，喜びの源泉にもなれば，「個」を「ケアの重荷」により抑圧する危険性もある。関係が「個」を抑圧し，重荷になってしまうような事態を避けるためには，「意図的，意識的な関係づくり」が求められる。大橋が検討したわが国の社会関係・人間関係は，まさに「無意識のケアリング」になりがちで，それによって「ケア負担の重荷」ばかりが人々に想起されがちになる。社会関係・人間関係を作ることは，ケアリング関係を取り戻す意味で重要であるが，単に昔のような関係を作ればよいということにはならない。私たちは，ノディングスのいう「倫理的自己」を維持できるような関係をもつ必要があり，そのためにはケアリング関係の限

界を意識した，意識的な関係性を構築する必要がある。

⑥（自律的）意思決定的自立・契約的自立

　最後に（自律的）意思決定的自立・契約的自立について検討する。結論を先取りしていえば，筆者の考えでは前項の社会関係的・人間関係的自立と（自律的）意思決定的自立・契約的自立は，前者は「ケア」「ケアリング」関係そのものの重要性，及びその限界を位置づけており，後者はこの「ケア」「ケアリング」関係の限界を補完するための「個」の自立や意思決定の重要性，また対等な関係を築くための「社会契約的」な関係づくりを志向する考え（言い換えればケアの倫理に対する正義的倫理）として位置づいていると考えている。

　まず大橋は（自律的）意思決定的自立・契約的自立を，「1人の人間として自律的に意見表出し，契約する能力である」と位置づける。しかし，大橋は「日本の文化は稲作農耕構造が作り出した文化であり，生産手段を共同して維持管理せざるをえないこともあり，その生活圏域は狭く，通婚圏域も狭く，濃密な人間関係の中で暮らすこともあり，"言わなくてもわかるでしょう"的文化をつくり出す」（大橋 2014：11）と指摘し，このような文化的背景の中でわが国の文化が「自分の意見を表出し，お互いがそれを認め合い契約する文化とはなっていない」ことを指摘している。

　「ケア」「ケアリング」概念の視点からこの大橋の問題認識を捉えると，わが国の文化は「無意識的な自然的ケアリング」が優勢な文化であり，それゆえ「ケアリング」の負の側面として，「個」が抑圧され，「個人」の意見表明がしづらい文化的状況にある。そして，「個」が連帯する対等な社会ではなく，ケアリングの非対称性的関係性の中で，どうしても"タテ社会"にならざるを得ない。このような状況を改善するためには，わが国の文化の中に，互いの個性を尊重し，対等な立場で関係を結ぶことや，「個」の意見表明を尊重し，個の意思決定を促していく，自律的・意思決定的自立が求められるといえる。

　大橋は日本文化の課題を論考する中で，「しかも，日本語は話す相手が異なると使う言語，語句の使用も変えなければならない文化（敬語）でもある。言

語からして "対等" の意識をもてない」ことを指摘している（大橋 2014：11）。

　この点についてフランス文学・哲学研究者の森有正は，日本人の関係性的特徴を言語構造から分析し，日本人特有の「二人称関係」について考察している。森は著書『経験と思想』の中で，この日本人特有の「二人称関係」について論じているが，この森の「二人称関係」は，ケアリング概念における「自然的ケアリング」に近似している。

　森は日本語の言語構造が，一人称である「我（私）」と三人称である「他者」との関係を前提として成り立っているのではなく，「私」と「他者」が分離することなく結びついている二人称の「汝―汝」関係を前提として成り立っているとし，これを日本人の関係性に特有の「二項関係」とした。

　「汝」とは一人称の「私」にとって三人称の「他者」が，何かの契機（愛の呼び掛けなど）によって「私」にとって親しい「他者」，「私」と分かちがたく結びついている他者として二人称的位置づけを持つ状態を指す。西洋においては，この「汝」は，「一人称―三人称」の間柄を前提にしつつ，私と不可分な存在（親密な存在）にまで高められた者として，「三人称」としての位置づけは保ちながら，通常の三人称より親しい間柄として二人称的な位置づけを持つ。

　森の著作の「解題」を著した辻邦生はこのことについて，「『汝』はここでは『他人』（三人称）の恩寵的，特権的状態である。『汝』の状態はあくまで『他人』（三人称）である」（辻 1977：200）と表現している。その結果，西洋においては，一人称の「私（我）」を保持しつつ，親密な間柄となった二人称的他者に対して，「我―汝」の関係性を構築することが可能となる。

　一方日本社会においては，このような「我―汝」関係が成り立たない。なぜなら，日本においては，基本的に「一人称―三人称」を前提とした人間関係になっておらず，「私」と「他者」が不可分に結び付いていることが前提となって人間関係が構築されている。森はその根拠を，日本人の「経験」と「思想」を規定する日本語の構造の中に見出している。その典型としては，日本語に存在する「敬語」の様式があり，また主語があいまいなままでも成立する（むしろあいまいで無いと成立しない）言語構造的特徴が挙げられる。このような言語

的特徴から，森は日本人にとっての人間関係の特徴を次のように表現する。

　「二人が秘密を共有するのである。勿論それは，二人自体以外の何かを二人が共有すると言うのではない。二人に共通な秘密な何ものかではなく，二人の関係そのものが秘密なのである。不動産に対して共同所有権の設定されるのとは，それは全く異なる。共同所有者同士が，その存在の中核において融合するのである。それは文字通り『無私』であり，その無私であることが他に対して，『私的存在の性格』を示すことになる。二者の間に秘密なく，凡てを許し合い，また要求し合う。だからそれは『真心』とか，『心の底』とか，『腹の底』とか，とにかく全存在の呈示を意味する言葉で指示される。」（森 1977：103-104）

　このような二者間が不可分に結び付いた関係性を森は「汝─汝」関係と表現する。この「汝─汝」関係について，森は「二人称的関係においては可能的に最大限のものが既知のものに還元される。直面する他者は根底においてはすでに知っている『汝』であり，自己も亦『汝』に知られている我，すなわち『汝』にとっての汝である」（森 1977：154）と述べる。

　また別のところでは，「『二項方式』，あるいは更に一般的に『二人称関係』は，この情念の問題を繞って特殊の意味をもって来る。一人称は，内面的に，『汝』すなわち二人称に対する二人称になるということ，すなわち一人称としての端的な主体性を棄てて，自覚的には二人称となることによって，しかも二つの『汝』が相互的にそうなることを双方で知ることによって，主体性の代わりに関係性が現れる」（森 1977：150-151　傍点は筆者）と述べている。

　このような森の「汝─汝」関係の特質は，筆者が検討してきた「ケア」「ケアリング」概念における，「ケアリング」の限界の指摘に対応すると考えられる。特に人間の本来性としての「自然的ケアリング」の中で，人は「自他不二」という状況になり，関係性の中で「個」が埋没してしまう。ケアリングの限界の一つは，関係性の中で「無限のケアリング」が要請されることであった。その中で人は，森が言うように「凡てを許し合い，また要求し合う」し，「主体性

の代わりに関係性が現れ」，その結果「個」の主体的な自己主張は抑圧されてしまうのである。

　さて，このような森の「二人称的関係」に対して，保育学・幼児教育分野のケアリング理論として，ヴァスデヴィ・レディによって提唱された「二人称的アプローチ」がある。

　レディが「二人称的アプローチ」を提起した背景には，デカルト以来の心身二元論に影響された，既存の心理学研究への批判的まなざしがある。レディは，人の「心」を把握するための心理学的な方法論として，①一人称経験からの出発（アナロジー＝推論的アプローチ。自分の心の働きから他者の心の働きを類推するアプローチ）と，②三人称的観察からの出発（観察可能な人々の行動から心の理論モデルを構築し，そこから心の働きを類推するアプローチ）があるが，これらでは人間の「心」を十分に把握できないとした。レディが前提としているのは，人の「心」は人と人との「間主観的行為」すなわち「関わり」の中でこそ把握できると考える立場であり，それをレディは「二人称的アプローチ」と捉えている。

　レディが「二人称」という言葉に込めた意図は，二人称と三人称の違いについて，マルティン・ブーバーの『我と汝』の考えを引きながら，次のように述べている部分が参考になる。

　「彼（ブーバー：筆者補足）は人や物との関係について，まず人と関係をもったり知ったりする我―汝（私―あなた）の関係と，物と関係をもったり知ったりする（我―それ）の関係を区別する。前者は，人であれ物であれ，対象に直接心を開くものであり，後者のような，省察的評価，予想，あるいは理論化を通しての距離を置いた観察とは異なる。それは，『今』のまっただなかにあって，傍観者にはなっていない。むしろ，他者を『感じて』いるのだ。」(Reddy 2008 =2015：36)

　このように，レディが乳幼児の発達心理学の分野に「二人称的アプローチ」

を導入した意図は，第1章で検討したベナーらが，看護学の分野で存在論的現象学的な「ケアリング」の考え方を導入した意図と重なる。事実レディは，ハイデガーや，ハイデガーの哲学を解説したリチャード・ドレイファスの解釈を引きながら，次のようにも述べている。

　「（ハイデガーによれば：筆者補足）『単に眺めているだけの対象』は日常の実生活で行為や関与が禁じられたときに置き去りにされているレンガにすぎない，つまり，何の関心ももたない知覚というのは，対象を現に在る通り（ありのまま）見ることとはほど遠いとしている。この反・デカルト的，現象学的な見方からすれば，それ故に，有意味な知覚は常に対象とかかわることが含まれている。当然のことながら，これは人を知覚することにも当てはまる。つまり，人をありのまま知覚することができるのは，その人と積極的に関係をもつときに限ってのことだということである。」（Reddy 2008＝2015：37）

　上記からもわかるように，レディの「二人称的アプローチ」はベナーの存在論的現象学の「ケアリング」理論にきわめて近い理論構成をもっている。どちらもデカルト的な「三人称的アプローチ」に疑問を投げかけ，「二人称的アプローチ≒ケアリング」をそれぞれの学問分野の研究・実践に導入しているのである。
　そして，レディの「二人称的アプローチ」を日本に紹介した教育学者の佐伯胖は，その著書の中で端的に，次のように述べている。

　「本書では，『すべての人――生まれてからすぐの幼児から，終末期を迎える老人まで――は，誰かをケアしないではいられない存在である』とするのです。」（佐伯 2017：2）。

　このような内容から，レディや佐伯のいう「二人称的アプローチ」とは，筆者のいう存在論的現象学的ケアリング概念と非常に近似していると考えられる。

筆者は「二人称的アプローチ」と「ケアリング」概念は，同じ問題意識（三人称的客観主義の限界・誤謬）を共有しており，二人称的関係性の重視という同様の志向性を持つ概念と捉えている。

　さて，ここまでレディの提起した「二人称的アプローチ」と「ケア」「ケアリング」概念との類似性について検討してきたが，先ほど検討した森有正の「二人称的関係」は，どちらかといえばわが国の人間関係が，「二人称」の中に閉じてしまうことについて批判的に検討するために用いられた概念であった。

　一方，レディの提起した「二人称的アプローチ」は，デカルト的なヨーロッパ近代における客観主義的な「三人称的アプローチ」を批判し，そのような客観主義を乗り越えるアプローチとして肯定的に用いられている。

　筆者はこの西洋的な「二人称」を捉える視点と，わが国の文化的背景の中で「二人称」を捉える視点の相違が，大橋の（自律的）意思決定的自立・契約的自立概念が大橋のケアリング理論の中で持っている位置づけの内容を解き明かす鍵となると考えている。

　第1章で筆者が検討した「ケア」「ケアリング」概念は，「関係性」が基盤にあることが重要であった。しかしその「関係性」は，「無限のケアリング」などの要請により，人に「ケアの重荷」を背負わせる限界も有していた。

　このような「ケア」「ケアリング」の持つ特徴は，西洋社会においては現在，「デカルト的客観主義」へのアンチテーゼ（「三人称的アプローチ」に対して，人と人との関係性を重視する「二人称的アプローチ」）として，心理学や看護学，教育学等，人間そのもののあり方に関わる学問分野において，ポジティブな形で受容されている。西洋社会において，このような形で「ケア」「ケアリング」概念が受容される背景には，もともと西洋社会においては，独立した「個」が強く，その行き過ぎのアンチテーゼとして，「ケア」「ケアリング」的な概念が注目されてきた経緯があると考えられる。

　一方でわが国においては，もともと「集団内部の関係性」を重視する「疑似二人称的関係性」＝「（一人称複数のWeとしての）私たち中心主義」が優勢な社会である。このような背景のわが国においては，「ケア」「ケアリング」概念

を受容する時，この「私たち中心主義」が大きな障壁になる。

　このような考察を踏まえると，大橋が「6つの自立」概念に（自律的）意思決定的自立・契約的自立を位置づけた重要さが浮き彫りになる。

　大橋はわが国特有の「私たち中心主義」の課題を意識して捉えており，その克服なくしては真の意味での「自立」を達成することはできないと考えている。

　大橋自身ははっきりと述べているわけではないが，筆者の見解では大橋の「6つの自立」のうち，前項までに検討した5つの自立概念は，存在論的現象学的な「ケア」「ケアリング」概念を構成する要素になっていると捉えられる。

　このとき，「ケア」「ケアリング」概念には「無限のケアリング」等の倫理的限界があった。第1章ではその限界を克服するために，「ケアの倫理と正義の倫理の編み合わせ」という品川哲彦の論考を引用し，「ケアの倫理」の限界を補完するための「正義の倫理」の位置づけについて考察した。このことを踏まえて大橋の（自律的）意思決定的自立・契約的自立概念を捉えると，この6つ目の自立概念は，「5つの自立」概念＝「ケアリング」の限界を克服・補完するための「正義の倫理」の位置づけを持っていると考えることができる。

　自律的な意思決定は，集団内部のケアリングによる「個」の抑圧に抗って，自分自身の主張を行うことを可能にする。その意思決定は，既存の「集団」の関係性に影響を与え，時に「関係による抑圧構造」そのものを断ち切る働きを可能とする。また契約的自立とは，その人が「個」として，他者に対して対等な立場で何事かを要求し，またその他者の要求を「契約的」に受け入れて関係を作ることを指す。契約における関係とは，「一人称複数」の関係性とは異なり，「一人称—三人称」という，分かたれた「個人同士」が対等な立場で自己決定的に関係性をつくることを指している。

　もっとも「契約」関係だけですべての関係を作れば，「冷たい」関係のみになってしまう。「ケアリング」概念が重要な点は，契約関係にとどまらない関係性を「他者」ともつことであり，それがまさに「我—汝」の二人称的関係である。したがって，この契約的自立概念は，「ケア」「ケアリング」概念を補完するという位置づけを持つ場合において，よりその存在意義が高まる。

　筆者は大橋の「6つの自立」概念は，このような仕方で，ケアの倫理と正義の倫理を編み合わせた構造を持っていると考察する。

(5)　大橋のケアリング概念としての「6つの自立」概念の全体的構造

　上記のように，筆者は大橋の「6つの自立」概念は，大橋の「ケア」「ケアリング」概念の構成要素であると考えている。それを図式化したものが図2-①である。

　この図で表現しているのは，大橋の各自立概念を大橋の「ケアリング」概念として解釈した場合の内的連関構造である。左側にまとめられている5つの自立概念は，筆者が検討してきた存在論的現象学的な「ケアリング」概念の各要素を構成していると捉えられる。そして右側に位置づけられた⑥（自律的）意思決定的自立・契約的自立概念は，左側で構成されている「ケアリング」概念との編み合わせによって，ケアリング概念の限界を補完する「正義の倫理」と

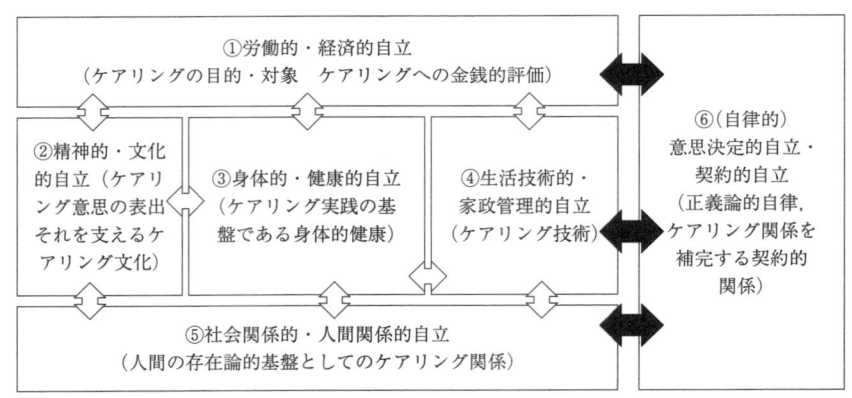

※白い相互矢印（ ◁▷ ）は概念間の相互作用を表し，黒い相互矢印（ ◆▶ ）は，
　概念間の相互規定関係を表す。

図 2-①　大橋謙策の自立概念（ケアリング概念）の内的連関構造

出所）大橋謙策の6つの自立概念を基に筆者作成

しての位置づけを持っていると捉えられる。

　まず，ケアリングを行う際には，③「身体的・健康的」に自立している必要（障害や疾病によりこの自立が制限されている場合は，その支援の必要）があり，他の「自立（ケアリング）」を行う際の基盤になることから，5つの自立概念の中央に配置できる。

　次に，各「自立（ケアリング）」概念の最も基底に，⑤「社会関係的・人間関係的自立」が配置される。「ケアリング」自体が展開するためには，そもそも「社会関係」「人間関係」がなくてはならない。よって，この自立概念を，最下部に配置した。

　②の精神的・文化的自立は，その人の「ケアリング意思」の表出（精神的自立）であり，その表出を可能にする文化的背景（ケアリング文化）である。自分の関心に従って，何かを豊かに「ケアリング」することは，人間存在にとって欠かせない行為である。ここで「ケアリング」の対象は「人」だけではなく，芸術家は芸術作品を製作することを「ケアリング」するし，スポーツ選手はより良い記録やプレーを「ケアリング」する。このような豊かな「ケアリング文化」がすべての人に保障されることで，人々はその中で豊かに「ケアリング」を行い，自己実現を図ることができる。

　④の生活技術的・家政管理的自立は，人が何かを「ケアリング」しようとする際に必要になるケアリングの具体的な技術である。この技術が伴わなければ，人は誰かや何かを「ケアリング」することが十分にできず，自己実現を十分に果たしていくことができなくなる。よって，このような「ケアリング」技術が身に付くように，あらゆる人にこの技術を様々な形で身につける教育や修養の機会を保障する必要があるし，身体的・精神的な障害・疾病等の事由で，この技術を十分に持ちえない人に対しては，この技術を補う支援（福祉用具や意思決定支援など）を十分に行う必要がある。

　さて，これら4つの「自立（ケアリング）」の各要素が十分に達成されたとき，人は様々な「ケアリング」を展開することができ，その結果，その「ケアリング」を通して自己実現を図っていくことができる。しかし，もしその「ケアリ

ング」が社会の側において，正当な「労働（社会から承認される意味のある働き）」とみなされなければ，その人は社会の中での自分の正当な位置づけを持つことができないかもしれない。

　そこで重要なのが，①労働的・経済的自立概念である。先述したように，大橋の「労働的自立」概念は，その人が労働を通して経済的に自立することを単純に指していない。「労働」を通して，人がそこから創造の喜びや，生きる意味を見出すことを重視している。それゆえ，大橋においては単に「就労」することが重要なのではなく，その「労働」が本人の「ケアリング」とマッチし，そのことを通してその人が自己実現することが重視される。よって，このような意味での「労働的自立」に向けた支援としては，本人の「ケアリング意思（精神的自立）」を良く読み取り，その人の「ケアリング意思」に合った労働の場の提供が必要であり，また本人がその「労働」を行うことのできる「ケアリング技術（生活技術的自立）」を高められる支援が必要である。

　また，その「労働」に対する正当な社会的評価としての経済的見返りを得ることが，「経済的自立」である。仮に自身の「労働」のみで生活をまかなうだけの経済的基盤が維持できない人に対しては，社会保障制度をもってその人の生活を支える支援が重要になる。しかし，そのような形で金銭的な生活保障がなされた人に対しても，「労働的自立」に向けた支援は必要である。なぜなら「労働」は，それを通して「ケアリング」を展開し，それによって社会に自分の居場所（役割）を認められ，自己実現を図っていくことができるようにするためのものだからである。したがって，例えば単に生活保護等の金銭的支給を持って支援を終わりにすることはできない。その人が自分の生きる意味をケアリングによって見出せるよう，「労働的自立」に向けた様々な支援が必要である。

　なお，これらの５つの自立概念は，相互作用により，それぞれ別の自立概念の基盤にもなる。それぞれの自立概念の間を「白い双方向の矢印」で結んでいるが，これはこの５つの自立概念の相互作用を表現したものである。

　さて，繰り返しになるが「ケアリング」概念には限界がある。「ケアリング」そのものは，私たちの存在論的本来性であり欠かすことはできないが，わが国

においては，いわば「疑似二人称的ケアリング関係」が横行してしまい，その結果「個」が抑圧され，「ケアリング関係」が重荷となり，様々な問題が生じる。

　そこで⑥（自律的）意思決定的自立・契約的自立概念が重要になる。先述したように，この6番目の自立概念は，ケアリング概念との編み合わせによって，ケアリング概念の限界を補完する「正義の倫理」としての位置づけを持つ。

　「私たち中心主義」に陥りがちなわが国の人間関係の文化の中では，「他者との関係から影響を受けず」に自己決定するということが難しい。よって，私たちは，「ケアリング関係」の重要性を認識しつつも，その「ケアリング関係」が「個」を抑圧してしまっていると判断される場合には，適切な介入や支援によって，その人の自律的・自立的な意思決定を支援する必要がある。

　なお，図2-①では，この⑥（自律的）意思決定的自立・契約的自立と，他のケアリング概念を構成する「5つの自立」概念との間に「黒い相互矢印」を置いているが，これは，この2つの概念の間の相互規定的な意味合いを表現したものである。

　このように，大橋の「6つの自立」概念は，それ自体が大橋の「ケアリング」概念を構成しているだけでなく，その限界も意識しながら，限界を乗り越えるための「ケアと正義の編み合わせ」も意識した構造を有していると考えられる。このことが，筆者が大橋のケアリングコミュニティ概念を現時点で最も精緻に検討された概念であると評価するゆえんでもある。

(6)　「意識的にケアリングする」人々による新しい助け合いのコミュニティとしてのケアリングコミュニティ概念

　前項で述べたように大橋は，「ケアリング」は人間存在にとって本質的に重要なものであるが，わが国の集団主義的な関係性の中では，特にその限界が露呈しやすいという認識を持っていたと思われる。この大橋の「ケアリング」に対する基本的な認識は，「ケアリング」を「コミュニティ」の中で展開するという，「ケアリングコミュニティ」概念を検討していく際の論理展開の中でも現れてくる。

　例えば大橋は，1980年に自身が関わった全国社会福祉協議会の「ボランティア基本問題研究会」における議論において，「生活圏域に住む住民が共同利用消費財としての福祉サービスの充実を求める上では，自らの生活上の課題，言葉を換えて言えば "エゴイスティックな要求" を実現するだけで良いのかを考えざるを得なかった」とし，特にわが国のような「共同性と土着性が強い "地域"」にあっては，共同体内部の相互扶助は強固だが，共同体外部の人には冷淡であったり，排撃の対象にもしかねないとして，「見ず知らずの人への社会的貢献として "ケアの社会化" や "寄附の文化"，"博愛の精神" が日本では脆弱である」と指摘している（大橋 2014：13-14）。

　大橋はこのような問題意識に基づき，先の「ボランティア問題研究会」において，エゴイスティックな要求による住民活動にとどまらない，「主体的に，自覚的に，社会的に行われる」「社会的な "市民活動"」として，ボランティア活動の構造を検討した（図2-②）。

　大橋は，ボランティア活動は3つの機能を住民自身が担うことと捉える。①地域の支え合いの担い手としての機能（図右中央の「個別課題に対応するサービス」に対応），②少数者を排除せず，包摂するコミュニティづくりを進める機能（図右下の「地域づくり」に対応），③公平・公正な地域福祉計画をつくる機能（図右上の「福祉計画」）の3つである[6]。

　そしてこれらの3つの機能を具現化するための「ボランティア活動を支える人間形成」という軸が図の左側に示されており，それぞれ先ほどの3つの機能に対応して，①「地域の福祉を支える力」（図左中央），②「地域の連帯・教育力」（図左下），③「住民自治能力」（図左上）が示される。この3つの機能に対応した3つの能力は，大橋がのちに提起する「地域福祉の4つの主体形成」[7]の原型と考えられるが，大橋はそのように「主体形成」され，意識的に地域活動を行う市民によって「市民活動」が豊かに展開することで，図最上部に示された「自立と連帯の社会・地域づくり」が進んでいくと捉えた。

　このボランティア活動の構造図からは，大橋が単に「自然なケアリング」のみではなく，「意識的に活動する人」，すなわち，「倫理的ケアリング」を行え

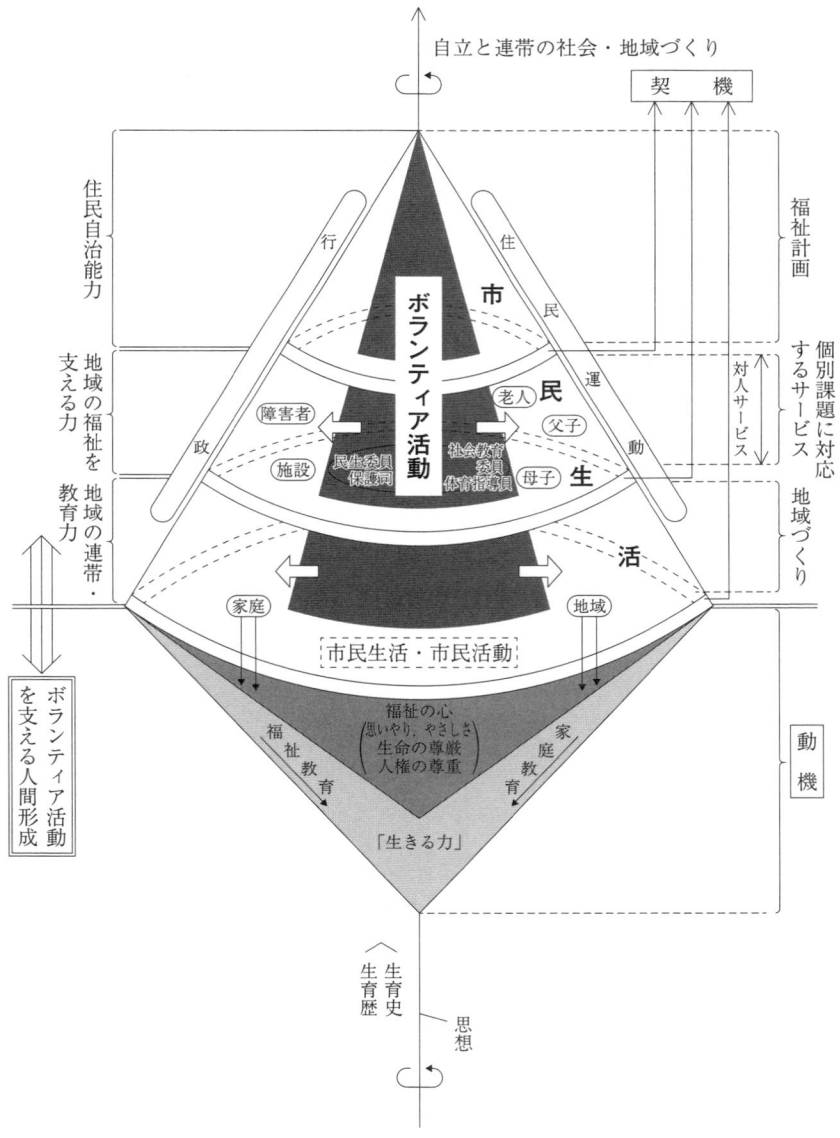

図 2-②　ボランティア活動の構造

出所）大橋　2014：13；初出は 1980

る人々によって「ケアリングコミュニティ」が構築されなければならないという意図を持っていることが窺える。

　大橋は「このような主体形成や市民活動は自然発生的にはつくられない」とし，「主体形成に向けての学習」が必要だと指摘する。フランス市民革命において「博愛」や「社会契約」という理念を具現化させていくために，理性を身につけるための公教育を重視した点，あるいは1985年のユネスコの学習権宣言に触れ，教育や学習を通した主体形成の重要性について述べる。そしてこれらを踏まえて，次のようにまとめている。

　「住民が生活者としてのエゴイスティックなままでなく，地方自治体のあり方に参画できる『市民』としての力量，あるいは国のあり方も含めて『博愛』と『社会契約主体』を身につけて行動できる『公民』としての主体形成が今求められている」（大橋　2014：15-16）

　ここで大橋がまとめる，「『博愛』と『社会契約主体』を身につけて行動できる『公民』としての主体形成」という概念は，大橋の「ケアリングコミュニティ」概念の中核的な考え方を端的に表現した部分だと考えられる。「ケアリング」概念と照らし合わせたとき，大橋のいう「博愛」は，まさに人と人とが互いに慈しみケアし合う「ケアリング」関係を表していると考えられる。そして，この「博愛」と並べて「社会契約主体」を挙げている。「社会契約主体」は前項で述べたように，ケアリングの限界を補完する，人々の自律的な意思と合意に基づいた関係性のあり様を表している。人と人とが互いに慈しみ関わり，ケアリングしながら，一人ひとりの自己の主体の自律性は確保されているという状態を作り出せる能力を持っている人が「公民」であり，このような「公民」によってつくられる「コミュニティ」という考え方が，大橋の「ケアリングコミュニティ」概念の中核であると考えられる。

　大橋が「主体形成」を重視するのは，単に「相互に支え合っている」だけでは，「自然的ケアリング」状態にとどまってしまうと考えているからであろう。

大橋は「自然的ケアリング」の限界を鋭く認識し，その限界を認識した人々による「意識的にケアリングする人々による新しいコミュニティ」として「ケアリングコミュニティ」を提起していると考えられる。

(7)　大橋のケアリングコミュニティ概念における「コミュニティ」の具体的・実在的構造

　大橋のケアリングコミュニティ概念についての考察の最後に，大橋が「ケアリングコミュニティ」を，実在的にはどのような構造をもつものとして捉えているかを考察する。

　まず，大橋は一般的な「コミュニティ」概念について，「そこに帰属している人のアイデンティティ（同一性の感情）が豊かにあり，そこに帰属している人が安心できる空間・組織であり，その生き方を支える社会システム，生活環境であると言える」とする。そのうえで，大橋はコミュニティの機能を，①生産コミュニティ，②生活コミュニティ，③宗教コミュニティ，④関心事が共通のテーマ性の強いコミュニティ（テーマ型コミュニティ），⑤住民の参政権のもとに組織化される行政・政治機構の基礎単位としての市町村コミュニティの5つに分節化している。

　大橋はわが国においては，①〜④までのコミュニティの機能が，稲作農耕文化の中で歴史的にほぼ同一化されてきたとし，その結果，共同体内部の構成員間の関係性や相互扶助は強くなるが，構成員以外に対しては排除の論理が強くなると指摘する。一方で，このような文化的傾向は，「自律して，社会契約できる主体性をもった住民の形成は行われ」ない結果となったことを指摘しており，ここでも大橋は，わが国文化における「自律した主体」の未成熟状況を課題として捉えている（大橋 2014：16-17）。

　次に大橋は，J. S. ハウスのソーシャルサポートネットワークの4つの機能である①情緒的支援，②手段的支援，③評価的支援，④情報的支援を取り上げ，この4つの機能を「都市部でも，農村部でも再構築することが求められている」と述べる（大橋 2014：18）。また，厚生労働省が2008年に示した「これからの

地域福祉のあり方に関する研究会」報告書について取り上げ，この報告書に示されたフォーマルサービスとインフォーマルサービスを有機的につなげる新しい支え合いのあり方を「ケアリングコミュニティ」と位置づけている。

　これらの記述から，大橋の「ケアリングコミュニティ」概念の実在的な構造を読み取ることができる。「ケアリングコミュニティ」は，J. S. ハウスの4つの機能からなるソーシャルサポートネットワークを地域の中の個々人に組織化することであり，フォーマルサービスとインフォーマルサービスが有機的に結び付いた新しい支え合いを実現することでもある。また，アウトリーチに基づいて福祉ニーズを把握しつつ，ニーズに合わせたサービスを開発し，そのための財源を確保するという，ダイナミックな地域福祉的運動を内包するものでもあると捉えられている。

　そして，大橋のケアリングコミュニティ概念の実在的構造の全体像は，ケアリングコミュニティを構築する方法論として検討されるコミュニティソーシャルワークの機能において示されていると考えられる。

〈大橋のコミュニティソーシャルワーク機能の要約的整理
　　　　　　　≒大橋のケアリングコミュニティの実在的構造の全体像〉

①潜在化ニーズの掘り起こし機能
②住民の潜在化ニーズへの共感，情報共有化，問題解決への動機づけ機能
③ニーズに対応する社会資源の企画，開発，制度化機能
④支援を展開する前提としてのケアマネジメント機能
⑤保健，医療，福祉，社会教育等を有機化させる連絡調整機能
⑥フォーマル，インフォーマルサービスを有機的に統合化して提供する機能
⑦日常生活圏域を「福祉コミュニティ」「ケアリングコミュニティ」として組織化する機能
⑧ケアリングコミュニティを構築するための市町村地域福祉計画の策定，進行管理機能

⑨地域の多様な社会資源（社会福祉法人，施設，機関，NPO 等）を協議体として組織化する機能
⑩保健，医療，福祉等の専門職の IPW，IPE（専門職連携・教育）を推進する機能

（大橋　2014：20）

　この大橋のコミュニティソーシャルワークの 10 の機能は，「ケア」「ケアリング」概念に照らすと興味深い構造を内包していることがわかる。

　たとえば，①潜在化ニーズの掘り起こし機能は，コミュニティ内部において人々に，「ケアの対象」を顕在化させる機能を有している。第 1 章の「ケアリング」概念の検討では，「ケア」は「出会った他者」にしか働かないことを述べた。潜在化しているニーズをアウトリーチによって顕在化することは，コミュニティ内部の住民に「出会った他者」としてその人を「ケアリング」の対象にさせていく，という働きをもたらす。そして②の住民の潜在化ニーズへの共感，情報共有化，問題解決への動機づけ機能は，①によって「出会った他者」となった人を，まさに「ケアリング」の対象として設定していく機能を指す。

　このように，大橋のコミュニティソーシャルワークの 10 の機能の整理は，「ケアリングコミュニティ」を構築，運用していくための機能として，「ケアリング」の段階，あるいはケアリングコミュニティの重層的構造の各段階における必要な内容を網羅的に位置づけたものとなっている。ニーズ把握から個別支援の展開へ，そして住民組織化から専門機関，専門職連携，社会資源の開発，制度化，計画化といった，ケアリングコミュニティ全体の構築方法論まで，段階的に記述されている。大橋は，このようなケアリングコミュニティが具現化している事例として，自らが関わった長野県茅野市の実例を挙げているが，大橋の「ケアリングコミュニティ」の実在的構造は，まさに，大橋が自らの実践の中で具現化してきた内容を踏まえた内容になっているといえよう。

第3節　広井良典のケアリングコミュニティ概念の考察

　本節では，広井良典のケアリングコミュニティ概念について検討する。最初に断っておかなければならないが，広井自身は「ケアリングコミュニティ」という一まとまりの言葉としてケアリングコミュニティ概念を検討しているわけではない。しかし広井は，ポスト産業社会以降の社会思想の2つの柱として，一貫して「ケア」と「コミュニティ」についての論考を続けている。本節ではまず，広井が「ケア」と「コミュニティ」をどのようなものとして考えているかを考察したうえで，広井が「ケア」と「コミュニティ」をどのような関係の元で把握しているかを考察する。これらを明らかにすることによって，「ケア」と「コミュニティ」を結びつけた概念である「ケアリングコミュニティ」概念が，広井の中ではどのようなものとして捉えられているかを浮き彫りにする。

(1)　広井良典のケア概念―「ケアの外部化（疎外）」とそれを取り戻すための「ケア」―

　広井の「ケア」概念の中核は，「ケア」が人間存在にとっての本来的なあり様として存在していた時代から，人類の歴史（産業化の進展）とともに「ケアの外部化」が発生し，さらにまた，ポスト成長社会といわれる現代社会の中では，「バラバラになった個人を再び結びつけるもの」として「ケア」を捉えるという，「ケア」が人間にとって持つ意義についての歴史的変遷をダイナミックに描きだすところにある。

　まず，広井は，動物としての人間が「社会性」の強い生き物であり，必然的に「ケアする動物」としての本質を有していることを指摘する（広井 2000：19-20）。広井は，人間にとって「ケア」が根源的にその本来性に関わっており，人間にとって「ケアリング」することこそ「自然状態」であることを強調する。広井はそれを踏まえたうえで，この人間にとって本来的である「ケア」が，「外部化」していくプロセスを次の三段階で説明し，その意義と課題を分析していく。

　第一段階は、「前・産業化（工業化）社会」であり、この段階は、農業を中心としたムラ社会のイメージで、この時点では「ケア」はまだ外部化されておらず、家族や共同体内部の「相互扶助」として行われている。第二段階は、「産業化（工業化）社会」であり、この段階では伝統的な家族形態や共同体が解体されるため、それまで家族や共同体内部で機能していた「相互扶助」としての「ケア」が機能しなくなり、「ケアの外部化」が進む。もっとも、この段階では「ケアの外部化」は完全に進んでしまうのではなく、「核家族」や「企業」などが新しい「共同体」としてその内部で「ケア」を行うという形態に移行する。しかし、このような「共同体」は以前の「共同体」と比べ「ケア」を包括的に提供できないことから、ケアの外部化が徐々に進んでいく。そして、第三段階は、広井が「成熟社会／高齢化社会」と名付ける段階である。この段階では、「核家族」や「企業」などの「共同体」の解体も進み、「ケア」という仕事の「職業化」が進む。

　広井の「ケアの外部化」の考察で重要なのは、「ケアの外部化」が経済社会の進展にともなって進んできたという考察である（広井 2000：25-26）。筆者はこの広井の指摘は一面では正しいと考えるが、一方で「ケアの外部化」の本質を捉える視点として十分ではないと考えている。広井がいうように、「豊かな社会」になれば、人間は経済的には一人でも生きていくことが可能になり、その結果それまでの相互扶助（ケアリング）が必要なくなる。しかしそれにより、人間の本来性に位置づいている「ケアリング」の内実は大きな影響を受ける。問われるべきは、そのような経済状況の変化によってもたらされる「ケアの状況」の変化、「ケアリングの仕方」の変化が、人間の本来的な「ケアリング」にとって、どのような影響を与えるかを問う視点である。

　広井が経済状況の進展にともなう「ケアの外部化」を捉える視点は、社会状況の変化により、私たちの本来的「ケアリング」（＝人間の本来性）がどのような影響を受けるのかということを捉える視点を提供する点で重要である。一方、広井の「ケアの外部化」論において不十分だと感じるのは、広井が「ケアの外部化」の原因を、専ら「経済状況の進展」のみに置いている点である。たしか

に，「ケアの外部化」の原因として「経済状況の進展」は基底的要因の一つになっていることは間違いない。しかし，「ケアの外部化」の要因をこれのみに限定してしまうと，もっと違う要因によってもたらされた「ケアの外部化」の持つ問題点や意義が考察されなくなってしまう。

　前節で検討した大橋謙策は，「ケアの社会化」の要因を，①「ケアを必要とする人がその時代において多数となり，時の為政者にとって看過できない状況，もしくは社会統合の必要性からすすめるもの」，②「労働力の確保が社会発展の鍵と考え，そのことに関わって推進させること」，③「住民自身の生活防衛的立場から生活協同組合的に推進すること」，④「新たな社会福祉思想，哲学に基づき推進されること」の少なくとも 4 つの要因から捉えている（大橋2014：4）。特に大橋は，②の「労働力の確保策」として進められた「ケアの社会化」が，わが国においては過度に「労働の価値」を称揚する結果となり，「社会化されたケア」を受けることに国民が強いスティグマを持つに至った経緯を考察していた。

　広井のいうように「経済状況」の進展とともに「ケアの仕方」が変わるだけであれば，人々は「外部化されたケア」（制度化あるいは市場化されたもの）を利用したり，購入したりすることができればそれで良い，ということになってしまう。のちに詳述するが，広井の「ケア」概念は「ケアの限界」への認識が甘い部分があり，現代社会におけるケアの課題の一側面を，より深く考察できていないと考えられる。

　上記のような限界はあるが，広井の「ケアの外部化」論は，「ケア」を社会状況の変化と関わらせて考える時，有効な視座を提供する。

　広井は，この「外部化」という考えを，「人間存在そのもの」に適用し，「人間存在（意識を持った存在）」は「自然」から「外部化」されたものとして捉えられるのではないかと指摘する。自然から外部化され，遺伝子情報の伝達（自然）だけでは足りなくなった情報伝達の仕組みを，人間は「脳」の発達による外界認知能力を向上すること（意識の発達）によって補っている。このような「意識」の発達は，「個体間コミュニケーション」の発達と表裏一体であり，それ

ゆえ人間は「個体間」でコミュニケーションすること＝ケアリングし合うという意味で，「ケアし合う動物」としての本来性を持っている，というのが広井の人間存在の捉え方である（広井　2000：17-20）。

　広井は「意識を持った」ということが，人間を「自然」から「外部化」した要因であると指摘する。人間のように外界を客観的に認知できない他の動物は，自然を自由自在に加工したり，作り変えたりすることはできないため，「自然の摂理」に従うほかない。しかしそのことによって人間以外の動物は「自然の内部にいること」ができる。しかし，人間は「意識」によって「自然」から自らを「外部化」する。人間は「自然」から生まれながら，「自然」から外部化（または「疎外」）された存在である。一方で，人間の本来性は先ほど述べたように，「個体間のコミュニケーション」を行う，すなわち「ケアリング」するということにあった。広井はこのような人間の本来性を「きわめて『社会性の』強い，つまり『共同体（家族を含む）』が単位であるような人間であった」と表現している（広井　2000：30-31）。

　しかし，先ほども見たように「経済の進化」にともなって，この「人間の本来性＝ケアリング」の外部化（疎外）が進む。人間はその本来性であった「共同性」を解体させ，「個人」として生きることができるようになる。その結果人間の本来性であった「ケア」は外部化され，「ケアの職業化」が進む。このような意味で，現代に生きる人間は「自然」からの外部化，および「共同体」からの外部化という「二重の外部化」を経た存在であることを広井は指摘する。広井はこのことを図2-③のように図式化している。

　広井は，このように「二重に外部化された存在」として現代に生きる人間を捉えたうえで，人間にとっての「ケア」の位置づけを次のように述べる。

　「しかし，逆に見れば，人間はもともと自然と一体のものだったのだし，個人は共同体（コミュニティ）とともにあったのである。だから人間は，共同体との，あるいは自然とのいわば『通路』ないし『つながり』を持ちたいという根源的な欲求を持っている。それをつなぐ役割をするのが『ケア』ということな

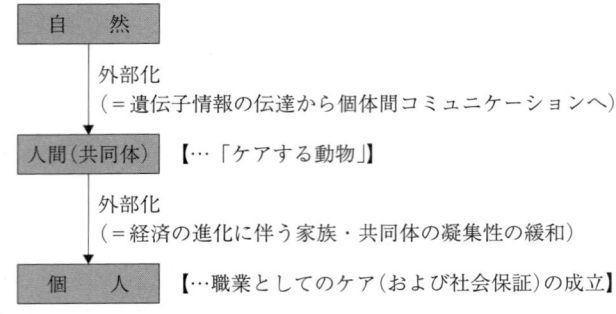

図2-③　外部化の産物としての人間／個人，そして「ケア」との関係
出所）広井　2000：31

のではなかろうか。あるいはそうした『（他者との，自然との）つながり』ということ自体が『ケア』なのではないだろうか。（中略）つまり，『ケア』ということのもっとも根源的な意味は，『外部化』してしまった個としての人間を，もう一度（共同体あるいは自然のほうへ）『内部化』あるいは『一体化』する，というところにあるのではないだろうか。あるいは，より正確にいえば，人間が『個』として外部化していこうとするベクトルを，もう一度世界や共同体への内部化のほうへと向かわせる，その反転の間際にあるのが『ケア』という営みなのではないだろうか」（広井　2000：32-33）

　広井の「ケア」概念で重要なのは，現代の人間がその存在の本来性から「二重の意味で外部化＝疎外化された存在」であり，「ケア」はそのような現代の人間にとって，その「疎外」の状況をもう一度「反転」させる営みとして捉えられている点である。このように捉えることで，「ケア」や「ケアリング」の役割を「人間の本来性」に関わることとしてだけでなく，「本来性からの疎外」という状況を能動的に取り戻す（反転させる）働きとして捉えることができる。
　また，このような視点は，どのような「ケアリング」が，「疎外状況」を「反転」させ，人間に本来性を取り戻すことができるかを検討するうえで，有益な視座を提供してくれる。「外部化」の歴史を踏まえれば，人間の「本来性」を

取り戻すための「ケア」とは，「共同性」や「自然」との関わりを取り戻すことのできる「ケア」だと考えられる。

(2)　「内」に向かうケアと「外」に向かうケア

　さて，広井のケア概念で次に注目すべき視点として，「ケア」が向かう方向性を「内」に向かうケアと「外」に向かうケアの2つのベクトルから捉える視点がある。広井は，(1)で指摘したようなケア概念を踏まえつつ，ケアには「内的」に向かうベクトルと，「外的」に向かうベクトルの2つの方向性があることを指摘する。広井は「内的」な方向に向かうケアのベクトルの範型を，「母子関係を原型」とするものとして捉え，「外的」な方向に向かうケアのベクトルの範型を，「父子関係を媒介とした他者との関わりを原型」とするものとして捉える。

　広井はこのような「ケア」の関係の二重性を，ケアにおける「二者関係」と「三者関係」として捉えた（広井 2013：16-17）。広井は，母親と子供の関係は，「母—子」の二者関係に（つまり「内」に）留まるケア関係であるが，父親には「家族」という「中間集団」の内部と，その外部の「社会（他者）」をつなぐ役割があると指摘する。人間社会は，「個体」—「中間集団（家族や共同体）」—「（中間集団外部の）社会（≒他者）」という重層的な構造を持っており，「ケア」は「中間集団」の「内部」で行われる「内向きのケア」と「中間集団」の「外部」とつながりをもとうとする「外向きのケア」とがあると，広井は指摘する。広井はこの「ケア」の2つの方向性を「つなぐこととしてのケア」の2つのベクトルとして，図2-④のように図式化している。

　この広井の「二者関係」「三者関係」からなる「関係の二重性」という考え方は，前節で考察した「二人称的アプローチ」と「三人称的アプローチ」と類似したケア概念の捉え方であるが，「二人称的アプローチ」「三人称的アプローチ」が，「二人称＝ケア，ケアリング」「三人称＝客観主義，正義的倫理」と捉えるのに対し，広井の場合は「二者関係」も「三者関係」もどちらも「ケア」の側面として捉えるところに違いがある。

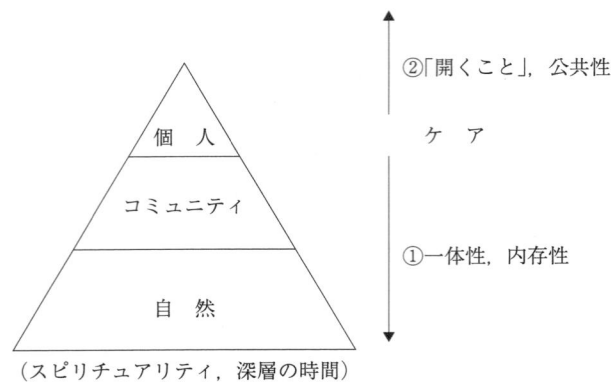

図2-④　「つなぐこととしてのケア」に2つのベクトル

出所）広井 2013：27

　広井が指摘した，図2-④中における，①「一体性，内在性」に向かうケア
のベクトル（二者関係を基盤とする）と，②「『開くこと』，公共性」に向かうケ
アのベクトル（三者関係を基盤とする）は，広井がこの議論の直前において，「個
別的互酬性」と「一般的互酬性」という言葉を用いて，「互酬性とケア」の問
題について考察したことにも対応している。「個別的互酬性」は，「"ある人が
自分に何かしてくれたら，その人に何か良いことをする"」と説明されている
ように，「二者関係のケア（一体性，内在性に向かうケアのベクトル）」に対応す
ると考えられる。「一般的互酬性」は「『私はAさんに何かよいことをしてあ
げよう。もしかしたらAさん自身が私に良いことをしてくれることはないか
もしれない。しかし（そのように良いことを他人にしていれば）いつか誰かが自分
に良いことをしてくれるはずだ』という内容のもの」と説明されており，「三
者関係のケア（公共性に向かうケアのベクトル）」に対応していると考えられる（広
井 2013：24-25）。そして広井は，この「一般的互酬性」に着目し，「個別的互
酬性」ではケアの対象は特定の個人に限定されるが，「一般的互酬性」ではケ
アの対象はより抽象化された「一般化された他者」に変化するとする。そして
この考えをさらに敷衍して，「一般化」の方向性が極限まで進むと「一般化さ

れた他者」をさらに超えて「絶対的ケアラー」と呼べるような宗教的なケアにまで到達する可能性について指摘している（広井 2013：25）。

　広井のケア概念は，人間の「内」（二者関係，家族，共同体）にも「外」（三者関係，公共性）にも，あるいは「超越的領域（宗教，スピリチュアリティの領域）にも，一貫して「ケア」という営みが行われるという巨視的，連続的に「ケア」を捉える点に特徴がある。筆者はこのような広井の「ケア」概念には，利点と欠点があると考えている。

　まず，その「利点」であるが，第1に，本来的に「ケア」する存在である人間が，その文化の発展とともに，「ケア」のあり方を変容させていく様を，人間のケアの歴史の「連続性」の中で把握することができるという点である。第2に，人間にとっての「ケア」を巨視的に捉え，「ケア」の全体像を俯瞰的に記述しているという点である。図2-④が示しているように，人間のケアの領域は，①個人，②共同体，③自然，④スピリチュアリティ，深層の時間と俯瞰的に捉えられている。また，「開くこと，公共性」へのベクトルの先には，⑤公共性に開かれたケアの領域が位置づけられている。

　しかし，広井の「ケア」概念には欠点もある。その第1は，広井の「ケア」概念は，「ケア」そのものの限界についてあまり意識的ではなく，むしろ，「ケア」が「無限遠的」に人間のあらゆる営みに適用されてしまっているということである。もっとも，広井も，「1対1モデルの限界」を指摘しており，二人称的に内に閉じる「ケア」の限界について意識していないわけではない。しかし，「内」に向かう「ケア」と，「外」に向かう「ケア」が，その向かう方向は異なっているとしても，「ケア」そのものの内実は「同質のもの」として捉えられてしまっている。それゆえ「現代のケアをめぐる課題」が，ある意味で単純化されて捉えられてしまっている。

　例えば，「内向き」のケアの限界を克服する方法として広井が採用するのは，「一般的互酬性」に基づく「ケア」「公共性に向かうケア」である。筆者はこれまでの検討の中で広井のいう，「一般的互酬性」や，「公共性」に向かう人間の営み・働きは，「ケア」ではなく，むしろ「正義的倫理」の働きとして捉えて

きた。大橋でいえば，それは「（自律的）意思決定的自立・契約的自立」概念となり，「ケア」の限界を「ケア」とは異なる別の倫理的働きで補完するものとして捉えてきた。

　広井の場合は，「内」と「外」に働くものを両方「ケア」と捉えているため，「ケア」概念に内在する限界を徹底して捉えられていない。その結果，広井の「ケア」の課題についての処方箋は，「内向き」には，失った共同体や自然（あるいはその根底にあるスピリチュアリティ）との関係を回復するという「ケア」の方向性と，「外向き」には，"独立した個人と個人がゆるくつながる"という「都市型コミュニティの生成」という「ケア」の課題に収斂される。しかしこの2つの方向性が相まって人間を引き裂き，人と人との関係を生み出すことがうまくできなくなったからこそ，現在の人間関係の希薄化が起こっているという事実を，このモデルではうまく説明できない。

　特にわが国では，二者関係に閉じる「内向き」のケアリング関係が強く温存されてきた結果，一方ではコミュニティや家族関係の解体が「都市的生活様式の拡大」の中で進むことによって，「ケアリング」の範囲が狭まり，（広井がいう）「外部化された他人（第三者）」には，迷惑をかけられないという「ケアリング意識の過剰」が，かえって人々の孤立を生み出す結果になっている。このような事態は内向きの「ケアリング」の持つ負の側面と，「都市的生活様式」の持つ負の側面の相乗効果で引き起こされている事態と捉えられ，広井がいうように，単純に「内向き」と「外向き」への「ケア」の強化では解決できず，むしろ逆効果になる可能性もある。

　このような課題を乗り越えるためには，「ケア」の意義と限界を意識的に認識しつつ，後述する「正義的倫理」や「スピリチュアリティ」，「科学的合理性」などをうまく活用しながら，これらの編み合わせによって「ケアリングコミュニティ」を形成することが重要である。広井の「ケア」概念の限界として，その限界への認識に乏しい点を指摘しておきたい。

（3）　広井の「コミュニティ」概念の中核概念—重層社会における中間集団—

次に広井のコミュニティ概念について検討する。

まず，広井の「コミュニティ概念」の中核には，コミュニティは「重層社会における中間集団」という認識がある。広井は「重層社会における中間集団としてのコミュニティ」概念について次のように述べている。

「人間の社会は最初から個体ないし個人が『社会（集団全体）』に結びつくのではなく，その間に中間的な集団をもつ。したがって，個体の側からみれば，それはその中間的な集団『内部』との関係と，『外部』の社会との関係という，二つの基本的な関係性を持つ。(中略)。

そして『コミュニティ』との関係でいえば，ここでいうところの『重層社会における中間的な集団』こそがすなわち『コミュニティ』というものの本質的な意味になるのではないだろうか。したがって，コミュニティはその原初から，その『内部』的な関係性と，『外部』との関係性の両者をもっていることになる。このいわば"関係の二重性"（ないし二層制）にこそコミュニティの本質があるといえるだろう。」（広井 2009：24-25　傍点は原文のママ）。

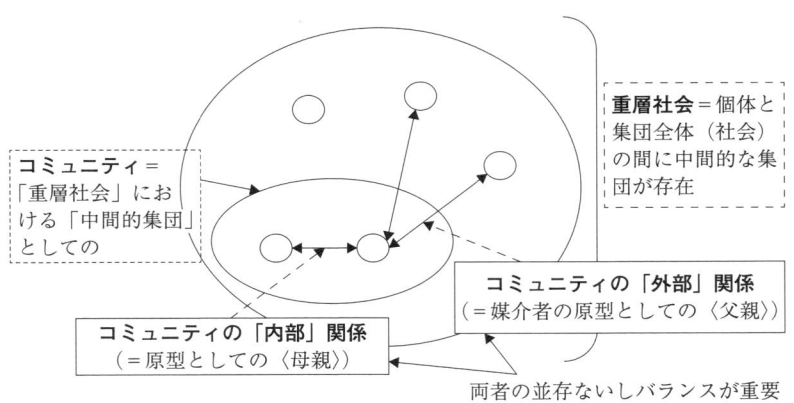

図 2-⑤　コミュニティをめぐる構造——コミュニティは常にその「外部」をもつ
出所）広井 2009：25

表 2-①　コミュニティの形成原理の二つのタイプ

	(A) 農村型コミュニティ	(B) 都市型コミュニティ
特質	"同心円を広げてつながる"	"独立した個人としてつながる"
内容	「共同体的な一体意識」	「個人をベースとした公共意識」
性格	情緒的（＆非言語的）	規範的（＆言語的）
関連事項	文化	文明
ソーシャル・キャピタル	統合型（bonding） （集団の内部における同質的な結びつき）	橋渡し型（bridging） （異なる集団間の異質な人の結びつき）

出所）広井 2009：16

　広井は図 2-⑤のように，コミュニティ「内部」に向かう関係と，コミュニティ「外部」に向かう関係の，2 つの関係に向かうベクトルでコミュニティを捉える。また，広井は，コミュニティ概念の「内部」に向かうベクトルを範型とするコミュニティを「農村型コミュニティ」，「外部」に向かうベクトルを範型とするコミュニティを「都市型コミュニティ」と捉え，この 2 つをコミュニティの形成原理の 2 つのタイプと捉え，表 2-①のようにそれぞれの特質を整理している。

　この表 2-①から読み取れるように，広井の内向きに向かうコミュニティのベクトル（農村型コミュニティ）は，筆者が検討してきた「ケア」「ケアリング」概念とほぼ重なり，外向きに向かうコミュニティのベクトル（都市型コミュニティ）は，「ケア」「ケアリング」の限界を補完する「正義の倫理」に重なる。

　広井のコミュニティ概念は，コミュニティは単に「内部」に閉じる「ケアリング」を行うだけでなく，「外部」とのつながりを持とうとする働きもあることを「期待」しているということである。この時，広井のコミュニティ概念には，「ケア」概念の時にも指摘したのと同様，「コミュニティの持つ負の側面をどの程度認識しうるか」という課題が生じる。

　大橋の「ケアリングコミュニティ」概念との対比で興味深いのは，広井の「ケア」概念も「コミュニティ」概念も，それぞれの概念の内部に，その限界を克服しうる論拠を有してしまっていることである。大橋では，「ケア」や「コミ

ュニティ」の持つ負の側面を捉え，その限界を克服するための「自立」「主体形成」といった，「ケア」や「コミュニティ」概念以外の概念の必要性が位置づけられていた。

　もっとも広井も「ケア」や「コミュニティ」概念の限界は認識している。ただし広井の場合は，「ケア」や「コミュニティ」概念の内部に新しい意味を付与することによって，その限界を克服しようとしている。しかし，筆者が第1章で展開したような「ケア」概念の倫理的限界について，広井はあまり深い議論を展開しておらず，そのため，その「ケア」概念の限界に由来する「ケアリングコミュニティ」概念の限界を十分認識できていない印象がある。

　広井の理論は人間社会の歴史を巨視的に俯瞰して，その変化とともに新しい人間意識が「生成する」と考えるところに特徴がある。この点で広井の立論は，「社会の変化」に対して，いわば「受動的」に人間意識が変化すると捉えるきらいがある。人間の思想は「社会状況の変化」が先にあって，それに合わせる形で「生成」されてくるという，「構造論的」な特徴を持っていると考えられる。

　このような理論的特徴を持つがゆえに，広井の「ケア」概念及び「コミュニティ」概念は，現代の人間が置かれている社会状況を「客観的」に描きだすことはできるが，その問題を解決する方法論については具体的な方法を示せていない印象を受ける。例えば，大橋が指摘したような「社会契約的自立」やそれに向けての「主体形成」の課題などについて，広井はほとんど論じていない。広井は今の時代状況に合わせて，新しい思想が自然に「生成」してくるという楽観的な認識を持っていると思われる。

　広井が提示する，今後の「ケア政策」や「コミュニティ政策」のあり方も，大橋が具体的な社会福祉の個別課題からそのあり方を説き起こし，ソーシャルサポートネットワークの必要性や，地域福祉計画策定の重要性，コミュニティソーシャルワーク機能等に論議を進めるのに比べ，広井のそれは「社会設計的」な方法で述べられるものが多い。

　例えば，著書『コミュニティを問い直す』の「第2部　社会システム」においては，第4章で「都市計画と福祉国家」がテーマにされ，第5章で「ストッ

クをめぐる社会保障」がテーマとされている。どちらも「社会設計的」なテーマであり，社会の物理的環境や制度的環境に手を加えることで，現代の課題に対応した「ケア」や「コミュニティ」に，人々が「自然に導かれる」という形での提案がなされている。

(4)　広井良典の「ケアリングコミュニティ」概念の特質及び意義

　もっとも，広井の「ケア」概念・「コミュニティ」概念は，限界はあるものの多くの重要な示唆を含んでいる。ここでは，広井の「ケア」概念・「コミュニティ」概念を合わせて，広井の「ケアリングコミュニティ」概念として検討し，その特質と意義について検討する。

　これまで見てきた広井の「ケア」概念・「コミュニティ」概念を踏まえると，広井の「ケアリングコミュニティ」概念は，「共同性（内向きの関係）」と「公共性（外向きの関係）」の関係の二重性を実現する「コミュニティ」において，コミュニティ内部に向かう「内向き」の関係性をいかに「ケア」して，人間本来の「共同性」や「自然」「スピリチュアル（霊性）」との関係を取り戻すかという点，またその一方で，「コミュニティ」の外部との関係を「公共性」の名のもとに築きあげ，より普遍的な価値に人々をコミットメントさせるという，二重の「ケア」の働きを統合的に捉える概念として整理できる。

　このように捉えたとき，広井の「ケアリングコミュニティ」概念の持つ意義について，以下に何点か述べておく。

　第1に，人間の歴史的連続性の中で，現代を生きる人間が，歴史的に「何との関係を外部化（疎外）してきたか」を捉える視点である。広井は，人はまず自分の外部にある環境を認識する「意識」を持つことによって「自然」を外部化し，次に「経済の進展」にともなって「1人でも生きていける環境」を手に入れたことにより，人間の本来性である「共同性」を外部化した。また科学の発展が，宗教に代表されるような「スピリチュアル（霊的）」なものを「外部化」したのも，近代社会の特徴として指摘されている（広井 2013：27）。

　このように近代以降の社会のあり様を捉える広井の「ケアリングコミュニテ

ィ」概念は，現代のケアがその対象とすべき具体的な目標設定を明確にすることに成功している。例えば，人々の孤立化に対しては，人間の本来性である「共同性＝コミュニティ」をどのように復権するかという課題が明確となる。「自然」との関係では，「自然との関わりを通じたケア」として，園芸療法や森林療法（広井 2013：28），コミュニティを基盤とした自然エネルギーや地場産業，農業などへの着目（広井 2017：69），あるいは，「持続可能な福祉社会／緑の福祉国家」を構想し，ジニ係数と「環境パフォーマンス指数」との相関関係を表した図を示して，環境パフォーマンスが高い国家ほど格差も低く抑えられていることを指摘する（広井 2017：70）。「スピリチュアル」なものとの関係では，ケアと「死」（ターミナルケア）の問題（広井 1997：52），ケアと「宗教」「スピリチュアリティ」の問題（広井 2000：160）などを取り上げており，それは近著（広井 2013：22-24）まで一貫している。

　また外向きに向かう「ケア」については，端的に「公共性」との関係として考察されており，そしてそれは，従来の「公―共―私」がクロスオーバーする形でもたらされる「新しい公共性」として構想されている。

　この「公―共―私のクロスオーバー」について広井は，「共」的原理を「互酬性」に基づく「コミュニティ」，「公」的原理を「再分配」を行う「政府」，「私」的原理を「交換」に基づく「市場」にそれぞれ対応させ，それぞれの原理の特徴を表2-②のように整理している。

　広井はこれら3つの原理が，「社会保障などの議論でしばしば使われる『共助』『公助』『自助』という三つとも大方対応」しており，現代では，これらがクロスオーバーして「この三者は新たな形で融合したり相互に重なりあったりしている」と指摘する（広井 2017：30）。

　また，広井はこの「公―共―私」の3つの原理を，空間的な「ローカル―ナショナル―グローバル」という軸と関わらせて，表2-③のような整理を行っている。

　広井はこの表2-③において，本来，「共」の原理は「地域」レベルの空間に，「公」の原理は「国」レベルの空間に，「私」の原理は「地球」レベルの空間に

表2-②　「公―共―私」と政治哲学／公共哲学及び福祉国家

重視する原理ないし主体	政治哲学ないし公共哲学（主にアメリカの文脈）	政治哲学（主にヨーロッパの文脈）	福祉国家としての典型例
①「共」的原理〜コミュニティ	コミュニタリアニズム	保守主義conservatism	大陸ヨーロッパ
②「公」的原理〜政府	リベラリズム	社会民主主義social democracy	北欧
③「私」的原理〜市場	リバタリアニズム	自由主義Liberalism	アメリカ

出所）広井 2017：30

表2-③　「公―共―私」とローカル―ナショナル―グローバルをめぐる構造

	地域（ローカル）	国家（ナショナル）	地球（グローバル）
①「共」の原理〜コミュニティ（互酬性）	地域コミュニティ	国家というコミュニティ（大きな共同体としての国家）	「地球共同体」ないし"グローバル・ビレッジ"
②「公」の原理〜政府（再分配）	地方政府	中央政府（"公共性の担い手としての国家）	世界政府cf. 地球レベルの福祉国家
③「私」的原理〜市場（交換）	地域経済	国内市場ないし「国民経済（national economy）」	世界市場

注：第1ステップ：⬭…（近代的モデルにおける）本来の主要要素
　　第2ステップ：⌐ ⌐…現実の主要要素＝国家（〜ナショナリズム）←工業化
　　第3ステップ：世界市場への収集とその支配←金融化・情報化
　　今後：各レベルにおける「公―共―私」の総合化＆ローカルからの出発
　　　　　　　　　　　←定常化（ないしポスト金融化・情報化）

出所）広井 2017：31

拡大するが（第1ステップ），近代から現代の歴史的段階を踏まえると，近代化（工業化）の進展とともに，それぞれの原理が「国」レベルの空間に集約していった（第2ステップ）。広井はこの「工業化」による各原理の「国」レベルへの集約が起こった理由について，「（前略）農業であれば，大方は比較的小規模のローカルな地域単位で完結するものだが，工業化以降の段階を考えると，鉄道の整備，道路網の敷設，工場や配電所などの配置等々，その多くはそれまでのローカルな単位を超えた計画や投資を必要とするものであり，そのいわば「最適な空間的単位（あるいは主体）」として浮かび上がるのはナショナル・レベル（の

中央政府）となるだろう。逆に，それらは（金融市場のように）グローバルというほどの空間的広がりを持つものではない」（広井 2017：35）としている。

そして，現代社会において生じている第３ステップの「金融化・情報化」が進展すると，経済と情報のグルーバル化により，「文字通りあらゆる国境ないし境界を超えた『世界市場』が成立していく」（広井 2017：36）。

広井はこのような歴史的認識を踏まえつつ，「定常化」を迎えるこれからの社会においては，①「地域―国家―地球」という空間各レベルにおける「公―共―私」の分立とバランス，②ローカル・レベルから出発すること，の二点が重要になると指摘する（広井 2017：37）。

さて，上記の論考を踏まえると，広井の考える「公―共―私」がクロスオーバーする新しい「公共性」とは，空間軸としては「地域（ローカル）レベル」を中心（出発点）とし，そこから国家レベル，地球レベルにわたる重層的な枠組みの中で「経済」のあり方や資源の再分配などの「政策」を考え，人々の生活の場（地域）における「公―共―私のベストミックス」として捉えることができる。

広井の「ケアリングコミュニティ」概念は，先にも述べたように，現代社会における人間が，これからの社会をよりよく生きるために，どのようなものとの関わりを大切にすればよいのか，またそのための新しい社会の仕組みはどのようなものであるべきかを，人間の巨視的・歴史的洞察から明らかにしているところにその特徴がある。内向きには「共同性」「自然」「スピリチュアル（霊性）」との関わりについて，外向きには人間が近代社会以降つくり出した国家的なシステム（制度・政策）や資本主義経済との関わりを問い直し，「公―共―私」がクロスオーバーする「新しい公共性」のあり方を模索している。このような「内向き」「外向き」に，これからの人間が目指すべき方向性を指し示しているということが，広井の「ケアリングコミュニティ」概念の特徴であり，意義であると考えられる。

(5)　広井のケアリングコミュニティ概念の限界の認識と，その乗り越え

　さて，上記のような特徴と意義を持つ広井の「ケアリングコミュニティ」概念であるが，先にも述べたように，広井の「ケアリングコミュニティ」概念は「構造論的」な特徴を持ち，それゆえ，現代社会における人間が置かれた状況を，俯瞰的・客観的に捉えることができる点で優れているが，一方で，私たちが「主体的」にどのような形で現代の「ケア」や「コミュニティ」の課題に対処していくかという部分の論考は少なく，その部分に広井の「ケアリングコミュニティ」概念の限界があることを指摘した。

　しかし，広井の論考をよく見ると，このような「ケアリングコミュニティ」概念の限界を認識し，乗り越えようとしているとわかる記述がいくつかある。

　例えば，広井は近著『福祉の哲学』の中で，わが国の持つ国家観の問題点を，「"大きな共同体" としての国家」として批判している部分がある。広井はこの国家観の特徴を，「『家族』の延長としての国家イメージでもあるので，自ずとパターナリスティックになりやすい」と指摘する（広井 2017：39）。

　このような国家観に対し広井が対置するのが，「"公共性の担い手" としての国家」である。広井はこの "公共性の担い手" としての国家については，「あくまで独立した『個人』から出発して社会（society）というものを考えた場合，個人の自由な活動だけでは格差などさまざまな弊害が生じるので，そうした問題を解決する "装置" として作ったものとしての『国家』」であり，「個人から出発して『社会契約』的に作られる国家といってもよいだろう」とし，西洋的な市民革命を経た国家を想定している（広井 2017：38-39）。

　このような考察から，広井がわが国の課題として，"自分を中心とする同心円" を広げていった先に作る集団（コミュニティ）の課題，それは大橋のところで検討した森有正の「二人称関係」と同様の問題意識を持っており，その限界を乗り越える方法として，「個人」を出発点とした，自発的・主体的に作る公共性というテーマを持っていることがわかる。

　では広井は，この内に閉じる傾向のある日本の関係性の特質に対して，どのような解決策を模索しているであろうか。

　例えば広井は，日本の「税」意識の問題点を指摘したうえで，「今後は『自発的な税』のような，いわば従来の「公—共—私」が融合したような新たな税の形態も考えられるのではないか」と問題提起して，その新たな税の形態として，「ふるさと納税」を取り上げている。広井は「このような多様な税の形態は今後国レベルや自治体レベルを含めて発展させていくことが重要ではないだろうか」としている（広井 2017：42-43）。このような提案は，広井の特徴である「構造論的」な立場から，「社会設計的」に課題を乗り越えようとする提案と分析できる。

　これに対し筆者は，このような社会設計的アプローチだけでは，日本の抱える「内に閉じる関係性」の課題の根本的な解決にはならないと考えている。なぜなら，単に人々の「自発性」が発露しやすい環境設定を行い，「自発的」にみえる行為が増えたとしても，それは本来の意味での「主体性」ではなく，「環境」や「関係」に促された「自発性」にすぎない。

　筆者は，広井のいう社会設計的な施策は意味がないといいたいわけではない。このような施策も必要だが，真の意味で人々が「主体的」になるためには，別のやり方も必要になると考えている。

　例えば大橋は，人々が地域福祉を主体的に運用していくことができるようになるための「地域福祉の 4 つの主体形成」の課題を提起している。筆者は後に「ケアリングコミュニティ」を形成する際の「討議（倫理）」の必要性とそれに関わる主体形成の必要性について触れるが，広井の「ケアリングコミュニティ」の限界の乗り越えの方法論には，このような主体形成を重視する視点がほとんど見られない。

　しかし，ここで断っておかなければならないのは，広井も，筆者と同じような主体形成へのベクトルを持っている可能性があることである。あくまで「可能性」としたのは，広井自身の論考がそれほど詳細になされていないからであるが，広井は次のように述べている。

「いずれにしても，このようにして『個人』をしっかりと立てながら，同時に生命や自然を普遍的な原理にまで高めることができれば，それは現代社会における新たな福祉思想となりうるのではないか」(傍点筆者)(広井 2017：51)。

　この傍点部分における，「普遍的な原理にまで高める」は，リベラリズム的反省知 (＝正義) によって，「自然／生命」の次元 (＝ケア，ケアリング) を意識化しようとする意図がうかがえる。

　とはいえ，やはり広井においては，そのような「自然／生命」を「普遍的な原理」にまで高める具体的な方途までは記述されていない。具体的に提起されているのは，「緑の福祉国家」構想のようなものであり，その意味で，その解決方策はやはり「社会設計的」「構造論的」なものになっているといわざるを得ない。

(6)　広井のケアリングコミュニティ概念のまとめ—その意義と限界—

　広井のケアリングコミュニティ概念は，人間の本来的なもの (共同性，自然，スピリチュアリティ) を捉える思想や，「公―共―私」がクロスオーバーする「新しい公共性」を提起している点において，ケアリングコミュニティ概念を精緻に検討していく際の有効な視座を提供している。筆者は第３章において，「自然」や，「スピリチュアリティ」「宗教」「経済活動」などとケアリングコミュニティの関係性を考察することになるが，これらとの関係性を考察する基本的視座はこの広井の論考から得られるものである。

　一方で広井のケアリングコミュニティ概念には，ケア・ケアリングの限界の認識の乏しさからくる限界もあった。その点を踏まえつつ，ケア・ケアリングの限界に対する他の倫理による補完のあり方については，この後の論考でより詳細に明らかにする。

第4節　小林正弥のケアリングコミュニタリアニズム概念の検討

　本節では，「ケアリングコミュニティ」概念の先行研究の3つ目として，小林正弥の「ケアリングコミュニタリアニズム」について検討する。

　小林は近著において，政治哲学の主要なテーマの一つに「福祉」があるとし，「福祉の公共哲学」のあり方について検討を行っている[8]。

　小林は広井と同様，「ケアリングコミュニティ」概念そのものを検討しているわけではない。しかし，小林はコミュニタリアニズムの哲学とケアの倫理の類似性を指摘し，現代の「福祉の公共哲学」の一つの可能性として，ケアの倫理を含んだコミュニタリアニズム，「ケアリングコミュニタリアニズム」の考え方を提起している。ここでは小林の著作のうち，「ケアの倫理」とコミュニタリアニズムの関係性に焦点を当てて考察している「性差と家族・子ども―『正義とケア』論争から生成的コミュニタリアニズムへ」[9]及び，「ケアと正義の公共哲学」[10]の2つの論考を主に参照する。

(1)　小林正弥のコミュニタリアニズムの思想的位置

　まず小林は，図2-⑥のようにコミュニタリアニズムの思想的位置づけの明確化を試みている。コミュニタリアニズムは，政治思想的には原子極（個人の

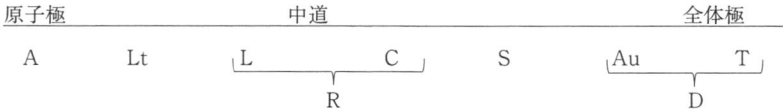

A（アナーキズム；Anarchism），Lt（リバタリアニズム；Libertarianism），L（リベラリズム；Liberalism），R（共和主義；Republicanism），C（コミュニタリアニズム；Communitarianism），S（国家・社会主義；Statism, Socialism），Au（権威主義；Authoritarianism），D（独裁主義；Despotism），T（全体主義・ファシズム；Totalitarianism, Fascism）

図2-⑥　政治思想の理論的位置関係

出所）小林　2012：305

自由）と全体極（社会の秩序）のおよそ中間に位置し，個人の自律性も尊重しながら，社会秩序への責任と理想の個人と社会との関係を実現しようとする「美徳」の重視，そしてそれらを踏まえた人々の共通認識としての「共通善」の構築を目的とするところに特徴がある。

　小林はコミュニタリアニズムとそれに対するリベラリズムの思想家等からの批判を丁寧に検討し，それに再批判を加える形で，現在のコミュニタリアニズムの意義と到達点を論じているが，その中で小林が重視するのは，アメリカの代表的なコミュニタリアニズムの哲学者であるマイケル・サンデルらが取る立場である。

　小林はサンデルらのコミュニタリアニズムの立ち位置を「善―正相関的コミュニタリアニズム」と位置づける。コミュニタリアニズムの思想は，その人が所属する「コミュニティ」における「共通善」を求めるといったように，どちらかといえば「全体論寄り」の思想を持っている一方で，サンデルらは，リベラリズムが主張する個人の「自由」や「自律」「主体性」なども規範として重要視するところに特徴がある。このような立場は「リベラル」の思想も大事にしたコミュニタリアニズムということで，「リベラル・コミュニタリアニズム」と表現される。

　また小林は，コミュニタリアニズム思想の適用レベルを，空間的には地域レベルからナショナル，グローバル（コスモポリタン）に捉え，また時間的には過去から現在，未来へとつながる時間軸で捉える。また，のちに述べる「ケアの倫理」「ケアリングコミュニタリアニズム」との関係では，「次世代生成的コミュニタリアニズム」という概念が用いられる。小林のコミュニタリアニズム思想の特徴は，空間的には小コミュニティから大コミュニティまで，時間的には過去から現在，未来までといったように，きわめて幅広い対象にコミュニタリアニズム思想を当てはめるところにその特徴がある。

(2)　小林正弥の「ケアの倫理」理解とコミュニタリアニズムとの接合

　小林が，ケアの倫理とコミュニタリアニズムとの関係性を論じた論文として，

『コミュニタリアニズムのフロンティア』所収論文の「性差と家族・子ども―『正義とケア』論争から生成的コミュニタリアニズムへ」(小林 2012) がある。また, 『講座ケア①ケアとは何だろうか―領域の壁を越えて―』所収論文「ケアと正義の公共哲学」(小林 2013b) においても, 「ケアの倫理」と「正義論」「コミュニタリアニズム」の関係性をより詳細に論じながら, 「ケアリングコミュニタリアニズム」の概念において, 「ケアと正義の統合」を提起している。本項では, この２つの論文を主に取り上げ, 小林の「ケアの倫理」の理解と, それを「正義論」とコミュニタリアニズムと関連づけ, 「統合」させる「ケアリングコミュニタリアニズム」の概念がどのような理論構造を持っているかについて検討する。

① 小林の「ケアの倫理」の理解について

　まず, 小林は, ギリガン, ノディングス, メイヤロフなどの論考を基盤に, 「ケアの倫理」を考察している。特に「ケアの倫理」として意図的に取り上げられているのは, 「関係性の美徳としてのケア」, 「責任」や「責務」の強調, 「ケアの女性性」「精神性」や「善き生」「善」「道徳性」などである。

　これらの「ケアの倫理」の諸側面は, 特に「正義論」との対比の中で述べられてきたものである。「独立性」や「自律性」を重視する「正議論」に対して「ケアの倫理」は「関係性」を対置し, 「権利」を重視する「正議論」に対し「ケアの倫理」は「責任」を対置する。また「男性的な正義論」に対し「ケアの倫理」は「女性的な倫理」と見られ, 「合理性」「普遍的妥当性」を重視する「正議論」に対し, 「ケアの倫理」においては「精神性」「正義に対する善の優位」「道徳性」などが対置される。また小林は, 「関係性の美徳」としてのケアは, 「愛」(キリスト教的な愛) という概念とも密接に関係するとして, 「ケアの愛」についても重視している [11]。

　これらの「ケアの倫理」の諸側面について, 小林は自分の専門領域であるコミュニタリアニズムに類似する概念を多く挙げるきらいがある。一方で, 筆者が第１章で検討した, 「ケアの限界」についてはほとんど論及していない。む

しろ小林は，「ケアの倫理」の限界について指摘する論者を批判し，「ケアの倫理」を擁護する傾向が強い。

　この点について小林は，筆者が第 1 章で取り上げた品川哲彦の「ケアの倫理」の限界についての考察を取り上げていない。品川の論考は，「ケアの倫理」の限界を考察するうえで重要であると考えるが，小林は先行研究として品川を一切取り上げていない。

　品川だけでなく，小林はベナーのケアリング論にも触れていない。筆者はベナーの存在論的現象学的な「ケアリング概念」を，人間存在にとっての「ケアリング」の本質を哲学的に精緻に検討している点，そこから「ケアリング」の可能性と限界についての考察を引き出せる点で重視している。

　小林は筆者が重視した品川とベナーの理論に論及しておらず，そのためケアリングの限界についての考察がない。このために小林のケアリングコミュニティ概念は「ケアの倫理」と「正義の倫理」，あるいはコミュニタリアニズムとの相補的緊張関係を捉えきれていない。この点については後に詳述する。

　以下，このような「ケアの倫理」の理解に基づいた小林の「ケアリングコミュニタリアニズム」の思想について，順次考察する。

②「ケアの倫理」に対するフェミニズムの「本質主義批判」への応答

　小林は「ケアの倫理」を批判するフェミニズムの論理が，男女の性差を「本質的なもの」とする「本質主義批判」であると捉える。このフェミニズムの側からの「ケアの倫理」に対する「本質主義批判」とは，ギリガンやノディングスなど，「ケアの倫理」の代表的な論者が，「ケアの倫理」を「女性的な倫理」としたことに対する批判である。

　このようなフェミニズムからの「ケアの倫理」への「本質主義」批判に対して，小林は，いわば「本質主義」を徹底することによって，フェミニズムからの「ケアの倫理」への「本質主義」批判に応答している（小林他 2012：70）[12]。

　小林が「本質主義」を徹底する際の論拠としているのは「『本質主義』批判には学問的根拠がない」（小林他 2012：71）という主張である。小林は「本質」

についての科学的立証が困難であることを主張し，原理的にその本質があるのか，ないのかを問うこと自体が困難であることを指摘する。例えば，ここで議論になっている，「男性性／女性性」といった対照的なあり様が，「本質」に基づくものなのか，それともフェミニズムの論者がいうように，社会的に「構成」されたものかを問うことは，「本質」そのものが不可視である以上，「本質」が「ある」とも，「ない」ともいえない。小林はこのような前提に立ったうえで，次のように述べている。

　「このように本質主義は否定することも立証することも原理的に困難であるにもかかわらず，『本質主義』という言葉で批判ができるのは，今日，超越的世界観や目的論的世界観が衰退し，唯物論的ないし経験論的世界観が広まっているためである。けれども，たとえばアリストテレス的なコミュニタリアニズムのように，目的論的世界観が浮上すると，『本質主義』という言葉で一蹴することはできなくなる。」(小林他 2012：72)

　小林はこのように述べたうえで，「本質主義」批判は上記のような意味で妥当性を欠くので，むしろ「ケアの倫理」が女性の「生物学的な本質性」に根ざしているかもしれないという「可能性」を否定せず，「目的論的」に「本質主義」を徹底していくことで，「女性性」の持っている価値をむしろ大事にすることが重要ではないか，という趣旨の議論を展開する（小林他 2012：72-74）。
　筆者はこの小林の主張には妥当性はあるものの，フェミニズムからの「本質主義」批判への応答としては，若干論拠が弱いと考えている。
　フェミニズムが主張する「ケアの倫理」批判については，筆者も第１章で検討した。筆者はフェミニズムの「本質主義」批判については一定の意義を認めながら，品川哲彦や，品川が引用したコーネルの論考を手掛かりに，「女らしさ」を「女性的なもの」として脱構築する，デリダの「脱構築」を用い，脱構築された「女性性」の価値（ケアの倫理）が，既存の男性中心の社会構造の様々なテキスト（文脈）に到来することを通して，既存の男性中心の社会構造を脱

構築しつつ，「女性性」と「男性性」，つまり「ケアの倫理」と「正義の倫理」が，脱構築を繰り返しながら相補的に「編み合わせられる」ことによってもたらされる社会のあり方を論じた。

　筆者が，品川やコーネルらを参考に，デリダの脱構築の考え方に基づいた「ケアの倫理」の持つ「女らしさ」の脱構築の論理を採用した背景には，「女性的な倫理」としての「ケアの倫理」の価値を認めながら，それが「女らしさ」という「本質主義」に回収されることなく，現代社会のあり方をよりよいものに高めていく倫理的思想の一つの要素として「ケアの倫理」を位置づけたかったからである。そしてそこに「脱構築」の思想を取り入れたのは，「ケア」や「ケアリング」概念の本質が持っている「本来的な限界」への認識がある。フェミニズムの理論家が，「ケアの重荷」を女性が「本質的」に担うべき，という考えを批判するのは，女性のみに「ケアの重荷」を押し付けることになりかねないことを危惧するからであり，その主張には一定耳を傾けざるを得ない。

　これに対して小林は，むしろ「女性性」を「本質主義」的に徹底することによって，フェミニズム理論家の「本質主義」批判に応答しようとしている。小林の取るこの「本質主義の徹底」という方法は，「ケアの倫理」の価値を，「本質主義批判」によって無効化されてしまうことを防ぐためには有効であると考えられるが，一方で，「ケアの倫理」の「女性性」を「本質主義」的に徹底してしまうことによって，「ケアの倫理」が持つ負の側面を，特定の性別に帰属させてしまう論理に結局のところ帰結してしまい，その点で，再びフェミニズム理論家等からの「本質主義批判」を招いてしまうと考えられる。

　小林の意図が，「ケアの倫理」の持つ価値をフェミニズム理論家の本質主義批判から擁護しようとしたことにあることは筆者も理解する。しかし，小林の「ケアの倫理」の理解が，「ケア」や「ケアリング」の持つ本来的な限界や「負の側面」についての認識を欠いていたために，その限界を「脱構築」するという方法での，「ケアの倫理」の価値の位置づけがなされなかったのではないかと考察する。

③「ケアの倫理」とコミュニタリアニズム思想の接合の論理

　次に小林が「ケアの倫理」とコミュニタリアニズムを接合する論理について検討する。小林はまず,「ケアの倫理」とコミュニタリアニズムとの類似点について,「『ケアの倫理』を重視する論者は,様々な点でリベラリズムを批判しており,それらの点でコミュニタリアニズムと共通性を持つ」と指摘したうえで,次のようにその類似点を指摘する。(以下の引用部分は,小林他 2012：74-77。また小林は以下の引用部分は小林 2013b：64-75 部分の要約を含むとしているので,そちらも参照のこと)

1. 「まずリベラリズムが個人の自由・権利を中心に考えるのに対し,ケア倫理は関係性の倫理である」(コミュニタリアニズムも家庭やコミュニティなどの関係性を重視する)＝「関係性の倫理」という共通性

2. 「またケアにおいては,ミルトン・メイヤロフ以来強調されているように,人格的・精神的次元が存在している」＝「人格的・精神的側面の重視」という共通性(これについて,小林は「サンデルらのコミュニタリアニズムには,『負荷ある自己(負荷ありき自己)』『善き生』というような人格的・精神的側面を重視するという点で『ケアの倫理』と共通している」(小林他 2012：74)と述べている。)

3. 「コミュニタリアニズムは,普遍主義的で権利を中心にするリベラリズムを批判し,文脈・状況や責任・責務を重視するという点でケア倫理と共通している」＝「文脈・状況,責任・責務の重視」という共通性

4. 「フェミニズムは『公的領域―正義／私的領域―ケア』というようにリベラリズムの公私二分論を批判するが,このリベラリズム批判においてもコミュニタリアニズムと共通している」＝「公私二分論批判」という共通性

　小林はこのように「ケアの倫理」とコミュニタリアニズムの共通性を指摘する

が，一方で「ケアの倫理」の主張者たちからは，「ケアの倫理」とコミュニタ
リアニズムの相違についての論考が出されているため，それについても検討し
ている。ここでは特に，「ケアと正義の公共哲学」における小林の検討を参照し，
以下，その概要を紹介する。

1．ノディングスの論点

　小林は，ノディングスがリベラリズムを「理性的な人間を想定しており，自
律性が過度に強調されていて，コミュニティの価値が軽視されている」と批判
している点で，ケアの倫理とコミュニタリアニズムとの共通性を認識している。
一方で「コミュニタリアニズムは子どもや家庭を簡単にしか扱っていないとい
う点で充分ではない」と，ノディングスがコミュニタリアニズムとの距離をと
っていることを指摘している。

　また，小林はノディングスが，「コミュニタリアニズムが主張するような伝
統的権威を理論の中に含むべきではない」とした点，「コミュニタリアニズム
はコミュニティの道徳を重視するのに対して，ケアの倫理は応答や関係を儀式
化せず，他者に直接応答するし，テイラーは大きな社会に重点を置きすぎてい
て，ケアリングの教育のような小さなグループにも目を向けていない」とした
点，「コミュニタリアニズムは美徳倫理と密接に関係しているが，（中略）自然
なケアリングは美徳の発達に先行するし，美徳倫理は個人の美徳の会得に焦点
を当てるのに対し，ケアの倫理は関係性の倫理だ」とした点について，コミュ
ニタリアニズムとケアの倫理との相違を述べていることを紹介している（小林
2013b：67）。

2．ヘルド，イングスターの論点

　次に小林は，ヘルドとイングスターの論考を取り上げている。まずヘルドは，
「美徳倫理は個人の性格についてのものだが，ケアの倫理はケアリングの関係
のものだから，美徳倫理の一種ではなく，フェミニズム的倫理である」とし，
コミュニタリアニズムの重視する美徳倫理とケアの倫理の相違を述べた（小林

2013b：67　ただしここの記述は，Held 2006：19, 100-101 に拠る）。

　次にイングスターは，「コミュニタリアニズムの多くは独立した基準を置かないのに対し，ケアの倫理はケアを制度・政策の妥当性を判断する際の独立した基準と考えているし，コミュニタリアリズムはコミュニティや社会的連帯を強化しようとしているのに対し，ケアの倫理は基本的に個人のケアを考えているから」，コミュニタリアニズムとケアの倫理は異なるとした（小林 2013b：67-68　ただしここの記述は Engster 2007：10-11 に拠る）。

　筆者のみるところ，これらの論者が挙げている「ケアの倫理」とコミュニタリアニズムとの相違点は，1）「ケアの倫理」は個別的なケア関係を重視するのに対し，コミュニタリアニズムはコミュニティ全体の社会的連帯関係を重視する点で相違する，2）「ケアの倫理」は関係性の中の倫理を重視するが，コミュニタリアニズムは，コミュニティの中で生きる人間の個人的な美徳の倫理を重視する点で相違する，3）コミュニタリアニズムは倫理的価値基準について「独立した基準」を置かず，価値相対的であるのに対し，「ケアの倫理」は「ケア」そのものを制度・政策の妥当性の判断の独立した基準になる点で相違する，という 3 点に要約できるように思われる。

　これらの「ケアの倫理」の主張者からの，「ケアの倫理」とコミュニタリアニズムの相違についての指摘に対し，小林は「ケアの倫理」とコミュニタリアニズムの接合を図るべく，これらの指摘に対する批判的検討を展開している。以下では小林の論考を上記の筆者の整理に当てはめ，その批判の論理の道筋を追っていくことにしたい。

　まず，2）「ケアの倫理」は関係性の中の倫理を重視するが，コミュニタリアニズムは，そのコミュニティの中で生きる人間の個人的な美徳の倫理を重視する点で相違する，という「ケアの倫理」の論者からの主張に対し小林は，コミュニタリアニズムは「全体論／原子論」という枠組みの中では，ちょうどその中間に位置する「関係論」的位置づけを持つから，「ケアの倫理」と同様，「関係論」的倫理も展開できるとする（小林他 2012：68）。そのうえで，コミュニタリアニズムの「美徳倫理」の中には，「愛」といった関係論的な「美徳」も

含まれており，批判にあるような，コミュニタリアニズムが個人的美徳のみを
重視するという批判は当たらないとする（小林他 2012：68-69）。

　このような小林の反論は，厳密には，「ケアの倫理」は個別的関係における
倫理を重視し，コミュニタリアニズムはコミュニティ全体の「社会的連帯関係」
の倫理を重視するという点で異なっており，議論の精密さを欠いている。しか
しコミュニタリアニズムの思想の中に関係性の倫理が含まれるということには
筆者も同意する。問題は次に検討する，1）の主張に対する小林の応答である。

　1）の「ケアの倫理」はより個別的なケア関係を重視するのに対し，コミュ
ニタリアニズムはコミュニティ全体の社会的連帯関係を重視する点で相違する，
という点についての小林の反論について見ていく。小林は，「ケアの倫理」の
主張者が「ケアの倫理」とコミュニタリアニズムを別物として考えようとする
最大の理由は，「実はコミュニタリアニズムが家庭というコミュニティを重視
していて，その意味で，フェミニズムから見ると保守的な思想と思われている
からではないだろうか」との仮説を述べている（小林 2013b：69）。フェミニズ
ムは，保守的な「家庭」や「社会連帯的」なコミュニティが女性を抑圧するこ
とを問題視してきた学問分野であり，フェミニズム論から見ると，コミュニタ
リアニズムの「家庭」や「共同体」を重視する思想は抑圧的に見えてしまうわ
けである。

　小林はこの問題に対する様々な論者の批判を一通り紹介し，「たしかに，コ
ミュニタリアニズムの思想家の多くは，家族を重視するし，伝統的な家族には
好感を持っているだろう」と，一定程度その批判を認めたうえで，「けれども，
多くの代表的なコミュニタリアニズムの理論家が，既存の家族形態以外の『家
族』を認めない，と主張しているわけでは必ずしもない」とする。そして，「論
理的には新しい形態のカップルもコミュニティと考えることができるから，具
体的な形態を超えて多様な家族を擁護することができよう」とし，コミュニタ
リアニズムの論者が必ずしも保守的な「家族」や「共同体」のみを大切にして
いるわけではないことを主張する。そのうえで，「ただ，子どもに目を向ける
ことは必要であり，子どもも含めた家族というコミュニティを重視することに

なろう。逆に言えば，子どもの健全な養育や成長が可能である限り，コミュニタリアニズムは家族形態の変化を容認することができるだろう」としている（小林　2013b：69-70）。

　ケアの倫理が女性のみに課されることで女性の抑圧につながるという問題に対しては，筆者は先述の通り，「ケアの倫理」の「女らしさ」を脱構築する論理を採用し，保守的な「家族」や「共同体」の内部で女性のみに「ケア」を担わせるのではなく，「ケアの倫理」が用いられるそれぞれの関係性の文脈の中で，「ケアの倫理」と「正義の倫理」を編み合わせる品川の論考を採用した。その意味では小林のいう，保守的な「家庭・家族」にとらわれず，現代社会における多様な家族形態を認めることには当然賛成である。

　一方で，小林が後半部分で指摘している，「子どもに目を向けること」の重要性を論じている部分には，違和感を覚える。小林がコミュニタリアニズムの思想において，「子どもに目を向けること」の重要性を主張するのは，小林が自身のコミュニタリアニズム思想の中で，「異性和合的コミュニタリアニズム」とそれに基づいた「ジェネラティヴィティ（世代生成性）」を重視していることに起因する。この「異性和合的コミュニタリアニズム」の検討は，「性差と家族・子ども―『正義とケア』論争から生成的コミュニタリアニズムへ」（小林　2012）で論じられている。

　小林はこの中で，「ジェネラティヴィティ」の概念を，エリクソン，コートル，金泰昌，今田高俊らの議論を紹介しつつ論じている。例えばコートルは，ジェネラティヴィティを「自分の実質を，自己を超えて生きるだろう生命や仕事の形の中に付与しようとする望み」と定義したうえで，「①生物学的ジェネラティヴィティ（子どもを産み養育する），②親のジェネラティヴィティ（子どもを育てしつけて，家族の伝統の中に入れる），③技術的ジェネラティヴィティ（文化の『体』である技術を後継者に教えて，技術が埋め込まれている象徴システムを暗に受け継がせる），④文化的ジェネラティヴィティ（文化の『心』である象徴システムを創造し，革新し，保存し，後継者に明示的に受け継がせる）」という4つを挙げている（Kotre 1984：10, 12：小林他　2012：80）。

　小林は，このようなジェネラティヴィティは「世代を超えたコミュニタリア
ニズム的な世代生成性であり，世代を超えたケアの倫理に対応するだろう」と
している（小林他 2012：81）。

　このような世代生成性を思想の内部に含むのが「異性和合的コミュニタリア
ニズム」である。小林は「異性和合的コミュニタリアニズム」について，女性
的な「ケアの倫理」を重視するコミュニタリアニズムを「フェミニン・コミュ
ニタリアニズム」としたとき，「コミュニタリアニズムには，女性的な『ケア
の倫理』とは異なった側面も存在する」とし，男性的とされてきた美徳（智恵，
理性，勇気，自律）を重視するコミュニタリアニズムとして「マスキュリン（男
性的）・コミュニタリアニズム」を位置づけ，「コミュニタリアニズムには，フ
ェミニン・コミュニタリアニズムと並んで，マスキュリン（男性的）・コミュニ
タリアニズムという側面もあり，この双方の要素が協調することによって理想
的な社会を実現できるのであろう」と述べる（小林他 2012：78）。

　「異性和合的コミュニタリアニズム」とは，このように，男女それぞれの持
つ価値が協調し，その協調関係の中で先ほど述べた「世代生成」を図っていく
ことを重視するコミュニタリアニズムの思想的一側面であるといえる。つまり，
小林のコミュニタリアニズムの思想においては，「世代を超えたコミュニティ
の連続性」を考えることの重要性を主張するがゆえに，「子どもに目を向ける
こと」を重視していると考えられるわけである。

　このような小林の議論は，後ほど筆者が主張する，「ケアの倫理」と「正義
の倫理」を「コミュニティ」の中でコミュニタリアニズムの思想により編み合
わせていくことの意義として主張するのであれば重要な指摘だと思われるのだ
が，ここで検討している，フェミニズムの批判への応答としては，その論理構
造に疑義がある。

　フェミニズムの論者たちは，「ケアの倫理」は個別的関係性を重視した倫理
であるのに対し，コミュニタリアニズムはより大きな「家族」や「コミュニテ
ィ」といった関係における「社会連帯的関係」を扱う点で相違があると述べて
いた。筆者自身も，「ケアの倫理」は個別的関係性の中で扱われる倫理であり，

またそれゆえに「ケアの倫理」には限界があり，その限界を補うために「正義の倫理」が必要であることを述べた。しかし，小林が「子どもに目を向ける」ことを重視するというその意味が，「目の前にいる子どもへのケア」という意味であれば，「ケアの倫理」の範疇で扱うことのできる問題であるが，「次世代を生成する」という意味であれば，筆者の考えでは「ケアの倫理」の範疇を超える。

　「ケア」や「ケアリング」の概念には，「出会った他者」には「無条件のケア」を提供するが，「出会っていない他者」に対しては「ケア」「ケアリング」を展開できないという限界があった。このような「ケアの倫理」の限界の認識は，「生殖性」や「子育て」が，保守的な思想の中で「女性が担うべき」とされ，その結果「ケア」の大きな重荷となって「女性」を抑圧してきた事実を認識するうえで重要である。小林のように，そのような「ケアの倫理」の限界に対する批判的まなざしなしに，コミュニタリアニズムの中に「ケアの倫理」としての「生殖性」や，「ジェネラティヴィティ」を位置づけてしまうと，「次世代を育むために，女性的なケアを展開せよ」という要請が，女性性が脱構築されないままで行われ，結局のところ「女性」のみに「子どものケア」の重荷を押し付ける結果になってしまう。

　また，仮に「ケアの倫理」の「女性性」を脱構築したとしても，「次世代を育む」というコミュニタリアニズム的な社会連帯思想の中に，「ケアの倫理」自体が取り込まれてしまうと，そこで行われる「ケア」は，その人の「個」を大切にするというよりは，「世代を継承する」という大きなコミュニティの論理の中で，それに見合うケアを展開することを目的とする，条件付きのケアになってしまう危険性がある。「ケアの倫理」の価値は，次世代を生成しようが，しなかろうが，目の前にいる人をケアすることそのものに価値がある。しかし，小林のように，「子どもに目を向けること」を条件に「家族」の多様性が認められるのだとしたら，例えば，子どものいない「家族」は世代生成性がないとして，「ケアを行う」という意味での多様な家族とは認められなくなってしまう可能性がある。

　小林の論法では，「世代生成性」を強調するあまり（その条件として男性・女性が和合する形でのコミュニタリアニズムを重視するあまり），「世代生成性」に資することができない関係性は，排除されても仕方がないという論理的帰結を招きかねない。フェミニズム論者が，「ケアの倫理」と「コミュニタリアニズム」を同一視することは「女性」の抑圧につながる可能性があると考え，その相違を強調したのはその問題に対する認識があったからである。

　本節の結論を若干先取りすれば，筆者はコミュニタリアニズムの思想は，「ケアの倫理」と一定の共通性を持ちながらも，より男性的な「美徳」や，「共通善」といった，個別の関係に閉じない「公共的」な思想を有しているところにその可能性を見ている。小林も指摘するように，コミュニタリアニズムは「ケアの倫理」にはない男性的な倫理思想を有しており，その意味で「ケアの倫理」とコミュニタリアニズムは，編み合わされることでそれぞれの限界を相互に補完すると考えられる。もっといえば，「ケアの倫理」は男性的な「正義の倫理」と鋭く対立したが，女性的な「ケアの倫理」との親和性も，男性的な「共通善」の思想も併せ持つコミュニタリアニズムの思想は，「ケアの倫理」と「正義の倫理」をゆるやかに編み合わせる媒介となり得る思想的内容を持っていると考えている。そのような意味では，「異性和合的コミュニタリアニズム」を提起した小林の思想を全面的に否定するものではない。

　ただ小林は，先ほども述べたように，性別に根ざした「本質主義」の徹底を図り，「女性性」「男性性」の強調を行うあまりに，論理構造自体に「ケアの倫理の限界に対する認識の欠如」が露呈してしまい，小林自身がいくらリベラル寄りの姿勢を見せたとしても，結果的に保守的なものとしてコミュニタリアニズムが見られてしまう結果になってしまっていると考える。

(3)　ケアの倫理─コミュニタリアニズム─正義の倫理の編み合わせ

　このような小林の限界を乗り越えるために，フェミニズム論者の3つ目の相違点についての主張，「3) コミュニタリアニズムは倫理的価値基準について『独立した基準』を置かず，価値相対的であるのに対し，『ケアの倫理』は『ケア』

そのものを制度・政策の妥当性の判断の独立した基準になる点で相違する」を，どのように捉えるかが重要になる。

　小林自身はこの論点に対し明確な反論を行っていない。その理由は定かではないが，小林にとってフェミニズム論者からの「ケアの倫理」とコミュニタリアニズムの相違の主張は，主に「コミュニタリアニズム」が保守的な思想を持っているということに対するフェミニズム側のアレルギー，あるいは誤解に基づいているのではないかという方への反論に，主眼が置かれていたためではないかと推察する。

　しかし筆者は，この3つ目の相違点の主張は，きわめて重要な内容を含んでいると考えている。コミュニタリアニズムが絶対的な「正義」ではなく，「共通善」という相対的な価値を志向するのに対し，「ケアの倫理」は，ケアの関係性の中において，「目の前にいるニーズがある人を放っておけない」という絶対的な基準に基づいて行為を決定する。ここには，「ケアの倫理」とコミュニタリアニズムの思想の決定的な溝がある。

　筆者の見解では，「ケアの倫理」とコミュニタリアニズムは，この溝ゆえに完全には統合されない。「ケアの倫理」は個別の関係性の中で，出会った他者同士がそれぞれのニーズに従ってその人を「ケアしなければならない」という，無条件で無限の責務をその人たちに課す。このような「ケアの倫理」は，ニーズへの無条件の応答や責務の重視などの点で，他の倫理にはない意義を持っているが，逆にそれがケアを大きな重荷とする。

　筆者はこのようなケアの限界に対し，「正義の倫理」がその限界を補完すると考えた。しかし，「ケアの倫理」と「正義の倫理」は，その拠って立つ基盤が大きく異なるために鋭く対立し，その編み合わせを図るのは容易ではない。そして編み合わせが難しい最大の要因は，この2つの倫理が，どちらも互いに別種の「絶対的価値基準」に基づいて行為規範を形成しているからである。

　そこで筆者は，コミュニタリアニズムの思想が，相対的価値基準を志向する思想であるがゆえに，絶対的価値基準を持つこの2つの倫理を，ゆるやかに編み合わせることができる可能性を持つ思想だと捉えている。

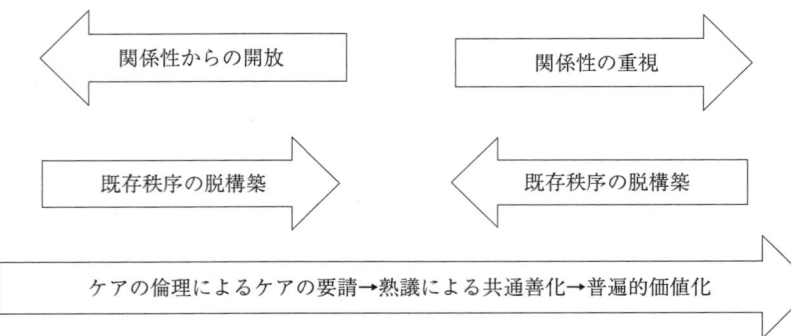

①ケアの倫理
〈倫理的特質〉
・他者への本来的関心
　（ケアリング）
・他者への無条件のケア
・他者への応答

〈限界〉
・無限のケアの重荷
・ケアの誤謬性
・ケア対象の限定性
　（出会った他者のみへのケ
　ア）

〈関係性の特質〉
・内に閉じる「二人称関係」

②コミュニタリアニズム
〈倫理的特質〉
・社会的連帯関係（博愛）
・共同体に埋め込まれた
　自己
・共通善の追求
・美徳の涵養

〈限界〉
・「善」の相克性
・コミュニティ間（もしく
　は内部で）の対立
・コミュニティの内と外
　問題

〈関係性の特質〉
・三人称（公共）に開かれ
　た二人称関係

③正義の倫理
〈倫理的特質〉
・普遍的権利
・自律
・自由の尊重
・社会的公正の追求

〈限界〉
・脱文脈性
・関係性の断絶
・過度の自立要求
・抽象的自己概念

〈関係性の特質〉
・非関係性（独立した個
　人）

関係性からの開放

関係性の重視

既存秩序の脱構築

既存秩序の脱構築

ケアの倫理によるケアの要請→熟議による共通善化→普遍的価値化

図 2-⑦　ケアの倫理―コミュニタリアニズム―正義の倫理　相補的関係図
出所）筆者作成

　図 2-⑦は，「ケアの倫理」―コミュニタリアニズム―「正義の倫理」の相補
的編み合わせ関係を図式化したものである。
　この図におけるコミュニタリアニズムの位置づけであるが，①コミュニタリ

アニズムは，「ケアの倫理」に対しては，「二人称」に閉じがちな「ケア関係」に対して，コミュニティの中で「三人称的他者」との出会いを保障する。また出会った他者との「共通善」の追求を通して，その閉じた関係を「公共的に開く」ように要請する。このことにより，「ケアの倫理」の限界である「内に閉じる関係性」からくる「無限のケアの要請」を緩和することが可能となる。また，「第三者的視点」が導入されることにより，「ケアの誤謬性」も緩和されることが期待できる。さらに，コミュニティの中で様々な他者と出会うことにより，ケア対象が拡大され，「ケア対象の限定性」の緩和につながる。

　②次にコミュニタリアニズムは，「正義の倫理」に対しては，「関係性重視」のベクトルを持つ。「ケアの倫理」とは逆に，「正義の倫理」は，人々の関係性に縛られることなく，一律普遍的に人々の「権利」の適用を行うことができるが，その人の持っている「文脈」への配慮は基本的に行わないため，人間関係を断絶させる方向で機能することが弱点である。コミュニタリアニズムはこのような「正義の倫理」の限界に対し，その人の文脈や関係性を考慮した，その人にとってより「善きもの」になるような「正義」の適用はいかなるものかを考慮する。これにより，その人の文化的特質や成育歴，性格や身体的特徴，その人が置かれた社会関係の状況等に応じて「権利」を適用することが可能になる。コミュニタリアニズムはこのような形で「正義の倫理」を補完する。

　③最後にコミュニタリアニズムに対する，「ケアの倫理」「正義の倫理」からのベクトルの意義であるが，これは共に「既存秩序の脱構築」とした。このことを説明するために，まずコミュニタリアニズムの限界について触れておきたい。

　図中のコミュニタリアニズムの限界については，マイケル・サンデルの論考，「コミュニタリアニズムの限界」を参考に筆者が私見を交えて設定した（Sandel 1998＝2009：v‒xiii）。まず「善の相克性」という限界については，コミュニタリアニズムにおいては絶対的価値を採用しないため，「善」の基準はコミュニティの成員各々の持つ「善きこと」の基準をもとに，何がコミュニティ全体としては「共通善」として措定しうるかを導き出すことが重要になる。しかし，

そのことは必然的に「善」と「善」との相克が発生することを避けられない課題とする（第１の限界）。よりよいプロセスを経て合意形成された「共通善」であってもその「共通善」に含みこまれない誰かの「善」は存在する。原理的にコミュニタリアニズムではすべての人が常に納得する「善」を作りだすことはできない。そしてそのことが，コミュニティ内部やコミュニティ間の対立を生み出し（第２の限界），また，コミュニティの「内部」として「共通善」を適用された者と，「外部」とされて「共通善」が適用されない者といったように，コミュニティの「内」と「外」という問題を生じさせる（第３の限界）。

　このようなコミュニタリアニズムの限界を補完するのが絶対的基準を持つ「ケアの倫理」と「正義の倫理」である。ただしこの２つの倫理の絶対的基準は，それぞれ異なる倫理的基盤を持っているため，コミュニタリアニズムの限界に対して影響を与える仕方は異なる。

　まず「ケアの倫理」は，個別の関係に基づき，個別の課題に対する倫理の適用を迫るため，既存のコミュニティの秩序に対し，その脱構築を迫ることになる。これにより，ケアの倫理は，コミュニティ内部の「共通善」の絶えざる変更，拡大を促すように機能する。

　次に「正義の倫理」は，コミュニティ内部の「善の相克」に関係なく一律に「普遍的権利」を適用し，「ケアの倫理」とは違う仕方でコミュニティの秩序を脱構築する機能を果たす。そしてその効果により，コミュニタリアニズムの限界である「善の相克性」や「コミュニティ内部」や「コミュニティ間の対立」という課題を緩和・補完することができる。

　このように，「ケアの倫理」「コミュニタリアニズム」「正義の倫理」は互いに独立した倫理・思想的基盤を持ちながら，それらが相補的緊張関係を持つことにより，それぞれの限界を補完し，完全ではないまでも，私たち人間社会のより善いあり様に近づく運動を形成する。特にコミュニタリアニズムは，「ケアの倫理」からの個別的課題を受け止め，それを「共通善」として合意形成を図ろうとする倫理的基盤を持つ。また「正義の倫理」の負の側面である，「関係性の断絶」という課題に対しては，関係性を重視し，「権利」主張だけでなく，

「より善き生」のあり方を求めた「美徳」を涵養し，人間的な生のあり様を豊かにしていくという倫理も有している。さらには，「ケアの倫理」だけでは二者関係に閉じて「ケアの重荷」が増大する状況に対し，その重荷を公共に開き，分担を図ることを促す機能もコミュニタリアニズムは持っている。

　そして，図2-⑦の一番下の矢印は，3つの倫理・思想基盤をまたがって，人間の倫理的基準がどのような形で展開するかを表したものである。まず，「ケアの倫理」による「ケアの要請」がある。個別の関係性においては，この「ケアの要請」に基づいて，私たちは倫理的なケアを展開することになる。この「ケアの要請」が，公共的なコミュニティの場での熟議を通して，そのコミュニティで大事にすべき「共通善」として倫理基盤が構成される。そして，この「共通善」がより普遍的な価値に変化すると，それは「正義の倫理」としての普遍的価値として，あまねくすべての人々の「基本的権利」として措定されるわけである。この一連の展開において，「ケアの倫理」からの要請を受け止めて，熟議によって「共通善」化するコミュニタリアニズムの役割は大きい。この「共通善」がより普遍的価値まで高まれば「普遍的権利」として人々の間に流通する。しかし，「普遍的権利」が暴走し，「人間関係の断絶」をもたらすとき，コミュニタリアニズムは「ケアの倫理」とも協働して，「関係性の美徳」を強調し，行き過ぎた「正義の倫理」とのバランスを取ろうとするわけである。

（4）　小林正弥のケアリングコミュニタリアニズムの検討のまとめ

　筆者は，小林正弥のケアリングコミュニタリアニズムの考えは，「ケアの倫理」とコミュニタリアニズムの統合を図り，特に，女性的な「ケアの倫理」と男性的な「正義の倫理」をコミュニタリアニズムの中で「統合」させようとしたことにその特徴があると考える。

　この小林の「ケアリングコミュニタリアニズム」概念は，「ケアリングコミュニティ」概念を検討するうえで，「コミュニタリアニズム」の思想的位置づけを明確にした点で意義がある。一方，小林の論理構成においては，「ケアの倫理」の限界についての認識が欠けているため，ケアリングコミュニティ内部

において「女性」への抑圧を原理的に考慮できない結果になっていることを指摘した。

　しかし小林が試みた，コミュニティの中で「ケア」と「正義」を結びつけ，その編み合わせによって，人々にとってのより善き生活や「政治」のあり様を考えようとする姿勢については大きな意義があり，「ケアリングコミュニティ」概念においては，小林が導入を図ろうとしたコミュニタリアニズムの思想・哲学は欠かせない要素となると考察する。

第5節　ケアリングコミュニティ概念の先行研究からみる 概念の到達点と課題

　本章ではケアリングコミュニティ概念に関する先行研究から，ケアリングコミュニティ概念が現時点でどのようなものとして位置づけられているか，多様な論者の論考を検討してきた。

　まず，わが国ではケアリングコミュニティという言葉自体は，2000年代の前半から，教育学分野，社会福祉学（特に地域福祉領域）の分野で用いられ始めた。この時点ではその概念自体を深く追求するような研究はなされていなかったが，2014年の大橋の論文により，ケアリングコミュニティ概念自体が精緻に検討された。

　大橋のケアリングコミュニティ概念は，「ケア」「ケアリング」の限界をその概念の中に位置づけながら，その範囲や，具体的な実在的構造まで触れている点で，現時点で最も網羅的に，精緻にその概念の内容を検討したものとして評価できる。

　さらに筆者は，ケアとコミュニティについてそれぞれ異なる立場から検討を行っている広井良典と小林正弥の論考を取り上げて検討した。広井，小林とも，「ケアの倫理」の限界についての認識に乏しい部分があり限界はあるが，ケアリングコミュニティ概念を検討するうえで示唆を得られる論考になっている。

　ここまでの議論を総括すれば，ケアリングコミュニティ概念は，大橋らによ

ってその思想・哲学的意義，またその実在的構造について検討が進められてきているといえるが，地域福祉の目的概念としてのケアリングコミュニティ概念は未だ定まっておらず，特に「ケア」「ケアリング」の限界の捉え方においては，より精緻な位置づけの検討を進めなければならない段階にあるといえる。

　また，ケアリングコミュニティ概念を地域福祉の目的概念と考える時，ケアリングコミュニティ概念がその概念の内部に内包すべき，「共同性」や「自然」「スピリチュアル」の位置づけを検討することや，広井の言う「公―共―私のクロスオーバー」をどのように考えるかも重要な論点である。これらについては次章で筆者自身のケアリングコミュニティ概念として検討する。

　さらに，大橋が構造化したケアリングコミュニティの実在的構造と，その構築の方法論をめぐる課題がある。筆者は既存の地域福祉実践において，大橋や原田も指摘するように，長野県茅野市などのケアリングコミュニティの具現化を図った先進事例も存在すると考えている。このような先進事例を参考にしながら，ケアリングコミュニティが実在的にはどのようなものとして構築されるべきなのか，またその構築を図る際には，どのような方法を用いる必要があるかについて考察する必要がある。この検討については，第4章以降において論じる。

〈注〉
1) しかし，この藤田論文と同じ時期に書かれた勝山吉明の論文（勝山 2004：4）には，これより以前に藤田が，同じような文脈で「ケアリング・コミュニティ」という言葉を用いて，日本における少年犯罪率の低さを説明している箇所が引用されている。
2) 佐藤学はその著『学び　その死と再生』において，ノディングスを引用しつつ，またその問題点も指摘しながら，ケアリング中心の学校のあり方について言及している（佐藤 1995：167-170）
3) 原田がここでいう「運動や実践」とは，「地域で共生社会を実現していこうとする理念（たとえばノーマライゼーション）」や，障害者運動や共生ケアなどを指す（原田 2017：4）原田は「そもそも『地域』には二つの顔がある。地域の中で受け止められ，支えられるという優しい側面と，排除され抑圧されるという冷たい側面である。難しいのはそのことが同時に起こることである。繰り返しであるが，地域はユートピア（理想郷）ではない。しかし人が生活していく上で大切な空間である。この二面性があることを前提に地域に働きかけていかなくてはならない。」と述べている。（原田 2017：17-18）
5) この（自律的）意思決定的自立・契約的自立という表現は，筆者が大橋論文の記述から

その意図を推論して表現したものであり，大橋の表現ではない。ちなみに大橋は「1 人の人間として自立的に意見表出し，契約する能力のことである」と記述している（大橋 2014：11）

6) 以上の機能についての記述は，大橋の論考（大橋 2014：14-15）を参考に筆者が意訳して記述したものである。

7) 大橋の 4 つの主体形成とは，①地域福祉計画策定主体の形成，②地域福祉サービス利用主体の形成，③地域福祉実践主体の形成，④社会保険制度契約主体の形成である（大橋 2014：15）

8) 広井良典編著『福祉の哲学とは何か――ポスト成長時代の幸福・価値・社会構想』所収論文「福祉哲学の新しい公共ビジョン―コミュニタリアニズム的正議論とポジティブ福祉国家」参照。

9) 小林正弥・菊池理夫編著『コミュニタリアニズムのフロンティア』所収論文

10) 小林正弥・菊池理夫編著『コミュニタリアニズムの世界』所収論文

11) このあたりの論考については，『講座ケア①ケアとは何だろうか』所収論文，「『ケアと正義』の公共哲学」を参照のこと。特に pp. 66〜74 を参照。

12) 例えば，小林はノディングスを引用しながら次のように述べている。「女性は現在のところ，実証的には男性よりも共感的であり，多くのフェミニストはジェンダーの差異を文化と社会化の所産としているが，それに反する証拠が蓄積されている。本質主義に関しては，『女性は神によって永遠に普遍な性格に創造されている』（Noddings 2010：57）とは考えないし，深い根をもつ進化論的な性質は変化しうるが，変化には非常に困難で長い，長い時間がかかる。過去の進化による多くの差異は，生物学的に強く影響されているという点では内在的（innate）と考えることができるのである（Noddings 2010：205）」（小林 2012：70）。

第3章　ケアリングコミュニティ概念の
　　　　分析枠組みの検討

本章では，第1章，第2章で検討してきた，「ケア」「ケアリング」概念，「ケアリングコミュニティ」概念の先行研究を踏まえつつ，地域福祉の目的概念として形成すべき「ケアリングコミュニティ」とはどのような意味内容を持つ概念であるかについて，関連分野の哲学・思想的知見も援用しながら考察する。

第1節　ケアリングコミュニティの分析枠組み

本節では，ケアリングコミュニティ概念を検討するにあたり，ケアリングコミュニティ概念の分析枠組みについて提示する。

ケアリングコミュニティ概念の分析枠組みは第1に，第1章で検討した「ケアの倫理」に関わる「ケア」「ケアリング」概念である。「ケアリングコミュニティ概念」にとっては，文字通り中核となる概念であり，その意義や限界を含め，「ケアリングコミュニティ」概念を検討する際には欠かせない概念となる。

分析枠組みの第2は，第2章で検討したコミュニタリアニズムの哲学・思想である。第2章第4節で検討したように，コミュニタリアニズムの思想・哲学には，「ケアの倫理」と「正義の倫理」を媒介する意義と役割があると考えられる。

分析枠組みの第3は，「正義の倫理」である。「正義の倫理」は「ケアの倫理」の限界や，コミュニタリアニズムの限界を補完する役割を持っていると考えられる。「ケアリングコミュニティ」概念を検討するうえで，「正義の倫理」を分析枠組みとして用いることは，「ケアリングコミュニティ」概念の独自性と限界を浮き彫りにし，かつ，「正義の倫理」との関係性を検討するうえで重要な

分析枠組みとなる。

　分析枠組みの第4は，「ケアする動物としての人間＝進化人類学的視点」である。近年，進化人類学の知見において，人間の道徳的発達がどのような要因により進展してきたかを明らかにする研究成果があがってきている。筆者は第1章において，ハイデガーの存在論的現象学を検討し，哲学的な意味で人間が「ケアする存在」であることを示してきたが，それとは別に，「動物としての人間＝自然的な存在としての人間」が進化人類学，進化生物学的にはなぜ「ケア」という行為を行うようになってきたのかを検討することは重要である。これは，第1章で検討した「自然的なケアリング」と「倫理的なケアリング」の対比について，より深い考察を行うということでもある。私たちは「自然状態」ではどのような理由で「ケア」への欲求を持つ存在であるのか，ということについては，進化人類学の知見から多くを学ぶことができる。一方で，「自然的なケアリング」の限界について検討する視点からも「進化人類学的視点」は重要な分析枠組みになる。

　第5の分析枠組みは「経済的合理性」である。序章でも述べたように，筆者自身が「ケアリングコミュニティ」概念を哲学的に考察する必要性を感じたのは，現代のわが国における社会福祉改革の方向性が，ややもすれば「経済的合理性」の観点から進められることへの危惧があった。もっとも，少ない資源の中でニーズに効率的に対応するためには，「経済的合理性」は一定程度必要になる。問題は，どのような時に「経済的合理性」を優先させ，どのような場合にはそれを優先させてはならないか，ということである。「経済的合理性」がどのような場合では肯定され，どのような場合では否定される必要があるかについて考えるうえで，「経済的合理性」の分析枠組みは重要である。

　第6の分析枠組みは「科学的合理性」である。現代の医療・福祉領域では，いわゆる"EBM"（Evidence-Based-Medicine；根拠に基づいた医療）が求められる。この"EBM"自体はこれからの医療・福祉実践においてきわめて重要な考え方であることに異論はない[1]。しかし，時に「科学的合理性」のみに偏ったケア実践は，人間の尊厳を省みずに「科学的合理性」のみを押し付けることにもな

りかねない。「ケアリングコミュニティ」概念を検討する際には，この「科学的合理性」との関係をどのように位置づけるかが重要である。

　第7の分析枠組みは「スピリチュアリティ」である。「スピリチュアリティ」は「霊性」とも訳され，宗教的なものとの関係，「超越的な存在や事象」との関係などが含まれる。現代の「科学的合理性」の強い価値観の中では，これらの「スピリチュアル」なものとの関係はあまり重視されなくなっている。特にわが国は，様々な宗教的伝統があるにもかかわらず，「無宗教」とする人の割合が世界的にみても多い国だというデータがある[2]。しかし，「ケア」を取り巻く現実の中では，「スピリチュアル」なものとの関係が重要な場合がある（例えばターミナルケアなど）。「ケアリングコミュニティ」を考えていくうえでも，この「スピリチュアル」なものとの関係を問うことは避けて通れない課題であろう。

　第8の分析枠組みは，「討議倫理」である。「討議倫理」とは，「すべての当事者が参加する「実践的討議」を通して，のっとるべき規範を創出しようという現代倫理学の一方向」（松村明編，大辞林第三版）である。「ケアリングコミュニティ」概念を検討していくうえでは，「ケアの倫理」と「正義の倫理」，あるいはその他の様々な価値観をコミュニティの中でどのように編み合わせるかが課題となるが，ドイツの哲学者，ハーバーマスらによって検討されてきた「討議倫理」は，その編み合わせを行う際のプロセスとしての倫理を提供してくれる。

　以上8つの分析枠組みを用いて，以下に「ケアリングコミュニティ」概念の検討を行うが，8つの分析枠組みのうち，①「ケアの倫理」（第1章を参照），②「コミュニタリアニズム」（第2章を参照），③「正義の倫理」（第1章，第2章を参照）については，これまでの論考の中でも触れてきたためここでは触れず，残りの5つの分析枠組みについて考察を試みる。

第2節　ケアリングの遺伝的形質の意義と限界
—進化生物学，進化人類学の知見から—

　本節では，「進化生物学」「進化人類学」的な視点から，人間が自然状態においては「ケア」や「ケアリング」とどのように関わる存在なのかを検討する。

　「進化人類学」の最近の研究は，人がなぜ「道徳」や「思いやり」といった能力を発達させてきたかについての重要な知見を提出している。私たち人間が，他者や社会に対して利他的に行動するメカニズムの解明が進んでいる。それらを参照することにより，私たちは「ケア」の可能性と限界についての知見を深めることができる。

　例えば『サピエンス全史』の著者ユヴァル・ノア・ハラリは，人類が強い「社会的絆」を結ぶように進化してきた理由について，未成熟な子どもを抱える母親がその子どもを生きながらえさせるために，家族や周囲の人の助けを必要としたことをあげ，「人間が子どもを育てるには仲間が力を合わせなければならないのだ。したがって，進化は強い社会的絆を結べる者を優遇した」と述べている。(Harari 2011 = 2016 : 27)。

　動物行動学者のフランス・ドゥ・ヴァールは，チンパンジーやボノボといった類人猿の観察研究から，人間のような「利他的行為」や「モラル」といった道徳的な行為が，これらの類人猿においても幅広くみられることを研究した。動物の道徳性の起源の考察を深めた結果，ドゥ・ヴァールが出した結論は次のようなものである。

　第1に，人間に限らず多くの動物が，「個体」を生かすより，その「種」全体を生かすために，「利他的行為」と取れるような行為を行うことがある（例えば社会性昆虫である蜂は，個体の命を犠牲にして巣や女王蜂を守ろうとする）。こうした方が遺伝子的には「種」全体を残す確率が高まるため，進化論的な視点で考えても，このような戦略は理に適っている。

　第2に，ドゥ・ヴァールは，哺乳類が進化の歴史の中で徐々に共感能力を発

達させてきたことを指摘している。
図３-①は，ドゥ・ヴァールが，
共感の入れ子構造をマトリョーシ
カの図で表現したものである。ドゥ
・ヴァールの考えでは，蜂のよ
うな社会性動物が見せる「利他的
行為」と，哺乳動物が見せる「利
他的行為」は，「共感」をともな
うかどうかという点で区別される
必要があると述べている。

　私たちはまず，基底的には，
「遺伝子を残す」という「種とし
ての利己的な動機」によって，

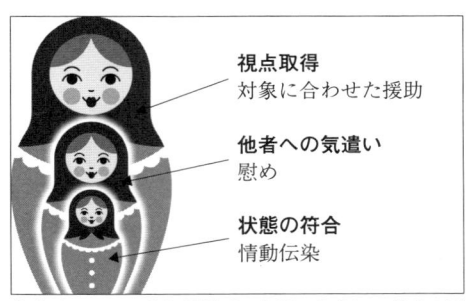

共感はロシアの入れ子細工の人形のように，多くの層
から成り，その核には，他者の感情の状態とぴったり
符合するという，大昔からの傾向がある．進化によっ
て，この核の周りに，例えば，他者への気遣いを感じ
たり，他者の視点を取得したりといった，より精巧な
能力が次から次へと加わった．

　図 3-①　ドゥ・ヴァールの共感の入れ子構造
出所）De Waal 2009＝2010：293

「利他的行為」を行う存在であるが，特に哺乳動物以降においては「共感」の
能力が発達し，私たちは自分と同じ「身体」を持つ他の個体が傷ついていたり
すると，その個体に対する「情動伝染」が起こり，それが「利他的行為」の大
きな動機になる。そして一部の霊長類や人間のように，認知能力が高まると，
「他者の視点の取得」により相手の気持ちを推し量り，理解する（しようとする）
ことによって，「利他的行為」が行われる。

　ただしここで重要なのは，たとえ人間であっても単にその優れた認知能力の
みで「利他的行為」をするわけではないということである。人間の「利他的行
為」においても，より基底的な層の影響を受ける。私たちは必ずしも生物に基
底的な「本能」から自由なわけではなく，その影響も受けながら，「利他的行
為」を行っているということである。

　このドゥ・ヴァールの知見を参照すると，人間は生物学的にも「利他的行
為」すなわち「ケアリング」を行う自然な本質を持っていると捉えることがで
きる。

　さらに興味深いことに，ドゥ・ヴァールが指摘する哺乳動物の「共感能力」

の考察においては，人間のように認知能力が高くない哺乳動物においても「情動伝染」などによる他の「個体」への共感がみられた。この「情動伝染」の基底になるのが，哺乳動物にみられる「模倣」という行動である。そしてこの「模倣」という能力が他の個体の「情動」を「共感」して理解する能力に結びつく。ドゥ・ヴァールはこのような能力のことを「身体化した認知」と呼んでいる。

　この「身体化した認知」という考えは，筆者が第1章で検討したメルロ＝ポンティの身体性の哲学を，進化生物学的に裏付ける論考となっている。この知見が示すのは，人間は人に「共感」し，なんらかの「ケアリング」を行うとき，単に知的な認知能力によってのみ「共感」しているわけではなく，メルロ＝ポンティのいう「身体に根差した知性」によって，半ば反射的に他者に対して「共感」を示すということである。

　さらに，ドゥ・ヴァールは上記のような考察を基盤にしながら，「道徳ピラミッド」という考えを提示している。

　ドゥ・ヴァールは，「まず自分自身に気を配らないで，他者を気遣うのは難しい」と述べ，次に，「家族への気配りは，利己主義にいちばん近い形の利他行動と言える」と述べる。これに続けて，「利他行動と道徳的義務の輪は家族にとどまらず，クラン（氏族），グループ（集団），果ては部族や国にまで広がる。慈悲心の強さは人と人との距離に反比例するものであり，この自然な流れに逆らおうとすると強烈な非難を浴びることになる」（De Waal 1996＝2000：356）と述べて，利他行動の順位づけは，人と人との距離によって決まると主張する。

　このドゥ・ヴァールの見解については，次のような批判が予想される。「人間は，距離と関係なく，普遍的にあらゆる人への利他的行動を取れるのではないか」と。

　しかし，ドゥ・ヴァールは，「普遍的な兄弟愛という発想は，自分にとって最も身近な義務の輪と一番遠い輪とを区別していない。そのため現実離れした理想にすぎない」（De Waal 1996＝2000：358）と述べ，「普遍的な利他的行為」を単純に認めていない。もっとも「普遍的な利他的行為」そのものを否定しているわけではなく，「道徳ピラミッドの大きさは，その社会がどこまで面倒を

見られるかで変わってくる。人類全体を包みこむ巨大なものになることも理論的には可能だが，もともとの形はつねに不変である」（De Waal 1996＝2000：358）とも述べている。

　つまり私たちは人類全体を包み込むような普遍的な兄弟愛（＝博愛）の実現を諦める必要はない。しかし，もし誰かが「普遍的な兄弟愛」に基づかないような行為を行っていたとしても，その人を単純に責めるわけにはいかない。なぜなら，その人を取り巻いている状況が，より多くの他者への利他的行為に動機づけられるに足る条件が整っていないのだとすれば，それは動物と連続する生命体である人間にとって，致し方のないことだからである。

　このドゥ・ヴァールの考察を，ノディングスの議論と照らし合わせると興味深い。ノディングスは，適切な「ケア」はまず自分自身が「倫理的自己」を維持できるような状況でなければ難しく，それを保てないならば，その人は「ケアを提供する人」ではなく，「ケアが必要な人」となるとしていた。これはドゥ・ヴァールのいう，「まず自分自身に気を配らないで，他者を気遣うのは難しい」という言説と符合する。

　また，「出会った他者のケアが優先される」という「ケアリング」の限界は，ノディングスが「私がケアする責務を負っている人を見捨てないかぎり，アフリカの飢えている子どもたちへのケアをまっとうすることができないなら，アフリカの飢えている子どもたちをケアする責務はない」（Noddings 1984＝1987：86：ただし，ここでの訳文はより正確な訳文という理由で，品川 2007：194 を採用）としていることに由来する。「ケアリング」の責務は自分の最も身近な他者に最も強く働き，その責務を果たしていれば，距離が遠いものへの「ケアリング」の責務は免責される。これはドゥ・ヴァールの「道徳ピラミッド」の考えと符合する。

　さて，ここまでの検討で重要なのは，進化生物学から得られた知見は，第1章で筆者が検討した「ケア」「ケアリング」の存在論的本来性や，「ケアの倫理」の限界についての知見と整合性を持っているという点である。

　しかし検討すべきことが2つある。その一つは，人間は，進化生物学的には，

「ケア」「ケアリング」の限界を克服することができないのか。克服できるとすれば，それはどのような方法でか，という点である。もう一つは，進化生物学的な視点の限界に関わる課題である。進化生物学では，進化論的な「自然選択」の結果，現在の生物や人間の形質が形づくられてきたという見方をとる。では，これから私たちが理想の「ケアリングコミュニティ」を作っていきたいと考えても，それが「自然選択」によって決定づけられるのであれば，私たちがその「自然選択」に逆らって何かを意図しても，それ自体には何の意味もない，ということになってしまうのだろうかという点である。

　この2つの課題は微妙に重なりあっている。なぜなら，私たちが「生物学的に運命づけられてケアをする存在」であるとするならば，そこに付随する「ケア」「ケアリング」の限界は乗り越えることができないと考えられるし，そうであるならば，私たちが意図的な「ケアリングコミュニティ」を形成することも究極的にはできない，ということになる。この点について検討してみたい。

　進化人類学者のクリストファー・ボームは，霊長類の研究やLPS狩猟採集民[3]の民族学資料の子細な検討を通し，なぜ人間にだけ高度な「道徳心」が生まれたのかについてユニークな仮説を提示した。

　ボームによれば，人類がこのような「道徳心」を進化させたきっかけは，25万年前に人類が大型動物の狩猟を集団的に行うようになった時期にあるという。大型動物を狩ることで得られた「大きな肉」の分配をめぐり，人類は「道徳心」を発達させていくことになったという。例えば，チンパンジーなどの類人猿でも，アルファ雄（グループで最も力のある個体）が，食べ物を群れの仲間に「平等」に分け与えないと，下位の個体が集団でアルファ雄を攻撃する「平等主義」に基づいた集団的反乱が見られるという。人類はこの平等主義を発達させ，「独占的なアルファ雄（フリーライダー）」を抑制するために，この「独占的な個体（フリーライダー）」に対する集団的「死刑」を行うようになった可能性があるという（Boehm 2012＝2014：192-193）。

　ボームは，このような「フリーライダーの抑制」の結果，平等に肉を分け与えることのない形質をもったアルファ雄タイプのような者は子孫を残すことが

できなくなり，結果的に利他的に行為する形質の遺伝子が生き残ることとなったと分析する。そして，考古学的な知見から，少なくとも4万5000年前[4]までには，人類はかなり平等主義的な社会を実現したと考察している[5]。

　この「フリーライダーの抑制」というプロセスの中で，人は「道徳心」を発達させてきた。それは，「評判による選択」という方法を人類が獲得していったことに由来する。「評判」は利他的な行動をよくする人は高くなり，そうでない人は低くなる。より良い「評判」を得た人がより多くのもの（食料や配偶者）を得られるようになり，「平等主義的に」あるいは「利他的に」行動することがその評判を高める要素であった。そして，この「評判による選択」は，人類に「恥」意識や，「良心」「美徳」といった概念を誕生させる基礎となった。そして，言語能力の発達とともに，私たちは意識的に「評判の良い者」を「うわさ話」などによって評価し，意識的に自らも「利他的に生きよう」とする「良心」や「美徳」の涵養を行うようになった。ここに至って人間は，意識化された道徳心を得るに至ったとボームは考察する。

　さて，このボームの考察を用いて，先ほど提示した「ケア」「ケアリング」の課題は進化生物学的には乗り越えられるのかについて検討する。筆者は前述の文章の中で「意識的」という言葉を強調したが，人類が到達した「意識的な道徳心」が，この課題を解く鍵となる。ボームはこの人類の「意識的な道徳心」の発達に関して次のように述べている。

　「処罰による社会選択と向社会性を重視する社会選択を志向する人間の好みは，遺伝子による束縛が比較的ゆるく，またいくつかの選択肢から柔軟な選択をするので，さまざまな方向に任意の結果をもたらす。たとえば飢えに直面したとき，人間だけが，生と死と家族の存続にかんする社会的ジレンマを考え，目の前の選択肢から意識的に選ぶことができる。（中略）その結果，『評判による選択』は，遺伝子プールの形成にひと役買っている。（中略）理論上重要な点は，文化にもとづくそうした意図的な働きかけが，自然選択の要素であると同時に，その産物でもあるということだ。」（Boehm 2012＝2014：406-407）。

　つまり，人類は「利他的行動」をとることのできる能力（道徳心）を発達さ
せた結果，遺伝子的傾向にも影響を与える形で，まさにその「利他的行動をと
る」という形質をさらに意図的に発達させてきた可能性がある。

　このことは先ほどの「ケア」「ケアリング」の限界の課題に対しての，進化
生物学的な回答になる。たしかに私たちは，「意図的な道徳心」以前の，より
原初的な生物学的存在としての本来性に影響を受け，その「個体」を取り巻く
環境の条件次第では，「利己的」な存在となる可能性があり，それが「自然的
ケアリング」の限界にもなる。

　しかし一方で人間は，遺伝子の自然選択の副産物として，「良心」を身につけ，
血縁以外のものにも，遠く離れたものにも，寛大に支援の手を差し伸べるとい
う「意図的な道徳心」を発達させてきた。つまり，私たち人間は，進化生物学
的にはたしかに「ケアリング」の限界を有する動物であるが，人間は，その限
界を乗り越えて，意図的に距離の遠く離れた他者に対しても「利他的行為＝ケ
アリング」を発揮する能力を持つ。つまり，「ケア」「ケアリング」の限界は，
進化生物学的に乗り越えが可能であり，その「乗り越え」は，私たちが自然選
択の結果身につけた，副産物としての「意図的な道徳心」により行うことがで
きる可能性がある。

　このことは先ほど示した第2の課題の回答にもなる。人類が「利他的行為」
をより発展させてきた要因には，生物学的な自然選択だけでなく，人類自身の
社会選択がある。このことは，私たちがこれからの社会のあり様を，意図的に
考え，人間の「利他的行為」をより促すような状況を生み出すことで，人間は
目的論的によりよい社会を作っていくことが可能だということになる。

　ただ一方で，筆者は進化生物学的視点において1点危惧すべき部分があると
考えている。それは，進化生物学的視点は，適者生存的な自然淘汰説をとる点
である。ボームの論に従えば，人類の自然選択は社会選択にも結び付いている。
筆者は，人類の「意図的な道徳性」の獲得が，自然選択に裏打ちされた社会選
択によってもたらされたという考えが，ボームの意図とは違う形で「教条主義」
的に受け取られてしまうと，「道徳的に振舞うことのできない人は社会的に淘

汰されて当然であるし，それは人類の生物学的自然選択としても当然の帰結だ」というような考えを助長する可能性があると感じている。それはある種の人々に対する差別意識を助長する可能性がある。

　これは進化生物学の知見が，より精緻な科学的根拠に基づき提示されるようになったことの，いわば負の側面であると考える。人間の「道徳性の起源」が科学的に，より明らかになるにつれて，逆に私たちの「目的論的志向性」が，結局のところ自然選択に裏打ちされた社会選択の結果でしかないと感じられてしまえば，私たちの主体的（意図的）・道徳的な目的論的志向性は，弱められてしまう。

　例えば，ドゥ・ヴァールが，まさにボームを引きながら，次のように述べている部分については疑問を感じざるを得ない。

　「人間と類人猿の両方を研究してきたアメリカの人類学者クリストファー・ベーム（原文のママ）は，狩猟採集民のコミュニティが規則を執行する様子について，洞察に満ちた本を書いている。規則の執行は，能動的な遺伝子選別につながるかもしれないとベームは考えている。品種改良家が外見や気質に基づいて動物を選ぶのと似たようなものだ。動物のうちには，繁殖を許される者と許されないものがいる。狩猟採集民が人間の遺伝についてはっきり考えているというわけではないが，あまりに多くの規則を破る者やあまりに重要な規則を破る者を追放したり殺したりすることで，彼らは現に遺伝子プールから特定の遺伝子を排除している。（中略）人類が道徳的な進化を自らの手に引き受け，その結果，ますます多くの人が規則に従う気になっているというのは，なんと魅力的な考え方であろう」（De Waal 2013＝2014：225-226）。

　ボームは自説を展開する過程の中で，最新の「サイコパス」研究の成果に触れ，「サイコパス」と呼ばれる他人にまったく共感することのできない人々が遺伝学上一定数いることを指摘し，脳科学の分野でその要因が脳生理学的にほぼ特定されていることに触れている（Boehm 2012＝2014：32-39）。ボームはそ

の事実を，私たちの道徳心が進化生物学的に「脳」に埋め込まれていることを説明するために用いているわけであるが，この事実は，私たちにそのような形質を持っている人への「道徳的アプローチ」が「無駄であるかもしれない」と思わせる効果がある。

　ドゥ・ヴァールやボーム，あるいは最新の脳科学の知見が示すように，たしかにある一定の「反社会的形質」を持つ者は一定数おり，そしてそのような傾向を持つ者は，「利他的志向性」を持つ者を好むという人類の社会選択基準に照らせば，排除の対象になってしまうのかもしれない。しかし社会福祉の価値は，「あらゆる人間には価値があり，その尊厳は認められなければならない」というものである。私は進化生物学の最新の知見が，新しい「優性思想」を生み出す可能性があると危惧する。「利他的に行為」する人間が「優性」であり，そうでない者は「劣性」であるという形で。

　ドゥ・ヴァールやボームが「優性思想家」であると断じるわけではない。ドゥ・ヴァールは一部の教条主義的進化論者＝ダーウィン原理主義者を優性思想的と批判している。

　しかし，それがゆえに，新しい「優性思想」が生み出される可能性があると感じる。最新の進化生物学的研究からの上記のような「道徳的見解」は，その立論が科学的に精緻で，確からしく見えれば見えるほど，思想的な注意を払う必要があると考える。

　さて，上記の課題はあるにしても，人々が本来的に利他的行動を遺伝的形質として発達させてきたという見解は，本書の目的であるケアリングコミュニティ概念を検討する際に重要な知見を提示している。その内容を簡単にまとめると次のようになる。

①人間が「他者」をケアリングするという本質（自然的ケアリング）は，人類の遺伝的形質の中に埋め込まれている。

②しかし遺伝的形質としての自然的ケアリングには「道徳ピラミッド」という

限界がある。

③したがって，倫理的ケアリングが意義を持つが，この人間の「意識的な道徳
　心」についても，進化生物学的に（社会選択という形で）根拠を持つ。

　これらの要素は，ケアリングコミュニティ概念を検討する際，様々な示唆を
与える。例えば，人間の遺伝的形質の中に「ケアリング」があるのであれば，
この本来持っている「ケアリング」が個々の個体に発現しやすい環境を作るこ
とが重要となる。人は，困っている人を見れば，その人に自然に共感する。な
らばコミュニティの場に，様々な人との出会いの場を確保する必要があろう。
また，「ケアリング」を促すには，その人自身の最低限の生活が満たされてい
なければならない。公的扶助制度の重要性は，単に個人の権利以上のものとし
て重要である。なぜなら最低限の生活を保障する公的扶助は，「人間のケアリ
ングの基盤」を作るために重要であると考えられるからだ。
　また，ケアリングが「道徳ピラミッド」のように段階的に発現するのであれ
ば，より身近な「家族」や「地域」におけるケアリングの基盤を整えていく必
要があろう。「家族」を単位とした支援や，地方自治の重要性はこれまでの社
会福祉理論の中でも重要視されてきたが，それらは「道徳ピラミッド」の考え
に照らしても重要である。
　あるいは，「倫理的ケアリング」を実現するためには「福祉教育」が重要で
あろう。ケアリングする動物としての自分たちの本質を意識化しつつ，その限
界を克服するために，倫理的ケアリングの意識を高める必要性が示唆される。
　このようにケアリングコミュニティを考えるうえで，進化生物学的視点は重
要な知見を与えてくれる。しかし，先述したように，進化生物学的立場が「新
たな優性思想」を生み出す危険性には，何度も留意しておかなければならない。
私たちは，遺伝形質的に「利他的に行為できない人たち」を排除するのではな
く，その人たちがなぜ利他的に行為できないのかを，生物学的，脳科学的に検
討しつつ，社会科学的，思想的にも検討し，その人たちに必要なケアや支援の

あり方も考える必要がある。

第3節　ケアリングコミュニティにおける経済的合理性と 「ケアの価値」の関係性

　次に，経済的合理性について検討する。

　ケアリングコミュニティが，現代の社会福祉課題の中で，社会的なケアを提供する体制を作ることを意図しているならば，その社会的なケアが継続して提供し続けられる仕組みも重要になる。

　しかし一方で，単に「経済的合理性」だけの観点から本来提供すべきケアが抑制されてしまうのであれば本末転倒である。したがって「経済的合理性」は，ケアリングコミュニティの構築にとって必要なものではあるが，それはどのような場合に肯定でき，どのよう場合に肯定できないかを考える必要がある。

　そこで本節では，特にわが国の「地域包括ケアシステム」の構築をめぐり，それがどのような理由で進められようとしていたのか，その理由の一つに「ケアの経済的合理化」という目的があったとすれば，その「合理化」がもたらす問題をどのように考えれば良いのかについて，筒井孝子，宮本太郎らの論考を参考に検討する。

　筒井孝子の論考を取り上げるのは，筒井がわが国の「地域包括ケアシステム」の導入にあたって，その理論的枠組みを構築した研究者だからであり，宮本太郎を取り上げるのは，国が進める「地域包括ケアシステム」「地域共生社会の実現」を批判的に検討しながら，一方でこのようなシステムの導入の必要性も認めつつ，「持続可能なケアシステムのあり方」についてラディカルに検討しているからである。

　まず，筒井孝子の論考を考察する。筒井がわが国の「地域包括ケアシステム構築の背景」に挙げる要因は複数ある。その1つ目は，逼迫する社会保障財政をめぐる財政改革の流れである。筒井は社会保障をめぐる財政状況のデータを挙げ，わが国の「史上で最悪」の現在の財政状況を指摘し，財政的な側面から

社会保障制度の改革と，その一環として「地域包括ケアシステム」が求められるとする（筒井 2014：16-24）。

　2 つ目はわが国のケアをめぐる環境の変化である。筒井は，わが国の社会保障制度が形づくられた 1960 年代から 1970 年代に比べ，現在のわが国の「ケア機能」は著しく減退してしまっていることを指摘し，その現実に即して「(前略) 医療も年金も介護も，この際，全部まとめて組み替えて，既存の制度にとらわれない改革をするというのが，今日の社会保障制度改革の背景といえる」，と指摘する（筒井 2014：24-28）。

　3 つ目は，介護サービス需要の拡大とそれに伴う多様な介護サービス利用者の多様化，そしてそれらによる多様な介護サービスステークホルダーからの政治的な圧力の高まりである。筒井は，イギリス，オランダ，アメリカなどの障害者団体や高齢者団体による政治的圧力の増大に触れ，「わが国においても介護市場においては，要介護の軽度な高齢者や，認知症高齢者を対象としたケアのあり方に関しては，多様なステークホルダーによる政治的圧力が強まりつつある」とする。（筒井 2014：32）。

　筒井のこれら 3 つの「地域包括ケア構築の背景」を，経済的合理性との関連から読み解けば，まず 1 つ目の「逼迫する社会保障財政」を背景とした改革の必要性は，言わずもがな「経済的合理性」との関連がある。

　2 つ目の「ケアをめぐる環境の変化」は，ケアを担う「企業」「家庭」「地域」が一様に衰退してきたことを考えれば，「ケアの社会化」に伴う費用を，悪化したわが国の経済的状況の中でどのように賄うかという「経済的合理性」の課題に関連してくる。

　3 つ目の「多様なステークホルダーからの政治的圧力の高まり」という点は，多様なサービスを提供するための「社会的コスト」の増大が課題となり，その点で「経済的合理性」と関わることになる。

　さて，わが国は介護保険制度導入時に一部「市場」のメカニズムをケアや福祉の領域に導入した。その背景には，逼迫する社会保障財政を背景に，「経済合理的」な「ケア」提供の仕組みを導入する狙いがあったことは間違いない。

サービスを必要とするものは，サービス利用者としての「消費者」となった。そのことは一方で，「サービスの主体的選択」という，「利用者主体」の価値観を「ケア」関係に持ち込むことになった。「ケア市場」と，サービスを主体的に選択する「ケア消費者」との間に，「経済的合理性」がうまく機能すれば，「ケア消費者」は自分にあった，安価なサービスを享受できたはずである。

　しかし現実はそうはならなかった。その原因としてまず「ケア市場」が，増大するケアニーズに応えるだけのサービス資源量を用意できないという課題がある。そして，「ケア」という行為が「市場」のような「経済的合理性」の仕組みに馴染むのかという根本的課題がある。

　筆者は，人々の主体的なサービス選択を可能にした「ケアの市場的仕組み」について否定するものではなく，むしろ一部評価できると考える。「ケア」の受け手が自らサービスを主体的に選択することは重要だと考えるからである。また，筆者は「経済的合理性」そのものを否定するものでもない。経済合理的なケア提供体制を構築できれば，「ケアの持続性」を担保することができ，結果的に多くの人の利益にかなうからである。

　問題はその「ケアの市場的仕組み」が十全に機能していない状況にある。この問題に対し，筒井は「integrated care」の理論を示した。「統合ケア」と訳されるこの理論の中には，ケアと経済的合理性との関係を考える知見が含まれている。

　筒井は内外の integrated care に関する文献を比較検討したうえで，最終的にローゼンらが示した integration の5つのタイプの理論を紹介している。

　ローゼンらは，統合の種類として，①"systemic integration"（システム的統合），②"normative integration"（規範的統合），③"organizational integration"（組織的統合），④"administrative integration"（管理的統合），⑤"clinical integration"（臨床的統合）の5つを挙げた（表3-①参照）。

　筒井は特に②の「規範的統合」の重要性を強調する。筒井は「地域包括ケアシステム」を構築するにあたっての「規範的統合」の欠如を指摘し，「これ（地域包括ケアシステム；筆者追加）を実施するには要介護高齢者，その家族，介護

表 3-①　統合の種類とプロセス

統合の種類	統合的プロセスの説明
1. システム的統合	政策，ルール，そして規制のフレームワークの協調と提携 例：病院外の協調的ケアを推し進める政策，多様化する（サービス）提供者の中核の形成，国による刺激策（インセンティブ）の開発，または医療の必要性があるコストの高いケアを代替するパフォーマンスを鑑みたケア
2. 規範的統合	組織，専門家集団，個人の間で価値観，文化，視点の共有 例：統合のための共通目的の設置，コミュニケーションの差異に生じるギャップを解明し対応する．現地でのイベントを通した臨床的関係と信頼の構築，またはサービス使用者やより広いコミュニティと関係をもつための視点の共有
3. 組織的統合	組織間での構造，統治システム，関係の協調 例：資金のプールや PBC（業務歩合制）といった公的・私的な契約的・協調的取り決め，または，プライマリケア連合や地方の臨床的パートナーシップといった協調型組織の形成
4. 管理的統合	事務管理業務，予算，財政システムの構築 例：説明責任方法，資金提供，情報システムの共有
5. 臨床的統合	情報とサービスの協調，または患者のケアを統合し，一つの過程にまとめる 例：臨床的役割・ガイドライン・専門的教育の拡大，患者の意思決定において患者の役割を明確にする

出所）筒井 2014：45

事業者，そして地域住民の規範的統合がなされる必要があったにもかかわらず，これが達成できた保険者はほとんど存在しなかった」（筒井 2014：85）と述べている。

　「規範的統合」とは，「地域包括ケアシステム」を構築していく際に，ステークホルダーとなる人々の間で交わされるこのシステムについての共通認識，共通の価値，共通の目的である。これが重要であるのは，「地域包括ケアシステム」がこれまでの「ケアシステム」に比べ，より多くのステークホルダーと関係するからであり，しかもそのステークホルダーは公的機関や専門職だけでなく，地域住民や家族，そしてサービス利用当事者といった，これまで「ケアシステムの担い手」として位置づけられていなかった人々にも，その参画を求めるからである。

　2006 年度版の地域包括ケアシステムは，筒井も指摘するように「介護給付費伸び率を抑制する」という経済的合理性に基づき進められたことは否定でき

ない。このような痛みをともなう改革は，上記のような「規範的統合」を進めておくことが重要であるが，多くの自治体でこれを進めることができなかったと考えられる。

　ここには「ケア」と「経済的合理性」の関係性についての示唆がある。「経済的合理性」自体は，「ケアの継続性」を担保するうえでも重要であるが，それを進めるにあたってはまず「ケア」のステークホルダーに対する「規範的統合」，すなわち「地域包括ケア」を進めるにあたっての価値観の共有，認識の共有などを進めておくことが重要である。なぜなら「ケア」という行為は，単純に「経済的合理性」だけで解決できない問題を抱えているからである。

　「ケア」という行為がなぜ「経済的合理性」だけでは解決できない問題なのかについて，筒井及び宮本太郎らの論考も交えながら考察してみたい。

　筒井はホランダーとプリンスが示した integrated care を実現するフレームワークとして，①ケアシステムのメリットを信じる，②一連のサービスと持続可能な資金提供に対する確約，③ケアにおける社会心理学的ケアモデルへのコミットメント，④患者中心のケアへのコミットメント，⑤エビデンスに基づいた意思決定へのコミットメントの5つを取り上げている（筒井 2014：110）。

　経済的合理性との関連をめぐっては，②が重要であるが，これについて筒井は「患者のニーズに合わせた継続的なケアシステムを提供するという合意が成立したら，次の段階ではすべてのサービスが十分に整備されるためには持続的な資金が必要であるという合意を得なければなら」ず，「これは社会全体でこの資金の供給が必要だという規範を醸成することと同義」であり，「これを基礎に十分なサービス提供をすることに対しては，厳格な資金運営体制の構築が前提となる」としている（筒井 2014：110）。

　ここには，持続可能な資金調達を可能とする「経済的合理性」を確保することの重要性が述べられているが，より重要なのはその「経済的合理性」に対する「規範的統合」が必要になるということである。そして「経済的合理性」に対する「規範的統合」は，「経済的合理性」の前に，人々にとってどのようなケアを提供するべきかという，ステークホルダーが合意できるケアの価値を十

分に吟味しておくことが求められる。

　例えば，ホランダーとプリンスの5つの必要条件の項目には，③で医療的ケアだけでなく，社会心理学的ケア（言い換えれば福祉的ケア）の重要性が示されており，④では，患者中心のケア（原文では client-centered care）の重要性が示されている。ホランダーとプリンスは，患者中心のケアを脅かすものについて触れ，「現場スタッフに財政責任がある結果，現場スタッフが『財政警察官』になってしまっており，そのことで役割の葛藤が生じ，ケアシステム全体にクライエントの不信感が生じてしまう」ことを指摘している（Hollander, Prince 2008）。ここには財政的な問題よりも，クライエントの利益を優先するべきという，経済的合理性とケアの関係を考えるうえで，重要な論点が提示されている。

　筒井はこのホランダーとプリンスの5つの必要条件を紹介したのちに，それを踏まえたわが国における実践上の課題を考察している。例えば次のように述べている。

　「（前略）利用者のための利益がない，逆に有害であるような手法が採られていることが判明した場合は，その実践を変更しなければならない。そのためには，最初の integrated care の推進における理念は，まさに，理念として破綻しない，すべての人々が合意できる普遍的な内容が掲げられていなければならない」（筒井　2014：111）。

　続けて，より具体的に，わが国の介護支援専門員の課題について触れ，次のように述べる。

　「（前略）ここで留意すべきは，介護支援専門員は，このサービスが提供されている財源の知識が豊富でなければならないということである。つまり，予算を理由にサービスを変更することはあってはならないということである。このようなことが起こるとシステム全体において，利用者の不信感を生じさせることになり，結果として制度の安定化を損なうことになるからである。

　したがって，例えば，予防給付を地域支援事業の下で実施することを説明する場合に，『国が決めたから』，あるいは『予算がないから』ということは理由にしてはならない。当事者にどのようにして納得してもらうかについては，規範的統合の下で保険者で統一した回答と説明ができる体制を整備しなければならないのである。(傍点筆者)」(筒井 2014：111-112)

　ここで筒井は，「患者中心のケアサービス」を提供するためには，ケアマネージャーが予算不足等を理由にして患者の不利益になるような変更等をしてはならないことを述べている。しかし，傍点部分の筒井の主張をよく読むと，筒井はあくまで「経済的合理性」に対して「規範的統合」が優先すると主張しており，この「規範的統合」を盾に「当事者に納得してもらうことができる」とも読めてしまう。

　筒井自身の関心は，「より効果的・効率的な地域包括ケアシステムの構築の条件」に重点があり，「ケアの価値」についての考察が十分に行われているわけではない。したがって「規範的統合」で合意されるべき「ケアの価値＝規範」がどのようなものであるべきかは，別に検討する必要がある。次に，この問題について，宮本太郎らの論考を参考にしながら考察してみたい。

　宮本太郎らは，『地域包括ケアと生活保障の再編――新しい「支え合い」システムを創る』において，国が進めている「地域包括ケアシステム」の構築のプロセスを批判的に検証しつつ，その可能性についても検討を行っている。例えば宮本は次のような考えを示している。

　「これまでしばしば高齢者などにかかるコストを削減することが追求されてきた。(中略)より重要なことは，『支えられる側』の福利を向上させることが，結果的にコストの削減につながるかたちを考えることである。

　後期高齢者の要介護度を下げることを目標として，本来必要な生活支援まで抑制するというのは本末転倒である。しかし前期高齢者の生活が地域とのかかわりを深め健康でアクティブなものになることで，頻回受診が減り，また後期

高齢期の生活の質が高まるならば，それは追求されてよい」(宮本 2014：21-22)

　ここには，「コスト削減」という「経済的合理性」の要求と，確保すべき「ケア」のあり方の優先順位が明確に示されている。優先すべきは「ケアの質の確保」であり，それが確保されることを条件に経済的合理性の追求が認められている。
　また，宮本は，「自助」の概念をめぐっても次のような考えを展開している。
　宮本は自助・共助，公助の関係性については，「線引き型」と「連携型」があることを指摘する。「線引き型」とは，「自助，共助，公助を切り離してとらえ，ここまでは自助，ここから先は共助というようにそれぞれの間にはっきり線を引く考え方である」。一方，「連携型」は，「自助，共助，公助をそれぞれ連携しあうものとしてとらえ，自助を可能にするための共助，公助で支える，という関係を重視するものである」(宮本 2014：26)。
　宮本は，2012 年の政権交代の折，自民党の新綱領に示された「自助自立する個人を尊重し，その条件を整えるとともに，共助・公助する仕組みを充実する」という考え方は，自立する強い個人を前提にする点で「線引き型」であると指摘する。
　一方，「連携型」の例としてはドイツの「自助運動」を取り上げ，この運動が「今日の社会で人々が直面する多様な生きにくさ」に対して，従来の社会保障が直接カバーしてこなかったような課題群（ドメスティックバイオレンスやひきこもり，摂食障害など）に対し，その人たちの「自助」の力を高めるような形で，公助，共助（自助グループに対する補助金など）が導入されていることを挙げる。そして，今日的な生活保障の課題に対しては，この後者の「連携型」の自助，公助，共助の関係が重要であるとする（宮本 2014：26-27)。
　「ケア」と「経済的合理性」との関係でいえば，「線引き型」の自助論は，「経済的合理性」の名のもとに，必要なケアの抑制を招く。一方，「連携型」の自助論は，必要なケアを行うことにより人々の自助の力を高められた結果としてコストが削減できるのであれば，そのような結果的なコスト削減は肯定できる。

　さらに宮本は，「準市場」の考え方についても考察し，準市場を「公的な資金を基礎としつつも，複数のサービス供給主体が競合し，利用者のサービス選択が可能になる体制」と捉え，「利用者の料金支出に基づく市場とはまったく異なった仕組みである」とする。宮本は，準市場は「経済的合理性」のために導入されるわけではなく，「利用者のサービス選択が可能になる」点にその意義を見出している。

　そのうえで宮本は，「準市場がより市場志向型に接近する場合もあれば，本来の理念に近い包摂型の制度として発展していく場合もあろう」とし，準市場が考え方次第で2つの路線に分岐する可能性があることを指摘する（宮本2014：28-29）。

　宮本はこの「市場志向型」と「包摂型」を分ける要因として，第1にケアシステムにおける財源構成を挙げる。財源構成が公的資金に対して利用料金や自己負担分が占める割合が大きくなれば，「市場志向型」に近づく。

　第2に入札制度などの委託決定制度の手続きのあり方であり，公的なケアサービスの入札制度などによる民間委託が，公的財源抑制のために導入されると，業績評価も費用効率重視の傾向になる。一方，サービスの質などを含めた総合的で長期的な評価や，その事業者の労働者の労働条件についての一定の基準を確保したような評価が行われるなら，「包摂型」に近づく。

　第3に，サービス供給主体の組織構成割合であり，営利的な事業体の比率が増せば「市場志向型」に近いシステムになる（宮本2014：29-30）。

　以上のように，宮本は「ケアシステム」の中に市場のメカニズムを導入する条件を次のように規定していると考えられる。第1に，ケアシステムにおいて「市場」は，「利用者のサービス選択を可能にする」という意義を満たすために導入されるべきであること。第2に「市場」は公的財源の削減のために導入されるべきではなく，長期的にみたサービスの質の向上，ケア従事者の労働環境の向上などのために導入するべきであること。つまり「市場」は「包摂志向」のケアシステムの構築のために導入される必要がある。

　さて，宮本の編著『地域包括ケアと生活保障の再編』に収録された「座談

会」では，経済的合理性とケアとの関係性についてよりラディカルな議論を展開している。

　この座談会には宮本の他，地方財政学を専門領域とする沼尾波子，ヘルスケア政策を専門とする猪飼周平，そして「地域包括ケア研究会」のメンバーで，オランダ等の integrated care に詳しい堀田總子が参加し，「地域包括ケア」の目的は財源抑制ではなく，多様なケアが必要となっている現在の社会の状況に合わせて，従来とは違う仕組みで人々の QOL を高めるケアを提供することがその最たる目的であることが検討されている [6]。

　この座談会の議論では，一人ひとり異なる QOL の考え方を「システム」としてどのように評価し，またそれを「財政政策」を含むシステム全体の政策として反映しうるか，という論点が問われている。

　たとえば地方財政学の立場から沼尾は，ケアの財源保障を考える際，絶対的基準が設定されない QOL という問題を扱うことの難しさを指摘している（宮本　2014：259）。

　これに対し堀田は，詳細な実態把握に基づいた「規範的統合」の重要性について触れ，「ケアシステム」の成果指標のあり方について，従来のわが国の行政には無かったような，ケアや QOL の質を評価するような，成果指標のあり方について論じている（宮本　2014：261-267）。

　猪飼は，堀田が紹介したオランダの在宅ケア組織，「ビュートゾルフ」の事例をオランダ行政が財政的にも政策的にも評価してきた事例としてあげ，「ビュートゾルフのような柔軟な組織に行政がいかに近づけるかという問題が地域包括ケアで問われる中核的な課題の１つになる」と指摘する（宮本　2014：267-268）。

　この一連の議論で示されるのは，「経済的合理性」よりも「ケアの価値」を優先した時，その「ケアの価値」を財政的に評価することの難しさである。一人ひとり異なる「ケアの価値」は，単純な「費用—効果分析」では捉えきれない。単純な「コスト削減」の考え方では，「地域包括ケアシステム」は立ちいかなくなるため，「ケアの価値」を保障するに足るような新しい行政運営や行

政評価のあり方を必要とする。地域包括ケア時代に対応する新しい行政の役割は，「経済的合理性」に基づいてコスト削減を行うことではなく，「ケアの価値」を満たすような「ケアシステム」の構築のために，財源をどのような形で用いることが有効なのかを検討することである。

　いずれにしても，ケアリングコミュニティにおいては，「ケアの本質」を侵すような形で「経済的合理性」が適用されてはならない。しかしそのうえで，「ケアの持続性」を担保する「経済的合理性」を追求していくことは重要である。それを十全に行うためには，筆者がこれまで検討してきた人間にとっての「ケアの本来性」の知見を用いながら，どのような時人々は「ケア」による喜びを感じるものなのか，また逆にどのような場合に「ケア」が重い負担になるかを，様々な調査・研究から明らかにしていく必要がある。そしてそれは単に，「多くの人に普遍的な基準」として設定されるのではなく，一人ひとりの人への「実存的」な関わりの中から，個別・多様なものとして評価される必要がある。それは，「経済的合理性」を測る従来のやり方とは相容れない可能性があり，その意味で，このような個別・多様な人々の「ケア」を評価する新しい「経済評価指標」の構築を進めていかなければならない。

第4節　ケアリングコミュニティにおける科学的合理性と　　　「ケアの価値」との関係

　次に，ケアリングコミュニティを構築する際，「科学的合理性」と「ケアの価値」の関係性について考察する。

　現在の医療・福祉の実践現場では，EBM や EBP（Evidence-Based-Practice）が重要視されている。秋山薊二は，ソーシャルワークにおいてはエビデンスより当事者の主体性を尊重することが重要になるため，単にエビデンスを当事者に一様に当てはめるのではなく，一方でエビデンス情報を当事者に伝える義務はあるから，EIP（Evidence-Informed-Practice）＝「エビデンス情報に基づいた実践」が重要になることを指摘している（秋山 2011：29）。

　一方で「ケアリング」の実践においては，過度に客観的な「医学的アプローチ」が問題となってきた事実もある。そのため先述したベナーらは，デカルト的な科学的実証主義を批判し，存在論的現象学的アプローチをケアリング実践の基盤に位置づけた。

　本節では，このような科学的合理性と「ケア」「ケアリング」の関係性について，近代の科学的合理性がもたらす「危険」のあり様と，それへの対処の仕方をきわめて精緻に論じたウルリッヒ・ベックの『危険社会』の論考に依拠しながら論じる。

　また，ベックの議論を踏まえたうえで，先ほど述べた EBM，EBP，EIP といったエビデンスに基づいたケア実践という課題は，哲学的にどのように解釈されるのかについても論究する。その際参照するのは，先ほども触れた秋山薊二の EIP に関する論考及び，社会福祉分野で近年議論されてきた EBS（Evidence-Based-Social work）についての論考である。

　まずベックが著書『危険社会』で示した議論に触れておく。ベックによれば近代以前にも「危険」はあったが，近代以降の「危険」は近代以前と質が異なる。近代以降の「危険」とは，人類が人為的に生み出したものによってもたらされる「危険」である。そのわかりやすい例として「原子力」による「危険」がある。「原子力」は人々の手によって生み出された技術だが，その「リスク」は人間が制御できないほど大きなものになっている。

　ベックはこのような近代社会以降の「危険」がなぜ生じてきたかを検討する中で，「自己内省的近代 "reflexive modernization"」という言葉を用いる。「再帰的近代」と訳されることの方が多いこの概念は，近代化が自らの手によって作り出したものによって「危険」を抱えこみ，その「危険」に対処するために，再び近代の手法を「自己内省的」に用いて対処しなければならなくなる事態を指す。

　ベックはこの「自己内省的＝再帰的近代」の概念を用いて現代社会が直面する様々な「危険」のあり様について論じている。それは，例えば先ほど挙げたような「原子力」や「環境破壊」などの自然科学的問題だけでなく，現代社会

における「個人化」の進行（社会保障的危機），「職業形態の変化」「女性の社会進出」など社会科学の問題にも関わらせながら論じている。そして，これらの「危険社会化」をもたらす要因として考察されているのが，近代化とともに隆盛をきわめてきた「科学的合理性」である。

　ベックは，近代以降の「科学化」の段階を，「単純な科学化の段階」と「自己内省的な科学化の段階」の2段階に分けて論じる。「単純な科学化の段階」とは，「封建社会」から「産業社会」への移行期，つまりは「産業社会化」の始まりの時期におこるもので，この時期には，それまでの「伝統的価値観」に対して「科学的客観主義」を対置させることにより，「科学化」を推し進めることが可能だった。この時期においては科学はまだ「自己内省」を行わずに済む。

　しかし，「科学化」が進むと，「科学」そのものに対する批判的まなざしが生まれてくる。それがベックのいう，「自己内省的科学化の段階」である。「原子力」の例や「環境破壊」の例などをみればわかるように，「科学」の進展にともなって発生した「危険」に対する，それを生み出した「科学」そのものへの批判という形が立ち現れてくる。

　このような段階においては，「科学」そのものに対する批判が行われるから，「科学」はもうそれ自体のみで「正当性」を確保できない。そのため「科学」はその「正当性」を確保するために「自己内省的」に新たな「科学的根拠」を示す必要に迫られる。そしてその新しく示された「科学的根拠」も批判の対象になり，またその批判に対する「科学的根拠」の提示が行われ……という形で，「自己内省的科学化」は無限の拡大の様相を呈することになる。

　このことはいくつかの帰結をもたらす。一つは，「自己内省的科学化」により，「科学化」はますます進展する。「科学」に対する批判に応じるため，「科学」は自らの「科学化」にますます磨きをかける。科学化の一層の進展というのが「自己内省的科学化」の第1の帰結である。

　「自己内省的科学化」の帰結の第2は，様々なものの「科学化」によって，その「科学」が生み出す人為的な「危険」を増大させるということである。「原

子力」や「環境破壊」はそのわかりやすい例である。現代社会で進行している人々の「個人化」という「危険」もその一つの例である。「科学化」によってもたらされた「豊かな社会」は，人々の助け合いの基盤となる「つながり」を一変させてしまう。「家族」や「近隣」「コミュニティ」は解体され，その代替として発達した社会保障システムは，人々の「個人化」をより促進する。このように「自己内省的科学化」は人為的な「危険」の増大という事態をもたらす。

　第3に，「科学化」の推進に伴う「危険」の増大は，私たちの「不安」を増大させる。その「不安」の解決を担うのは，その「不安」の原因をつきとめる新たな「科学的知見」であり，その結果，私たちは「科学」にますます依存的になる。「科学への依存化」というのが第3の帰結である。

　第4に，このような「自己内省的科学化」の行き着くところは，「科学による科学の不確実性の証明」という事態である。「科学」が「科学」の外側（例えば，迷信や，間違った観念，論理的でない思考様式など）を相手にしていた「単純な科学化」の段階では，「科学」はそれまでの伝統的思考様式より，より「確からしい」位置づけを持つことでその正当性を確保できた。しかし，「科学」が自分の内側に疑惑の目を向けるようになると，「科学」はその「確からしさ」をめぐって，永遠の問いを投げ続けることになる。これが「科学の不確実性」の源泉となり，「科学の不確実性の増大」が第4の帰結としてもたらされる。

　第5に，このような事態にまで行き着くと，「科学」の中で「真理と知識を追求するという科学の使命は必然的に失われていく」（Beck 1986＝1998：339）。そして「真理」から離れて，「断定的認識」（真理を問わず，これが正しいと断定してしまう認識）や，「恣意的認識」（その時々の都合に合わせて，恣意的に科学的知見を利用する）ような態度が現れる。これは「科学内部における規範の崩壊」といえる状態であり，これが第5の帰結である。

　第6に，「科学」がこのように自身の内で「確実性」や「正当性」が確保できない状態まで行きつくと，人々は「科学の外側」にその「正当性」の根拠を求めざるを得なくなる。つまり「何が正しくて，何が正しくないのか」という決定を「科学」の内側には求められなくなるため，それを行うための「政治的

決定」が必要になる。これが「科学の政治化」という第6の帰結である。

　以上の論述は，ベックの論述を筆者なりに要約して述べたものだが，ここで筆者が示したかったのは，「科学的合理性」は，結果的にそれ単独では「正当性」を確保できないということである。それは，第6の帰結でも述べたように，「科学」がより精密に，精緻に，あるいは「専門分化」する度合いが高まれば高まるほど，「何が本当に正しいのか」という問いに答えることが，「科学的正しさ」だけでは答えることができず，人々の「政治的決定」を必要とすることを意味する。

　一方でベックは，「科学的合理性」そのものを否定しているわけではない。例えばベックは，「科学は危険に対して，その原因でもあり，その本質を明らかにする媒体でもあり，また解決の源でもある」（Beck 1986＝1998：317）と述べている。もちろんこのような構造自体が「科学」の問題でもあるのだが，ベックは次のように述べる。

　「科学における合理性と非合理性の問題は，決して過去と現在のみに関係するのではない。常に未来にも関係する問題である。自分の失敗から学ぶことができるというのは，常に新しい科学研究が可能であることを意味する」（Beck 1986＝1998：372）。

　では，そのような「科学」が自分の失敗から学び，「新しい科学研究」を進めるにはどうすればよいのか。この点についてベックは，「科学」は「自己内省的科学化」の過程においていわば暴走状態にあるが，「科学」がそのような状況にあることを自己認識し，その暴走状態をとどめるように「理性」を発揮して，新しい科学的知見の応用を目指すべきだと主張する（Beck 1986＝1998：373）。そして，その時必要になるのが，「科学的合理性（＝因果関係）」に先立って「何を重要とし，何を重要でないものとするか」という「価値判断」の重要性である。「政治」の役割とはまさにこの「価値判断」を行うことである。

　またベックは別のところで「科学的合理性」が本来の「政治的プロセス＝話し合い，採決し，同意する」等を無視して，「進歩」や「合理化」の名のもとに，あたかも「政治」のように（ベックはそれを「サブ政治」と呼ぶ）価値判断する

ようになってきたことを指摘している（Beck　1986＝1998：378-379）。その結果，「科学」は暴走し，「危険」はますます拡大することになる。

　このような状況に対しベックは，正当な「民主主義的政治」を取り戻し，「科学的合理性」に対して正当な「政治的価値判断」を行うことが，「科学」の暴走に歯止めをかける手段であると主張する。

　さて，これらのベックの『危険社会』の論考を参照することで，「ケアリングコミュニティ」概念における「科学的合理性」を次のように位置づけることができる。

　第1に，現代における「ケアリングコミュニティ」を考えるうえで，現在私たちは人為的リスクの増大する「自己内省的近代」に生きている。特に「ケア」を考えるうえで，私たちは「個人化」（＝「孤立化」），医療・保健・介護・福祉といったケア関連行為の「高度専門化」，またそれらに伴う「ケア関連費用の増大」といったリスク増大社会に生きており，それらのリスクは今後，「再帰的近代化」の流れの中でますます増大する。

　第2に，それらのリスクの増大は，「ケア関連領域」において，より一層の「科学化」の必要性をもたらし，「ケア関連領域」における人々の「専門家依存」「専門分化化」の進行をもたらす。そしてそれは，EBM や EBP といった，ケア関連領域におけるさらなる「科学化」の徹底を促す。

　第3に，ケア関連領域での「自己内省的科学化」のプロセスの中で，「ケア関連科学」が真理の探究を放棄し，「断定的認識」や「恣意的認識」に基づいた，誤った「科学的合理性」の適用を図ろうとする動きが出てくる可能性がある。現在「ケア関連領域」が直面している課題に，「ケア関連費用」の増大という課題があるが，この問題に対処する際，「経済的合理性」と「科学的合理性」が結びつくと，「経済的に合理的である」と「科学的に証明された」方法が選択され，人権をないがしろにするような「ケア関連政策」が実行されてしまいかねない。そして，「科学的専門性」が高まっている現在において，このリスクはこれまで以上に高まっている。

　第4に，このような「ケア関連領域」のリスクに対処していくためには，「ケ

ア関連領域」における「政治」を再構築していくことが求められる。「科学的合理性」のみに基づいた「ケア」は，人々にとって誤った「ケア（政策）」の展開を，想定外の形で暴発させる可能性がある。「ケアに関する政治」の構築のため，「政治的意思決定の仕組み」「意思決定に参加する人々の人選の問題と回路の保障」「意思決定に参加する人々の資質に関する課題」などの検討すべき課題があり，この課題については後ほど「討議倫理」を検討する部分で詳述する。

　第5に，「ケアに関する政治の構築」と並行して「ケアの科学化」の徹底を図ることが重要になる。「ケアの科学化」の負の側面（「断定的認識」や「恣意的認識」）に十分気をつけながら，人々の「福祉」に資する効果的なケアのあり方を「科学的」に研究していく必要がある。一方で「科学科の徹底」がどのような帰結をもたらすかについては，常に「科学性」に伴うリスクがあるがゆえに注視が必要である。

　以上，ウルリッヒ・ベックの『危険社会』の論考を参考に，「ケアリングコミュニティ」を検討する際の「科学的合理性」の位置づけについて検討した。「科学的合理性」に基づく「ケアの科学化」は，私たちの福祉の向上に大きな役割を果たしてきたことは間違いないが，一方で人為的リスクの増大ももたらしてきた。近代社会に特有の格差，貧困，孤立化，高齢化，ケア費用の増大などは，私たちが今まさに直面しているケア関連領域の人為的リスクである。

　したがってケア関連領域においても，「科学的合理性」のみにその「価値判断」を委ねることはできない。「ケアに関する政治」を同時に構築しなければ，「原子力事故」と同様の，「想定外」の危機が生じる可能性がある。例えば，わが国でおこっている「孤立死」の増大や要介護高齢者の増大などは，従来のケア関連領域の「科学的合理性」が想定しなかったような形で顕在化した例だといえる。もちろんより徹底したケア関連領域の「科学化」は重要である。しかしその場合，より一層の「科学化」がもたらす危険に十分留意する必要がある。

　これらの議論を踏まえ，以下では，現在ソーシャルワーク領域で議論されている，EBP，EBSの研究動向に触れながら，「ケア関連領域」において「科学

化」を徹底していくときの課題について若干の考察を行う。

〈EBP，EBS の意義と課題——ケア関連領域における「科学化」の徹底に関する課題〉

　近年，ケア関連領域では，EBM，EBP，EBS といった，エビデンスベースドの実践の重要性が高まっている。佐藤によれば，「エビデンスベースドの発想は，科学的に『再現性』を問う医学の領域で，EBM（Evidence-Based-Medicine）として発展した」（佐藤 2007：52）。その後，看護分野では EBN（Evidence-Based-Nursing），保健医療分野では，EBH（Evidence-Based-Healthcare）などが検討され，より広範なケア実践に用いられる EBP（Evidence-Based-Practice）という用語が用いられるようになった。ソーシャルワークの領域においては EBS（Evidence-Based-Social Work）という用語が用いられている。

　このようなエビデンスベースドの考え方が重要視されてきた背景には，「伝統的な権威主義に基づいた治療ではなく，科学的根拠に基づきより効果的な治療を実践するための過程として誕生してきた」（増田 2009：274）という経緯がある。EBP の定義としてエビデンスベースド・ソーシャルワークをわが国で最も早く提起した秋山薊二は，浅井篤の「入手可能な最良の研究・調査結果（エビデンス）を基にして，医師や実践者の専門性とクライエントの価値観を統合させることによって，臨床現場における実践方法に関する意思決定の最善化を図るための活動」（浅井 2005：234）を引用している[7]。

　これらの定義に見られるように，EBP では単純に「科学的合理性」に基づいた知見を臨床にそのまま適用するわけではない。「クライエントの価値」が強調されているように，「科学的な根拠」を提示しつつも，クライエントの価値観や意向を最大限尊重して，どのような支援の選択が，その人にとって最善の支援となるかを，専門職と当事者が協働で選択していくということが EBP にとって重要である。

　では，EBP の議論は，先に検討したベックの言う「科学化の徹底」に対して，

どのようなリスク管理の営みを含意しているであろうか。

　秋山は，ソーシャルワーク業界でも EBP のような客観的な調査手法に基づいたエビデンスに基づく実践が重視されてきた一方で，NBM（Narrative Based Medicine）や NBP（Narrative Based Practice）といった，「ナラティブ」を重視した実践もなされてきたことを論じている。そして，この2つの流れを社会科学の研究方法の「揺れ」になぞらえ，「伝統的な社会科学の焦点に『人か環境か』の課題があり，（中略）研究法においては現在，モダンかポストモダンの間で揺れていると思われる」と述べている（秋山 2011：39）。秋山はこのような対立構造を解決する一つの考え方として，EIP（Evidence-Informed Practice）という考え方を提唱する。

　秋山は「EIP はモダンとポスト・モダン主張の中庸を行くが，ソーシャルワークにおいて『人か，環境か』ではなく，『人と環境』となったと同様，『モダンかポスト・モダンか』ではなく『科学重視と人間尊重』に帰着するのではないだろうか。それこそが EIP に他ならない」と述べている（秋山 2011：39）。

　秋山は，EBP，NBP，EIP の関係を，図3-②のようにまとめているが，これは科学的合理性の限界を NPB，EIP で補完する「リスク管理」の視点を示したものと考察できる。

　なお EBP の「科学的合理性」の捉え方については，論者によって一定の幅がある。山口光治は，EBP による科学的エビデンスに基づいた支援提供の意義を認めつつ，その科学的エビデンスの根拠のあり方については論者によって捉え方の幅があることを論じている（山口 2014：120-121）。

　この点に関して検討されるべき課題として，第1に，ソーシャルワークにおいては，「科学的合理性」を担保するエビデンスを，どのようなものに求めるのかについて未だ定まった見解がないことが挙げられる。

　第2に，仮にエビデンス情報を支援対象者に示せたとして，支援対象者がそのエビデンス情報を咀嚼し，適切な支援を選ぶことができるか，という課題がある。ソーシャルワークは医療に比べ支援が複雑・広範に及ぶため，その複雑・広範なエビデンス情報を支援対象者にいかにわかりやすく伝えられるかという

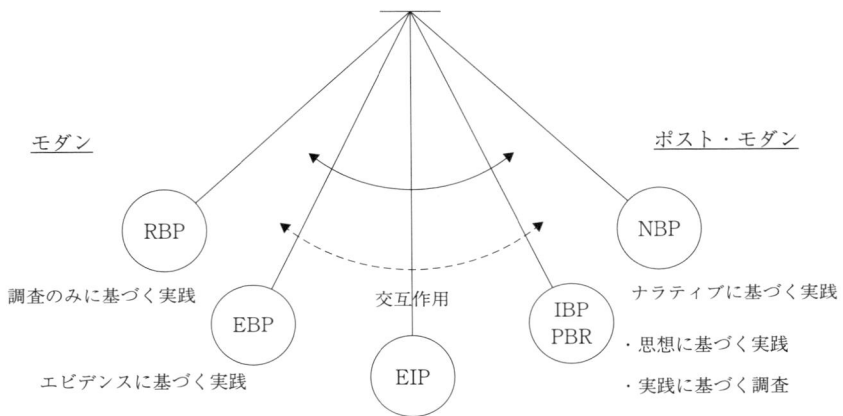

（※図中，RBP は Research Based Practice，IBP は Ideology Based Practice，PBR は Practice Based Research の略）

図 3-②　モダンとポストモダンの揺れ

出所）秋山 2014：39

　課題がある。また支援対象者側の理解力も課題である。特にソーシャルワーク実践においては，判断能力に課題のある方が支援対象になる場合が多い。さらに，複雑な環境要因により，対象者の状況が医学領域と比べ変化する度合いが高い。用意していたエビデンス情報が，時間経過とともに役に立たないものになる可能性がある。このような課題に対しては，「過程評価」が重要となる。「過程評価」においては支援対象者がエビデンス情報を十分理解し咀嚼したうえで支援方針を主体的に選択できたかが問われるからである。

　第 3 に，エビデンスに基づいた実践がどのような目的のためになされたかを問う視点である。山口は，エビデンスに基づいた実践の目的として，「（臨床的）支援効果」と「経済的効果」の 2 つがあることを指摘している。山口は社会福祉分野では特に「経済的効果」についてあまり検討されてこなかったことを指摘し，「経済的効果の視点も取り入れた効果測定や EBS が求められてくるのは必至であろう」（山口 2014：121-122）としているが，「経済的効果」については，

前項で検討したように支援対象者の QOL の向上に資するか，社会的包摂性を
ないがしろにしていないか等に留意することが重要である。また，臨床的支援
効果を考える際にも，本人の意向を良く吟味し，単にエビデンスが示す「効果」
の高い支援を一律に当てはめることは避けねばならない。

　第4に，ベックの指摘した「科学的合理性」により増大するリスクを回避す
るために，ソーシャルワーク領域においても「科学化の徹底」だけでなく，「ケ
アに関する政治的意思決定の仕組み」の構築が重要となる。支援対象者と専門
職が協働で，「ケア方針の選択」をどのような形で行うのか，個別支援レベル
から，「家族」「小地域」「中規模地域」「自治体レベル」といった段階ごとに，
その集団内でどのような「ケアの選択」を行うのかの「政治的意思決定の仕組
み」を作ることが必要である。本書では，ケアリングコミュニティにおける政
治的意思決定の仕組みの位置づけについても，後ほど詳しく検討する。

　以上，ソーシャルワーク領域における EBP，EBS の動向を概観すること を
通して，「ケア」「ケアリング」に関わる領域において，「科学的合理性」の位
置づけがどのようになされているかを検討してきた。ソーシャルワーク領域に
おいては，「科学的合理性」と「ケア」の関連を十分に検討しきれているとは
いえない。「科学的合理性」の重要性も認識しつつ，ベックの指摘する「科学
化」によるリスクの増大に対して，そのリスク管理の仕組みの構築が課題とな
ろう。

第5節　ケアリングコミュニティ概念における
スピリチュアリティの位置づけ

　本節では，ケアリングコミュニティ概念の分析枠組みとして「スピリチュア
リティ」概念の検討を行う。

　スピリチュアリティは，日本語では「霊性」などと訳されるが，その意味す
るところは多義的である。安藤泰至は，「現代において『スピリチュアリティ』
という語は，分野によっていくつかの異なった意味，文脈において用いられて

いる」とし，スピリチュアリティをめぐる研究の趨勢として，①「『スピリチュアリティ』をそれぞれの理論的ないし実践的なコンテキストにしたがって機能的に定義し，あくまで特定の実践（ケア）あるいは学問的分析・解釈の道具としてこの概念を活用していくという方向」と，②「『スピリチュアリティ』という概念に含まれる多様性，多面性や（場合によっては）相互に矛盾し合う要素を認めた上で，この概念に寄せられる人々の期待や意図を可能な限り汲み取っていくという方向」の 2 つを指摘している。安藤は，前者については，「そこでは当の分野における関心から切り取られた『スピリチュアリティ』の要素以外のものは排除され，他の分野での異なった用法はそうした用法を要請する異なった文脈は無視されることが多い」とし，自身の研究の志向性としては，後者の多義的な「スピリチュアリティ」概念のメタ分析を行うことを通して，「多様な『スピリチュアリティ』理解やそれらが要請されるそれぞれの文脈の中に，ある共通の布置を見出す」ところに重きを置いている（安藤 2006：73-76）。

　安藤の指摘は，「ケア」領域において「スピリチュアリティ」を位置づけようとする場合には，特に留意しておくべき視点である。「ケア」において「スピリチュアリティ」が何らかの機能を果たすことは間違いないが，そのことが「スピリチュアリティ」という概念が持っているより多様な，奥深い含意を検討することなく実践に適用されてしまえば，「スピリチュアリティ」本来の潜在性を十分に活かすことができず，ややもすれば人間存在の本来性を見誤ることにもなりかねない。

　したがって本節では，まず「スピリチュアリティ」概念の多義的な理解を踏まえたうえで，「スピリチュアリティ」概念が持っている可能性について検討する。そのうえで「ケアリングコミュニティ」概念の分析枠組みとして，「スピリチュアリティ」がどのような位置づけと意義を持つのかについて検討する。

　まず，スピリチュアリティ概念の多義的理解について検討する。

　スピリチュアリティという言葉が現在使われるような形で登場し始めたのは，1960 年代のアメリカで始まったニューエイジ運動にその起源があるとされている。わが国でも 1980 年代以降，「精神世界」への関心がブームとなり，消費

文化の中で様々な現象を生むようになった（真鍋・古谷・三谷 2010：42）。また島薗進は，現代のスピリチュアリティは「死生学の周辺でその基礎が作られたが，それを広めたのは現代のセラピー文化と呪術＝宗教的大衆文化である」と述べている（島薗 2007：34）。

　真鍋顕久らは，ニューエイジ運動のような文化現象とは別に，「アカデミズムの世界でスピリチュアリティの概念が注目されるようになった大きな契機は，1998年に WHO で提案された新しい健康定義にあった」と指摘する。この1998年に提案された新しい健康定義とは以下の通りである。

Health is <u>dynamic</u> state of complete physical, mental, <u>spiritual</u>, and social well being and not merely the absence of disease or infirmity（下線は筆者）。
（健康とは，完全な身体的，心理的，spiritual 及び社会福祉の dynamic な状態であり，単に疾病又は病弱の存在しないことではない（訳は真鍋・古谷・三谷 2010：43による））

　この新提案は WHO 理事会では採択されたが，WHO 総会において「現行の健康定義は適切に機能しており審議の緊急性が他案件に比べて低いなどの理由で，審議入りしないまま採択も見送り」となった（公益社団法人日本 WHO 協会 2010）。ちなみに現行の WHO における健康の定義は以下である

Health is a state of complete physical, mental and social well-being and not merely the absence of disease or infirmity.
（健康とは，病気でないとか，弱っていないということではなく，肉体的にも，精神的にも，そして社会的にも，すべてが満たされた状態にあることをいいます（日本WHO 協会訳））

　前述の「スピリチュアリティ」を含めた健康の定義の提案は，最終的には WHO によって採択されることはなかったが，「この提案がなされて以降，ス

ピリチュアリティは宗教学にとどまらない学際的な概念として一挙に普及することになった」（真鍋・古谷・三谷 2010：43）。

　このように多様な領域にまたがる「スピリチュアリティ」概念の類型論としては，西平直の「スピリチュアリティ」の4つの位相がある。

　第1の位相は，「霊性（宗教性）」と表現されるもので，WHOの健康定義に挙げられる「身体的」，「心理的」，「社会的」領域と並列した，人間にとっての重要な一領域＝「宗教性」として，スピリチュアリティを捉えるものである。

　第2の位相は，「霊性（全人格性）」と表現されるもので，第1の位相のように，「身体的」「心理的」「社会的」領域と並列した一領域として捉えるのではなく，これらの各領域を包括した「全人格」に関わるものとしてスピリチュアリティを捉える位相である。

　第3の位相は「霊性（実存性）」と表現されるもので，「WHOが，スピリチュアリティを『人生の意味』『生きる意志』『信念・信仰』と説明してきた規定に相当する。自らの死に直面して，あらためて切実な問題として立ち現れてくる実存的問題。それは客観的な情報ではなく，各人がわが事として切実に感じ取る『主体的・主観的な自覚』に関する事柄である」（西平 2003：75）。この「実存性」という観点からスピリチュアリティを捉える位相は，筆者が検討してきた「ケア」「ケアリング」の存在論的現象学的理解に近い。

　第4の位相は「霊性（大いなる受動性）」と表現される位相である。西平は，「それは，たとえば，何らかの『聖なるものと出会う』ことによって，あるいは『より大いなるものに触れ』『小さな自分の命を越えた大いなる〈いのち〉とつながる』ことによって生じる。〈わたし〉が頑張るのではない。何ものかが〈わたし〉を通して現れてくる。内側から沸き起こってくる。『いのちの流れ』が〈わたし〉を通して現れてくる。それこそが，スピリチュアリティという言葉の本来の意味であると，この位相は理解するのである」（西平 2003：78-79）。

　西平は，多様な「スピリチュアリティ」の捉えられ方はそのままに，その文脈で用いられた「スピリチュアリティ」がどのような意味内容をもって用いられているかということに合わせながら，訳語を設定することを提案している。

それぞれの位相に「スピリチュアリティ」というルビがふられているのは，その「スピリチュアリティ」がどのような意味内容を含む言葉として用いられているかを表現するために，敢えてとられている手法である[8]。西平の意図は，「スピリチュアリティ」という言葉から捉えられる意味内容は人によってきわめて多様であり，単純に一元化することができないことを強調することである。

また，西平の4つの位相はそれぞれ独立した（並列的な）位相と見ることもできるし，関係的に見ることもできる。

それぞれ独立した位相として見る場合には，第1の位相は「領域論的なスピリチュアリティ」と捉えられ，特にケアの実践現場において，身体的，心理的，社会的な領域では扱えない，スピリチュアルな領域の独自性とそれへのアプローチを考える際に，役立てることができる。

第2の位相は「人間（人格）の包括的（霊的）把握としてのスピリチュアリティ」と捉えられ，特に科学的客観主義によって，人間存在が身体的にも心理的にも社会的にも「部分化」されてしまったことに対するアンチテーゼとして，人間存在そのものをそれらの「部分」に還元されない「霊的」な存在として捉える視点を持つということに役立てることができる。

この2つの位相は，「ケア」に関わる人々が「ケア」実践を行う際，対象者をどのように捉えるかという点で，「スピリチュアル」の視点におけるいわば「客観的」な捉え方の視点を提供する。

一方，第3の位相は，「実存論（主体論）的なスピリチュアリティ」，第4の位相は「宇宙論（関係論）的スピリチュアリティ」と捉えることができる。この第3と第4の位相は，それぞれ「主体（能動）」と「客体（受動）」の対称をなしており，存在論的現象学の視点からいえば，第3の位相は「関心」をもって「世界」と関わる「主体（実存）」の位置を持ち，第4の位相は，その「主体（実存）」に意味を与える「世界（宇宙あるいは宇宙の意志）」の位置を持つ。

第1と第2の位相が「客観的」にスピリチュアリティを捉える特徴を持つのに対し，第3の位相，第4の位相は「主観（主体）」の側の意志（第3の位相）や，「世界の意味の読み取り方」（第4の位相）といったように，人々の内側に「主観」

として存在するものをスピリチュアリティと捉える特徴を持っている。このようにそれぞれの位相を，それぞれ独立したスピリチュアリティの位相として見る捉え方は，どのような場合に，どのような「スピリチュアリティ」の捉え方が重要であるか，あるいはその人が今，どのようなものとして「スピリチュアリティ」と関わっているかを多義的に分析する枠組みを提供してくれる。

　次に，4つの位相を関係的に捉える場合には，位相間の関係性を捉えることが可能となる。先ほど，第1の位相は「領域論」，第2の位相は「包括論」という議論を展開したが，この2つは「部分」と「全体」という関係を成していることがわかる。

　第1の位相の視点からは，その人の身体的，心理的，社会的，宗教（スピリチュアル）的な各領域における状態が分析され，それを包括的に捉える視点が第2の位相となる。

　また，第3の位相，第4の位相は，先ほども述べたように，存在論的現象学的には「客体に意味を与える主体」と「主体に意味を与える客体」という対関係になっていることがわかる。この2つの位相は，「主体の側からの世界の意味付け」が先行する人もいれば，「世界の側からの主体の意味付け」が先行する人もおり，その様相はまさに多義的であろう。

　いずれにしても，この2つは分かちがたく結びついている。このとき，「主体と客体の意味付け」が双方向に円滑に行われていれば，その人の「スピリチュアル」な状態は安定し（例：私は人生に意味を見出しており，私は世界の一部であると感じられる），逆にそれぞれの意味づけがずれている場合には「スピリチュアル」な状態は不安定になる（例：私は世界（人生）に意味を見出すことができず，世界は私を必要としていない）。

　また，第1，第2の位相と第3，第4の位相は，「スピリチュアリティ」を「客観的に把握する位相（第1，第2）と，「主観的に把握する位相（第3，第4）」という対をなしている。その人の「スピリチュアリティ」の様相を把握する際には，この客観的な把握と，その人が自分の大事にしている「スピリチュアリティ」との関わりを「主観的」にどのように考えているかを合わせて考えること

で，より詳細な，かつ構造的な「スピリチュアリティ」の把握が可能になる。

　また，このような「スピリチュアリティ」の静的な分析だけでなく，その人の「スピリチュアリティ」の状態を動的に動かしたり，高めたりする場合にも，「客観的」「主観的」なスピリチュアリティの捉え方は重要になる。

　例えばある人が，「主観的」には自分には「意味がない存在だ」と考えていたとしよう。その人は第3の位相でいえば，「人生は生きるに値しない」と考えており，第4の位相でいえば「誰も（世界は）私を必要としていない」と主観的に思っている。しかし，客観的にその人の「身体的」「心理的」「社会的」「スピリチュアル（宗教）的」な状況を分析し，その統合体としてのその人の可能性を，客観的な立場のもの（専門職等）が見出したとする。専門職の支援でその人に眠る潜在的な「スピリチュアル」なパワーにその人自身が気づき，「世界は私を必要としており，人生は生きるに値する」とその人が感じることができれば，その人の「主観的」なスピリチュアリティは変化していく。

　西平のこのようなスピリチュアリティの4つの位相については，竹内啓二が林貴啓らの論考も参考にしながら，さらに議論を展開している。

　竹内はまず，西平が，第4の位相を「スピリチュアリティ」の本質だという立場をとってないことを指摘している（竹内 2012：62）。

　西平は，第4の位相をスピリチュアリティの本来性と位置づけない理由として，次のように述べている。

　「その強調点が，いつしか『聖なるものによって』という方に移動する。『生かされている』にあった強調が『聖なるもの』に移り，さらには，その『聖なるもの』それ自体の崇拝に変化する。たとえば『（カミニヨッテ）生かされている』が，『神によって生かされている』になり，いつしか『神によって（イカサレテイル）』と神が前面に出てきてしまう。

　それは（WHO の議論から見れば）宗教の言葉である。スピリチュアリティは，内面性の根底で出会う『外側（あちら側）』を規定しない。あるいは，それを『大いなるいのち』と呼ぼうが，そうした『超越的存在』の規定には関わらないと

いうことである。言い換えれば，スピリチュアリティは〈特定の「超越的存在」〉を必要としない。」（西平　2003：80-81）

　西平は何か特定の「超越的存在」を前提とするスピリチュアリティの危険性として，「超越的存在の崇拝」という事態を指摘している。また，なんらかの「超越的存在」がなければスピリチュアリティを感じられないということにしてしまうと，「スピリチュアリティ」の持つ多義性を捨象してしまうことにもなる。

　竹内は次に，西平のスピリチュアリティの4つの位相に関連して，林貴啓のスピリチュアリティの4つの位相の解釈を紹介している。林は，西平の4つの位相のうち，第3の位相は，他の位相と単純に並置できないことを指摘する。林は次のように述べている。

　「『実存性』としてのスピリチュアリティは，その根本において，『問い』の事柄だからである。『実存性』とは，『人は何のために生きているのか』『世俗的・物質主義的な生き方で，人生は本当に満たされるのか』といった問い，そうした『問い』を自らの身に引き受けて主体的に問うてゆくこと，にほかならない。それに対して，『大いなる受動性』などのほかの位相は，この『問い』にどのように答えるかにかかわっている。明確な答えを与えはしないまでも，一定の方向づけを示している」（林　2011：114）。

　竹内は，林が「スピリチュアリティを『問い』の次元から考えることで，この問題に批判的・反省的な視点を導入する役割を果たすことになる」とその重要性を指摘している（竹内　2012：64）。

　第1の位相，第2の位相は，「客観性」をもってその人の「スピリチュアリティ」を考察するという特徴があるが，それはある意味でその人のスピリチュアリティの「答え」を暗に想定しているということでもある。また，第4の位相は，「客体の側から主体の意味付けをする」という点で，その人の「外側」

に「スピリチュアリティ」の根源を求めている。西平が指摘するように，それはややもすれば「超越的な客体への無批判の崇拝」という事態になりかねない。「客観的」な「答え」を押し付けたり，「超越的な客体への崇拝」へと陥ったりしないためには，林が指摘する第 3 の位相の「実存的な問い」が，それらに対して「批判的・反省的役割」を担うことが重要になる。

　竹内はさらに，岩田文昭の論考を引用し，「自分らしさを支えることの問題」を取り上げ，ホスピスケア等において，その人の「自分らしさ」を支えるために，能動的なケアを「こちら側」から提供する際のジレンマ問題についても考察している。

　竹内は，次の岩田の論考を引用する。

　「自分らしくということは，それは個性を尊重するとともに，自己が自己の生を決定する印象を与え，一見ごく当然で問題がないように思える。しかし個性を尊重された『自己』は，無限とでもいえる可能性を前にしてとまどうことが少なくない。（中略）まして死の恐怖がみじかに迫ったとき，その恐怖は自己が自己を決定や肯定できない苦悩，さらにその逡巡が意識化されることで自己と自己とが引き裂かれるような不安を引き起こす。」（岩田 2004：201）

　竹内はこの引用部分を受けて，次のように考察する。

　「（ケアする側が；筆者追加）能動的に関わることで，その人の内面的問題に深く踏み込み，人の心を縛ってしまうことになる危険性がある一方で，それを恐れるあまり，自分で解決しなさい，と患者へと問題をつきかえすことで，患者を孤立化させてしまうのも問題である。このジレンマを明確に認めながら，スピリチュアル・ケアを実践していく必要がある」（竹内 2012：65）

　先述したように，スピリチュアル・ケアにおいては何をその人の「スピリチュアル」なものとするかは多義的である。したがって先ほどの論考では，「客

観的な意見の押し付け」や，「客体からの主体の意味付けの過剰（崇拝）」が問題視された。

　しかし一方で，「主体」の側にその問題をすべて委ねてしまうと，その人を孤立化させてしまう恐れがある。竹内が指摘するように，このジレンマをよく認識しながら，主体に能動的に働きかける場合には，その人の状況を十分に見極めながら適切に介入することが必要になる。

　いずれにしても「スピリチュアリティ」を捉える場合には，その多義性に留意しておくことが必要である。宗教を信仰している者は「神」や「教義」がスピリチュアリティの源泉になるが，特定の「宗教」を持たないものも，多様な「スピリチュアリティ」の源泉を持つ。重要なのは，多義的なスピリチュアリティが，それぞれの人にとってはかけがえのないものになっているということへの認識と，そのような多義的なスピリチュアリティに対応できるケア実践者の構え，理論や方法，そしてそれらを展開する具体的な実践の場所を設けておくことである。

　次に，これらを保障する場である「ケアリングコミュニティ」との関係において，「スピリチュアリティ」がどのような意義と課題を持っているかについて考察を進めたい。

　近年，ケアや福祉との関係で「スピリチュアリティ」を最も理論的に精緻に位置づけているのは稲垣久和であろう。

　稲垣は，「スピリチュアリティ」を自身の福祉哲学の一部分として明確に位置づけ，「ICF―四世界論」として理論化している（図3-③，図3-④）。稲垣は，ICFにおける「活動と参加」の中の一項目である「コミュニティライフ，社会生活，市民生活」の中に，「宗教とスピリチュアリティ（ICF code d930）」が位置づけられていることを踏まえ，自身の四世界論と，このICFを合わせて「ICF―四世界論」とした。（稲垣 2017：180）。

　稲垣のスピリチュアリティの位置づけで重要なのは第1に，「スピリチュアリティ」を「実在的なもの」として捉える視点である。稲垣は，カール・ポパーの科学的実在論を宗教的実在論に適用し，「スピリチュアリティ」が実在的

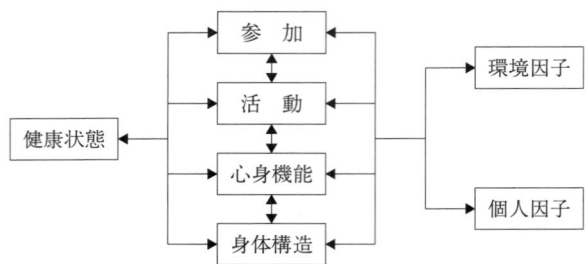

図 3-③　ICF 国際生活モデル（稲垣による改変）
出所）稲垣久和 2004：62

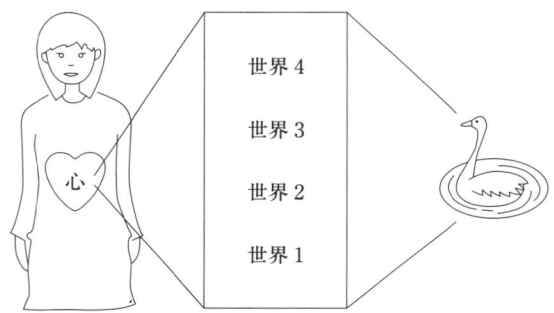

主観が実在（リアリティ）を認識する仕組みを筆者は創発的解釈学と呼んでいる。世界1（自然的・身体的意味の世界），世界2（心理的意味の世界），世界3（社会的・倫理的意味の世界），世界4（スピリチュアルな意味の世界）。

図 3-④　四世界論の創発的解釈学
出所）稲垣久和 2004：62

であることを論証する。稲垣は，「人間には究極的意味（永遠や神への思い）や万物のアルケー（始源）を求める傾向がある」とし，「このような開かれた心が，宗教の基本であり，人類の初期のころからやはりリアルなものとして存在してきた」と述べ，「このようなところにまで開かれた世界を世界4（スピリチュアルな世界）と呼ぶのである」（稲垣 2013：106）とした。

　図3-④に整理された稲垣の四世界論は，「主観」が「実在（世界）」を認識す

る仕組みを表しているが、「世界1」は「自然的・身体的意味の世界」、「世界2」は「心理的意味の世界」、「世界3」は「社会的・倫理的意味の世界」、「世界4」は「スピリチュアルな意味の世界」に対応する。稲垣は、ポパーが「科学的実在」に用いた「実在」の定義を援用し、「スピリチュアルな意味の世界（世界4）」が、その他の「世界1〜3」に作用して、実際に影響を与えることができる点で、「スピリチュアルな意味の世界」は「実在的」であると捉える[9]。

　稲垣は、「筆者が世界4（スピリチュアルな世界）とよんでいるときの『スピリチュアル』（spiritual）の意味は、宗教的という言葉とほぼ同等であるが、より個人的なものであり、宗教的よりもさらに広い」とし、「スピリチュアリティ」を以下のように定義している。

　「『スピリチュアリティ』という言葉は必ずしも身体的感覚を通して経験されるものではなく、また、日常的言語で表現されるものではないが、人間の条件の根源的なものに適用される。それは自己の根源への問い、かつ他者との関係でなければならず、信者にとっては神（仏）との関係でなければならない。それは個人のアイデンティティの普遍的探究、すなわち、死、苦難、美、また善や悪との遭遇というような人生の挑戦的な経験、危機的経験と関係がある。それは人生の意味や目的およびそれによって生きる価値の探求と関わるものである」（稲垣 2013：106）。

　ここには「スピリチュアル」は身体感覚で経験されたり、日常言語で表現されたりするものではないが、「人間の条件の根源的なもの」に適用されるという意味で実在的である、ということが表現されている。
　次に「スピリチュアリティ」が意味するものの一つは「自己の根源への問い＝私は何者なのか」であり、関係性の中での「自分の存在への問い」である。これは、「自己」にとって、他者や神との関係における「関係の倫理」を問われることにつながる。そのような意味で「神」はもちろん、「他者」も「自己」にとって「超越的（スピリチュアル）」な存在である。「他者」は「共感可能」

202 第5節 ケアリングコミュニティ概念におけるスピリチュアリティの位置づけ

な存在でもあるが、究極的には「不可知」な部分を含むという意味で「超越的」である。このような「超越的（スピリチュアル）」な存在との関わりの中で、自分の存在の根源を問うことは、まさに「スピリチュアル」な領域の問題といえよう。

そして次に、スピリチュアリティは死や苦難・悪、あるいは美・善といった人生の挑戦的・危機的状況と関係があることが示されている。死や、様々な苦難、身に降りかかる悪などは、それらが「理屈」で割り切れるものでなく、文字通り「理不尽」なものとして体験されるがゆえに、「スピリチュアルな領域」で対応することが迫られる。また「美・善」も、「計算可能な正しさ」以上に（そのようなものには還元できないという意味で）、そのようなものを追い求めようとするときには、「スピリチュアルな意味」を問う必要性が出てくる。

最後に、これらを総合して、人生の意味や目的、価値の探求（私は神や他者に対して何ができる存在か、死んでゆく私の存在意義は何なのか、何が美しく、正しいことで、何が悪なのか）が、「スピリチュアリティ」という言葉の意味となる。

稲垣の「スピリチュアリティ」の位置づけの第2の意義は、「スピリチュアリティ」を今後の福祉や「ケア」実践における、「倫理的な柱」として位置づけていることである。例えば稲垣は「日本の伝統宗教を今後の福祉社会にどう活かせるのか」を問い、歴史上、宗教的実践から「福祉社会」の実現を目指した三浦梅園（儒教）、渡辺海旭（仏教）、賀川豊彦（キリスト教）の思想と実践を子細に取り上げ、それを現代社会における福祉社会の実現にどのように適用できるかを考察している（稲垣 2017：192-215）。

稲垣がこのように「スピリチュアリティ」を今後の福祉社会の実現の重要な柱としている背景には、倫理的思想に乏しい、現代社会（特にわが国）の状況がある（稲垣 2013：4）。

そして、今の日本に必要なのは技術の革新の前に思想の革新であることを指摘し、「それも思想の根源にある、生死の分かれ目、スピリチュアルな根源における思想の革新である。それは人の生き方の根底を変え、産業のあり方を変え、経済のあり方を変えることにより、社会に今とは違う富を生み出し、それ

によって人間に真の幸福をもたらすであろう」と述べる（稲垣 2013：4-5）。

　稲垣が指摘するのは，前項で考察した「科学至上主義（科学的合理性）」や前々項で考察した「経済至上主義（経済的合理性）」によって，社会の中から「倫理観」が失われ，その結果私たちの「幸福」の基盤となるべき「スピリチュアルな領域」が，掘り崩されてしまっているという事態であろう[10]。そこには現代社会にはびこるこのような考え方へのアンチテーゼとして，「スピリチュアルな領域」の意義を対置させるという意図がある。

　ここで，「スピリチュアリティ」がなぜ「倫理性」と関わるかという説明が必要であろう。稲垣は「（前略）明らかに宗教的経験は倫理的経験を前提にしなければ認知的にはならない」（稲垣 2013：117）と述べている。なぜか。この問いに答えるためには，稲垣の四世界論における「実在論」の議論を見ておく必要がある。

　まず稲垣は，世界１，世界２，世界３，世界４が，どのように相互作用して，それぞれの「実在」を認識し合うかということを，ジョン・ヒックのギフォード講義『宗教の解釈』を下敷きにしながら論証している。

　まず世界１は自然的・身体的意味の世界であるが，この自然的・身体的意味の世界の実在は，世界２の人間の心理的意味の世界において，身体的感覚（視覚，聴覚，触覚等々）を通して認識される。このとき，世界２の人間の心理的意味の世界では，世界１を客観的に，個々ばらばらの知覚として認識するわけではない。世界２は「主観的意味の世界」とも言い換えられるように，世界２は世界１を，その人の「主観的意味」において認識する。ヒックはそれを「状況それ自身は構成要素の総和以上の意味を持つ」（Hick 1989：144）と表現し，稲垣は「〜として経験する（experience-as）」（稲垣 2013：111）と表現する。そのうえでさらに世界３の「社会的意味の世界」において，その「実在性」（科学的な確からしさ）が議論され，一定の「社会的に認証（合意）された実在」となると，その「実在性」はより強固な実在性の根拠を与えられ，世界３を通して世界２にも，世界１にもその影響を及ぼす。

　この「世界１」の認識と，それぞれの世界との相互作用は，次のように図式

化できる。

〈世界1の認識と影響のプロセス〉

世界1→世界2→世界3→世界2→世界1

（この認識のプロセスで強固になっていくのは科学的実在＝自然的・身体的意味の認識である）

　次に世界2の「人間の心理的意味の世界」の認識の仕方である。世界2は，「人間の心理的意味」の認識が必要であるが，その認識をするのも人間（人間の心理）である。つまり，人と人とがお互いをどのように認識し合うか，ということが課題となる。このとき人はそれぞれに異なる「主観的意味の世界」を持っている。それは「人格」と言い換えられる。人の人格の意味を読み取るには，コミュニケーションが必要となる。また，同じ人同士の「共感」もその認識に重要な働きをする。例えば，人は「自分がこうされたらうれしいな」「こうされたらいやだな」などと思いながら，実際にコミュニケーションを実行し，相手の反応を確かめる。相手が自分の思惑通りの反応を返してくれたら，相手の感情に対する自分の認識を強化し，そうでなければ，自分の誤った認識を反省して，別の認識に改めようとする。これが「人間の心理的意味の世界」の基本的な認識の仕方である。この時，人と人との相互作用による「人間の心理的意味」の認識のプロセスは，「倫理的意味」の読み取りが含まれている。相手の「人格」を前提にすると，単に「自然・物」を相手にするより，「相手」に対してどのように行為したらよいのか，ということが重要な意味を持つからである。そして，この「倫理的意味」の読み取りは，世界3の「社会的意味の世界」との相互作用を通して，「どのように行為することが人間として正しいか，価値があるか」という，「美的意味」になる。これは「社会的価値規範」，あるいは「美徳」とも呼び換えられよう。このような社会的に合意された「美的意味」「美徳」は，世界2に対して大きな影響を及ぼす。「他者に対する振る舞いは美徳に基づけばどのようにすればよいか（あるいは他者をどのように捉えれば良いか）」

といったふうにである。またこのような「美徳」意識は世界1に対しても「自然」に対する「倫理観」として影響を及ぼす。それは例えば「環境破壊」に対する人間の「責任」という形で，世界1に影響を与える。

　この世界2の認識の仕方は，次のように図式化できる。

〈世界2の認識と影響のプロセス〉

世界2→世界2→世界3→世界2→世界1

（この過程で強固になっていくのは人間がとるべき倫理的意味の認識である）

　世界3の「社会的意味の世界」の認識はどうだろうか。世界3とは，「社会」の中で流通する「意味」であり，それは個々の人々の意識が作りだすものであるが，個々の人々の意識＝世界2には還元されない。それは，科学的な「理論＝知識の体系」であり，人々の「道徳意識」であり，社会の「常識」であったりする。これを認識する主体もこれまでと同様「主観的世界」である世界2である。ゆえに世界3の認識のために「社会」と「人間」とのコミュニケーションが必要になる。このコミュニケーションは世界2を読み取る場合のコミュニケーションとは異なり，「具体的な他者」とのコミュニケーションではなく，「一般的な他者」とでも表現するべき，社会の総体的な意識とのコミュニケーションである。また，世界3は，多様な他者が関わり合いながら「社会」を構成しているまさにその場であるので，その場で交わされる意味は，「社会を構成するために必要な意味」である。したがって必然的にそこで交わされる意味は「真・善・美」といったような「社会的な意味」になる。「社会的な意味」とは先ほどの「美的意味」や「科学的知識」などが含まれる。これらの「社会的な意味」は，世界2，世界1に大きな影響を及ぼすとともに，世界3（社会という公共空間の中）内部で絶えず「真・善・美」とは何かが論争される。したがって「世界3」は自己言及的に「世界3」にも影響を及ぼす。社会で流通している「美的意味」や「科学的知識」は正しいのか，「世界3」ではそれが自己言及的に絶えず問われ続け，その時々の暫定的な「社会的な意味」が「世界2」

に読み取られ，「世界1」にまで影響を及ぼす。世界3の認識の仕方は，次のように図式化される。

〈世界3の認識と影響のプロセス〉

世界3→世界2→世界3→世界3…（世界3）→世界2→世界1
　（この過程で強固になっていくのは，美的意味（美徳や社会的価値規範）の認識である。…は世界3内部での真・善・美を巡る絶えざる論争を表す。自己言及の繰り返しのプロセスの中で暫定的なもの，（　）付きの世界3が，世界2，1に影響を及ぼす）

　では，世界4の「スピリチュアルな意味の世界」の認識は，どのようになされるだろうか。世界4は通常，必ずしも身体感覚では捉えられないし，日常言語で表現されるものではないが，私たちの生活世界に影響を与えるがゆえに「実在的」であるという，「宗教的実在論」で捉えることができる。稲垣は，宗教経験の認知の仕方には，「物質的環境を媒介として伝達される場合＝神の奇跡としての癒し，礼拝，ミサなど」と，「神秘的と名付けられるようなもの＝テレパシーのように直接『超越的実在』からそれが受け取られるようなもの」の2つを指摘している（稲垣 2013：113）。「宗教的実在」から与えられるこのような「意味」は，まず私たちの人間の意識（心）＝世界2がそれを受け取る。そのように受け取られたその「意味」は，世界3，世界2，世界1に大きな影響を及ぼす「意味」となる。例えば，「神からの啓示」はそれを信じるものからすれば「絶対的な意味」になる。世界3における「社会的な意味」と「スピリチュアルな意味」を分けるのはこの部分である。「社会的な意味」はその本質から「論争的」でありその意味で「相対的」である。しかし，「神」のような「超越者」からの意味の受け取り（「こうせよ」）は，それを信じて受け取る側には「絶対的」なものになる[11]。ここで，一つの危惧がある。この「信仰」というべき「スピリチュアルな意味の受け取り」は，世界3，世界2，世界1に対して，破壊的な影響を及ぼす恐れがあるという危惧である。それは，「盲信」「狂信」などと表現される事態である。

　この点について，稲垣は，確かに宗教や「スピリチュアル」なものは「認知的自由度」が大きいことを認める（稲垣 2013：116-117）。「認知的自由度」とは，言い換えれば「内心の自由」である。世界1は自然・身体など，物理的なもの（具体物）があるため，その意味では「認知的自由度」は低くなる。世界2，世界3にも認知的自由度はあるが，世界2は人間そのものが身体によって規定されているために，世界3は論争によって社会的な構成が図られるため，その認知的自由度は世界4に比べれば低い。スピリチュアルな意味は，その人が「そう感じ，信じ」さえすればいいので，その意味で認知的自由度が高い。

　この点について稲垣は「宗教的経験は認知的自由度（あいまいさ）が大きすぎて基準がないか，と言えばそうでななく，ヒックによれば，“人間存在の自己中心から実在中心への転換”，という救済／解放の基準があるという」と述べる（稲垣 2013：117）。では，なぜそのような基準が設けられるのか。稲垣は，「または，世界4は世界3を前提にしなければ認知的にはならない，と言ってもよい。公共性の議論においてスピリチュアル（世界4）の実在性を強調するからといって，一部カルト集団のように『信教の自由』の名のもとに他者を殺傷する自由は，世界3を前提にして，倫理的かつ法律的価値を考慮すれば，断じて許容されるべきものではないのである」（稲垣 2013：117）と述べる。つまり，世界4から与えられた意味も，基本的には世界3の「審判」に付される必要がある。すると，結果的に人々が取りうる「信仰」は「社会的に価値のあるもの」に集約されざるを得ない。これらを踏まえると，世界4の意味の受け取りの過程とその影響のプロセスは次のように図式化できる。

〈世界4の認識と影響のプロセス〉

世界4→世界2→世界3→世界4→世界3…（世界4）→世界3→世界2→世界1
（この過程で強固になるのはスピリチュアルな意味の認識である。…は世界3による世界4の審判の繰り返しを表す。その審判に耐えたものだけ（社会的意味を前提としたもの＝（　）付きの世界4）が世界3，世界2，世界1に影響を及ぼす資格を有する。）

　この時留意しなければならないのは，世界4は世界3の審判にはさらされるが，世界4は世界3に還元できないことを理解しておくことである。個々人の「スピリチュアルな意味」の選択は，世界3とは関係なく一人ひとりの人間が自由に選択する。このことはスピリチュアルな意味の選択の自由（思想・信条，宗教の自由＝内心の自由）として重要である。

　しかしその重要さとは別に，人々が選択した「スピリチュアルな意味」は，それを一度外界（世界3）に対して具現化しなければ認知されない。その「スピリチュアルな意味」が世界3に影響を与えて初めて世界4は「実在」する。そして「世界3」に影響を与えることができるのは，それが「倫理的／救済的」実践として行われる場合である。そして，その「信仰」に基づいた「倫理的／救済的」実践を行ったものに，その人の「信仰」に応じた「解放」がもたらされるのである。

　スピリチュアリティが倫理性と関わるのはこのような意味においてである。稲垣が「明らかに宗教的経験は倫理的経験を前提にしなければ認知的にはならない」といった意味も上記のように解釈できる。「スピリチュアリティ」の認知は，人それぞれの「内心の自由」によって選択的に行われるが，それが実際に人々に「癒し」や「救済」をもたらさなければ意味がない。そしてこの時，何が「癒し」や「救済」なのかが問われ，「世界3」において「審判」あるいは「吟味」にかけられる。

　稲垣は，宗教（スピリチュアリティ）が単に認知的であることのみを良しとしていない。世界3におけるコミットメント（献身と参加），コミュニケーション的行為が重要であるとする。稲垣はこのことを「批判的実在論」の考えを用いて説明している。

　「批判的実在論」とは，「（前略）科学においても宗教においても（中略）認識の誤謬の可能性を認めそれを自己批判的に改善しようとの意志を持つ」実在論のことである（稲垣 2013：125）。そしてこの批判的実在論を科学や宗教に適用していくときに重要なのが「コミットメント（献身，参加）」という行為である。認識の誤謬を改善していくためには，その「実在」を自己批判していく場への

参加が不可欠である。したがって稲垣は，特に宗教においては「人格的コミットメント」は不可欠な要素になると論じる。「それは，世界3を前提にした世界4（と世界2の相関）が人格的な世界であることによる。したがって，自然科学の場が主として認識として現れるのに対して，宗教の場は主として倫理的実践として現れるのである」と述べる（稲垣 2013：127）。

　稲垣はここから，宗教の現代社会における倫理的実践的関わり（コミットメントや参加）を強調する。世界3（社会的意味の世界）において世界4を伴った宗教的倫理実践を行うことで，「科学の発達による機械的決定論」と「市場と経済の行き過ぎた発達」に侵された，私たちの生活世界の意味の回復（「人格と人格が互いに向き合うコミュニケーション的行為の世界」としての回復）を目指そうとするのが，稲垣の現代社会における「倫理的な柱」としてのスピリチュアリティの位置づけになっているのである（稲垣 2013：128）。

　以上，スピリチュアリティの位置づけを考察してきた。これらをまとめると，「ケアリングコミュニティ」概念における「スピリチュアリティ」概念が持つ分析枠組みとしての意義は次のように整理できる。

（ⅰ）ケアリングコミュニティにおいて，「スピリチュアリティ」の領域はそれが「実在」するものとして取り扱われなければならない。

（ⅱ）ケアリングコミュニティにおける「スピリチュアリティ」は，その「スピリチュアルな意味」を選択する人々の「選択」によって，きわめて多義的な様相を呈する。ケアリングコミュニティにおいて「スピリチュアル・ケア」に関わる者は，その多義的な「スピリチュアリティ」の「実在」を認識しつつ，「スピリチュアリティの多義的理解」に基づいて，適切なケアの提供を行う必要がある。

（ⅲ）スピリチュアリティの多義的理解に基づいた適切なケアを行うためには，西平の示した４位相論を参考に，４つの位相（領域論，包括論，実存論，大いなる受動論）を組み合わせて多義的なスピリチュアルの様相に適切に関わっていくことが重要になる。

（ⅳ）個別的なスピリチュアル・ケアを行うのと並行して，ケアリングコミュニティ自体を，人格と人格が互いに向き合い，倫理的行為と意味に満ちた生活世界として回復する活動を展開する必要がある。そのためには「スピリチュアルな意味（世界４）」の「実在」を前提にしつつ，「批判的実在論」を意識したコミットメントと参加，「社会的意味の世界（世界３）≒ケアリングコミュニティ」における積極的なコミュニケーション行為（宗教的，スピリチュアル的な倫理的実践）を活発に行わなければならない。稲垣が述べたように，また「スピリチュアリティの多義的理解」が教えるように，それは特定の「宗教」よりも広い概念である。生命の本質を問うことや，他者と自分（あるいは自然や宇宙）とのつながりへの問い，なぜこの時代に生まれ，共に生き，そこに死や苦難があり，善や美があるのか，私の生きる意味は何なのか，などを問う実践を含む。これらの問いを「科学的，合理的，機械論的」に還元するのではなく，「超越的，神秘的，包括的」に問う視点が，私たちの人と人との関わりにおいての倫理的行為と，生きる意味の回復につながる。

（ⅴ）したがって，「スピリチュアリティ」をケアリングコミュニティをより豊かなものにする一要素（領域論）として認める必要がある。また，ケアリングコミュニティの各要素（ケアの倫理，コミュニタリアニズム，正義の倫理，経済的合理性，科学的合理性）を包括するもの（包括論）としても認める必要がある。また，人間の実存の中核に位置づけられるもの（実存論）としても認める必要がある。そして，私たちの日常的生活世界の外側にあって，私たちの認知が及ばないところで働く「大いなる摂理」として，それを

　畏れ敬う対象（大いなる受動論）としても，ケアリングコミュニティの中に
位置付けることを認める必要がある。

第6節　討議倫理

　本節では，ケアリングコミュニティの分析枠組みの8つ目の枠組み，「討議
倫理」を検討する。討議倫理は，ハーバーマスらによって検討されてきたもの
であり，「すべての当事者が参加する『実践的討議』を通して，のっとるべき
規範を創出しようという現代倫理学の一方向」(松村明編，大辞林第三版)である。
このような討議倫理をケアリングコミュニティの分析枠組みとして検討する理
由は，「ケアリングコミュニティ」という特定の「公共圏」のあり方を考える際，
そこで適用される「規範」の妥当性が，どのような根拠に基づいて確定されう
るのかという問題を避けて通れないからである。

　特に筆者が検討しているケアリングコミュニティは，これまでの論考で見て
きたように様々な倫理的な考え方が複雑多様に錯綜する「場」である。「ケア
の倫理」「正義の倫理」「コミュニタリアニズム」「進化生物学等からのケアの
視点（自然的ケアリング）」「経済的合理性」「科学的合理性」「スピリチュアリ
ティ」は，「ケアリングコミュニティ」で採用すべき「規範」をそれぞれの枠組
みから基礎づけようとする「構成要素」であるが，これまでの論考で見てきた
ように，それぞれの「構成要素」には利点と欠点がある。

　実のところ「討議倫理」にも利点と欠点がある。しかし，「ケアリングコミ
ュニティ」において流通させるべき「ケアの規範」を，常に「暫定的」なもの
であったとしても，「ケアリングコミュニティ」を構成する利害関係者に対し
て一定の「合理性」をもって確定する「討議倫理」を位置づけることは重要で
ある。

　以下では，ハーバーマスらの掲げた「討議倫理」の意義と限界について指摘
し，それらを踏まえて，「ケアリングコミュニティ」概念の分析枠組みとして
の「討議倫理」の意義と課題について述べる。

(1)　討議倫理とは何か

　ハーバーマス哲学の解説書を著したジェームズ・ゴードン・フィンリースンは，「討議倫理学はハーバーマス哲学のかなめとなるプログラムである」（Finlayson 2005＝2007：113）と位置づける。フィンリースンは，「道徳の討議理論は，規範的で義務論的な道徳理論にはめずらしいことだが，『私は何をなすべきか』という問いに直接答えるものではない。そうではなく，それがめざすのは，近代の道徳的な行為者がこの問いに自分で上手く答えられるような諸条件を明らかにすることである。」と討議倫理の特徴を説明する（Finlayson 2005＝2007：115）。「討議倫理」は，道徳的な倫理規範を直接示すものではなく，その道徳規範がなぜ「正しい」といえるのかについて，その「正しさ」を導き出す「討議」の諸条件（倫理）のあり方を提示するものである。

　さて筆者は前節まで，ケアリングコミュニティの倫理的基準となりえる7つの分析枠組みを検討してきた。7つの倫理基準にはそれぞれ意義と限界があり，それぞれ単独ではケアリングコミュニティの倫理基準を確定することはできず，それらの倫理の編み合わせが必要となる。では，どのような編み合わせがケアリングコミュニティの倫理基準＝正しさになり得るか。結論をいえば，それはその時々の関係者が，コミュニティ内における絶えざる熟議を通して，その時々の暫定的な合意を作り続けるしかない。その意味でケアリングコミュニティの倫理基準は常に流動的であるといえる。この時，暫定的であるにせよ，その時々の合意に正当性の根拠を与えるのは，その合意が正しい討議の手続き・プロセスを経て合意されたかどうかということである。これが道徳規範の正しさの根拠を導き出す「討議倫理」をケアリングコミュニティの構成要素として組み込む理由である。

(2)　ハーバーマスの社会理論の全体像と討議倫理の位置づけ

　ケアリングコミュニティにおける討議倫理の位置づけを考察する前に，ハーバーマスの社会理論の全体像とその中での討議倫理の位置づけについてまず解説しておく。これを行うことにより，ケアリングコミュニティにおける討議倫

理の位置づけられ方が，より明確に理解されると考えている。

　さてフィンリースンは，ハーバーマスは以下の 5 つの研究プログラムを行っ
たことを指摘している。

　① 語用論的な意味理論
　② コミュニケーション的合理性の理論
　③ 社会理論のプログラム
　④ 討議倫理学のプログラム
　⑤ 民主主義の理論と法理論，つまり政治理論のプログラム

　これら 5 つの研究プログラムの詳細を論ずることはできないが，それぞれの
概要と関連性について，フィンリースンの解説に依拠して紹介する。

① 語用論的意味理論

　フィンリースンは，ハーバーマスの語用論的意味理論を，哲学の「言語論的
転回」の一つとして位置づける。哲学における「言語論的転回」とは，それま
での哲学の認識枠組みでは手に負えなかった「認識論と形而上学の未解決の問
題を，われわれの言語使用に固有な概念的心理を探求することで解決しようと
した」試みである（Finlayson 2005＝2007：47）。

　フィンリースンは，この「言語論的転回」以前と以後の問いの立て方の違い
を「何が存在するか，何を知りうるか，それをどのように知りうるかといった
問題を，われわれが言おうとするのは何かとか，何がどのように言及されてい
るのかという問題としてあつかうことである」と述べている。

　さて，フィンリースンは，このような「言語論的転回」「語用論的意味理論」
を踏まえたハーバーマス哲学の一般的な特徴を次のように述べている。

　「ハーバーマスが描きだす社会的世界とは，多数の主観と対峙しながら，そ
れと因果論的に相互作用するような一つの客観（あるいは客観の集合）ではない。

社会的世界は，一つの客観でも，客観の集合でもなく，厳密にいえば，われわれの外にある何かでもない。むしろそれは，われわれが住みついている媒体である。われわれが，社会的世界『のうちに』あるのと同様に，社会的世界もわれわれ『のうち』にある。つまり，それはわれわれが考え，感じ，行為する仕方のうちにあるのである。これは，ハーバーマスが若いころ没頭したハイデガーから学んだことである」(Finlayson 2005＝2007：51)。

　ここで述べられているハーバースの哲学的特徴は，フィンリースンが指摘しているように，ハイデガーの存在論的現象学がその根源にあることがうかがえる。ハーバーマスは社会的世界をハイデガーの「世界─内─存在」，つまり存在論的現象学的視点で捉えていることがわかる。フィンリースンは，さらに次のようにも述べている。

　「(前略) ハーバーマスの社会理論は社会的現実のなかの相互主観的な次元に最高の地位を与える。社会は，ばらばらな個々の主観の集まりでもなければ，部分が全体の目的に奉仕する有機的な統一体でもない。(中略) それは，さまざまな重複する別個の領域からなる複雑で雑多な相互主観的構造体であり，個々の行為者はその中で相互に作用しあっているのである」(Finlayson 2005＝2007：51)

　ハーバーマスの理論には，多様な主体が様々に (言語論的に) 関わり，それらが複雑に絡み合って社会を形成しているという認識 (相互主観的構造体) がある。ケアリングコミュニティ概念も，様々な「ケア」への関心を持つ人々が多様に存在するコミュニティ (社会，世界) を前提にしている。筆者の関心はそのような多様な主体が「ケアリング」しあうコミュニティの中で，流通するべき正当な (あるいは妥当な)「ケア」のあり方とそれを可能にする社会秩序のあり方である。このような意味で，ハーバーマスの社会理論と，筆者のケアリングコミュニティ概念の前提には共通する部分がある。

② コミュニケーション的合理性の理論

　次に，ハーバーマスがコミュニケーション的行為の理論と社会理論のプログラムで明らかにしようとしているのは，語用論的意味理論の視点で私たちの社会を考えたとき，社会の秩序はどのような形で保たれるのか，その秩序を支えている基本的な仕組みは何なのかを問うことである。

　ハーバーマスは語用論的意味理論の視点から，社会秩序を維持しているのは人々のコミュニケーション的行為であると分析する。

　コミュニケーション的行為（コミュニケーション的合理性）が社会秩序を支える仕組みであることを論証するために，ハーバーマスは，コミュニケーション的行為（コミュニケーション的合理性）と，道具的・戦略的行為（認知的・道具的合理性）を対置する。

　道具的・戦略的行為とは，なんらかの目的を持って客観的世界に介入し，その行為者が意図した目的を達成することを目指すような行為である。道具的・戦略的行為は，それ単独では社会秩序を維持する行為としては位置づけることができない。道具的・戦略的行為は，何らかの目的を達成するために行われる行為であるが，何を最終的な目的とするかを決める行為ではない。道具的・戦略的行為を行う前提として，何を最終的な目的とするかが明らかになっていなければならない。

　その最終的な目的を示す行為が，ハーバーマスのいうコミュニケーション的行為である。ハーバーマスは，コミュニケーション的行為の立場を「現象学的」立場と位置づけ，「現象学的」立場をとった際のコミュニケーション的行為の意味と，その際の合理性（コミュニケーション的合理性）のあり方について次のように述べている。

　「（前略）現象学者は，客観的世界の存在論的前提から単純に出発するのではなく，この前提そのものを問題とする。つまり，コミュニケイション共同体（原文ママ）の構成員にとって一つのまとまりのある客観的世界を構成するための条件は何かを，問うのである。世界が客観性をもちうるのは，言語能力と行為

能力をもつ主体の共同体にとって，世界が一個同一の世界として妥当するばあいのみである。このような抽象的な世界概念のみが，コミュニケイション的に行為する諸主体が世界内の出来事ないし実現すべき事柄について，相互に了解し合うために必要な条件である。このコミュニケイション的実践によって同時に，諸主体は自分たちに共通の生活連関，すなわち相互主観的に共有される生活世界を確認できる。ところで，この生活世界の及ぶ範囲はといえば，構成員が自分たちの基本的知識として前提する解釈の全体だ，といえよう。だから，合理性概念を明らかにするために，現象学者はコミュニケイションで得られる合意のための条件を，研究しなければならない（傍点は原文）」(Habermas 1981 = 1985：上 36-37)。

　ここでハーバーマスがいおうとしていることは，第1に「現象学的」立場に立てば，「世界」は，言語能力と行為能力を持つ主体の「コミュニケーション的共同体」として存在することである。第2に，このような「コミュニケーション的共同体」にとって，その「世界」が客観性を持ちうるのは，多様な主体によるコミュニケーションの果てに，「世界はこのようになっている」という主体間の認識が「妥当（一致，合意）」する場合のみである。第3に，このような世界観にたてば，「世界が何であるか」という問いは，「世界は人々によってどのように語られ，しかもその世界観がある一致（妥当，合意）をみるのであれば，そのような一致（妥当，合意）を正当なものと根拠づけるコミュニケーションの条件（＝コミュニケーション的合理性）とはどのようなものか」を問うことになるということである。
　道具的・戦略的行為（認知的・道具的合理性）の場合，世界の把握は，客観的に存在する「事物」をどの程度正確に把握できたかという「客観性の度合い」が，合理性の判断基準になる。一方，コミュニケーション的行為の場合，コミュニケーションによる「意味の相互確認」に基づいて「世界」が把握されるが，その際，そのコミュニケーションがどのような「方法」で行われたか，その「方法の合理性」が問われることになる。

「世界の把握（認知）」だけでなく，「行為」の合理性についても，この２つでは異なる判断基準が用いられる。道具的・戦略的合行為の場合，その「行為」の目的に照らして，より効果的あるいは効率的な「行為」が合理的である。一方，コミュニケーション的行為の場合，その「コミュニケーション行為」が少なくとも２者間において「妥当」であると合意できるか否か，つまりその「コミュニケーションによる合意の合理性」が問われることになる。

　さて，道具的・戦略的行為の場合，「その行為の合理性」は何らかの「目的」を前提にして初めて問えるものである。一方コミュニケーション的行為は，人間の「目的」そのものを導きだす行為といえる。なぜなら，コミュニケーション的行為は，少なくとも二者間の（大きくは社会の），何らかの「目的」についての合意を得るために行われる行為だからである。最初は異なる価値観を持ったもの同士が，二者間で（広くは社会で）例えば，何が「善」で何が「悪」かなど，目的論的，価値的な合意を図るために人はコミュニケーションを行う。そして合意のプロセスの合理性が，コミュニケーション的合理性（のちに述べる討議を含む）である。

　このような考察からハーバーマスは，道具的・戦略的行為に先立つコミュニケーション的行為こそあらゆる行為の前提であり，私たちの社会を秩序づけ，構成している原理であることを明らかにする。

　さて先述したように，コミュニケーション的行為の本質は，他者との「合意」を得ようとすることである。このことは私たちがこの世界がどのようになっているかを確かめようとするなら，他者と協力してコミュニケーションすることが不可欠であることを示している。言い換えれば，私たちは他者と協力してコミュニケーションを取ることでこの「世界」の認識を行い，よりよい「社会秩序」のあり方を巡ってコミュニケーションすることを宿命づけられた存在である。

　このようなハーバーマスの社会観は，筆者のケアリングコミュニティ概念における社会観と類似性がある。筆者は「ケア」の本質を，「世界の内にある人がその世界に巻き込まれつつ世界に向ける主体的な関心」と捉え，人間存在の

本質は「世界」とその世界の内に共に存在する他者（共現存在）との「関係性」にその基盤があることを主張した。つまり人間は「ケア」という関心によって世界や他者と結ばれる関係的存在である。

　ハーバーマスは，「世界」の成り立ちを，人々の間のコミュニケーション的行為として説明した。「世界」そのものが，人と人とのコミュニケーション＝「関係性」によって構成されており，それは「客観的実在」に先行して，その「世界」の目的，あるいは人間の行為の目的そのものを根拠づける。「関係性」を基盤とした「世界」の構成の仕方，人間存在の本質的理解において，筆者とハーバーマスは共通の哲学的視点を有している。

③ 社会理論のプログラム

　次に社会理論のプログラムを紹介する。社会理論のプログラムにおけるハーバーマスのキー概念は，「生活世界」と「システム」である。

　「生活世界」とは，コミュニケーション的行為によって形成されている世界であり，例えば「家族」や，「市民社会」「文化」「マスメディア」などである。次に「システム」とは「道具的行為がいわば沈殿してできる構造物と，道具的行為によって確立される行動パターン」のことであり（Finlayson 2005＝2007：84），「資本主義市場」や「国家機構」などがその代表格である。

　さて，この「生活世界」と「システム」の2つの概念を用いたハーバーマスの有名な問題提起として，「システムによる生活世界の植民地化」というテーマがある（Habermas 1981＝1985：下9-125）。先ほども見たように，本来，道具的行為は，コミュニケーション的行為に依存するので，道具的行為の構造物である「システム」は，本来「生活世界」に依存している。しかし，ハーバーマスは，近代化の過程において最初は「生活世界」の要求に基づいて形成された「市場」や「国家機構」などの「システム」が，徐々に「生活世界」から分離し単独で駆動することによって，「生活世界を植民地化」するようになり，次のような「社会病理」を生じさせると述べている。

〈生活世界の植民地化から生じる病理〉

① 共有された意味と相互理解の減少（アノミー）

② 社会的絆の腐食（崩壊）

③ 人々の無力感と帰属意識の欠乏感の増大（疎外）

④ その結果として生じる，みずからの行為と社会現象に対して責任をとろう
　　としない傾向（退廃）

⑤ 社会秩序の不安定化と瓦解（社会不安）

　（Habermas 1981＝1985 下：48-51 など。ただしここでは Finlayson 2005＝2007：
　　88 に拠った）

　さて，このハーバーマスの「システムによる生活世界の植民地化」の理論は，
ウルリッヒ・ベックの「再帰的近代化」の議論を想起させる。ハーバーマスは
コミュニケーション的行為で満たされているはずの「生活世界」が「システム」
によって侵食されている事態を問題視しているが，これはベックが近代化，特
に科学化の進展によって，様々な現代のリスクが生じていることを指摘してい
ることと相似している。

④ 討議倫理のプロジェクト

　ハーバーマスの討議倫理は，コミュニケーション的行為の理論の世界観を前
提に，コミュニケーション的に行為することによって構成される世界が，どの
ような形でその「正当な秩序」を保ちうるのかを明らかにする際に不可欠の理
論である。

　コミュニケーション的行為によって構成される「世界」においては，その「世
界」における「善」や「正しさ」は，人々のコミュニケーションによる「合意」
により世界に流通する。この時，その「善なるものの合意」が，どのようなプ
ロセスを経て行われたものであるかが問われる。ハーバーマスの討議倫理は，
コミュニケーション的行為による「合意プロセス」の正当性の倫理を確立する
ための研究プロジェクトである。

　筆者の問題意識に引きつければ，よりよいケアリングコミュニティのあり方
やケアのあり方をめぐって，倫理的基準の相克が起こる可能性があり，その相
克から合意を得る際の「プロセスの倫理的基準」を措定しておく必要がある。
　さて，ハーバーマスは，「コミュニケーション的行為が人々の間で円滑に行
われている状態」においては，人々は「妥当性」の確認（合意の形成）をほとん
ど意識することなく「相互了解」を形成して諸行為を行っていると考える。し
かし互いの認識にずれが生じ，それぞれが相手に対し「妥当性要求」のための
コミュニケーションを求める時，そこに「討議」の状況が生まれる。
　まずハーバーマスは討議のルールの3つのレベルを設定し，それぞれのレベ
ルの具体的な内容を述べている（以下は Habermas 1991＝1991：140-141：ただし，
（　　）内は筆者が趣旨を意訳して追加）。
　第1のレベルは，「言明されたもの（Produkte）の論理学レベルでの前提」と
いわれるもので，討議で話される内容が，論理的に首尾一貫していることを求
めるものである。

　(1・1) どの話し手も自己矛盾を犯してはならない。（無矛盾性の原理）
　(1・2) ある対象 a にある述語 F を適用せんとする話し手は，a とすべての有
意な観点において同等な他のいかなる対象にも F を適用する用意がなければ
ならない。（語意の統一の原理）
　(1・3) 様々な話し手たちが，同一の表現を様々な意味において用いるという
ことがあってはならない（語意の首尾一貫的使用の原理）

　次にハーバーマスは第2のレベルとして「手続き（Prozedur）の弁証論のレ
ベルでの前提」といわれるものを設定するが，これは討議の参加者に，発言の
誠実さを求め，自分の発言の意図をしっかりと説明する責任を要求するもので
ある。

　(2・1) すべての話し手は，自ら信ずることをのみ主張してよい（誠実性の原理）

（2・2）議論の対象になっていないような言明や規範を攻撃しようとするものは，そのための根拠を示されなければならない（発言内容に対する説明責任の原理）

　討議のルールの第3のレベルは「プロセス（Prozeβ）の修辞論のレベルでの前提」とされているものである。これは参加者の不偏・不倒を求め，どのような外部の抑圧や影響にもさらされることなく，ただ純粋にその討議の内実によって「合意」がなされる「理想的な発話状況」を作り出すためのルールである。

（3・1）言語＝行為能力あるすべての主体はディスクルス（討議：筆者追加）に参加してよい（討議への参加の非排除性の原理）

（3・2）a 誰もが，どんな主張をも問題化してよい
　　　　b 誰もが，どんな主張をもディスクルス（討議）に持ち込んでよい
　　　　c 誰もが，自分の立場や希望や欲求を表明してよい
　　　　（討議における発言の非制限原理）

（3・3）どの話し手も，ディスクルス（討議）の内外を支配している強制によっては，（3・1）と（3・2）で確定された自分の権利を行使するのを妨げられない。（討議内外からの抑圧排除の原理）

　これらを踏まえ，ハーバーマスは最終的に「討議原理」や「道徳原理」と呼ばれる，討議の基本的原理を提示している。例えば討議原理とは次のようなものである。

　「その影響をこうむるかもしれないすべての人が合理的な討議の参加者として合意できるような行為規範のみが妥当である」（Habermas 1992＝2002：136；ただしこの部分の翻訳に関してはより平易な訳文であるという理由で，Finlayson 2005＝2007：118 の訳文に拠っている）。

　また道徳原理は次のようなものである。

「ある規範に全体としてしたがうことが各個人の利害と価値づけにとっても
つ予見可能な結果と副次的な効果が，その影響をこうむるすべての人によって，
みずから進んで共同で受け容れられうる場合に，そしてその場合にのみ，その
規範は妥当である。」(Habermas 1996 = 2004 : 55；ただし，上記と同じ理由で，こ
こでは Finlayson 2005 = 2007 : 121 の訳文に拠っている)。

　討議原理は行為規範一般に関わる討議の原理であるのに対し，道徳原理は普
遍化可能性の原理，すなわち義務に関わる討議の原理である。この 2 つの原理
をみれば明らかなように，ハーバーマスは討議のルールに基づいた討議の結果，
それが規範や，義務として措定されるためには，その利害に関わる人々の広範
な合意が必要であることを示している。
　ハーバーマスは，さらに「法」の定立に関わる討議倫理についてもさらに詳
細に検討しているが，このような「法」の定立に関わるような討議には，さら
に厳格な討議のルールが採用されている。
　ハーバーマスはこの「法」定立に関わる討議のルールについて，著書『事実
性と妥当性』の中で検討しているが，この部分については齋藤純一が手際よく
要約しているので，齋藤の記述を引用することにしたい。

　「ハーバーマスによれば，意思決定を正統化する力を持つ手続きとは，次の
ような条件（『コミュニケーション前提』）のもとで理由の検討が行われることで
ある。その手続きとは，『よりよい理由』以外の力，つまり貨幣の力や行政権
力などの作用が無効化されるとともに，主題に関連する発言が排除されないこ
と，参加者が対等な発言の機会を持ちうること，コミュニケーションが欺瞞的
にではなく相互の了解を目指して誠実になされること，そうした条件——非
排除性，対等性，誠実性，理由以外の力の排除——を満たす公共の議論を通
じて，意見—意思形成が行われることである」(齋藤純一 2017 : 125)。

　基本的には先ほど検討した討議のルールが繰り返されている部分があるが，

明確に，「よりよい理由」，つまり討議で合理的に決定される理由以外のあらゆ
る抑圧（権力や貨幣の力）を明確に排除する規定がもりこまれたり，討議に参加
する人々の対等性が強調されたりしている。ケアリングコミュニティ内部にお
いても，何らかの「政治的意思決定」を試みる際には，このような討議ルール
を適用した「討議の場」を適切に設定する必要があるといえるだろう。

(3)　ハーバーマスの討議倫理の課題と限界

　ハーバーマスのコミュニケーション的行為（対話的行為）[12] の理論を地域福
祉実践へ適用することを試みた小野達也は，地域福祉実践におけるハーバーマ
スのコミュニケーション的行為（対話的行為）の適用可能性を詳細に論じた一方
で，活用するうえでの限界性について次のように指摘している。

① 対話の限界

　この限界は，小野によれば「コミュニケーションが現実的にとれないことに
対する限界」であり，「乳幼児や意識が明瞭ではない状態，最重度の障害など
があげられる（小野　2014：107）。もっともこの限界については，コミュニケー
ション的行為への参画を可能にするためのなんらかの言語的，行為的支援を行
うことで乗り越えることは可能なようにも思われる。ただしそれでもなお現実
的には，結果的に意思を読み取れない可能性もあり，その点で限界となる可能
性は否定できない。

② 合意の限界

　小野は「話し合い続けても合意が形成されないことに対する限界性」を指摘
している。小野が挙げる合意の限界の発生要因としては，「問題の隔たりの大
きさ，価値観の相違，懐疑主義，話し合いの進め方」などがあり，また「時間
の制約がある場合には，合意に至らずとも何らかの結論を出す必要がある」（小
野　2014：108）。特に現実の世界の中では，無限の時間を確保した討議が行えな
い以上，討議における合意は基本的にいつも「暫定的」なものにならざるを得

ない。しかし，だからといって対話的行為や討議を行わなくてよいということにはならない。暫定的な合意であれ，合意を目指すことは重要であり，またいったん作られた合意は，つねに別の合意を行う可能性に開かれていなければならない。したがって，合意の限界はそもそも「討議倫理」に織り込み済みの限界だといえる。

③ 支援の限界

　支援の限界とは，先ほどの①対話の限界で示した，言語能力・行為能力の支援に対する限界性である。支援の方法がない状態や，対話を生み出す資源がない場合は，支援に限界が出てくる。ただし小野は「今後の援助方法の発展や資源開発によってその限界線を広げていくことができる」としている（小野 2014：108）。

　この限界は，討議倫理に本質的な限界というわけではなく，①の対話の限界に付随して生じる限界といえよう。

④ 状況の限界

　状況の限界とは小野によれば「対話的行為を行う際に，権力関係を伴わない理想的な状況をつくることに関する限界性」である（小野 2014：108）。討議倫理は，討議参加者が討議内外のいかなる権力等による影響を受けないことを要請するが，これも現実的に難しい可能性が高く，また人間存在の本質からも原理的な難点を指摘した批判になっている。

　例えば，コミュニタリアニズムの思想は，「負荷ある自己」を前提にする思想であり，人はその置かれた環境や関係からまったくの「自由」な存在ではなく，何らかの「負荷」を負わざるを得ない存在である。したがって原理的に討議参加者がいかなる権力関係からの影響を受けていないということはありえない。しかし一方で，コミュニタリアニズムにおいては「熟議」の重要性が，ケアの倫理においては「共感」の重要性が位置づけられているように，必ずしも人はその自分の「負荷」に応じた自分勝手な主張のみをする存在ではない。ま

た，人が「負荷ある存在」であるからこそ，討議の場における対等性や，誠実性が求められると言えるので，理論的限界があるからといってハーバーマスの示した討議倫理が意味をなさないというわけではない。

⑤ 適性の限界

　適正の限界とは，対話的行為が場面によっては適正ではないことによる限界である。小野は「生命の危機や犯罪等に対する緊急的な介入，高度に専門的判断の必要な場合など」を挙げている（小野　2014：108）。

　ただ，コミュニケーション的行為の理論にはもともと，日常的に暗黙裡に行われるコミュニケーション的行為が想定されている。例えば，目の前で命の危険にさらされている人を助けるといった行為は，「討議」がなくとも当然そのように行為することが「合理的」とお互いに即座に判断できる。したがってそのような例をもってハーバーマスの理論には適性の限界があるといえるかどうかは疑問である。

　また，「高度に専門的判断の必要な場合」を，「適性の限界」の例として挙げる時は注意が必要である。なぜなら「高度な専門的な判断を伴う行為は対話的行為に付さなくてもよい」としてしまうと，「科学的合理性」からくるリスクに対処できなくなる可能性があるからである。逆に，現代社会においては「高度に専門的判断の必要な場合」が増大しているがゆえに，その「高度な専門性」が暴走しない形で，対話的な「討議倫理」＝「政治的意思決定」のプロセスが重要であるといえる。

　次に中岡成文による指摘を検討する。中岡は，ハーバーマスの理論を概説した著書『増補ハーバーマス――コミュニケーション的行為――』においてハーバーマスの理論のいくつかの点について疑問を投げかけている。

① 論証と身体性

　ハーバーマスがコミュニケーション的行為を論証（討議）の方に絞り込もう

とするとき，「発話および行為能力」を十分に備えていない人はどのように討議に関わればよいのかと問題提起する。ここだけみれば小野の「対話の限界」と同じ指摘に見えるが，中岡の視点はより一歩踏み込んでいる。中岡は，「能力を補足又は代替する」なんらかの支援について触れたうえで，それでもなお残る課題を指摘する。例えば，「討議や対話のリズム」について中岡は，「（前略）障害や疾病をもつために，あるいは考えを言葉にするのが苦手なために，（スムースに）しゃべれない人がその場に混じっていると，『ふつう』にしゃべれる人は，いくら配慮するつもりでも不自然になったり，だんだんフラストレーションがたまったりするだろう」と述べる。また，「もちろん，広い意味での障害（『できなさ』）をまるでノイズのようにみなして，排除すべきだとは，いっていない。むしろ，『しゃべれない』人を基準にする対話の場づくり（その意味での脱中心化）は組織的に試みられるべきだ」としたうえで，「ただ，ハーバーマスのいう討議のように，厳格な要求と社会的目的をもつ対話では，ここでいう『リズム』そのものが暗黙のうちに規制されるように思われる」と指摘する（中岡 2018：314-315）。

　中岡の指摘で重要なのは，対話が「身体性（リズムや抑揚，話しぶりなど）」を伴うことを指摘している点である。ハーバーマスが討議に厳格性を求めるほど，「身体性」をうまく用いることができない人々に討議の場は不利に働く。中岡はそれに対し，「ゆるい設定」の対話の場づくりを提案している。

　この中岡の指摘はハーバーマスの討議倫理に対する原理的な批判になっている。それは「厳格なルールに則った討議の場」だけでは，そこから暗黙のうちに締め出される人が出てくる可能性への指摘である。この課題にどのように対処すればよいだろうか。

　中岡の「ゆるい対話の場の設定」は，筆者のケアリングの理論でいえば，「人が出会い，対話する場」である。そして，「ケアの倫理」は「出会った人」に対して作用する。人はそのような場での交流を通して，出会った人々の境遇を知り，関心を示し，その境遇に共感していく。そして，そのようにして得られた「共感的理解」あるいはそこで培われた協力関係が，より厳格な「討議」の

場において，それらの人の気持ちを代弁し，よりスムーズなコミュニケーション支援を行う基盤になる。「ケアリングが発現するようなゆるい対話の場」は，結果的に「厳格な討議の場」の限界を補完する可能性がある。

② 討議に不向きなエスニックやマイノリティ，性の問題

　中岡は次に，討議に不向きなエスニック，マイノリティ，性[13)] があるのではないかと問題提起する。特に筆者が検討してきた「ケアの倫理」の観点から，中岡がここで「ケアの倫理」について触れ，「男性と女性の『合理性』はタイプが異なると考えるべき」と指摘していることは重要である（中岡 2018：316）。ギリガンが指摘したように，「男性」と異なるタイプの「女性的な」道徳的価値（合理性判断）を行う人は確かにいる。

　ハーバーマスの討議倫理の基本的な建て付けが，「男性的な合理性」をもとに作られているのであれば（事実，ハーバーマスの理論はギリガンがその男性性を鋭く指摘したコールバーグの理論に拠っている部分がある），中岡の批判は重要であろう。中岡は次のように提案する。

　「仮にだが，女性が討議の場で充分な『論証』をすることができなくても，また発言を躊躇するとしても，それは女性が討議に向かないためでも，討議能力が未成熟なためでもないだろう。むしろ，討議の場のほうを，より多様な表現形式の『合理性』を受け入れるように，変革する必要がある」（中岡 2018：316）

　筆者もこの中岡の提案に同意する。

③ 宗教と自然をめぐる問題

　次に中岡が指摘するのは，宗教と自然をめぐる問題におけるハーバーマスの理論の課題についての考察である。

　中岡は，2000 年代以降「生命倫理」の問題をハーバーマスがどのように扱

ってきたかを検討している。従来のハーバーマスは，「私たちは生まれたとた
んに『人間』であるのではなく，社会（あるいは間主観性）の中で育てられ，言
語や行為を学ぶうちに『人間』（人格）になる」と捉えていた（中岡 2018：322）。
そのためハーバーマスは従来「社会（間主観性）に迎えられる以前の「ヒト」
については，とくに発言してこなかった」。しかし，「二十一世紀を迎えて，バ
イオ分野を含むテクノロジーの進展が，西欧思想の根幹をなす『人格』のイメ
ージを侵食した」ため，「いまや哲学者は，中立的な議論整理者の立場を外れ，
人類を代表する一人として『態度表明』を迫られる」事態となった（中岡
2018：323）。

　ではハーバーマスはこの問題にどのように応じているのであろうか。中岡は，
バイオエシックスが投げかける「生物としての人間は，どこから『人格』とな
って，法的・道徳的な地位を得るのか」という問いに対し，「ハーバーマスの
この問いへの答えははっきりしている。胎児は，遺伝的に特定できる個体では
あっても，まだ動物とあまり変わらない『自然的な存在』にすぎない。誕生後，
他の人たちと交流することが，『人格』をつくるのだ」と，ハーバーマスの立
場を概説している（中岡 2018：324）。

　中岡は，「ハーバーマスを，自然とか環境の独自の意味には目もくれない『人
間中心主義者』だ」とする批判者もいるが，「その彼がここでは，人間であり
ながら，まだ人間（人格）となっていない有機体（自然），つまり胎児が，どの
ような道徳的地位をもつかという難問に取り組んでいる」と，一定の評価を下
す（中岡 2018：324-325）。しかし一方で，「動物」にはこのような疑似共同性も
認めていないことを中岡は指摘する。ここから中岡は，「人間という動物の一
種を，『旧ヨーロッパ的』で人間中心主義的な直感（ハーバーマスはあえて『直感』
という）に従って，特別扱いしていいのだろうか」と疑問を呈している（中岡
2018：327-328）。中岡の疑義は，ハーバーマスが「人間の理性」を重視するあ
まり，それ以外のものを軽視してはいないだろか，というものであろう。

　中岡はこのようなバイオエシックスの問題の難しさの原因は，「人間の文明
が昔でいう『神の領域』に入り込み，人間の根底である身体や生活世界そのも

のを制御し，改造する能力をもってしまったことに発するだろう」としている（中岡 2018：329）。

　これは，筆者が「科学的合理性」のところで検討したベックの「危険社会」の議論に通ずる。事実，中岡は「『自然』から出た存在である人間が，自然を対象化し，操作できるようになったがゆえの，自・己・再・帰・的・な・戸惑い…（傍点は筆者）」と，「再帰性」の問題に触れている（中岡 2018：329）。

　そしてこのような問題（再帰的近代）についてはハーバーマスも，もはや現代ではかつてのように「神や伝統の力」に頼ることができなくなっていることを認め，自分たちでコミュニケーションしながら道徳的価値を構築する一方で，「『人間の不完全さ，人間の相互依存や相互の必要性』を考慮にいれるよう，改めて主張している」ことを中岡は指摘する。

　中岡はこのようにハーバーマスが主張するのであれば，「ある種の動物にそんな『社会的な相互依存性』つまり，弱さゆえの強さが備わらないと断言できるだろうか」と，先ほどの疑義を再び述べる。そして「これは『他者』をどこまで想定するか，受容できるかの問題だ」とし，ハーバーマスが現在有している矛盾を鋭く指摘している（中岡 2018：330）。

　中岡のハーバーマスに対する疑義は，「人間的理性」にどこまで信頼を置くべきかという点に集約されているように思われる。

　筆者がこれまで論述してきたケアの倫理や，動物行動学の知見，科学的合理性の批判的検討，スピリチュアリティの検討などを踏まえれば，「人間的理性」だけで物事を解決しようとするハーバーマスの姿勢には限界がある。しかし一方で，「人間的理性」も重要な要素の一つではある。たとえば前項「スピリチュアリティ」の部分でも指摘したように，「宗教・スピリチュアリティ」の領域も，「世界3」における「審判＝合理的討議」を経なければ，現実社会で流通させることはできないことを論じた。「世界3」は，社会の中で論争的に「真・善・美」をめぐって，そのあり方が合理的に模索される世界である。

　要点は，それらのそれぞれの「倫理」や「合理性」「スピリチュアル」なものを，現実社会の中でどのように「編み合わせればよいか」という問題に帰結

する。そのような意味で，「人間的理性」に大きな信頼を寄せるハーバーマスの討議倫理は，「人間の理性」のみにその根拠を見出しているとするならば限界を有するが，他の倫理（ケアの倫理等）との編み合わせにより，ケアリングコミュニティを構成する重要な一要素とするなら，大きな役割を果たすと考えられる。おそらくハーバーマスもそのことには気づいており，そのために自分の関心領域を，「自然」や「宗教」などにも広げてきたということではないかと考えられる。

(4)　ケアリングコミュニティ概念における討議倫理の意義

　最後に，ケアリングコミュニティ概念において討議倫理が持つ意義と限界についてまとめておく。

　①討議倫理は，ケアリングコミュニティで流通させるべき「価値」や「規範」「法」等を，その構成員の，対等で，参加を妨げられず，不当な干渉を伴わない「討議」によって決定するという，討議のプロセスの倫理基準を提供するという点でケアリングコミュニティに欠かせない一要素である。

　②討議倫理は，ケアリングコミュニティ内部で流通させるべき「価値」や「規範」「法」等を決定する「討議」の倫理基準（討議のルールなど）を決定する。その倫理基準とは，非排除性の原理，対等性の原理，誠実性の原理，討議で合理的に決定された理由以外の力の排除（不当な圧力の排除）の原理などである。

　③討議倫理は討議のルール以外にも，「討議原理」「道徳原理」など，「行為規範」や「普遍的道徳」「法」を決定する際の，基本的な条件を規定している。それらは，利害関係者が合意できるものだけが「規範」になり得るとしているように，様々な規範を定める際の，利害関係者の合理的討議への参加の保障を重視している。このことは様々な利害関係者への「討議」への参加と，合意にいたる合理的なプロセスを保障することの重要性を示している。

　④さらに重要なことは，このような討議の場所を保障することが，ハーバーマスのコミュニケーション的行為の理論に基づけば，私たちが自らの「生活世界」を「システム」による植民地化から守るためにも重要だということである。私たちが相互にコミュニケーションすることによって構成されている「生活世界」の中で，自分たちが大事にする「価値」や「規範」を「討議」を通じて私たち自身が主体的に成立させることを通して，「システム」の不当な介入を阻むことが必要である。

　以上が，ケアリングコミュニティ概念における討議倫理の意義である。
　一方，以下が討議倫理の限界となる。

　①討議倫理は厳格な合理的な討議のルールを設定するため，しばしば現実的にそのような「理想的発話状態」の設定が困難である可能性がある。小野が示した「対話の限界」「合意の限界」「支援の限界」「状況の限界」「適性の限界」は，実際に討議を進める時の限界として意識しておく必要がある。もっともこれらの限界は，理想の討議の場を求め続けることを通して，よりよい討議の場を形づくっていくことが可能であり，かつ重要である。

　②討議倫理は，「人間の理性」を信頼する側面が大きいため，「人間の理性」の外側の問題や，そのような「人間の理性」をうまく扱えないもの（重度の障害をもつ人や，「女性的な」道徳観など，「男性的な」理性以外の「合理性」に重きを置く人など）や，「人間の理性」でうまく扱えないもの（胎児や動物といった「自然」に属するもの，宗教やスピリチュアリティに属するものなど）については，「討議の場」における「人間の理性」以外の「多様な合理性」による場の設定を認めない限り，限界を露呈する。とはいえ，それでも「討議倫理」は重要である。「多様な対話の場の設定」を同時に進めながら，「討議倫理」による「共通規範＝共通善」を検討していく場は重要である。

〈注〉
1) "EBM" 自体の考え方においては，単に「科学的合理性」を押し付けるのではなく，患者の価値観を考慮し，患者の選択を尊重することが重視されている。問題は，「証拠に基づく」という部分が曲解され，「科学的に合理的な治療が正しい」と単純に考えられてしまうことである。「科学的合理性」に対する「信奉」がこのような事態を招く可能性があり，そのことへの批判的視線は継続されるべきである。

2) 例えば，アメリカの調査機関「ピュー・リサーチ・センター」が2012年に発表したデータでは，日本人の57％が「無宗教」と回答している（Pew Research Center, THE GLOBAL RELIGIOUS LANDSCAPE Religiously Unaffiliated, http://www.pewforum.org/2012/12/18/global-religious-landscape-unaffiliated/）。

3) 後期更新世とほぼ同様の生活様式を送っていると考えられている現代の狩猟採集民族。

4) この4万5000年前というのは，考古学的に確かな証拠のある年代であり，ボームの仮説では，それより以前にすでにこうした遺伝的質質が形成された可能性はあるという。

5) ここまでの記述は，クリストファー・ボーム著『モラルの起源─道徳，良心，利他行動はどのように進化したか』の第6章の記述に拠っている。

6) この座談会で興味深いのは，猪飼が国の進める地域包括ケアが，当初「地域包括ケアは安い」という主張をしていたことを批判的に述べたことに対し，「地域包括ケア研究会」のメンバーである堀田が，そのメンバーの一員として「地域包括ケアシステムの構築は，安上りになることそのものを目的とするものでは決してない」と述べている部分である。これに対し猪飼は，厚生労働省の説明が，「高齢化を乗り切るにはこれしかない」という言説のニュアンスによって，「おそらく堀田さんの意図を超えて市町村をミスリードしていると思います」と応じている（宮本 2014：241-242）。

7) ただし，秋山が引用した浅井の論文を読むと，浅井自身も Vamvakas E. C. の論文からの引用のようである。また浅井自身は EBM の定義としてこの Vamvakas を採用している。その元となった Vamvakas は EBP の定義としてこの定義を記述している。なお，秋山の浅井の引用箇所については（秋山 2011：30）を参照のこと。

8) 西平は同様の手法で，次のような表現も例示している。
「霊性（見えざる者への感受性）」「霊性（超越性）」「霊性（魂に関わることがら）」「霊性（いのちとのつながり）」等

9) 稲垣のこの四世界論にいたる論理展開は，紙幅の関係で詳述できないが，ここでの記述はその途中の論理展開をかなり要約したものである。実際は，ポパーの科学的実在論から始まり，ハーバーマスによるそれの社会科学的な分野への転回，批判的実在論などの考察を経て，四世界論に至っている。詳細は，（稲垣 2013：99-108）を参照のこと。

10) 稲垣は，2004年刊行の『宗教と公共哲学』の中で「科学的合理性」の問題点について，その科学的合理性の転回を図ったフッサール以降の現象学の哲学の系譜をたどる中で論じている（稲垣 2004：83-102）。この点に関しては，筆者も第1章で「ケアリング概念」を考察する中で論じた。

11) このあたりの考察について，稲垣は，トマス・アクィナスの信仰の理解と，ヒックの信仰の理解を対比させながら論証している。トマスの場合には信仰を徳（美徳）の一部に近づけて理解しているが，ヒックは『信仰は徳というよりも，認知的に表現すれば，この宗教経験への「強いられない解釈的活動」（神からの恩恵と解釈すること）』としている（稲垣 2013：115-116）。

12) 小野は，ハーバーマスのコミュニケーション的行為の意義を踏まえつつ，自身の論文

において，地域福祉実践の場でこのハーバーマスのコミュニケーション的行為を活用する場合は「対話的行為」という語を用いて区別している（小野　2014：77）。小野が「対話的行為」という語を地域福祉実践で採用するのは，地域福祉実践においては，ハーバーマスが前提にする言語能力・行為能力が著しく乏しい状態の人も対象にするからであり，そのような能力の乏しい人がコミュニケーション的行為に参画するためには何らかの支援が必要になる。そこで小野は，地域福祉実践でハーバーマスのコミュニケーション的行為の理論を活用する場合は，「支援つきコミュニケーション的行為」という意味で「対話的行為」という語を用いている（小野　2014：101）。

13) 以下の論考では，筆者は主に，「性＝女性」の問題を中心に取り上げているが，エスニックについては，コミュニティの親密圏が強いがゆえに，通常の社会で流通している「討議」のルールに向かない場合があることや，「よそ者」扱いされているマイノリティはもともと「討議」に不利な状況に置かれる可能性があることを指摘している。

第4章　ケアリングコミュニティ概念の提示と その実在的構造の検討

　本章では，前章のケアリングコミュニティの分析枠組みを踏まえ，筆者のケアリングコミュニティの概念を提示する。ケアリングコミュニティ概念を構成する要素は，分析枠組みとして設定した①ケアの倫理，②正義の倫理，③コミュニタリアニズム，④進化生物学的視点，⑤経済的合理性，⑥科学的合理性，⑦スピリチュアリティ，⑧討議倫理を用いて分析する。

第1節　現代社会におけるケアリングコミュニティが必要な背景

　本節では，ケアリングコミュニティ概念の8つの分析枠組みを踏まえつつ，現代社会においてなぜケアリングコミュニティが必要とされているかを考察する。

　第1章で検討した「ケア」と「ケアリング」の理論においては，特にベナーの存在論的現象学のケアリング理論に依拠し，自然科学的なものの見方に対するアンチテーゼとして，「ケアの倫理」を下敷きにした「ケアリング理論」が形成されてきたことを考察した。ベナーのケアリング理論は，人間と「世界」との関係を「関心＝ケアリング」という形で再構成し，単なる部分に還元できない人間の「実存」全体を捉える視点を取っているところにその特徴がある。

　さて，この人間存在を「科学的・客観的」に捉えようとすることの限界と，人間存在を「実存的」「全体的」「関係的」に捉えようとする試みは，その他のケアリングコミュニティの分析枠組みにおいても繰り返し現れたモチーフである。

　その代表格は「科学的合理性」を検討する中で取り上げた，ウルリッヒ・ベ

ックの「自己内省的近代」あるいは「自己内省的科学化」の理論であろう。「科学的合理化」の検討部分では詳しく触れなかったが，ベックは，著書『危険社会』において，近代が生み出した「個人化」により，人々の生活情況が「システム」によって覆われていく様，そしてそのシステムにより人々の生活が「標準化」していく様を検討し，これらにさらされた人々の生活が，その失敗の原因をすべて「個人」に帰すことによって，様々な危機の増大を招くことを鋭く分析している（Beck 1986＝1998：252-271）。

　ところで第3章でみた進化人類学の知見によれば，人間という「動物」は本来的には「平等性」を重視し，「利己的」な振る舞いを嫌い，他者に分け与えることを「美徳」とする遺伝的形質を身につけている。したがって，そのような人間の本来性に基づけば，人々が「コミュニティ」内部での「助け合い」は，基本的な様態として観察されるはずである。現代社会において「助け合い」が希薄化しているように見えるのは，近代化以降「システム」による「生活世界」の植民地化により，その人間の本来的なあり方が発現しにくい環境に，我々が置かれていることを示している。

　もっとも，この人間に本来的な自然なケアリングへの動機づけは，動物行動学者のドゥ・ヴァールに従えば，「道徳ピラミッド」により，「距離」に比例して弱くなる。このような自然なケアリングの限界に対し，より普遍的に人々の生活を保障する「人権概念」は，「法制度」「近代国家」といった「システム」を作り出し，「自然的なケアリング」の限界を補完してきたと考えられる。しかし皮肉なことに，そのような「近代」の「システム」が，人々の「個人化」を進め，「システム」に適合できないものの「排除」を行うようになってしまったのである。

　さてこの「個人化」の進行についてベックは，①「解放の次元」，②「呪術からの解放の次元」，③「統制ないし再統合の次元」という，「個人化」三重の次元を示している（Beck 1986＝1998：253-254）。①は伝統的なコミュニティからの解放を意味しており，②は呪術＝宗教的なものの見方や神話的なものの見方からの解放を意味する。③はそれら因習的，呪術的なものから解き放たれた

人々が，それらに取って代わる科学的な見方や「システム」によって「再統合」されることを意味している。

　このとき②の「呪術からの解放の次元」は，「スピリチュアル」なものからの解放，言い換えれば，スピリチュアルなものから人々が切り離された結果，かえって人々が「個人化」してしまう過程として捉えられる。

　このように考えてくると，広井良典が「ケア」と「コミュニティ」の概念を用いて，現代社会で失われた「人間」と「自然」との関係や，「スピリチュアル」なものとの関係を取り戻そうとした背景がより明瞭になる。「ケア」を行うという事は，「ケアリング」を通して人々の間の「関係性」を取り戻すことにつながり，また「ケア」を通じて「死」や「他者」などの「スピリチュアル」な存在に関わり，失われた「スピリチュアルなもの」との関係を取り戻すことにもつながる。また，「ケア」は「身体」という「自然」をケアすることでもあり，その「自然」に触れることで人間が失われた「自然」との関係を取り戻すことにもつながる。このような様々な関係性の回復が，やがて「コミュニティ」の回復をもたらし，「ケアリング」によって関係性を回復した「コミュニティ」は，「システム」による植民地化から「生活世界」を守る「砦」のような役割を果たすことになる。

　図4-①は，ケアリングの歴史的展開を表したものであるが，人々が従来行っていた「自然的ケアリング」は，「近代化」の過程の中で「個人化」が進むことにより崩壊していく。「個人化」された人々はシステムに「再統合」されるが，システムはシステムに適合できない人間を排除しがちである。例えば市場システムは，市場での取引能力を求めるし，国家や法のシステムは，その制度や法の対象になる人を厳しく選別する。したがって，「再帰的近代化」のプロセスの中で，システム統合の限界が徐々に露呈する。このようなシステムの限界を補完するために，再帰的に「ケアリング」が要請されるようになる。この時点での「ケアリング」は「自然的ケアリング」を含むものの，人々が再帰的に意識して行う「倫理的ケアリング」であり，システムの限界を補完するために，人々が本来持っている「ケアリング」の力を意図的に呼び起こすことが

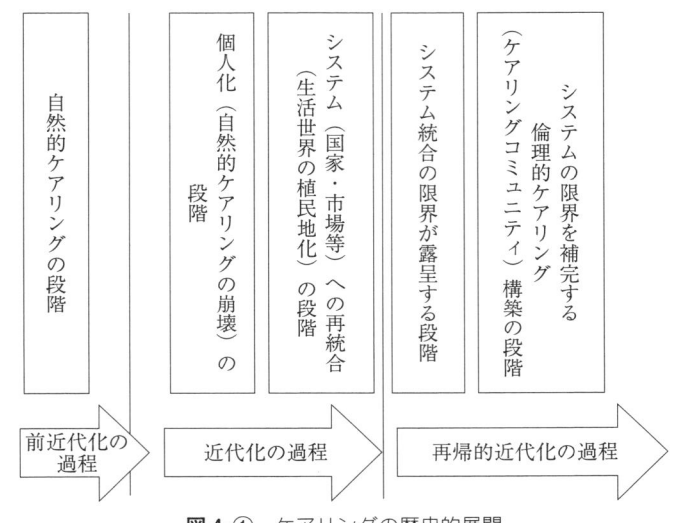

図 4-①　ケアリングの歴史的展開

出所）筆者作成

要請される。そしてこのように人々が意識的・主体的・再帰的に近代の課題を問い直し，新しい人々のつながりとして「ケアリングコミュニティ」をつくることが要請されるのである。

　この最後の局面を，現在のわが国の直面している社会保障・社会福祉環境に照らしてみれば，現在わが国はまさに従来の社会保障・社会福祉「システム」の限界に直面しており，その限界を補完するために「地域福祉の主流化」（武川 2006）や「我が事・丸ごとの地域共生社会の実現」が求められているといえる。

　なお筆者は，現代のケアリングコミュニティにも「システム」は重要な役割を持つという考えに立つ。ケアリングコミュニティは「システム」への単純なアンチテーゼではない。一方で，近代化の過程の中で，人々の「ケアリング」が「システム」によって脅かされてきたことも事実であり，そのような意味で「ケアリングコミュニティ」は「システム」のアンチテーゼとしての側面も持つ。このような「ケアリング」と「システム」の相補的な緊張関係を前提にしたう

えで，ケアリングコミュニティの内実を描きだすことが重要だと考えている。次項でより具体的にその関係性について示し，ケアリングコミュニティの概念的構造を明らかにする。

第2節　ケアリングコミュニティの概念構造

本節ではケアリングコミュニティ概念の構造を，検討してきた8つの分析枠組みを用いて「ケアリング」と「システム」の相補的緊張関係を軸にしつつその構造を明らかにする。

(1)　ケアリングコミュニティの8つの分析枠組みの布置

図4-②は，ケアリングコミュニティ概念の各分析枠組みが，概念の中でど

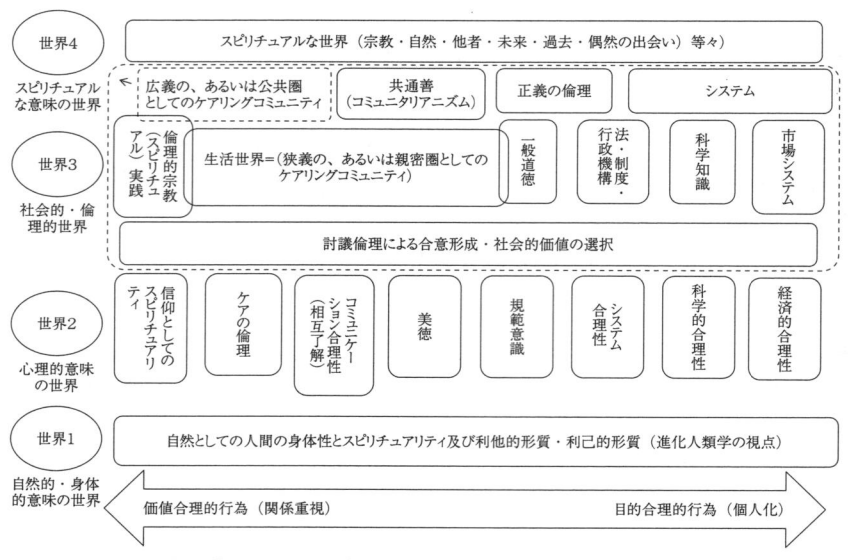

図4-②　ケアリングコミュニティの分析枠組みの布置図

出所）筆者作成

のように布置されるかを図式化したものである。

　この図では，縦軸に稲垣久和の四世界論の各項目を，横軸にマックス・ヴェーバーの「価値合理的行為」と「目的合理的行為」の概念を用いた。ヴェーバーの「価値合理的行為」とは，「ある行動の独自の絶対的価値——倫理的，美的，宗教的，その他の——そのものへの，結果を度外視した，意識的な信仰による行為」であり，「目的合理的行為」とは，「外界の事物の行動および他の人間の行動についてある予想をもち，この予想を，結果として合理的に追及され考慮される自分の目的のために条件や手段として利用するような行為」である（Weber 1922＝1972：39）。

　図の左側に布置されているものは，どちらかといえば「価値合理的行為」に属するものを配置しており，右側に布置されているものは「目的合理的行為」に属するものを布置している。また，ケアの倫理をはじめとする「価値合理的行為」に類するものは，人と人との間の関係性を重視することから，そのような方向に向かうものとして「関係重視」を（　）内に入れた。また，システム的な目的合理的行為が，ベックの言うように人々の「個人化」をもたらすことから，このような方向性を促すものとして「個人化」を入れた。

(2)　世界1　自然としての身体性とスピリチュアリティ及び人間の利他的・利己的形質

　世界1には「自然としての人間の身体性とスピリチュアリティ及び利他的形質と利己的形質」が置かれる。身体性は人間の自然的存在としての基体であり，メルロ＝ポンティがいうように，身体を通じて人は世界と関わる。またここに「スピリチュアリティ」を入れているのは，人間の「自然としての身体」自身が「神秘的」なものであるという含意を込めている。私たちは「身体」についての医学的な知識を持つことはできるが，まだその全体像は解明されておらず，また，脳から創発される意識や心と体の結びつきは，まさに「神秘的」であるといえる。そして，動物行動学者のドゥ・ヴァール，進化人類学者のボームら

が考察したように，人間には利己的な遺伝的形質と，脳の発達により獲得された高度な認知能力に基づく利他的な遺伝的形質が共存する存在である。

　このような意味で，自然状態の人間は，利己的にも行為するし，価値合理的に，利他的にも行為する存在であると考えられる。その行為がどちらの側で発現するかは，その時の本人の身体状況や心理状況，社会状況，スピリチュアルな状況が複雑に影響し合い決定される。したがって世界1における自然状態の人間は，利己的にも利他的にもなりうる存在として，それらが混然一体となった状態で存在するといえる。

(3)　世界2　人間の主体的な価値選択の領域

　次に世界2には，人間の心理的意味の世界として，様々な行為の基準となりうる概念が布置されている。世界2はその人の「実存的意味」の世界とも言い換えることができるし，あるいはその人の「意志」にも関わる。人はこの領域において，「何を信仰するか」「どのような美徳を自身の価値基準にするか」または「どのような規範に従うか」「目的のためにどのように合理的に行動するか」などを決めることになる。

　この図では，左側に配置されている「信仰としてのスピリチュアリティ」「ケアの倫理」「コミュニケーション合理性（相互了解）」「美徳」などは，「価値合理性」に基づいた「実存的選択」と考えられる。一方，「規範意識」「システム合理性」「科学的合理性」「経済的合理性」などは，「目的合理性」に基づいた「実存的選択」と考えた。ただし，このような区分けは完全にどちらかに分類できるというわけではなく，それぞれの項目の中でも，「価値合理性」と「目的合理性」がグラデーションのようになっていると考えられる。

　例えば「規範意識」は，「規範」という「社会的価値」を積極的に意識してその規範に従って行為するという意味では「価値合理的行為」ともいえるし，「規範」を犯すことによる罰や制裁を回避するために行為するのであれば，そのような行為は「目的合理的行為」になるともいえる。

　人々は，ケアリングコミュニティ内部において様々な事象に遭遇した際，自

分がどのように行動するかを，これらの価値概念，合理性概念の中から取捨選択し，あるいはそれらを組み合わせて行為する。原理的には「価値合理的行為」の方が，その人の主体的な選択による行為といえ，「目的合理的行為」の方は，ある「目的」に対して，その目的にしたがって「合理的」に行為するという意味で，主体の側が選択して行為するというより，目的に沿った客体的（消極的）行為であるといえる。なお，人々の「価値」や「合理性」の選択は，世界１の状況（その人の身体性や遺伝的特徴）に影響を受けつつ，世界３にある様々な倫理基準や合理性基準を参照し，その人が置かれた状況（生活環境）や，その人の「スピリチュアルの状況」（世界４）などとの相互作用の中で決定される。

（4）　世界３　ケアリングコミュニティにおける各要素間の相補的連関構造

　　さて，このような世界２における人々の様々な価値観に基づいた行為が実行される中で，社会全体としては「どのような行為が妥当であるのか」「どのような行為が正しいか」「目的を達するために，どのような機構（システム）を作ればよいのか」などといった，「社会的意味の世界」が，世界３として現象する。

　　この世界３においても，左側寄りに配置されている各項目は，どちらかといえば「価値合理的行為」の実践倫理の「社会的構造物・事象」であり，右側寄りに配置されている各項目はどちらかといえば「目的合理的行為」の「社会的構造物・事象」である。ただ世界２にも増して，世界３における構造物は，それが「価値合理的」なものか「目的合理的」なものかを分けることがより難しくなる。現実の社会では，例えば「生活世界」にも様々な「システム」が浸透していると考えられるし，「共通善」は「システム的な思考」にも「宗教的な倫理観」にも影響を受けながら，人々の間で常に「暫定的な共通善」として形成されている。したがって，現実の社会においては，ここに示した各構造物が純粋な形で個々に分かれて存在することはまれで，基本的には各構造物が複雑に交じりあった構造体として存在していると考えられる。

　　さて，筆者が検討している「ケアリングコミュニティ」は社会的構造物であり，したがってこの世界３において現象する。

　まず便宜的に，これまで検討してきたケアリングコミュニティ概念の各構成要素を含んだ各構造物（点線の枠内）の全体を「広義のケアリングコミュニティ」あるいは，「公共圏としてのケアリングコミュニティ」と捉える。各構造物はそれぞれの「倫理的基準」，あるいは「合理性の基準」に基づいて，様々な「ケア」を人々に提供する。この時，各構造物間の関係は相補的な緊張関係になる。筆者が「広義の」を，「公共圏としての」と言い換えたのは，「システム」を含む社会的構造物の全体が，人にとって「公共圏」として存在すると考えるからである。

　例えば「ケアの倫理」をその倫理基準として持っている「生活世界（狭義の，あるいは親密圏としてのケアリングコミュニティ）」は，「ケアの倫理」を倫理基準として様々な「ケア」を提供しあう。「生活世界」には「家族」や「近隣」といった，「ケアの倫理」を基準に行為する人々の集団が下位概念として想定される。

　しかし，現代社会における「ケア」は，「生活世界」のみでは充足できない。「ケアの倫理」は，「出会った他者」に対する「無条件のケア」を提供する代わりに，「無限のケアの要請」「ケアの誤謬性」「出会っていない他者へのケア責任の免責」といった限界を有する。また，ベックが言うように現代社会は近代化の進行とともに「個人化」が進み，従来の関係性が絶たれてしまった社会である。人々が「個人化（孤立化）」することにより，「出会わなくなった人々」は「ケア関係」に入ることができなくなり，「ケア責任」からも免責されてしまう。わずかに残った「家族成員」等が「ケア責任」を一手に引き受けざるを得なくなり，特定の人の「ケア負担」を増大させる。特にわが国では伝統的に女性がこの役割を担わされる傾向にあり，女性のケア負担の増大という結果を招く。近年では，老親を独身の子が支える8050問題，若者世代が祖父母や親の介護を行わざるを得ないヤング・ケアラー問題なども，このような特定の人への「ケア責任の増大」形で立ち現れている。

　この「ケアの倫理」の限界を補完するのが「システム」である。「システム」は「正義の倫理＝法」に基づき，普遍的な権利として「ケア」提供を行う。し

かしこれは人々の「個人化」をさらに促進する「システムへの再統合」という
事態でもある。

　ここに，「ケアの倫理」と「システム（正義の倫理）」との間に，ある種の緊
張関係が生じる。人々は「ケアの倫理」の限界を補完するために「システム」
の力を借りなければならないが，「システム」の「生活世界」への過度な侵入
を防ぐためには，「システム」に対抗できる「ケアリング」関係をもう一度再
構築しなければならない。これが，筆者のいう，各構造物間の「相補的な緊張
関係」の例である [1]。

　このように，ケアリングコミュニティは，ケアに関わる社会的構造物の相補
的緊張関係によって成り立っていると考えられるが，より具体的には次のよう
なケア実践に関わるレベルが想定される。

①　個別的ケア実践のレベル～「価値選択」としてのケア選択

　第 1 に，個々のケア実践においてどのような「ケア」を選択するかというレ
ベルである。この個別レベルにおいては，その人の身体的・心理的・社会的・
スピリチュアルな状況についてのアセスメントに基づき，誰がどのようなケア
を提供するのが妥当であるかが問われる。ケアを受ける当人や，ケアマネジメ
ントを担当する専門職は，「家族」「近隣」「宗教」「NPO」「制度（行政）」「市
場サービス」などの各社会資源を吟味し，その人が望む「ケア」のあり方の合
意に基づき実際の「ケア」を選択する。この時，その決定のプロセスのルール
を規定するのが「討議倫理」である。

　ここで重要なのは，「ケア」選択はきわめて「価値選択的行為」であり，「科
学的合理性」や「経済的合理性」などの「目的合理的行為」のみでは決定でき
ないということである。「目的合理的な観点」からのみ「ケア」を選択してし
まえば，結果的にそれはその人の「実存（その人の生きる意味）」を尊重した「ケ
ア」にはならず，その人の「個人化」をますます拡大することになる。したが
って，個別的ケアのレベルで「あるケアを選択すること」は，その人の「実存
（生きる意味）」を尊重しつつ，「その人の実存にとって合理的な価値」を選択す

ることとして考えねばならない。そしてその「決定」の仕組みとして「討議倫理」が要請されるのである。

② 狭義（親密圏として）のケアリングコミュニティづくりのレベル―「価値創出の場」としてのケアリングコミュニティ

　ケアリングコミュニティの実践においては，人々が暮らす身近な地域において，その地域を「生活世界＝狭義（親密圏として）のケアリングコミュニティ」として営み，人々が「ケアし合う」状況をいかに作り出し，維持するかという課題がある。

　筆者は「生活世界」を「狭義（親密圏として）のケアリングコミュニティ」と位置づけており，「生活世界」こそ「ケアリングコミュニティをケアリングコミュニティたらしめる中核概念」だと考えている。

　さて，わが国における「ケアの提供」の現実を考えた場合，国家や行政，法制度あるいは市場といった「システム」の力がなければ，「ケア」の十全な提供は難しい。わが国においては特に超高齢社会の到来，単身世帯の増大，地域の人間関係の希薄化などにより，「ケアの社会化＝ケアのシステム化」が不可欠の課題となっている。

　しかしこれまで検討してきたように，過度な「システム化」は「個人化」を促し，その「個人化」の進展が，さらなる「システム化」を推し進めるという循環になっており，その循環の結果，すでにわが国の社会保障システムはその限界が露呈してしまっている。

　また，過度な「システム化」の進展は，人々の「実存的状況」を脅かす。「システムによる生活世界の植民地化」が進むことにより，個人の，または社会全体の「実存＝生きる意味」の喪失状況が拡大してしまい，人間の真の幸福の妨げとなる。したがってケアリングコミュニティの実践においては，この「生活世界」での「ケアリング」をいかに豊かに形成できるかがきわめて重要な課題となる。

　さて「生活世界」を構築する際には，この「生活世界」の「意味」を充実さ

せるために，「倫理的宗教実践」や「コミュニタリアニズムに基づいた共通善の追求」，そして「一般道徳」の形成などが重要になる。世界３に含まれるこれらの概念に対応する世界２の人々の「倫理的行動基準」としては，「信仰としてのスピリチュアリティ」「ケアの倫理」「コミュニケーション的合理性（相互承認）」「美徳」「（主体的に従うものとしての）規範意識」などが挙げられ，「生活世界」においてはこれらの倫理に基づいて行動する人々が，互いに関わり合いながらコミュニケーションし，また「討議倫理」を用いた「熟議」を通してコミュニティ全体での「共通善」を生み出していくことが重要である。

　さて，このレベルの取り組みの意義としては，①「システム」の限界を補完する，②「システム」による「生活世界」の植民地化を防ぐという２点を指摘できるが，特に後者の取り組みが重要である。前者の「システムの限界を補完する」というのは，自己目的化した「システム」の補完を「生活世界」がするというように，逆の意味に解されてしまう可能性がある。これでは「システム」によって担いきれない「ケア」責任を「生活世界」が肩代わりすることになり，このような事態は，「生活世界のシステムによる植民地化」をさらに促進してしまう結果になりかねない。

　ゆえに②が重要であるが，より具体的には人々が「倫理的宗教実践」や，「ケアリング」や「コミュニケーション的行為」や「美徳に基づいた行為」を行うことを通して，「生活世界」に「意味（価値や実存的意味）」を豊かに生み出していくという実践が重要になる。

　例えば「人の生きる意味」「世界の存在意義」「世代を超えて継承すべきもの」「平和」「芸術」「愛するということ」「楽しみや喜び」「憎しみや悲しみ」……などなど，「システム」によっては生み出すことのできない様々な「意味（価値）」を生み出す実践が含まれる。そしてこのような「意味（価値）」の創出は，筆者であれば「ケアリング」，ハーバーマスであれば「コミュニケーション的行為」，稲垣であれば「倫理的宗教実践」，コミュニタリアニズムであれば「熟議を通じた共通善の追求」を通じて生み出される。

　以上に挙げた実践に共通する要素は，人が「世界（自然を含む）」や「他者」

や「神」と関わり，それらとの相互行為を通して互いの存在意義や価値を確か
め合うことによって，いわば「関係性を通じた意味の創出」を行っているとい
うことである。これを踏まえれば，ケアリングコミュニティを「意味に満ちた
世界」にするためには，様々なものとの「関係性」を紡ぎ出していく実践が重
要になる。

　上記を踏まえれば，「ケアリングコミュニティ」の実践は狭い意味での「福
祉実践」にとどまらない。「ケアリングコミュニティ」における「ケアリング」
実践は，人々が何らかの「ケア」を行うことを通して，それぞれが「自分の存
在意義」や「生きる意味」，「世代間の価値の継承」や，「喜び」や「悲しみ」
などの「意味（価値）」を生み出す実践でなければならないということになる。
しかし現実のケア場面では，時に「無限のケアの要請」の中で疲れ果て，「生
きる意味」の喪失や「他者の存在意義」を見失ってしまうことが往々にして起
こる。このような事態に陥らないために，私たちは「ケア実践」が「意味（価
値）」を生み出せるような行為になるように，時に「システム」の力も利用し
ながら，ケア実践の場をつくっていくことが求められる。つまりケアリングコ
ミュニティ概念の重要な要素として，「価値（意味）創出の場」という要素があ
ることが確認できる。

③ 狭義（親密圏として）のケアリングコミュニティの限界を補完する「システム」構築のレベル

　3つ目の実践レベルは，先ほど検討した「狭義（親密圏として）のケアリン
グコミュニティ」の限界を補完する「システム構築」のレベルである。

　「狭義（親密圏として）のケアリングコミュニティ」は，「価値創出の場」で
あるという意味で重要な役割を持つが，「狭義（親密圏として）のケアリングコ
ミュニティ」のみでは現代社会における「ケア実践」をすべてまかなうには限界
がある。システムは「狭義のケアリングコミュニティ」の限界を補完する形で
機能する。例えば「無限のケア要請」に対しては，「システム」によるケアの
代替と，法的規制による「ケアリング関係の切断」が対応する。「ケアの誤謬

性」に対しては，「科学的アセスメント」に基づく専門的ケアが対応する。出会わない他者への「ケアの免責」に対しては，普遍的権利概念に基づく「社会保障システム」が対応する。このように「システム」は「狭義のケアリングコミュニティ」における限界を補完し，十全なケアを提供するために重要な役割を果たす。

　しかし，「システム」は原理的に，それ単独では「ケアを通した意味創出」を行うことができない。「システム」はもともと何らかの「目的」のために人為的に創られるが，その際その「システム」の「目的」となる「意味」を必要とする。何らかの「意味（達成目的）」をもとに作られた「システム」は，目的達成のための行為を「目的合理的」に実行していくが，その「意味（目的）」を創りだした人々の側の求める「意味（目的）」が変わった後も，基本的には最初に意味づけ（インストール）された目的にしたがって行為を行っていく性質がある。その結果「意味のずれ」が生じ，それが具体的に人々の生活に負の影響をもたらすようになると，「システムによる生活世界の植民地化」が進行してしまう。

　このような状況に陥らないようにするためには，「システム」に対し，「意味（目的）」を絶えず供給し続けることが重要である。そしてその役割を果たすのが，「生活世界＝狭義の（親密圏として）ケアリングコミュニティ」における「意味の創出」であり，また意味を「システム化」するときのプロセスとして機能する「討議倫理」とその「討議倫理」にのっとった「討議の場」である。

　図4-③は，「広義（公共圏として）のケアリングコミュニティ」内における「システム」構築のプロセスを図式化したものである。この図で重要なのは，「狭義（親密圏として）のケアリングコミュニティ」の限界を補完する「システム」を構築するためには，「多様なケアリング」を基盤に，その中で意識された「ケアリングの限界」に対して討議による「意味（目的）の創出」が図られ，また討議に基づく「意味（目的）の合意」を経て「システム」が構築されるという一連のプロセスである。

　このプロセスは，民主主義的な法形成のプロセスそのものであるが，現実の

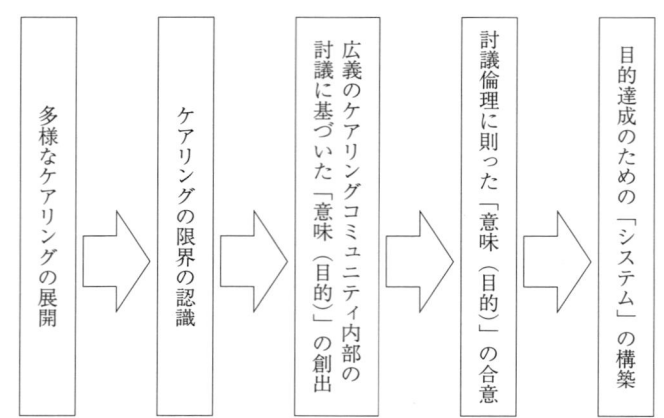

図4-③　ケアリングコミュニティにおける「システム」構築のプロセス
出所）筆者作成

社会ではこのようなプロセスを経ずにシステム構築がなされることが往々にしてある。むしろシステムは「システムの自動駆動」とも呼べるような状態になりがちで，システム自身が自己の目的達成のために新たなシステムを継ぎ足しのように生み出していくということが起こる。それはベックが指摘した科学の「自己内省的科学化」のプロセスに似ている。システムは，システムが生み出した「個人化」というリスクに対処するために，その「個人化」に対応する新たなシステムを生み出していく。しかしそのシステムがさらに「個人化」を促進する。気が付けば，すでにシステムでは対応できないような「個人化」のリスクが増大していた，というのが，現在のわが国の状況ではなかろうか。

　ベックの自己内省的科学化の方法にならえば，このような状況に対処するためには，第1に「システム化の徹底」という方法がある。「システム化の徹底」は，現代社会におけるケアの現状を考えた場合には必要なことである。「地域包括ケアシステム」や「地域共生社会の実現」は，ある意味でこのケア関連分野における「システム化の徹底」である。

　しかし「システム化の徹底」だけでは，「意味」を生産するプロセスがその中に内包されず，システムの限界を補完するには十分ではない。「自己内省的

科学化」の場合，ベックは「科学」に関する人々の「政治的意思決定（科学に関する価値選択）の仕組み」を整備することを唱えたが，「ケア関連領域」の場合にも，「ケアに関する政治的意思決定（価値選択）の仕組み」が必要である。そして，「ケア関連領域」の場合は，そこで選択される「価値」はシステムを駆動させる「意味（目的）」になるわけであるから，このような「政治的意思決定」の仕組みの前提として，ケアリングコミュニティ内部で「ケアリングによる豊かな意味の創出」という状況が前提にされていなければならない。もし「ケアリングによる意味の創出」が乏しい状況であれば，結果的に合意される「価値」は人々の豊かな生活にとって十分でないものになってしまう可能性がある。したがって，ケアリングコミュニティ内部で多様な人々の多様なケアリングの機会が保障されていることが，結果的に豊かな「意味」を生み出し，それがシステムに反映されることでその「意味」に基づいた豊かなサービス提供が初めて可能になる。このような形でシステムの構築がなされれば，「個別ケア」レベルで検討した「価値選択としてのケア選択」は，より豊かな「意味（価値）」の中から選択できることになり，ケアリングコミュニティ全体として，その内部の価値を高める円環が成立する。そしてその鍵は，ケアリングコミュニティ内部における「豊かなケアリングの多様な展開」である。

(5)　世界 4　「意味」の源泉としてのスピリチュアリティ

　ケアリングコミュニティ概念における世界 4 は「スピリチュアリティ」の領域である。

　世界 3 までのケアリングコミュニティ概念をみたとき，ケアリングコミュニティの中核には，「意味の創出」が重要であることがわかった。人は，「自然」「他者」「社会」，そして「スピリチュアル」なものとの相互作用の中で，自分の生きる意味や，社会のあり様，他者との関係のあり方など，様々な「意味」を創出する。では人は，どこからこの「意味」を生み出すのか。筆者は，ケアリングコミュニティにおける「意味」の源泉は「スピリチュアルな領域」にあると考えている。

　私たちは「他者」や「自然」「社会」，そして「スピリチュアル」なものなどとの関わりを通して「意味」を創出すると述べた。ではなぜ，それらとの関わりの中で「意味」は生み出されるのだろうか。筆者は「不可知な何か」との関わりは，必然的に私たちにその「何か」と関わるうえでの「倫理」を要請するからだと考えている。

　例えば「他者」との関わりで考えると，私たちはまず「身体性」を持って社会と関わるが，「身体性」を持っているがゆえに，私たちは「痛み」を感じる存在である。この時，私たちは私たち以外の他者にも「痛み」があることを想定することで，「他者」は「私」と同じ人間であり，「私」と同じ「痛み」を感じる存在だと認識される。これが人間の「共感」の基盤となっている。しかし一方で，「他者」の痛みが具体的にはどのようなものかを，「私」は完全に知り尽くすことはできない。「他者」が「痛み」を感じていることは想定できるが，それはあくまでその「他者」の経験であり，「私」がその他者の「痛み」を完全に経験することはできないからである。そこで「他者」と関わる際には，完全には知り得ない「不可知」なものに対する「倫理的な振る舞い」が要請される。「他者」は「不可知」な存在であり，それゆえに「スピリチュアル」な存在である。そして「他者」のような不可知なものとの関わりは，「私」は何をすべきか，私はどのように振舞えばよいのかといった，倫理としての「意味」の創出を要請する。

　「自然」についても，その「生態系」なり「物理構造」は複雑な構造を成しており，その全体像を完全に知り得ることはできない。科学的知見の積み重ねにより，その部分や，部分の連関のあり方は説明できても，物理法則や生命という存在の全体性は，到底人の理解に及ばない「創発性」を持っている。「他者」の「実存（全体）」が「不可知」なように，「自然」の全体性も不可知であるがゆえに，そこに「スピリチュアリティ」が存在する。

　「社会」についても，部分的なことは社会科学の知見で説明できても，その全体としての「社会」のあり様は「不可知」である。「社会」は人間が生み出すが，「社会」は個々の人間の思惑を離れて，独自の体系を創発する。「社会」

のあり様全体を理解することは「不可知」であり，そこにもまた「スピリチュアリティ」が存在する。

　宗教的な「神」は，典型的な意味で「不可知」な存在である。特定の神を信仰する人々にとって，神は大いなる癒しや教えを与える一方で，その存在は「隠されている」。しかし逆に，その「不可知性」が神を神たらしめ，神を信仰するものは，その「不可知」なるものにできる限り近づこうとして神の教えに帰依する。そこに，「倫理的な振る舞い」が要請される根源がある。「不可知」な「神」に近づこうとする信者は，「神」を畏れ敬いつつ，その「神」の「御心」に適うような「倫理的行為」を模索しつつ行為する。このように「畏れ敬う」ことができるのは，その前提に「神」の存在が「不可知」であることがある。「不可知」な「神」は，「不可知」であるがゆえに，時に大きな癒しをもたらすが，時に大きな災い（罰）も与える。もし，「神」がいかなる時に「癒し」をもたらし，いかなる時に「災い（罰）」をもたらすのかが「わかってしまっている」ならば，「神」は畏れ敬う対象にはならないだろう。「不可知性」こそが「神」を畏れ敬い，私たちが「倫理的に行為すること」を促す根源になっていることがわかる。

　現代社会の病理は，この「不可知性」があたかも無くなったかのように思われているところにその根本的原因があるだろう。自然科学の発達とともに，「神」を畏れ敬う態度が減退する。「自然」のメカニズムが解明されるにつれ，「自然」に対する倫理的態度が失われ，様々な環境破壊が横行する。「社会」については，人と人とが関わることの本来的意義が，「システム」の登場とともに侵食されるようになっていき，「機械論的な関係性」が前面化することにより，人と人とが「共に在る」ことの意義が失われてゆく。「社会」は機能的に分化された「システムの総和」として把握され，「社会」を構成している人と人との「つながり」そのものに対しての「畏敬の念」が失われ，「社会（人と人とのつながり）」に対する倫理的態度が失われる。

　「他者」についてはどうだろうか。「他者」とは「私」と同じ「身体性」を有した「人」である。ゆえに，むしろ「不可知」な存在であるというより，「よ

く知っている存在」「共感可能な存在」として捉えられ，それが他者に共感する「ケアの倫理」の源でもある。しかしこの「共感可能性」に基づいた「ケアの倫理」は，様々な限界を有している。「共感」はあくまで「共感」であり，その人の状態を丸ごと正確に把握することとは意味が異なる。つまり「共感」はケアのきっかけになるとしても，それだけでは誤ったケアの押し付けになってしまう可能性がある。そのような誤謬に陥らないために，他者を不可知な，スピリチュアルな存在として認識する「絶対的他者」概念が要請される。ではこの「絶対的他者」としての他者の認識は，どのような形で成されるだろうか。

　これは推測の域を出ないが，おそらくかつては「宗教」がこの「他者の不可知性の欠如」を補う形で，「他者」に対する倫理的態度の必要性を説いてきたと思われる。キリスト教の隣人愛，仏教の慈悲，イスラム教の喜捨といった，他者を無条件にいたわりケアするという教義は，現存する多くの宗教の重要な教義になっている。この宗教の不可知性が，他者の不可知性を代替していたのではないだろうか。

　しかし「宗教」は近代社会の進展とともに相対的に減退してしまった。その「宗教」に代わって現代社会において「他者」の「不可知性」を捉えているのは「哲学」であろう。レヴィナスの「絶対的他者概念」はその代表的なものである。また，「ケア」関連領域においても，「他者の尊重」は重要な専門職倫理として思考が積み重ねられてきた。その人の生死をめぐる，あるいはその人の「生きる意味」を尊重するケア実践の中で，「他者」にはその人に固有の意思や価値観があり，それを最大限尊重することがケア実践にとって重要な課題となる。このような「他者」の「不可知性」の認識は今後ますます重要なものになるだろう。

　上記に挙げたもの以外に，例えば「過去」や「未来」も「不可知」であり，そのことに私たちが「畏れ」を抱くとき，「過去」や「未来」に対する「責任」といった「倫理」が要請される。「過去」から引き継がれたものを「継承」し，過去に行われた「罪悪」を認め「反省」することは，「過去」を畏れ敬うからこそ生まれる倫理的行為である。同様に，「未来」に良いものを残し，害悪を

極力減らすように行為することも，不可知な未来に畏れを覚えることによって生じる「倫理」であり，その中で，「未来」に残すべき「価値」は何かを私たちに考えさせる。

　もっといえば，「いま，ここにいる私」も「不可知」なものと捉えることができる。なぜ「私」は長い宇宙の歴史の中で，「現在」という時間に「人」として「地球という惑星」に生まれ生きたのか。そのことがどれぐらいの偶然が重なって生じたことなのかを考えれば，そこに私たちの意志を超えた「不可知」の力を感じざるを得ない。また，特定の「他者」との「出会い」は，果てしない確率で生じる偶然である。いわばその「偶然性」の中に私たちは「不可知なもの」＝「スピリチュアリティ」を感じることになる。「いま，ここにいる私」をそのように捉えることは，私たちに「現在を同時代に生きる人々と生きる意味」について深く考えさせ，今を生きることの重要性や，出会った人々とどのような関係を作り，共に生きれば良いのかといった「意味の創出」を促す。

　以上，「スピリチュアリティ」はケアリングコミュニティにおいて，「意味（価値）」を創出する源泉となるものであり，それは「スピリチュアルな存在」の持つ「不可知性への畏敬」に由来していることを明らかにした。「不可知なもの＝スピリチュアリティ」との関わりが薄れたと思われる現在，人は生きる意味を喪失し，孤立や孤独，アノミーや退廃といった社会不安に襲われている。

　このような事態に対処するためには，ケアリングコミュニティ内部において，「スピリチュアリティ」との関わりの機会を適切な形でいかに増やしていくことができるかが課題となる。宗教的な実践，自然との関り，他者との関わり，過去や未来との関わり，そして現在に共に生きているという「偶然性」との関わりが重要である。このような多様なスピリチュアルなものとの関わりを回復し，「意味を創出する場」を増やしていく。「意味の創出」はケアリングコミュニティを豊かにし，孤立や孤独，アノミーや退廃といった社会病理を解消することにもつながる。このようなものとして「スピリチュアリティ」を捉えることが重要である。

(6)　ケアリングコミュニティ概念の8つの分析枠組みの布置についてのまとめ

　以上，ケアリングコミュニティの8つの分析枠組みの布置について考察してきた。ここでこれまで検討できなかったそれぞれの分析枠組みのその他の特徴も踏まえつつ，ケアリングコミュニティの8つの分析枠組みの布置についてまとめて置く。

①　進化人類学的視点（自然的ケアリング）

　進化人類学的視点は，人間には「利己的形質」と「利他的形質」の両方が備わっているという知見を与えている。人間の「利他的形質」は「自然的ケアリング」の源泉となっているが，一方で人間にはより原初的な「利己的形質」が併せて保たれているため，この2つの形質の相互作用により，「自然的ケアリング」には「道徳ピラミッド」と呼ばれる，距離に反比例して「ケアリング」の動機づけが弱くなるという特質がある。この「道徳ピラミッド」は，「自分」→「家族」→「近隣」→「小地域」→「大地域」といったように，ケアリングの働く範囲の優先順位を構成しているが，「自分」が満たされれば「家族」に，「家族」が満たされれば「近隣」に，といった具合にケアリングの幅が広がっていくという特質も持つ。ゆえに，「自然的ケアリング」をより広範囲の集団に適用させるためには，よりミクロな領域のニーズから徐々に満たしていくことが重要になる。

　さて，「自然的ケアリング」の限界を乗り越えるには「倫理的ケアリング」が求められるが，それは世界2における人々の主体的な価値選択によって行われる。ただそのことによって世界1における人間の本来的形質が消えるわけではない。世界2における人の「倫理的ケアリング」としての主体的な価値選択が非常に強固な場合は，自身の置かれた状況が非常に厳しくても，他者に対する倫理的なケアを行える人もいると考えられるが，そのように強固な倫理観を持てる人ばかりではない。したがって，できる限り人間の「利他的形質」が発現しやすいような環境を整備し，「自然的ケアリング」の発現をベースにした人々

のケアリング環境を整えることが重要となる。

② ケアの倫理

ケアの倫理は「自然的ケアリング」をベースにした人々の「ケア」に関わる倫理である。ケアの倫理は存在論的現象学の哲学的基盤をもち，人間存在を「関係的」「主体的」「現実的・日常的（身体論的）」に把握する。また「ケア」は人間にとって「喜び」でもあり，「重荷」でもあることから，人間存在にとって「ケア」は両義性を持つ。

またケアの倫理は特に「関係的」に生きる人間存在を前提にしているため，そこからいくつかの倫理的基準が導かれる。

第1に，「出会った他者」に対する「無条件のケアの提供」である。この基盤になるのは「自然的」には人間の利他的形質にあり，「倫理的」には「絶対的他者概念」にその基盤がある。「他者」は共感可能な存在でもあるが，完全にはその全体を把握できないがゆえに，倫理的に「無条件の歓待」の対象となる。

第2に，ケアする対象に対する「無限定のケア提供」である。この倫理の基盤になっているものは，「ケア関係の非対称性」である。「ケアする人」も「ケアされる人」から何かを得るという「ケアの相互交換性」の主張は，「ケア」を「取引」と同じものとみなしている。「ケア」を相互交換性で捉えてしまうと，「条件付きのケア（私が何かをしてもらう換わりに，あなたに何かをしてあげる）」しか認めることができなくなってしまう。そうではなく，「ケアする人―される人」という非対称の関係の認識があるから，「ケアする人」は「ケアされる人」に対して，無限定の「ケア」を行う倫理的責任を負う。「ケアする人」が「ケアされる人」に対するケアを行わなければ，「ケアされる人」が困ったままになる，という状況で行われるのが「ケア」の本質であり，これによって「無限定のケア」という倫理的態度が要請されるわけである。

第3に，ケアする対象に対する「実存的共感に基づいたケアの提供」である。「ケアの倫理」においては，ケアの対象になる人を客観的な視点のみで捉える

ことはしない。客観的なアセスメントは行うが，ケア実践で重要なのはその人を主体的な意思を持った「実存的存在」として捉えることである。そして「ケア」を行う時には，ケアを提供する側も自らの「実存」をもって実践を行うことが重要になる。なぜなら対象者の「実存」に働きかけるには，「実存的共感」ともいうべき，提供者側の実存を用いた支援が不可欠だからである。

　なお，「ケアの倫理」はケアリングコミュニティの中核的な概念である。先述したように，ケアリングコミュニティにおいては人々が互いに関わり，対話し，ケアし合うことを通して「意味」を創出することが重視されているからである。

　しかし，何度も指摘するように「ケアの倫理」には限界もある。「ケアの倫理」はケアリングコミュニティにおいて「意味の創出」という重要な役割を担う倫理基準といえるが，同時に，その限界を補う様々な他の倫理の活用を要請する。

③ コミュニタリアニズム

　コミュニタリアニズムは「ケアの倫理」と「正義の倫理」の間に配置され，双方の倫理をゆるやかに媒介する位置づけを持っている。コミュニタリアニズムの思想的特徴は，人は何らかの「負荷」を自己に持っており，関係性から解き放たれてまったくの自由に振舞う「人間観」を前提にしていない。その意味で「コミュニタリアニズム」と「ケアの倫理」は，人間が何らかの「関係」に規定された存在であるという共通の思想を持っている。

　一方でコミュニタリアズムは「ケアの倫理」とは異なり，「閉じたケア関係」ではなく，「公共に開く」という思想も持っている。また，「正義の倫理」が普遍的な権利概念や，それを達成するための「法規範」を重んじるのに対し，コミュニタリアニズムはコミュニティに特有の価値や，人々の熟議による「共通善」，そして個人の「美徳の涵養」を重んじる。

　このような特徴を持つコミュニタリアニズムの思想の位置づけは，第1に「ケアの倫理」の限界であった「内向きに閉じがちなケアリング関係（無限のケア

要請など）」を，より「公共的な問題」として取り扱うという役割がある。コミュニタリアニズムは「ケア」の現場から上がってくる様々な課題に対し，その問題に対するコミュニティ（公共）の対応の倫理的なあり方を，熟議を通して考えていく。ケア実践は，ややもすれば二者間や狭い範囲での実践にとどまりがちである。コミュニタリアリズムはそれをコミュニティ全体の課題として取り上げることを可能にし，「ケアの倫理」の適用の範囲を広げることに役立つ。

　第 2 にコミュニタリアニズムは，「公共」の場におけるケアリングコミュニティの「意味の生成」に大きな役割を果たす。「ケアの倫理」はケアリングコミュニティにおける「意味の生成」の最も基本的な基盤であったが，そこで生み出された「意味」が「公共のもの」になってこそ，ケアリングコミュニティにおける「意味」としてその機能を果たすことができる。公共の場における「熟議」を通して，「共通善」として生み出された「意味」は，この後に検討する「システム」の「存在意義（目的）」にもなる。このような意味で，コミュニタリアニズムは，「ケアの倫理」と「システム」をつなぐ結節点のような役割も担っている。

　第 3 に，ケアリングコミュニティの成員の「美徳の涵養＝主体形成」を図る役割をコミュニタリアニズムは持っている。「熟議」による「意味生成」の場は同時に，人々が何に価値があるのか，どのようなケアが重要であるのか等について学び，考え，それによって成員個々の「実存的意味」を深めるとともに，ケア実践における「倫理的態度」の形成を図る場でもある。そのように獲得された「実存的意味」と「倫理的態度」は，具体的なケア実践の現場で活かされ，よりよいケア実践を行う基盤となる。コミュニタリアニズムは「ケアの倫理」を「鍛える」役割も担っているといえる。

④　討議倫理

　討議倫理は，図 4-②のケアリングコミュニティの布置図において，世界 3 の底部に，横長に配置されている。これは討議倫理がケアリングコミュニティ全体に関わって，「意味の生成」プロセスにおける基本的な討議のルールを定

めていることを表現している。もう少し具体的には，先述の世界3の検討で分類した，①個別的ケア実践における価値（ケア）選択のレベル，②ケアリングコミュニティにおける価値生成（選択）のレベル，③ケアリングコミュニティ内のシステム構築に関わるレベルにおいて適用される。

　このように討議倫理はケアリングコミュニティ実践の各段階にわたって，ケアリングコミュニティの意味を生成し，それに基づいたシステム構築を図る際のプロセスについての倫理的基準を規定する。

⑤　正義の倫理

　正義の倫理は，図4-②の布置図において，世界3における「一般道徳」と，「法・制度・行政機構」にまたがった領域として配置しているが，正義の倫理は本来，「システム」を駆動する「目的」として，「道徳原理」に基づいた人々の合意により，ケアリングコミュニティの「意味」が結晶化（法化・制度化）したものである。

　わが国でもこれまで様々な社会保障・社会福祉の法制度が整備されてきた。ここで問題となるのは，第1に社会保障・社会福祉の法制度が，ケアリングコミュニティ内部の正しい「意味の生成」のプロセスの結実として作られた法制度であるかどうか，第2に「システム」が実際に私たちの「ケアリング」の限界を補完し，豊かにしているかどうかということである。

　第1の点については第2章で，大橋謙策のわが国の「風化行政」の課題，つまり「労働力確保」のために「ケアの社会化」が行われたという分析を取り上げた。

　例えば「介護保険制度」にしても，急激に進む高齢化の状況への対応から構築されてきた側面が強い。介護保険による「ケアの社会化」に意味がないわけではないが，システムを駆動する「法」を制定する際に，人々のケアリングによる「意味の生成」を経ているかどうかはきわめて重要な課題である。

　第2の点については，行われる「法制度の形成」が，単に「システムの限界」を補完することを目的に行われるのか，それとも「ケアの意味の生成」に基づ

いて行われるかによって，その成否が決まる。私たちがどのようなケアを求め，どのような人生の意味を大事にしたいと思っているか，そのような「意味の生成」の帰結として改革が行われるなら，それは本当の意味で「ケアリングコミュニティ」の限界を補完する「システム」となるだろう。

　「正義の倫理（システム）」には，まかり間違えば人々の関係性を断絶し，「個人化」を一層促進する負の側面がある。しかし「正義の倫理」は，「ケアの倫理」の限界を補完するために普遍的にケアを保障し，「ケアの倫理」では対象にできない人々をケアに包括するなど，ケアリングコミュニティを構築するうえで欠かせない倫理である。そして，このシステムが十全に機能するためには，その構築プロセスが重要であり，ケアリングコミュニティにおける「意味の生成」の帰結として構築・運営されることが望まれるのである。

⑥ 科学的合理性，⑦ 経済的合理性

　科学的合理性は「ケア」の客観的な効果を測り，経済的合理性は行われる「ケア」の費用対効果を測る。科学的合理性は「ケア」の「正確性」に関わり，経済的合理性は「ケア」の「持続性」に関わる。どちらもその目的は「ケア」の効果をより高めることにある。これら 2 つの合理性は，「ケアの倫理」の限界である「ケアの誤謬性」と「無限のケアの要請」を補完し，より正確なケアの提供と，有限の資源に応じたケアの効率的提供を可能にする。

　ケアを正確に提供することと，有限の資源の中で効率的にケアを提供することは，きわめて重要なことであり，この 2 つの合理性はできる限り追求していく必要がある。ただこれまで何度も指摘したように，これらの合理性が「ケアの本来の目的」を離れてただその合理性の追求のみを求めるとすれば，本来のケアあり方に負の影響をもたらす可能性がある。

　科学的合理性はケアの専門分化を進めるが，それにより「人間の実存の全体」を見えにくくする。経済的合理性は，経済的効率性だけを追求し，経済的効率性にそぐわないケアを切り捨てる危険性がある。このようにこれら 2 つの合理性は，「ケアリング」の限界を補完するために不可欠な要素であるといえるが，

この2つの合理性を用いる際には，「ケアの意味」を常に前提にしなければならない。

⑧ スピリチュアリティ

　スピリチュアリティは，ケアリングコミュニティにおいて「ケアの意味の生成」の源泉としての位置づけを持つ。「スピリチュアリティ」は「不可知性」を有しているがゆえに，様々な事象に対する畏敬の念を喚起する。その対象が「不可知」である以上，私たちはその対象を軽々に扱うわけにはいかなくなる。そこにその対象に関わる際の「倫理的態度」が要請され，私たちは対象に対する自分たちの「価値」や行為の倫理的妥当性，どのような関わりが善く，どのような関わりが悪いかといったような，ケアリングの「意味の生成」を行う。

　しかし現代社会は「不可知」なものがまるでなくなったかのような，科学的客観主義が幅を利かせる時代でもある。そのため，現代社会においてはスピリチュアルなものとの関係が希薄になり，ケアの「意味の生成」がしにくい世の中になっている。このような時代において，スピリチュアルなものとの関係を取り戻すことは，「ケアの意味の生成」を活発にするという意味で，重要な課題となる。

　ただし，世界4に位置づけられるスピリチュアリティは，世界3における「倫理的審判」に適うものでなければ，社会の中に流通させることはできない。「不可知」である「スピリチュアリティ」は意味の源泉になる一方で，「不可知」であるがゆえの都合の良い解釈が時に現実社会に大きな災厄をもたらすことがある。

　またこのようなスピリチュアリティの審判を行うのは，「科学的客観性」ではなく，世界3における，私たちの「倫理的価値選択」だということも重要である。なぜなら「科学的客観性」は「スピリチュアル」な存在そのものの意義を否定する危険性があるからである。私たちがやるべきことは「スピリチュアルな存在」を科学的客観主義によって否定するのではなく，スピリチュアルな領域が私たちの実存に与える影響の大きさを認めながら，その領域も含めた「倫

理的価値」について話し合い，その倫理的妥当性を検証していくことである。

　ケアの領域においては，死や病気，人生の理不尽，他者，過去・現在・未来といったスピリチュアルな領域に関わる事象が多くあり，それらとの関わりを避けて通れない。それらを避けて通るのではなく，真っすぐ向きあうことで，ケアリングコミュニティにおける「意味の生成」を豊かに行うことが重要であろう。

（7）　ケアリングコミュニティ概念の定義

　本節ではケアリングコミュニティ概念について，8 つの分析枠組みに基づき，その内容を検討してきた。それらを踏まえると，ケアリングコミュニティ概念は次のように定義できる。

　ケアリングコミュニティとは，「人」の存在論的本来性である「関心」に基づいて「世界」と関わり，また「身体性」と，遺伝的形質として人類が有している「利他的傾向」を基盤にした「共感」に基づいて相互にケアし合う（ケアリングする）ことを中核概念として持つコミュニティである。

　このコミュニティでは，「人」が，「自然」「他者」「社会」「スピリチュアルなもの」との関わりを通して，様々なその人自身の，あるいはその人が暮らす「世界」の「意味や価値」を創造する。そして，その「意味や価値」を元に，「公共圏」における熟議に基づいて構築される「システム（正義の倫理）」の力も活用しながら，人々が自らの「実存的意味」をよりよく豊かに生きることができるように，コミュニティの中でお互いに関わり合い，対話や討議を行い，共に成長し合いながら，支え合う実践（ケアリング）を行う。このような「ケアリング」の展開がさらにコミュニティ内部の「意味や価値」の豊かな創造を促し，それぞれの成員の「実存的意味の深化」と，コミュニティ全体の「意味（価値）の蓄積」を同時に，意図的に図っていく場がケアリングコミュニティである。

　この定義では，存在論的現象学と進化人類学の知見を基盤にした「ケアする

本来性」を持つ人間存在の認識を軸に，コミュニティの中で豊かにケアし合うことで，自分の価値や社会の価値が豊かに創造され，結果的にそれが，人が真に豊かに生きる源泉になるということを含意している。ケアリングコミュニティは，単に人がケアし合う状況，ケアが機能的にコミュニティの中で展開されている状況を指すものではない。重要なのはその中で人間の生きる意味や社会の価値が，ケアリングを通じて豊かに生成されているということである。ケアリングを通した社会の豊かな価値の生成を意図的に図っていく場であるということこそ，ケアリングコミュニティ概念の中核に位置づけるべき要素である。

第3節　ケアリングコミュニティの実在的構造と8つの分析枠組みの構造連関

　本節では前節までのケアリングコミュニティ概念の検討を踏まえ，より実在的，現実的にはどのようなものとしてケアリングコミュニティが形成されるかを検討する。ケアリングコミュニティを担う主体は誰か，それぞれの主体の役割と機能，権利と責任の所在はいかなるものか。またケアリングコミュニティの範囲及び，どのような組織体を含んで形成されるのか。そして8つの分析枠組みがどのような主体によって担われ，8つの分析枠組みを含むケアリングコミュニティ全体の構造連関は，実際にはどのような形になるのかについて検討する。

(1)　ケアリングコミュニティの機能とその担い手
　本項では，ケアリングコミュニティの具体的な機能とその担い手について検討する。
　ケアリングコミュニティの定義にあるように，ケアリングコミュニティは，①ケア対象者の「価値選択」に基づいてケアを提供する機能，②ケアリングの場や関係性を作り出す機能，③ケアリングコミュニティ内の「意味」を生成する機能，④ケアリング実践や討議の過程の中で，人々の主体形成と「実存的意

味の深化」を図る機能，⑤ケアリングコミュニティで合意された「意味」を基盤に，「システム」を構築し，運営する機能を有すると考えられる。またこの5つの機能には，より具体的な機能が含まれる。

① ケア対象者の「価値選択」に基づいてケアを提供する機能

まず，ケアを要する人に対して何らかのケアを提供する機能が挙げられる。このときケアリングコミュニティ概念が含意するのは，提供されるべきケアはその人の「実存的価値選択」に基づいて選択されるという点である。

存在論的現象学の視点から「ケア」を捉えれば，「ケア」という行為そのものが何らかのその人の生きる「意味」や「価値」に関わっている。言い換えれば，「ケア」を選択するという行為が，その人の「実存的意味」に関わっているということである。その人の人生の生きる意味（実存的意味）に「ケア」という行為は関わっており，「ケア」を選択するという行為はまさにその人の「生き方の選択」に他ならない。

この時重要なのは，第1にその人が十分に吟味することのできる様々な「生き方」の選択肢が用意されたうえで，適切なプロセスに従って「ケア」を選択できるかどうかである。

多様なケアの選択肢を用意できるかどうかという課題については，その人がどのような「ケア」を望んでいるかについての適切なアセスメントと，それに基づいた「実存的共感」がなされる必要がある。また，その時にその人が，自分の「生き方」として「ケア」を選択できるだけの（十分に吟味できるだけの），多様なケアの選択肢が用意されていなければならない。そして，そのような選択肢の内容を本人がよく理解したうえで，その人が最も望むケアを選択できるように支援することが重要になる。

ケアの提供主体としては，「家族」「近隣」「ボランティア」「行政システム」「市場システム」などが考えられる。重要なのは，様々な主体から提供される「ケア」が，その人の「実存的意味」を支えうる「ケア」になるかどうかを問う視点である。

　例えば「家族」「近隣」「ボランティア」は通常,「生活世界」の中で営まれる「ケア」の領域に属し,「行政システム」「市場システム」は「システム」としての「ケア」に属する。気をつけなければならないのは,「家族」「近隣」「ボランティア」からのケアが,「システム」化してしまっていると,それらから提供されるケアは「実存的意味」を満たさない点である。一方「システム」から提供されるケアでも,「ケアの意味」に基づいて提供されれば,そのケアは「実存的意味」を提供できるケアとなり得る。

　次に「ケア選択」のプロセスが重要になる。このプロセスには「討議倫理」が用いられる。ケア対象者も含め,「家族」「近隣」「システム」,その他関係者が,その人にとってどのようなケアが必要になるかを討議する。この時,ケア選択の最終的決定権者はもちろんケア対象者その人になるべきだが,その決定(討議)のプロセスの妥当性を問う視点が重要になる。

　法的に「ケア選択」の決定権者はケアの直接的受益者であるケアの受け手(対象者)である。しかしこの時,法的な領域では,「システム」として受益者の権利を定めていることに注意をする必要がある。本来人間の行為の「決定」は,その人がまったくの単独で行うわけではなく,様々な関係性に影響されて行われる。そしてその「決定」は,その人と関わっている人々にも大きな影響を及ぼす。ある「ケア」を選択すれば,その人の「家族」や「近隣」「システム」がその決定に何らかの影響を受けて変化することになる。そして重要なのは,その影響を受ける側も,「実存的意味」を持った「人間」である。もし,「システム的(法的)な思考」を単純に当てはめ,ある「法的受益者」の「ケア」選択の影響をただ周囲のものが唯々諾々と受けねばならないような状況のみが強いられるのであれば,それはある意味で「システムによる生活世界の植民地化」の一部である。そうしないためには,「ケアの選択」による影響を受けるもの(当事者だけでなくその家族や近隣,システム関係者等)が可能な限り討議に参加し,その討議の中で「ケア」を選択する根拠となる「意味」を模索し,その「意味」に基づいて「ケア」を選択するというプロセスが重要になる。

　ではこの時,ケア対象の当事者のプライオリティは,どのような形で位置づ

けられるだろうか。

　「ケアの倫理」の基盤となっている「自然的ケアリング」では，まず自分自身への「ケア」が優先される。それが満たされれば「家族」「家族」が満たされれば「近隣」といった具合に，「道徳ピラミッド」が「自然的ケアリング」の前提にある。「自然的ケアリング」では，最も優先されるべき「ケアの対象」はいうまでもなくその人自身，つまりケアの第1対象者である。これから考えれば，ケアの倫理においても最優先されるべきはケア対象の当事者であるということができる。「ケア選択」はこれを前提に，まずそのケースで最も「ケア選択」の影響を受ける，「ケア対象当事者」を最優先して行われる必要がある。

　ただこれは，ケア対象当事者の意向を「最優先する」ということであって，その人の意向を絶対視し，その他の関係者の意向を全く意に介さないということではない。法的なシステム思考ではなく，「ケアの倫理」で考える場合は，その人以外の関係者の意向も考慮する必要がある。

　例えばある介護サービスが必要なAさんという人がいて，「家族」「近隣」「行政システム」からの「ケア」の利用を考えているとする。法的にはAさんは，関係者の意向に関係なく「ケア」の選択を行うことができる。しかし現実的にはそのような関係者の意向を無視した「ケア」選択は，「システムによる生活世界の植民地化」をもたらす可能性がある。

　例えばAさんは，「行政システム」のケアサービスを利用できる資格を持っているが，それを忌避して，「家族」によるケアを選択したとする。しかしこの時「家族」にもAさんのケアを十分に行う余裕がなく，できれば「行政システム」のサービスを利用してもらいたいと考えていたとする。この時「法的」にいえば，Aさんは家族の意向にかかわらず「ケア選択」を行うことができる。しかしそれはAさんが「家族」の意向を無視することであり，家族関係の悪化や断絶を生む可能性がある。

　このようにケアに関わる領域では，「法的」な「正義の倫理」を単に振りかざすだけでは問題が解決するどころか悪化することも考えられる。Aさんと「家族」の関係性が悪化してしまうと，Aさんは「システム」からのサービスし

か頼れなくなるかもしれない。Aさんの「生活世界」が「システム」に取って代わり，「システムによる生活世界の植民地化」が進んでしまう可能性がある。もちろん「システム」によるケアが，Aさんの「生きる意味」を尊重したケアを提供する可能性はある。しかし同時に，「システムによる生活世界の植民地化」の可能性もある。いずれにしてもこのような結果を避けるためには，「法的な権利論（正義の倫理）」だけで「ケア選択」を行うのではなく，「ケアの倫理」を前提にした関係者の討議に基づいて「ケア選択」を行うことが重要である。

　このAさんの事例を，「ケア選択」の討議のプロセスとして考察してみよう。Aさんは「できるならば家族にケアしてもらいたい」という意見を表明する。「家族」は「Aさんの気持ちはわかるが，自分たちの生活もあり，家族だけでは十分なケアを提供できないし，家族全体の幸福のためにも行政のケアサービスを使うことも検討してほしい」と「家族」としての意見を表明する。不一致のあるコミュニケーション的行為は，討議倫理を踏まえた「討議」によって，お互いの意見の一致（合意）を試みる。このとき，討議に関わるケアマネージャーなりソーシャルワーカーは，それぞれの専門的立場からの意見も述べつつ，討議が「討議のルール」に従って円滑に進められるよう，「討議の場」をマネジメントし，時に当事者の言い分を代弁したり，対話的行為に障害のある人の発話行為を支援したりしながら，「理想的な討議空間」の形成に心を砕かなければならない[2]。また，「科学的合理性」や「経済的合理性」の知見を適宜用いて，「ケア選択」に有効な情報を，当事者たちに適切に伝える役割を担う。このような「討議」のプロセスを踏まえて決定される「ケア選択」は，ケア対象当事者にとっても，「家族」やその他の関係者にとっても良いものになるはずである。このようなプロセスを経ることが，単に「法的権利の行使」として「ケア選択」を行うことと異なる帰結をもたらすことは明白である。

　例えば，上の例で最終的にAさんと家族あるいはシステムの間で合意が結ばれれば，Aさんと家族，システムの関係はより強固なものとなる。またAさんとその家族，そしてシステムとの間に，ケアに関する「意味の共有」が図

られる。A さんの「在宅で暮らしたい」という意向についての「意味」や，「家族」が「行政サービス」の力を借りながら A さんを在宅で介護するという「意味」などが共有されるだろう。

　さらにこのプロセスを踏まえることで，関係者のケアに関する知識の増大と主体形成が図られる。例えば A さんや「家族」は，「行政のケアサービス」がA さんの「実存的意味」を高めることを可能にするサービスであることを深く理解することができるかもしれない。「システム」にとっては，利用者の支援のあり方についての知見を得ることになり，それは別の事例にも応用できる。そしてこのような知識や経験の増大により，A さん，家族，システムそれぞれが，よりよいケア選択のノウハウを確立していくことができる。

　最後に，このようなプロセスを経ることで，ケアリングコミュニティ全体に活かすことのできる「ケアの意味の生成」が達成できる。「A さん」「家族」「システム」それぞれが「ケア」をめぐってその「意味」を検討し，一つの「ケアの選択」という「意味」を生成しえたことは，ケアリングコミュニティ内の他の事例にもこの「意味」を用いることができるようになるということでもある。このように，個別支援の実践を「ケアの価値選択・価値創造の場」として意識し，丁寧なプロセスで「ケア選択」を行うことは重要である。

② ケアリングの場や関係性を生み出す機能

　ケアリングコミュニティの2つ目の機能は，人々がケアリングする場や人々の関係性を生み出す機能である。ケアリングコミュニティは，「ケアの倫理」をその中核概念としているが，さらにその基底には，進化人類学の知見から得られる「ケアする動物」としての本来性がある。人間という「動物種」は，遺伝形質的に「利他的行為」を重視する脳の部位を進化の歴史の中で発達させてきた。人は本来，自分のコミュニティ内部の人に対しては強い仲間意識と平等意識を持ち，困っている「仲間」には「利他心」を発揮して助けようと行為することを「美徳」とする。

　しかし，現代社会では，このような人の「助け合い」は減退しているように

見える。フランスの経済学者トマ・ピケティは，「富める者がますます富み，そうでない者との格差が拡大する仕組み」を解き明かしているが（ピケティ2013＝2014），近代から現代にかけて人々の間で経済格差が拡大しているという事実は，人間の本質は「利他的」ではなく「利己的」ではないかと思わせる。

　しかし，人間の近代以降のこのような振る舞いは，近代以降に拡大した「システムによる生活世界の植民地化」の結果，本来の「利他性」が発現しにくい状況になっていることが原因と考えられる。システムに再統合された人間は，「意味」によって結ばれた他者との関係性から絶たれ，「システム」に管理されるようになってしまう。

　したがってこれからの社会で重要なことは，人々の「意味に基づいたつながり」を回復していくことである。「意味」による人々のつながりが回復すれば，人間が本来持っている「利他的形質」が再び発現する可能性が高まる。

　レベッカ・ソルニットは，世界各地で発生した大災害の際，被災地では暴動や混乱ではなく，助け合いや連帯のコミュニティが立ち上がることを，1906年のサンフランシスコ大地震や，2005年のハリケーンカトリーナにおける災害時の記録などから指摘している（Solnit 2009＝2010）。わが国も度重なる災害の中で，人々の自発的な連帯が立ち上がる様を体験した。ソルニットの著書はそれがわが国に独自の現象ではなく，世界中で共通の出来事として起こっていることを明らかにしている。このことは，災害等により一時的に「システム」に頼ることができなくなった人間は，その本来の「利他的形質」を発揮して助け合いを行うようになることを示唆する。裏を返せば，現代の我々の「利他的形質」は，日常的には「システム」によって抑圧され，うまく発現できない状態に置かれているといえると考えられる。

　このような状況を変革するには，コミュニティの中に意図的に「システム」に支配されない空間，すなわち「意味」に満たされた「生活世界」を取り戻していくことが重要であろう。

　それは「目的合理的」な「システム」に支配されない空間をつくるということである。

　この時，それぞれの場の「見かけ」に騙されないことが重要である。例えば，「家族」は通常「生活世界」に分類されるべき領域であるが，システムによる植民地化が家族にまで及んでいる場合があり，その場合には家族も生活世界たりえない。一方で「市場システム」の中に生活世界的な「意味」があるような人間関係を見出せる場合もある（ただし，金銭に媒介された関係は，「経済合理的な目的論的世界」にいつでも人々を連れ去る可能性があることには自覚的であらねばならない）。

　さて筆者は，このような「生活世界」は，ケアリングコミュニティの内部に多様にあっていいと考える。例えば趣味のサークルやボランティア団体，家族，近隣など，「システム思考」に縛られなければ，それはどのような形態でも構わないと考える。

　そのうえで筆者は，ケアリングコミュニティを形作る「意味創出の場」は，大きく2つの「場」を考慮する必要があると考えている。一つは公共的な生活世界，すなわち「公共圏」であり，もう一つは私的な生活世界としての「親密圏」である。

　この「公共圏」と「親密圏」という概念について，齋藤純一は，著書『公共性』の中で，ハーバーマスやハンナ・アーレントの「公共圏」と「親密圏」の考えを批判的に検証しつつ，独自の見解を提示している。

　このうち「公共圏」について齋藤は，「人々の〈間〉にある共通の問題への関心によって成立する」とし，「親密圏」については「具体的な他者の生／生命への配慮・関心によって形成維持される（傍点は原文のママ）」とする（齋藤2000：92）。なお齋藤は，「公共圏」と「親密圏」を区別するにあたり，「公共圏と親密圏を分析的に区別する――分析的に区別可能ということは実態としては重なりうるということである――」という断りを入れている。筆者は，齋藤の言う「公共圏」も「親密圏」も，ハーバーマスの言う「生活世界」に属していると考えている。齋藤自身も，ハーバーマスの提起した「市民的公共性」を検討している。

　「市民的公共性」は，権力や市場などの既存のシステムに対抗する「対抗的

公共圏」（齋藤 2000：14-19）としても検討されていることから，齋藤の「公共
圏」も「システム」に対抗する「生活世界」の一部と捉えられていると考えら
れる。つまり，「公共圏」も「親密圏」もシステムに対抗する「生活世界」の
一部であるが，齋藤の区別のように，その成り立ちには違いがある。

　齋藤の「親密圏」の位置づけは，筆者の「狭義のケアリングコミュニティ」
概念に近い。それゆえ，筆者はこれまで「狭義（親密圏として）のケアリングコ
ミュニティ」と表記してきた。齋藤は，「親密圏」の定義にある，「具体的な他
者の生／生命」というのは，具体的には二重の意味があると説明し，その 1 つ
目は「親密圏の他者は見知らぬ一般的な他者，抽象的な他者ではない」という
意味，2 つ目は「親密圏の他者は身体性をそなえた他者である」とする（齋藤
2000：92-93）。このような親密圏の位置づけは，筆者の「ケアリング」の概念
に類似する。つまり，「親密圏」とは人々が具体的な他者と，身体性をもって
関わる領域であると考えられる。

　これに対して「公共圏」は，より抽象的な関係で人と人とが結ばれる領域で
ある。「人々の共通の問題への関心」とあるように，より関心の内容が普遍化
された問題として捉えられている。このような齋藤の区別にならえば，ケアリ
ングコミュニティの内部に作られるべきケアリングの場は，一つは「親密圏」
として，もう一つは「公共圏」として作られる必要がある。

　では，「親密圏」と「公共圏」とは具体的にどのようなものであるだろうか。

　まず「親密圏」についてだが，筆者は「具体的な他者と身体性を介した状況
でケアリングが行われている場」と解釈する。典型的には「家族」が想起され
るが，齋藤は，「親密圏」と「家族」は同義ではなく，その理由として第 1 に
「家族」というイデオロギー性により，「家族」が本来の「親密圏」として存在
しない場合があることと，第 2 に「親密圏」は家族という形態に還元されず，
より多様な形態をとりうることを指摘する。第 2 の点については，「親密圏」
が「具体的な他者の生／生命への配慮・関心をメディアとするという観点」に
立つと，当事者同士がピアの立場で支援をし合う「セルフヘルプグループ」や，
条件としてはよりミニマルになるが，具体的な他者の生・生命に一定の配慮や

関心があればよいということであれば，より緩やかな「サロン」のようなもの
も該当すると述べている（齋藤 2000：93-94）

　筆者は，具体的な他者の生・生命に一定の配慮や関心があるものとして，「な
んらかのケア活動（見守りなど）を行う近隣」「自治会等の住民組織」「趣味の団
体やサークル」「ボランティア・NPO」「サロン」「各種の当事者団体」「セル
フヘルプグループ」，その他「友人関係」など広範なものが含まれると考える。
これらの組織や人と人とのつながりは，具体的な他者に対する身体性を介した
ケアリングや対話を行うがゆえに「親密圏」たりえる。

　これに対し「公共圏」はより抽象化された人々の関心によるつながりである。
他者との関係が具体的で身体性をともなうかどうかが「親密圏」と「公共圏」
を分ける基準であるが，齋藤も指摘するように，「親密圏」と「公共圏」は実
態的には重なりあっていると考えられるため，その区別は厳密なものではない。
筆者はそのようなことも踏まえつつ，次のようなものがケアリングコミュニテ
ィ内における「公共圏」として存在すると考える。

　例えば，政治的な「公共圏」として機能している「議会」，各種の公共的な
「委員会」（地域福祉計画の策定委員会等含む），地域ごとに行われる「ケア会議」，
各種の「啓発イベント・ワークショップ」「社協，地区社協，地域包括ケアシ
ステムでいう協議体」などである。また，これらの組織や機関から発行される
「広報誌」「インターネットホームページ」等のメディア媒体は「公共圏として
のメディア」として，公共圏の形成に重要な役割を果たしていると考えられる。

　ではなぜ，ケアリングコミュニティの内部に，ケアリングや関係性を生み出
す場として，「親密圏」と「公共圏」という 2 つの概念を区別して検討しなけ
ればならないのだろうか。ケアリングコミュニティの中核概念は，「ケアリング」
による個々人の生きる意味の創出と，ケアリングコミュニティ全体に流通する
「意味の生成」の 2 つがあるが，このようなケアリングコミュニティの「意味
の生成」という課題を考えたとき，その「意味を生成」する場所としては，「親
密圏」と「公共圏」の 2 つが必要だと考えられるからである。

　まずケアリングコミュニティにおける「意味の生成」は，ケアリングコミュ

ニティ内部に多様で雑多に存在する「親密圏」によってつくられる。人々はまず具体的な他者と身体性を介して関わり，お互いの存在意義（自分の意味，他者の意味）を生成していく。そこでは多様で雑多な，しかし一つひとつがユニーク（独自）な意味が豊かに生成されるだろう。重い「ケア」の「意味」が生成される場合もあるだろうし，気軽な「意味」が生成される場合もあるだろう。それらは人々の身体性を用いたケアリングとコミュニケーション的行為によって生み出される，「生の原材料」としての多様な「意味たち」である。

　さて「親密圏」は上記のような「意味の多様な生成の場」として重要な役割を担うが，弱点もある。それは，「親密圏」だけでは，「意味」の生成・流通の場が「親密圏」内で閉じてしまう可能性があることである。第2章で検討した森有正の「二人称関係」は「われわれ意識」の中で内に閉じやすいわが国の傾向を指摘していた。このような関係の中では，特定の人にケア負担が集中することにより，ケアをめぐる多様な課題を発生させる危険性がある。

　このような「親密圏」の限界を補い，内に閉じこもりがちな「意味」を，ケアリングコミュニティ全体の課題として外に開いていく，「公共圏」の役割が重要になってくる。「公共圏」については，先にも述べたように「議会」「各種公的委員会」「社協や地区社協」「ケア会議」「協議体」などが該当するが，重要なのは，これらの組織体が，「公共圏」としての役割を果たせるかどうかである。そこで期待される役割とは，人々が「ケア」に関連する問題について，公共的な領域で討議をすることであり，ケアリングコミュニティ内部で，どのような「ケア」が今後必要になるか，その「ケア」は誰によって担われ，どのように提供されるべきか等の「ケアの価値」について模索することである。

　この「公共圏」が重要なのは，「親密圏」だけでは解決しえないケアの課題を，コミュニティ全体の課題として認識するということであり，言い換えれば「ケアの社会化」ということであるが，注意しなければならないのは，ケアを「システム」に丸投げするか，それとも「公共圏」における「熟議」を行ったうえでそれを実現するかでは，その質に大きな違いが生じるということである。

　筆者自身は，わが国において，「ケアの社会化」も「ケアのシステム化」も

共に不可避であると考えている。しかしそれは，無条件に「ケア」を「システム」に委ねることではない。「ケア」は一人ひとりの「生きる意味」に関わる重要な領域であり，「システム」にすべての「ケア」を委ねてしまうことは，私たちの「生きる意味」を失うことと同義である。「ケア」の一部を「システム」に委ねねばならない状況があるにしても，「公共圏」においてどのようなケアを望み，どの部分を「システム」に委ねるのかを熟議しておくことは，私たちが「生きる意味」を失わないためにも，きわめて重要な営為である。

　さて，「公共圏」は一国の中では究極的には「国家」，特に法・制度を構築する「国会」がその役割を担う。また現在の福祉行政の中心が市町村になっていることを考えれば，地方自治体の「議会」の役割は重要といえる。

　ただ，このような「議会」のみが「公共圏」の唯一の場ではない。「議会」は特に，「法・制度」など「システム」構築に関わる部分で重要な役割を担うが，「人々の〈間〉にある共通の問題への関心によって成立する」という「公共圏」の位置づけを考えれば，「公共圏」はもっとコミュニティの中に多様に作られるべきである。

　例えば「各種の公的委員会」として地域福祉計画の策定委員会があるが，大橋謙策などが地域福祉の実践のなかで地域福祉計画策定プロセスに意義を見出すのは，計画策定過程に住民が参画することで，住民自身が自分以外の人々の生活要求を知り，公平な制度設計ができるようになることである。大橋は次のように述べている。

　「計画づくりは，時に住民相互の軋轢をもたらすと同時に，政策の優先順位をめぐっての葛藤もある。参加した住民の“我田に水を引く”“エゴイスティックな要求ではなく，他人の生活課題をも明らかにして，公平に計画づくりができる力量を有した住民の役割である。そこでは地域福祉計画づくりに参画する住民の『代表性』が問われることになる」（大橋　2014：15）。

　ここに示されている地域福祉計画の意義は，「ケア」を単純に「システム」

に委託するような態度ではなく，住民同士の軋轢がありながらも，他者の要求に配慮し，コミュニティ全体の「ケアの意味」を考えるような，まさに「公共圏」としての地域福祉計画の意義である。

　つまり「公共圏」は，ケアリングコミュニティ全体に関わるような「ケアの意味や価値」について，そのあり方を討議する場である。「地域福祉計画」以外にも様々な公的委員会があり，またより小地域で開催されるケア会議，「協議体」などは，そのような場として形成されるべきである。

　しかし，例えば，厚生労働省が示している地域包括ケアシステムの「協議体」の設置目的は次のように謳われている。

　「生活支援・介護予防のサービスの体制整備に向けて，多様な主体の参画が求められることから，市町村が主体となって，『定期的な情報の共有・連携強化の場』として設置することにより，多様な主体間の情報共有及び連携・協働によるサービスや資源開発等を推進することを目的とする。」（厚生労働省，2015介護予防・日常生活支援総合事業ガイドライン，31ページ。生活支援コーディネーター（地域支え合い推進員）と協議体に期待される機能と役割より引用）

　「協議体」が単に機能的に情報交換や連携強化を図るだけの場として設定されるのであれば，それは単に「システム」を円滑に運用するだけの機能しか果たすことができない。コミュニティにおける「ケアの意味」やそれに基づいた「ケア方針」を決定する役割をもっと強調するべきだと考える。

　さて，このように「公共圏」は「親密圏」の限界から出される「ケアの課題」を「コミュニティの課題」として意識し，コミュニティ全体の「意味」を考える場として重要である。そして必要に応じ，合意された「意味」にしたがって必要な「システム」構築を図っていく役割を担う。このように「親密圏」「公共圏」「システム」はそれぞれ相互に連関して，ケアリングコミュニティの「意味の生成」「システム構築」の役割を果たす。

　このうち，「親密圏」について齋藤は，ハンナ・アーレントが，「親密圏」を

「失われたあるいは断念された公共的空間の代償」（齋藤 2000：98）として捉え，「公共圏」との連続性を単純には認めなかった点に関連して，「親密圏の政治的ポテンシャル」について次のような見解を示している。

　「親密圏が相対的に閉じられていることは，一方では差異と抗争を欠く。したがって政治性を失う条件であると同時に，他方では外に向かっての政治的行為を可能にする条件でもありうる。親密圏は，『相対的に安全な空間』（グロリア・アンザルドゥーア：原文ママ）として，とくにその外部で否認あるいは蔑視の視線に曝されやすい人々にとっては，自尊あるいは名誉の感情を回復し，抵抗の力を獲得・再獲得するための拠りどころでもありうる。」（齋藤 2000：98）。

　齋藤はアーレントとは異なり，「親密圏」と「公共圏」の連続性，あるいは相互作用を見て取っている。筆者も「親密圏」は，「ケアの倫理」に基づいて人々を庇護し，人々の安心していられる場所，ありのままでいられる場所としての機能を果たすと考えている。このように守られ，ありのままでいられる空間がなければ，「ケアの意味の生成」を豊かに行うことはできないだろう。なぜなら，そのような空間以外のところでは，人々は「否認あるいは蔑視」の視線に曝される可能性があり，安心して自分の要望や，ありのままの自分を表出することができないからである。そして，その中で「生成」されたケアの意味が，「公共圏」に対して表出される。つまり，人々の「ケアの意味」がより公共的な所に表出されるためには，人々がその表出を安心して行うことのできる「親密圏」の存在が重要であり，公的な場で，たとえ傷ついてしまったとしても，帰る場所としての「親密圏」があることが，その人を再び公共の場へ向かわせる拠りどころとなる。
　したがってこの「親密圏」をケアリングコミュニティの内部に，いかに多様に作り出すことができるかがケアリングコミュニティの成否の鍵を握ると考える。まず多様な価値観を持つ人々が，安心して自分自身を表出し，お互いに支え合うことのできる場所，これをコミュニティ内部に多様に作っていく。これ

は，第1章で若干ふれた，「コミュニティの保障」あるいは「出会いの場の保障」，さらにいえば「ケアリングの場の保障」ということである。

　例えば，「セルフヘルプグループ」はそのような意味で重要である。同じ境遇にあるもの同士の関係は，安心して自分の境遇を理解してもらえる仲間の存在があることで，自分の意志や要望の表出がしやすくなる。このようにして，「親密圏」における多様な「ケアの意味＝その人の生きる意味」が生成される。

　そしてその「親密圏」から「公共圏」にケアリングコミュニティ全体で共有すべき課題が提出される。「公共圏」では大橋がいうように，人々はそこで自分とは異なる生活要求を持つ他者の存在を認知し，自分のエゴイスティックな要求だけを主張するのではなく，共に同じコミュニティに住む人間として，コミュニティ全体としての「ケアのあり方」を考える。「公共圏」はその意味で，常にケアリングコミュニティ内部の人々に開かれていなければならない。なぜなら，ケアリングコミュニティ全体の「ケアのあり方」を決める際，切実な生活要求を主張して討議できる場が開かれていなければ，人々はケアリングコミュニティ全体に対し，自らの要求を口にすることができなくなってしまうからである。

　このように「親密圏」と「公共圏」はそれぞれ役割と機能は異なるが，この2つがあることで人々の多様なケアリングの場と，関係づくりの場，そして「ケアの意味の生成」の場を十全に作り出すことができる。この2つを意図的にケアリングコミュニティの中につくりだし，双方の役割と機能を認識したうえで活かしていくことが重要である。

③ ケアリングコミュニティ内の「意味」を生成する機能

　3つ目は，討議を通じてケアリングコミュニティ内の「意味」を生成する機能である。ケアリングコミュニティ内に流通する「意味」は，個別支援におけるケアリングや，「親密圏」における人々の相互の関わり，「公共圏」におけるケアリングコミュニティ全体の意味（価値）」などといった形で生成される。

　個別支援の現場で生成される「ケアの意味」は，一人の人間の実存に関わっ

て生成される。それは「ケアする人とされる人」の間で共有されるものとなるため，「ケアの意味」はもっともミクロな単位でも，複数の人の間（最低でも二人の人間の間）で形成される。

　「親密圏」で生成されるケアの意味は，近しい人々の間で共有される「ケアの意味」である。セルフヘルプグループの例がわかりやすいかもしれないが，同じ境遇を持っている人々同士で生成される「ケアの意味」は，個人で生成される「ケアの意味」よりもより公共的な意味を持つ「意味」になる可能性がある。「親密圏」は内に閉じる傾向があるが，セルフヘルプグループは「親密圏」の中では「公共圏」に表出される「意味」が，多様に形成される場である。人々は「親密圏」の中で安心して自分の思いを表出することで，「ケアの意味」を豊かに生成する。そのような意味で「親密圏」こそは，「意味生成」の苗床のような場である。

　「親密圏」で多様に生み出された「ケアの意味」の中から，ケアリングコミュニティ全体の課題とすべき「意味」が提出される。「公共圏」はそれを受け止め，開かれた討議の場でコミュニティ全体としての「ケアのあり方＝共有すべきケアの意味や価値」が検討する。「公共圏」で討議される「ケアの意味」は，暫定的な「共通善」として流通するものもあれば，「システム」のプログラムとなる「法・制度」につながるものもある。「法・制度」は，「公共圏」の中でも「議会」によって決定され，「システム」として構築される。「親密圏」等からボトムアップ式に構築された「法・制度」は，その内容の中にケアリングコミュニティ内で生成された「ケアの意味」がよりよい形で反映された「法・制度」になるだろうが，そうでない場合は「システム」の不備を自己補完するだけの「法・制度」になる可能性もある。

　このようにケアリングコミュニティの内部では，人々が実存的に生きるために必要な「意味」を生成する機能がある。しかしこれらの各領域において，適切な「関係性の構築」が図られなければ，「意味」は生成されない可能性もある。「意味」を生み出す関係性とは，基本的に人と人とが実存的に関わる場合であり，「システム」的な情報交換や，金銭を媒介にした関係性では，原理的に「意味」

は生成されない。また，ハーバーマスの討議倫理に見られるように，誰も排除されない場（非排除性の原理），誠実な発話（誠実性の原理），どのような発話も許容される（非制限性の原理），外部からのいかなる圧力を受けない（非抑圧性の原理）という形での討議の場が確保されなければ，「実存」同士での関わりは難しく，したがって「意味の生成」も難しくなる。

　したがって，ケアリングコミュニティにおける「意味」を生成させるためには，個別支援の現場や「親密圏」「公共圏」において，上記のような条件を満たし，「実存」同士がその「実存」を十分に表現できるような討議やコミュニケーションの場を整備する必要がある。

　まず，個別支援の場では，ケアに関わる人々が，特に「ケアを受ける当事者」が自らの「実存」を十分に表出できる環境を整える必要がある。この時，「ケア」は本質的に「非対称の関係」になるという限界がある。「ケアの受け手」は，「ケアの送り手」に依存しなければならないため「負い目」を感じ，自分の実存を表出できない場合がある。逆に，「ケアの送り手」が「ケアの受け手」に気を使い，自分の実存を表出できない場合もあるだろう。

　このような関係性になりがちな「ケア」の領域において，「実存」同士がお互いの「実存」を十分に表出しながら関わりを持つためには，「ケア」を提供する側の強い倫理観が要請される。「ケア」を提供する側は，「ケアの非対称性」を意識しつつ，「ケアの受け手」が自分の「実存」を表出できるような関係性に配慮しつつ，「ケアの送り手」である自分自身も，「ケアの受け手」に過剰に気を使って，「実存的関わり」ができなくなってしまわないようにする必要がある。

　そして，このような強い倫理観が必要とされるということは，ケア実践における専門職の役割がきわめて重要であることを示している。専門職でない者が倫理観を持たなくても良いということではないが，専門職はその専門的ケアを提供するにあたり，専門職としての倫理教育を受ける。そして専門職の倫理的ケアは，ケア実践の現場で一般の人々のケアの「範型」にもなる。

　もっとも専門職だけでなく，家族，友人，近隣の人々などは，それぞれの関

係の質に基づいたケアを提供できる。しかしそのケアは「自然的ケアリング」
として行われることが多く、「自然的ケアリング」には限界があることを認識
しておくことが重要である。インフォーマルケアの担い手は、その多くが専門
的倫理教育を受けているわけではない。したがって、家族のみ、友人のみとい
ったケアは、ケア負担が大きくなるほど限界となる可能性が高い。

　専門職によるケアは、このような場合に必要なものになる。専門職の介入に
よりケア負担が改善されれば、相互の「実存的なケア関係」を維持することも
可能となる。また、専門職の「倫理的ケア」をモデルとして学ぶことによって、
インフォーマルケアの担い手が、「倫理的ケア」を行えるようになっていくこ
とも期待できる。

　次に「親密圏」における「ケアの意味の生成」についてであるが、「親密圏」
においても、討議倫理に示されるような「理想的発話状況」が求められる。し
かし、「親密圏」の中には、(「親密圏」であるがゆえに) このような「理想的発話
状況」にならない場合も多い。

　例えば「家族」は「親密圏」と同義ではない。例えば、「家父長制的な家族」
はそのヒエラルキーの中で、家族成員の発話が抑制される可能性がある。その
ような場合、討議倫理の「非抑圧性の原理」を満たすことが出来ず、十分な
「ケアの意味の生成」ができない可能性がある。

　これが例えば、「セルフヘルプグループ」のように、ある程度構成されたグ
ループである場合、ケアの意味の生成に足る「理想的発話状況」を作り出すこ
とが可能である。例えば稲沢公一は、セルフヘルプグループは「援助者利得」
の最大化[3] を図るために、最低限次のような条件が必要になると述べている。

「1：同一もしくは類似の問題をかかえる当事者によって構成されていること。
　2：グループの運営に関わる意志決定は民主的になされ、かつ、メンバーが
　　　その主導権を確保していること。
　3：メンバーは、自発的な意志によって参加していること。」(稲沢 2002：
　　　490)

　これらの条件は討議倫理に類似している。１については，討議倫理における「被抑圧性の原理」と「非排除性の原理」，２については，発話の「非制限性の原理」，３については「誠実性の原理」と同じような効果を生むことを期待でき，このように構成されたグループ内では，相対的にケアリング関係がより良い形で展開され，その結果，対話的行為による「意味の生成」も行いやすい。

　もっともすべての「親密圏」に，このように構成された空間を求めることは無理だろうし，「親密圏」の中で交わされる「自然的ケアリング」により，雑多だが豊かなケアの意味の生成が行われることにこそ「親密圏」の価値があるともいえる。また「システムによる生活世界の植民地化」が起こっている場合には，人々の十全な「ケアの意味の生成」は行われない。さらに「親密圏」における「自然的ケアリング」には限界があり，生成される「雑多なケアの意味」の中には，パターナリスティックで受け入れがたい「ケアの意味」も生じるかもしれない。しかし，このようなものも含めて，雑多に，多様にケアの意味が生成されること自体は重要である。「システム」が「生活世界」を覆っている状況で，「ケアの意味の生成」そのものが乏しい状況では，「公共圏」における「ケアの意味」をめぐる討議は貧しいものになるだろう。その意味でも，多様な「親密圏」における「雑多な意味の生成」は重要である。

　ただ，一方で「パターナリスティックな関係」，偏見や誤ったケアの認識に基づくケア関係は，できるだけ無いほうが良い。そのようなケアリング関係に対しては，周囲の者や専門職等が，ケースに応じて適切に介入し，その関係によって抑圧されている人々がいれば，その人たちが自身の「ケアの意味（実存）」を適切に表出できるような関係性の作り直しの支援を行う必要がある。

　このように，「親密圏」における「ケアの意味の生成」を，少数者にも開かれた形で適切に確保するためには，様々な「親密圏」の発生を促進するとともに，抑圧的な関係に置かれている「親密圏」には適切な介入を行い，「セルフヘルプグループ」のような意図的な「親密圏」を作っていくことが必要である。このような多様な「親密圏」をケアリングコミュニティの中に確保することによって，多様な「意味の生成」が可能となる。

　最後に，「公共圏」における「ケアの意味の生成」について考察しておこう。
「親密圏」での「ケアの意味の生成」は多様に雑多に行われるが，「公共圏」
においては，ケアリングコミュニティ全体の「ケアの意味の生成」に関わるた
め，より一層厳格な「討議倫理」の適用が求められる。「公共圏」における「ケ
アの意味の生成」においては，ケアリングコミュニティに生きる，できるだけ多
くの人々の「ケアの意味に関する見解」を「公共圏」に提出し，正当な討議の
ルールに従って熟議のうえで「ケアの意味」についての合意形成を図ることが
求められる。

　そのためには，ケアリングコミュニティ内に公共の討議の場を多様に設定す
ることが重要であろう。ケアリングコミュニティの基本的な単位を市町村基礎
自治体とするならば，このような「公共の場」を設定する責任は，「条件整備
主体」としての市町村基礎自治体が負っている。先述したように，このような
場は，「議会」「各種公的委員会」「ケア会議」「協議体」などが該当する。「議
会」はケアリングコミュニティにおける「法・制度化」を図る機関として重要
な役割を果たすし，「議会」以外にも，地域福祉計画策定委員会などの「各種
公的委員会」，より小地域レベルの「地区社協」，そして地域包括ケアシステム
に位置づけられる「ケア会議」「協議体」などは，より身近な地域でその地域
における「ケアの意味の共通認識」を図るうえで重要な役割を果たすと考えら
れる。

　例えば人口規模の大きな自治体では，市町村全体に一つの議会や委員会では，
ケアリングコミュニティ全体の意見をできるだけくまなく吸い上げるには限界
がある。直接の利害関係者の顔の見える範囲内で討議できる規模でなんらかの
「協議体」があることが望ましい。人口規模で言えば 5,000 人～1 万人，多くて
も 2 万人以内に 1 カ所の「協議体」であれば，ある程度「顔の見える関係」が
維持できると考えられる [4]。

　このような「公共の場」で「ケアの意味」を生成させるには，「ケアの意味」
をめぐって，「実存」同士が互いの意味を表出しあう討議が必要になる。した
がってそれは予定調和的な「会議」ではなく，また多数派に少数派を従わせる

「多数決の場」でもない。またそれは「競争的討議」の場でもない。「公共圏」における「ケアの意味の生成」は，討議倫理に基づいた「対話的状況」の中で，合意形成を求めて「実存」と「実存」が交流し，熟議の末に何らかの「共通善」が生み出される場所であることが重要である。

　したがって，そのような討議の場を形成するための意図的な場の形成が重要になる。「公共圏」における討議倫理は，その意味で「親密圏」のそれより厳密なものになる。

　より具体的には，「公共圏」における討議の方法を，「理想的発話状況」になるように，ある意味では「統制」することが重要になる。近年は対話的なコミュニケーションを重視した様々なワークショップが様々な場面で試みられている。例えば，「ワールドカフェ」や「オープンスペーステクノロジー」といった手法があるが，これらの手法では，参加者が自由な雰囲気の中で，お互いの意見を尊重しながら話を進める「対話」を重視し，対話形式のコミュニケーションに統制された空間の中で，人々が共有できる「意味」の創出を図ろうとするところにその特徴がある。たとえば，デビット・ボームは，対話の作法として，次のようなものを挙げている。

・明確な目的を定めなくてもいい。結論を導き出そうとしない。
・人を「説得」する必要は無い。
・あらゆる「想定」を保留する（自分の価値観で判断することをいったんやめる）。
・情報やアイデアではなく「意味」を共有する。
　（Bohm 2004＝2007：44-114；ここでの整理は，本著作の日本語版帯の記載内容を参考に一部筆者が改変している。）

　このボームの示す「対話」の作法は，結論を導き出そうとするための「競争的議論」を排除しており，「あらゆる『想定』を保留する」という点で，参加者が他者の意見を受け入れるための「不偏・不倒性」あるいは「非抑圧性」を担保している。また，対話において生成されるのは，何らかの目的論的決定や，

機能的に交換される情報やアイデアではなく，人々の間で共有される「意味」である。

　「公共圏」においては，このような形で「ケアの意味の生成」の場を保障することにより，ケアリングコミュニティ内部で共有し，流通すべき「ケアの意味や価値」を生成していく。そしてその中から，「法・制度」として構築されるものが選択される場合もある。

　「個別支援の現場」「親密圏」「公共圏」のそれぞれの領域で生成されてきた「ケアの意味」は，様々な形でケアリングコミュニティ内部に流通し，人々のケア実践の意味や，人々の「実存」そのものを支えることになるわけである。

④ ケアリング実践や討議の過程の中で，人々の主体形成と「実存的意味の深化」を図る機能

　次に検討するケアリングコミュニティの機能は，人々がケアリングコミュニティの内部で，ケアリング実践や「ケアの意味」を生成するための討議等を通じて，人々の主体形成と「実存的意味」の深化を図る機能である。

　人々が自身の「実存的意味」を深化していくということは，人々が自分の「生きる意味」を自覚し，世界の中で自分の「居場所」や「役割」を持ち，心も身体も満たされ，多様な「他者」を含む「世界」の中で，それらとの関係性を深く広げながら，充実感を持って生活を営んでいく状態である。「深化」という言葉で表現しようとしているのは，このような生活を目指した営みがつねに深められていくということ，つまり人間の「生」には決まりきった「終わり」や「ゴール」があるのではなく，生まれて死に至るまで，あるいは死後に未来に何ものかをつなぐことがあるように，死をも超えて深められていくものだという含意がある。

　したがって，ケアの実践に関わるものは，「ケア」という行為が人々の「実存的意味」の深化に関わるものであることを自覚しつつ，その人の「実存的意味」が深化するように，またその「実存的意味」の深化をその人自身が自身の力で成し遂げられるように，人々の「主体形成」を支援していく視点が求めら

れる。

　主体形成については第２章第２節で，大橋のケアリングコミュニティ概念の中核に「『博愛』と『社会契約主体』を身につけて行動できる『公民』としての主体形成」という，主体形成の重要性が位置づけられていることを検討した。大橋は次のように述べている。

　「住民が生活者としてのエゴイスティックなままでなく，地方自治体のあり方に参画できる『市民』としての力量，あるいは国のあり方も含めて『博愛』と『社会契約主体』を身につけて行動できる『公民』としての主体形成が今求められている」(大橋　2014：15-16)。

　ここで大橋が重視している「主体形成」は，第１に「博愛」であり，筆者は，それを，「人と人とが互いに慈しみケアし合う『ケアリング』」関係を表している」と解釈した。第２に「市民としての力量」や「社会契約主体」といった，「自律的市民，あるいは公民」としての主体形成である。筆者はこれを，「人と人とが互いに慈しみ関わり（ケアリングし）ながら，一人ひとりの自己の主体の自律性は確保されているという状態を作り出せる能力」と解釈した。そしてこれらを総合して，自らが生活するケアリングコミュニティのあり方を，ケアリングコミュニティに共に住む人々と共同で決定し，かつ，その運営を共同で担うことのできる「公民」としての能力も含まれると考えられる。

　大橋は，地域福祉の主体形成として「①地域福祉計画策定主体の形成，②地域福祉サービス利用主体の形成，③地域福祉実践主体の形成，④社会保険制度契約主体の形成」の４つを挙げている（大橋　2014：15）が，筆者は，ケアリングの概念を含めて考えれば，大橋の主体形成のより具体的な内容は，大橋の６つの自立概念に反映されているのではないかと考えている。筆者は大橋の６つの自立概念の内的連関構造を第２章第２節において分析し，「ケアリング」概念を構成する５つの自立と，「ケアリング」の限界を補完する「（自律的）意思決定的自立・契約的自立」からなる，人間の主体の全体構造を表していると考

えた。大橋が示している4つの主体形成は，主に「市民」や「公民」としての，「ケアリングコミュニティの構築や運用を担える主体」の具体的な内容を表しており，6つの自立概念のうち，特に「ケアリング」概念を構成していると考えられる5つの自立概念は，大橋のいう「博愛」を展開するための主体であり，お互いにケアリングを行うことができる，「主体のケアリング能力」の具体的な内容を構成していると考えている。したがって，「ケアリング能力」を含めた主体形成をより全体的に構造化するためには，大橋の6つの自立概念を含めて構造化する必要があると考える。

　なお，大橋の4つの主体形成については，原田正樹がこの4つの主体形成をさらに分節化し，③の地域福祉の実践主体を「予防」「実践」，②の地域福祉サービスの利用主体を「発見」「選択」「契約」「活用」，①と④の地域福祉計画策定主体と社会保険契約主体を「参画」「創造」とし，個々人が身につけるべき力量の8つの側面として構造化している（原田 2000：202）。

　筆者はこれらの知見を踏まえ，ケアリングコミュニティ内部で形成が目指される主体は，表4-①のような内容を含むものだと考えている。

　筆者のこの主体形成概念は，これまでの主体形成概念に比べ，地域福祉あるいはケアリングコミュニティの「市民的公共性」を担う主体の部分と，人々が日々の生活の中で「ケアリング」を行うことに関わる「ケアリングを行うことのできる主体」との部分を，統合する形で検討したところに特徴がある。また，筆者が特に主張する「ケアの意味の生成」という部分，またケアリングの営みが「実存的意味」を人々が互いに深化させることであるという含意があることも，筆者の主体形成概念の独自性である。

　特に，主体形成の枠組みに大橋の6つの自立概念を導入することは意義が大きいと考える。従来の主体形成の枠組みでは，「ケアリングできる主体」の位置づけが欠けていた。大橋の6つの自立概念を主体形成の枠組みに組み込むことで，日常的なケアリングの主体を含めてその構造を捉えることができる。

表4-①　ケアリングコミュニティの主体形成の枠組み

Ⅰ）他者とともに，「ケアの意味」を生成できる主体
ⅰ）自己の実存的意味を表出できる主体（※<u>精神的・文化的自立</u>） 　ⅱ）他者の実存的意味を理解し受け入れることのできる主体 　ⅲ）対話を通じて他者や社会との関係をつくることのできる主体（※<u>社会関係的自立</u>） 　ⅳ）他者との対話を通じて，社会的な「ケアの意味」を合意することのできる主体（※<u>意思決定的・契約的自立</u>）
Ⅱ）他者にケアを提供できる主体（※<u>地域福祉実践主体の形成</u>）
ⅰ）身体を通じて何らかの具体的なケアが提供できる主体 　　（介護，家政，生活技術等　※<u>身体的・健康的自立，家政的・生活技術的自立</u>） 　ⅱ）科学的合理性に基づいてケアが提供できる主体 　　（エビデンスに基づいたケアの提供） 　ⅲ）経済的合理性に基づいてケアが提供できる主体 　　（家計管理的技術等） 　ⅳ）スピリチュアリティを含めた「実存的ケア」が提供できる主体 　　（実存と実存同士の関わりを通して，全人的にケアを提供する技術） 　ⅴ）他者の「実存的苦しみ」に共感し，そのような人を発見し，適切なケアを提供することができる主体
Ⅲ）ケアリングコミュニティ全体に関わる「ケアの意味」を合意することのできる主体 　（※<u>意思決定的・契約的自立，社会保険契約主体の形成</u>）
ⅰ）討議倫理に基づいた討議を展開できる主体 　ⅱ）自分の考えだけでなく，他者の意見も尊重し，熟議の上で最も公正な「ケアの意味」を合意できる主体
Ⅳ）ケアリングコミュニティの「システム」を構築・運用できる主体
ⅰ）合意された「ケアの意味」に基づいて，その「意味」を具現化できる適切な「システム」を構築できる主体（地域福祉計画の構築，法・制度化できる技術　※<u>地域福祉計画策定主体の形成</u>） 　ⅱ）構築された「システム」が，「生活世界」を植民地化しないように管理し，また効率よく運用できる主体（システムを効率的に運用，評価できる技術＝アドミニストレーション技術，※<u>地域福祉実践主体の形成</u>）
Ⅴ）構築された「システム」を含むケアリングコミュニティ全体の資源を活用し，地域の中で他者と共に互いの「実存的意味」を深化しながら豊かに生きていくことのできる主体
ⅰ）自分の「実存的意味」に適合するケアを他者と共に選択し活用できる主体（※<u>社会福祉サービス利用主体の形成</u>） 　ⅱ）自分の「実存的意味」を深化させる何らかの役割に従事し，その役割における「ケアリング」を通して自分の「実存的意味」を深化させることのできる主体（※<u>労働的・経済的自立</u>）
（※印をつけ，下線を引いた部分は，大橋の4つの地域福祉の主体形成と，6つの自立概念が，筆者の主体形成の項目の中で当てはまる部分を示している。）

出所）筆者作成

　たとえば，Ⅰ-ⅰ「自己の実存的意味を表出できる主体＝精神的・文化的自立」は，自分の「こう生きたい，こうありたい」という意思を表出する力のこ

とで，これができなければ人は「ケアの意味」を他者に伝えることができず，実存は満たされないままに終わる可能性が高い。またⅡ-ⅰ「身体を通じて何らかの具体的なケアが提供できる主体」は，身体的・健康的自立及び家政的・生活技術的自立を含んでおり，その人が自分の「実存」に基づいて，「身体」を用いて社会の中で具体的に何かを具現化できる能力である。これができることで，「実存」は自分の実存を満たすことができ，また他者に対してなんらかのケアを提供することも可能になる。このように，大橋の6つの自立概念を組み込むことで，より日常的なレベルの主体形成の課題を明確にできるところに，筆者の主体形成概念の特徴がある。

　では，上記のような主体形成を図るにはどのような取り組みをケアリングコミュニティ内部で実施していけばよいだろうか。

　大橋は「『博愛』と『社会契約主体』を身につけて行動できる『公民』としての主体形成」の課題について触れた際，「このような主体形成や市民活動は，自然発生的にはつくれない」とし，「そこには"主体形成に向けての学習"が必要である」とした。特に大橋は，フランス市民革命の後に，「博愛の哲学」あるいは「社会契約」という理念を具現化させていくうえで，「成人の"理性"が重要で，その"理性"をみにつけるために成人の社会教育を公費で行うべきであるとした点は注目に値する」と述べている（大橋 2014：15）。

　大橋の指摘する，フランス革命後のフランスの「公教育」を基礎づけたのは，コンドルセの「公教育」についての提起である。コンドルセは，「公教育の本質と目的——公教育に関する第一覚書——」の中で，「公教育は国民に対する社会の義務である」と書き出し，その理由について，次のように述べている。

　「社会というものは，個人の福祉に共同の力を協力させることによって必然的に自然的な不平等を減少させている。しかし同時に，この福祉はいっそう人間相互の関係に依存することとなり，もしわれわれが幸福について，また共同の権利の行使に関して，個人の知性の差から生ずる不平等を小さくし，ほとんど無に等しいものとしない限りは，その度合いに応じて不平等の事実は増大す

るであろう」（Condorcet 1791＝1962：9）。

　そしてコンドルセは「この義務は，他の人への従属関係を引き起こすような不平等をいっさいなくすることにある」とし，次のように述べる。

　「たとえ平等な教育であっても，生まれつきよい素質に恵まれた人々の優越性を増大させないわけにはいかない。
　しかし権利の平等を維持するためには，この優越性が，実際の隷従関係をひきおこさないこと，法律によってその享受を保証されている権利を，他人の理性に盲従することなしに自分で行使できるだけの教育を各人が受けているということ――それだけで十分である。」（Condorcet 1791＝1962：10）。

　つまり，「公教育」は一人の人間が，他者に隷従することなく，自分自身の理性や判断で，自分が持ちうる権利を享受することができるようになるために，そしてそれが社会の不平等をなくすために重要であるがゆえに，コンドルセはそれを社会の義務として要請したわけである。コンドルセのこの論述で興味深いのは，「個人の福祉」が「人間相互の関係」に依存していることを指摘していることである。これを「ケアリングの視点」で見た場合，人間の「福祉」は，他者とどれだけ豊かな「実存的な触れ合いのある関係」によって結ばれるかが重要となる。しかし，このような関係を結びうるかどうかは，その人の「ケアリング能力」によって左右されてしまう。コンドルセのいう「知識」や「理性」を「ケアリングする能力」に置き換えると，私たちの社会は，「ケアリングする能力」の差異によって，人々の間に「福祉」に関する不平等が生じないようにするために，人々に「ケアリングする能力を身につけさせるための教育の義務」を負っていると解釈することができる。
　コンドルセは，公教育の場を①普通教育，②職業教育，③科学に関する教育に分類した。またさらに，教育は一生を通じて行わねばならないとし，次のように述べている。

「教育は，みずからが形成した人々を保持し，完全にしなければならず，またそうした人々を啓蒙し，誤謬から保護し，再び無知な状態に転落することを阻止してやらねばならない」（Condorcet 1791 = 1962：22-23）

わが国で一般に「公教育」というと，小学校・中学校の「義務教育」を連想させるが，コンドルセの目的はあくまで人々が「知識」や「理性」による差異から人々が不平等な状況に陥らないようにすることであり，そのためには一生を通じてそのような教育の場を保障すべきと捉えている。

「ケアリング」の観点からも，人は生まれてから死ぬまで，あるいは死後も含め，様々な物事あるいは他者とのケアリングを通して，自身の「福祉」を高めていく存在である。ゆえにある一時期に「ケアリングする能力」を学んだだけでは，その能力を維持することは難しく，まして成長発達とともに人々が経験する様々な困難に「ケアリング能力」で対処するためには，その時々の課題に対応できる学びが必要であろう。「ケアリング」に関する学びは，まさに「生涯学習」として保障されなければならない。

さてわが国の地域福祉実践においては，福祉教育実践が重視されてきた。ケアリングコミュニティにおける主体形成のあり方を考えるうえで，福祉教育の理論が，ケアリングコミュニティの主体形成の課題に対してどのように適用できるかを簡単に考察することにしたい。

原田正樹は，福祉教育の課題の一つとして地域福祉の主体形成をその目標に置いているが，特に重視されている視点として「当事者性を育むこと」がある。これは，福祉教育が「対象者」という形で「当事者」を「外在化」してきたことへの反省の視点に立っている。福祉教育で身につけるべきは，自分自身も「福祉の当事者」であることを認識し，それまで「対象者」として外在化してきた「福祉」を，自己の中に内在化し，お互いが共に福祉の「当事者」として共に生きるあり方を模索するという含意がある[5]。

原田の「当事者性を育む」という認識を，筆者のケアリング概念に照らせば，人はケアリングという関係性を通して自身の生きる意味や「実存的意味」を豊

かにできる存在であり，それは，ケアする相手を「対象化」しては得られない
ものである，という認識に通底する。ケアリングはそれぞれの「実存」，すな
わち「当事者性」を関わらせることであり，「当事者性を育む」ことは，ケア
リングコミュニティにおける主体形成を図る際にその前提としなければならな
いことであるということができる。

　ただ，「当事者」という言葉を用いることには注意を要する。「当事者」とい
う言葉は，何か特定の物事に直面している，特定の人のことを指して「当事者」
というが，「当事者」という言葉によって，「特定」の物事に直面している人と，
そうでない人を分けてしまう危険性がある。

　この点については，松岡広路が「当事者と非当事者の二項対立」の問題とし
て考察している。松岡は，この二項対立の問題を意識しながらも「『当事者』
という概念装置を批判的に問う」ことを通して「その装置を実践的に解体・再
統合しつつ，『当事者集団』の疎外という現実からの解放を推進してゆくことが，
『当事者主権』を現実化する上で欠かせない方策となる」(松岡 2006：15) と，「当
事者」概念の使用の意義を強調している。松岡は，「『当事者―非当事者』とい
う二項対立的な論理枠組みにおける当事者ではなく，問題の解決に寄与する（す
べき）人間としての当事者が，いかに形成されるのかを問うことが，『当事者主
権』の立場から求められていると捉えられるべきであろう」(松岡 2006：15) と
し，「当事者」という言葉に「問題解決の主体としての当事者」という意味を
込めている。

　しかし，「当事者」という言葉を用いなければ，人間が「問題解決の主体」
であることを規定できないのであろうか。

　筆者は，人間は多様で「差異」ある存在であるが，逆にその「差異性」がケ
アリングによる「実存」の深化を図る源だと考えている。「他者」は「絶対的
な他者」として「私」の前に現前するからこそ，無条件のケアを提供する対象
となる。それは「ケアの非対称性」として限界をはらんだ関係であるが，それ
が「ケアの動機」となることも事実である。そしてこの「差異」を受け入れつ
つ，それでも共に「世界」の中にあろうとする営みの中で，それぞれの「実存」

が深化し，豊かな「ケアの意味」が生成される。もし「当事者」という言葉で，「私」と「他者」が，同等の立場に置かれることが目指されるのだとすれば，「差異」から生じる豊かなケアの意味は生成されないのではなかろうか。また，先ほど述べたように「当事者」が「特定の物事に直面している人」とそうでない人を分ける時に使われるとすれば，その人を「当事者」とした瞬間に私とその「当事者」を分けて考えることになる。つまり「当事者」という言葉には，「当事者」の「内」と「外」を分けてしまう効果がある。「当事者」という言葉を使うことによって，原田や松岡の意図に反して，パターナリスティックに人々を「対象化」する危険性があるのではなかろうか。

　筆者は，人はそれぞれの「実存」のあり方に従ってそれぞれの「当事者性」を生きる存在だと考える。その意味で人は「一人ひとり違う仕方」で，それぞれの実存の問題の解決を図ろうとしている存在である。「当事者性」という言葉で確認すべきは，そのことだけで良いのではないだろうか。例えば，障害者の「当事者性」と「同じ地平」に私たちが「降りていく」というニュアンスが，「当事者性を育む」という視点に含まれてしまうとしたら，それこそパターナルな，上から目線の関わりになりはしないかという危惧がある。

　したがって，筆者としては「当事者性を育む」という言い方を，「差異ある互いの実存を尊重しつつ，差異ある実存同士で関わり合いながら，それぞれの実存（＝当事者性）を深めるあり方を学ぶ」という言葉に置き換えて考えることにしたい。以下の考察では，原田の論考を考察するため，そのまま「当事者性を育む」という言い方をしている部分があるが，筆者が上記のような認識を持っていることを踏まえていただければ幸いである。

　本論に戻ろう。原田は，このように福祉教育の目的を「主体形成」「当事者性を育むこと」としたとき，従来の福祉教育実践が形骸化し，「貧困的な福祉観の再生産」をしてきたのではないかと疑問を呈する。原田はこの「貧困的な福祉観の再生産」の例として，次のような状況をあげている。

　「例えば子どもたちがアイマスクをして，『目が見えない』体験をしてみる。

アイマスクを外したあとで感想を求める。子どもたちは，『不便さ』や『怖さ』
『不安』を口々にする。そこで教師はそれが視覚障害者の日常の実態だと説明し，
最後に五体満足であるあなたたちは，『優しく』しなければいけない，という
まとめをする。そして終了後には，『障害者の苦労がよくわかった』とか『障
害者はとても気の毒なことが実感できた』といった参加者の感想が寄せられる。
一般にはこうした感想を『良い』評価としてとらえていることが多い」（原田
2015：198-199）

　このような取り組みは，福祉の「対象者」を外在化し，その対象者に「何か
をしてあげる」ことを教える福祉教育になってしまっており，「実存」同士の
関わりではない「道具的な関係」になってしまっている。
　原田はこのような状況に対して次のような福祉教育のあり方を提唱する。

　「これまで福祉教育実践では，例えば障害のない人が，障害のある人のこと
を理解するといった一方的な図式で捉えがちであった。つまり福祉サービス利
用者は福祉教育実践の対象であって，参加する側として捉えられてこなかった。
地域住民の『だれも』が福祉を学習する権利があるという思想の中では，まさ
に双方向的な関係形式が必要であるし，どのような立場であっても，お互いが
『学び合う』という構造が福祉教育では大事にされなければならない」（原田
2015：200）。

　「福祉」はだれもが平等に享受するべき人間の状態であり，それは人々の関
係性に依存する。したがって，「福祉の学び」は，人々の双方向の関係性，す
なわち「ケアリング」に依存しており，それなくしては「福祉の学び」すなわ
ち主体形成は達成されない。では，具体的にはどのような形で，ケアリングコ
ミュニティ内部での主体形成を図っていけば良いのだろうか。原田は，コミュ
ニティソーシャルワークの中で，「（前略）主体形成のアプローチを意識して，
ソーシャルワークに内在する主体形成を促すような働きかけをしていくことが

不可欠である」とし，「例えば地域福祉計画を策定するということは，その過程に関わる人たちにとっての学習の場であるという側面を意識するということである」と述べる（原田 2015：202）。

　原田はこの主張の前提として，専門職がパターナリスティックに福祉教育を行っていくことについてその問題点を指摘している。福祉教育は人々の「ケアリング」の営みそのものの中にあるので，専門職や教師が一方的に教えられるものではない。したがって「福祉教育」の営みは人々のケアリングの現場，あるいは「ケアの意味の生成」を図っていく現場において，そこに内在化している福祉の学び＝「ケアの意味」を活用しながら，人々がそこから多くの学びを得られるように，その環境を整えるような関わりが求められるといえる。また，学校における福祉教育も，より多くのリアルな「ケアリング」の機会を通して，展開していく工夫が必要であろう。

　コンドルセの示唆を繰り返せば，このような教育の場を展開していくことは，人々が平等に「福祉」を享受できるために社会が行わなければならない「義務」である。それはケアリングコミュニティの内部に豊かな「ケアリング場面」を確保し，そこで様々な人が関わることによって達成される。これらの取り組みを地域の関係者が連帯して取り組むことを通して，ケアリングコミュニティの主体形成を豊かに進めることができる。

⑤ ケアリングコミュニティで合意された「意味」を基盤に，「道徳原理」に基づいて「システム」を構築し運営する機能

　これまで「システム」については，ケアリングが行われる「生活世界」と対比的に描いてきた。これまでの考察から明らかなように，「システム」はケアリングコミュニティ内で生成された「ケアの意味」に基づいて構築，運営されなければならない。そして「意味の生成」の後に，その中で特に「システム」化されるべきものについて，「公共圏」（「議会」や「公的委員会」など）の中で討議し，「ケアの意味」を満たすことを目的に，必要な「システム」構築が図られることになる。

さてこのような「システム化」のプロセスは，図4-③にも示したが，より
よい「システム」を構築するためには，ケアリングコミュニティ内部でどれだ
け「豊かな意味の創出」がなされたかが重要になる。討議倫理に基づいて，討
議が「理想的発話状況」の中で行われ，それによって人々が「豊かな意味を創
出できたと」実感できるような充実した討議が行われたかどうかが，「システム」
の善し悪しを決める重要な要素となる。

　さて，システム構築の最終段階で「法・制度」を構築する「公共圏」は基礎
自治体等の「議会」ということになろう。しかし，例えば「議会」での話し合
いのみでは「熟議」に基づいた「システム」形成がなされたとはいえない。「議
会」における討議が，ケアリングコミュニティの個々の成員の意見をどの程度
反映させることができたか，特定の人にのみ有利な「法・制度」になってはい
ないか，討議プロセスの中で不当な圧力がかからなかったか，財源的理由のみ
で「システム」が決定されていないかなどを問う視点が重要になってくる。

　ハーバーマスは「システム」の構築につながる「法・制度」を決定する際に
は，厳しい「道徳原理」を規定している。「法・制度化」を図るための討議プ
ロセスをより理想状況に近づけるためには，可能な限り多くの人々の「意思」
を汲み取り，その法・制度がもたらす影響の妥当性について幅広く意見を求め
なければならないが，そのためには「議会」以外に人々の多様な意見を吸い上
げ，より具体的に討議することのできる，様々な「公共圏」を，「議会」のサ
ブシステムとしてケアリングコミュニティ内に多様に設ける必要があると。

　そのサブシステムの一つとして地域福祉実践上重要となるのが「地域福祉計
画」の策定であろう。

　原田正樹は，地域福祉研究における，各研究者の地域福祉計画の位置づけに
ついて整理し，各論者に共通する地域福祉計画の位置づけとして，「ローカル・
ガバナンス」の視点があることを指摘する。原田は「これらの主張に通底する
のは，今後，日本の社会にとってローカル・ガバナンスが重要な政策的かつ住
民自治にとっての課題であり，地域福祉計画が『ローカル・ガバナンス』を構
築していく際に，一つの装置として成り立つ可能性があるという期待である」

と指摘する（原田 2014：89）。

　このような「ローカル・ガバナンス」を担う装置としての役割を地域福祉計画に期待しながら，原田は，「しかしながら，地域福祉計画策定に地域住民が参加するだけでは，ローカル・ガバナンスにならない。またローカル・ガバナンスを構築するための装置として地域福祉計画を機能させるのであれば，この参加と協働の内容と方法を明らかにしなければならない」と述べている。つまり地域福祉計画は，「ローカル・ガバナンス」の装置となるポテンシャルを秘めているが，それは地域福祉計画の策定のあり方次第だということである。

　原田は，その地域福祉計画の策定のあり方の事例として，自身もその策定と運営に関わった，長野県茅野市の事例を取り上げて検討している。筆者がその中で特に注目に値すると考えているのは，茅野市の地域福祉計画策定過程における「ターミナルケア部会」における討議の内容である。

　原田はこの「ターミナルケア部会」の検討課題が「人生の終わりを大切にできる茅野の文化づくり」だったことを指摘する（原田 2014：97）。これは「公共圏」において，「死に方，生き方」といった「ケアの意味」の生成を目指した討議が行われていたことの指摘である。

　また原田はこの部会ができた背景について「茅野市において長年にわたる保健補導員活動や彼女たちを中心にした『いのちの輝きを考える会』といった生涯学習のサークル活動，そして諏訪中央病院の緩和ケア病棟でのボランティア活動など，その下地となる層の厚さがあった」と紹介している。

　これは，「公共圏」のさらに下側に，さらに具体的な「公共圏」あるいは「親密圏」があり，そこでの豊かなケアリングの実践が，「ターミナルケア部会」の形成を下支えしていたことを示している。まさに，豊かな「ケアリング」の実践の下地があって，「公共圏」における討議が豊かに行われた事例だと評価することができる。このようなターミナルケア部会での討議プロセスが反映される形で，茅野市の地域福祉のあり方が最終的に「茅野市の地域福祉とは，安心して在宅で死ねること」という意見に集約されたことを原田は印象深く紹介している（原田 2014：97-98）。

　原田が検討した茅野市の地域福祉計画策定プロセスは，筆者の考えるケアリングコミュニティにおける「システム構築」のあり方について典型的なモデルを提示している [6)7)]。

　さて，茅野市の地域福祉計画策定プロセスから得られる示唆は，第1に「システム」構築に至るまでに多様な人々の「ケアリング実践」が地域の中で豊かに展開されていること，第2にその多様なケアリング実践から上がってくる「ケアの意味」を「公共圏」においても豊かに検討し得る「回路」（茅野市におけるターミナルケア部会，開かれた地域福祉計画策定委員会）を持っていること，そして，第3に，そこで検討された「ケアの意味」が反映される形で，実質的な「システム」が構築されること，以上3点の要素が重要である。

　次に，構築された「システム」をどのように運営していくかという課題について検討していくが，この課題は，ケアリングコミュニティのアドミニストレーションの課題ということができよう。

　この課題を検討していくうえで，参考になる文献として，森明人の『市町村社会福祉行政のアドミニストレーション』がある。筆者の関心でいえば，市町村行政は今後のケアリングコミュニティにおいて，「システム」を体現する組織体である。この「システム」としての市町村行政をどのように運営するかという森の問題意識は，筆者のケアリングコミュニティにおける「システム」運営の課題についての関心と共通している。

　筆者が森の市町村行政のソーシャルアドミニストレーション機能の考察で注目するのは，第1に介護保険財政が逼迫する中で求められる「経済的合理性」と行政アドミニストレーションの観点を検討している部分，第2にソーシャルエンタープライズといった，行政の枠外からボトムアップ式に起こってくる新しいケア主体との「協働」という形で，市町村行政のアドミニストレーションを検討している部分である。

　森は，「地域主権化時代の『市町村行政のアドミニストレーション』における課題は大きく分ければ，第1に市場型サービスに対する『市町村行政のアドミニストレーション』が課題となる」と述べ，「市場型福祉・介護サービスの

運営をどう管理するかという課題が，監査・管理監督問題として，サービス質確保及びサービス評価の問題とセットで大きな課題となる」とその課題を指摘する（森 2018：133）。

　森がその課題に対して挙げている，市町村行政のアドミニストレーションの対応策として筆者が注目するのは，サービスの評価に対して市町村行政が，「(前略) 如何に関連サービスの評価に対する評価方針や目標を書き込めるか」という指摘と，「(前略) ニーズ調査を数量調査のみならず，ソーシャルワークのシステム化により，アウトリーチ機能から多様な質的ニーズの把握を実施し地域ケア会議の『サービス開発』や『実践システム』の構築に向けたニーズ情報として活用 (後略)」する必要性を指摘している点である（森 2018：133）。

　ここにはまず，「市場的サービス」を評価する前提として，単に「費用対効果」という視点で評価しない市町村行政の姿勢を求める視点がある。特にサービス評価の「評価方針」や，「目標」をいかに書き込めるかという点は，筆者の「ケアの意味」によって「システム」を運営・評価するという視点からも重要である。

　また，「ニーズ調査」をアウトリーチ的に行う必要性についての指摘も重要である。「数量調査」のみでは，その中で展開されている「ケアの意味」を掬い取ることができない。人々が日々の「ケアリング」の中でどのような課題を抱えているかを汲み取るには，ソーシャルワーカーなどの対人援助職が「実存的」にその人たちと関わることによって，ようやく汲み取ることのできるものであると筆者は考える。それは「実存的ニーズ」ともいえるもので，数量的な調査では当然汲み取ることが難しい。そして，そのように集められた「質的ニーズ」を，地域ケア会議等で吟味し，「実践システム」に還元していくというアドミニストレーションの方法が重要である。

　このように森が，財源問題を抱える市町村行政が単に「費用対効果」(つまり経済的合理性) の視点からのみ市場サービスの評価を行うことを退けていることは，重要な指摘である。「市場システム」はややもすれば，「ケアの意味」を考えずに「安かろう悪かろう」のサービス提供に堕してしまう危険性がある。

それを的確に運営管理していくことは，きわめて重要な行政アドミニストレーションである。

森はもう1点，「市町村行政のアドミニストレーション」の課題として，「ソーシャルエンタープライズ」という新しいケアの「実施主体」といかに協働するかを挙げている。「ソーシャルエンタープライズ」には様々な形態の法人・事業者が含まれるが，いずれにしても市民の側からボトムアップ式に生成されるケアの提供主体であることは間違いない。それらは行政システムの外側に，行政システムの意図とは関係なく生まれ，コミュニティの中でケアを提供し始める。このような主体との協働を，市町村行政としてどのように行っていくかが課題として問われることになる。森はこれを「協働」の課題として次のように指摘する。

「『地域コミュニティづくり』は市町村ごとに地域資源に応じて，ボトムアップ型に創造していくことが求められる。政策による資源配置では，『地域コミュニティづくり』の内実を豊かに展開できない（傍点は筆者）」（森 2018：133）。

森は，市町村行政といった「システム」の側が一律に「資源配置」を行うことを否定している。そして，地域の中からボトムアップ式に生成する様々な「コミュニティ」の存在が，「地域コミュニティ＝ケアリングコミュニティ」の内実を豊かにするという視点を持っている。そして「システム」とボトムアップ式に生成される「コミュニティ」とは，「協働」を図ることが重要だと指摘し，「システム」の側はその「協働」のあり方を含めてアドミニストレーションを展開しなければならないと考えている。

森はこのような市町村行政のアドミニストレーションの理論モデルの基礎として，大橋のソーシャルアドミニストレーションの概念を詳細に検討し，それを自身の理論の基礎として位置づけている。特に大橋の，「地域福祉推進を支える基盤を公民形成に求め，『草の根地域福祉』の実践を通して形成していこうとする点」（森 2018：93）を自身のアドミニストレーションの基礎に置いてい

る。森の大橋理解は，筆者も共有するものであり，「草の根」の「公民」としての人々が，ケアリングを通して自らの「実存的意味」を高め，つまりは主体形成し，その力量をもって「システム」構築と運営を担えるようになるということがきわめて重要な営みとなる。

　以上，本項では，ケアリングコミュニティの具体的な機能とその担い手について，①ケア対象者の「価値選択」に基づいてケアを提供する機能，②ケアリングの場や関係性を作り出す機能，③ケアリングコミュニティ内の「意味」を生成する機能，④ケアリング実践や討議の過程の中で，人々の主体形成と「実存的意味の深化」を図る機能，⑤ケアリングコミュニティで合意された「意味」を基盤に，「道徳原理」に基づいて「システム」を構築し，運営する機能の5つの機能とその具体的な方法及び担い手を検討してきた。

　ここまでの検討で明らかなように，これらの機能はそれぞれ独立して機能しているというより，すべての機能が連関してケアリングコミュニティ全体のダイナミクスを駆動していると考えられる。次項では上記の知見を踏まえて，本節の最終的な目的であるケアリングコミュニティの実在的構造の内的な構造連関について考察する。

(2)　ケアリングコミュニティの実在的な内的構造連関

　前項で述べたケアリングコミュニティの各機能は，それぞれケアリングコミュニティの重要な機能であるが，それぞれが個々で独立して機能しているわけではない。①のケアを提供する機能は，同時に③のケアリングコミュニティの意味を生成する機能になっている。②のケアリングの場や関係性を作り出す機能は，同時にその形成のプロセスを通して④の人々の主体形成と「実存の意味の深化」を図る機能を果たす。このように各機能はケアリングコミュニティのダイナミクスの中で相互に連関して機能している。

　ここでは，それぞれの機能の構造連関について，ケアリングコミュニティのプロセスを俯瞰的に見ながら，その構造連関についてまとめておく。

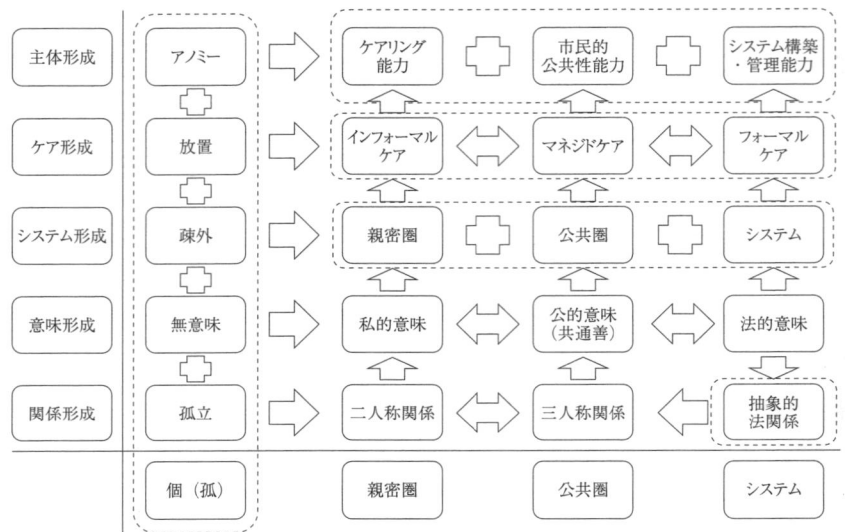

図 4-④ ケアリングコミュニティの実在的構造の内的構造連関

出所）筆者作成

　図 4-④ は，ケアリングコミュニティの実在的構造の内的構造連関を図式化したものである。この図では，まず縦軸に，前項で検討したケアリングコミュニティの機能を並べた。それぞれの機能は，何かを「形成」する機能であるということから，それぞれ語尾を「○○形成」と統一した。以下がその対照である。

①ケア対象者の「価値選択」に基づいてケアを提供する機能→ケア形成
②ケアリングの場や関係性を作り出す機能→関係形成
③ケアリングコミュニティ内の「意味」を生成する機能→意味形成
④ケアリング実践や討議の過程の中で，人々の主体形成と「実存的意味の深化」を図る機能→主体形成
⑤ケアリングコミュニティで合意された「意味」を基盤に，「道徳原理」に基づいて「システム」を構築し，運営する機能→システム形成

　この縦列の並び順は厳密なものではないが，下の機能が基底となって上の機能が創発するという観点で並べてみたものである。厳密でないというのは，例えば「主体形成」は便宜的に最上部に配置しているが，「主体形成」の結果，よりよい「関係形成」や，「意味形成」「システム形成」「ケア形成」も図れる場合もある。一方で例えば「関係」によるケアリングがなければ「意味形成」は十分に図れないというように，「関係形成」が「意味形成」の基底になっているものもある。「主体形成」はこれらのうち最も抽象度が高く，他のすべての機能に相互基底的に関わっているが，ケアリングコミュニティの究極目標は自らの実存的意味に基づいて主体的にケアを選択し，かつ主体的にケアリングコミュニティを構築，運営できることを目指していると捉え，その観点から「主体形成」を最上部に置いた。

　一方，横軸には，ケアリングコミュニティの実在的な「領域場」を設定した。このうち，「個（孤）」は，個人が誰とも関係を持てず孤立している状態を表しており，その意味でその人はケアリングコミュニティにつながることができていない。その他の「領域場」は，左から私的なものからより公的なものになる順序で「親密圏」，「公共圏」，「システム」の順に設定した。

　なお，図中の矢印マークは，ケアリングコミュニティ内における，専門職等の支援の方向性のベクトルを表している。また，点線で囲ったものは，それぞれの機能，領域場にまたがって，一つのまとまりのある領域を形成していることを示している。またプラスマークはそれぞれの領域が基本的に重層的に重なりあって存在していることを示している。

　このように設定した座標軸において，横軸のケアリングコミュニティの各機能が，それぞれの領域場においてどのような機能として発現するかを検討し，座標軸上に示した。その意味するところを概説する。

　まず，横軸「個（孤）」の領域においては，その人は「ケアリングコミュニティ」に結び付けられていないため，ケアリングコミュニティの機能が働いていない。ケアリングコミュニティに結び付けられていない人は孤立し，自分の生きる意味（実存）を持つことや深めることができず，様々なシステムから疎

外され，ケアが必要であっても放置され，その主体はアノミー状態に置かれてしまう。これらが同時に起こっている状態が「孤立」という状況であり，このような状態にある人を放っておくことは，ケアリングコミュニティの理念からすれば容認できない事態である。このように「孤立」している人々に対しては，ケアリングコミュニティによる様々な支援が必要となる。例えば，誰とでも良いからまず「二人称関係」を持つことが必要になる。インフォーマルケアがすぐに対応できない場合は，システム的な「フォーマルケア」の提供が行われる。いずれにしても何らかの形で「孤立」した人をケアリングコミュニティに結び付け，その人が自らの実存をまずは「私的意味」において見出すような支援が必要だろう。ゆえに「個」の領域場から「親密圏」への領域場には，何らかのケアリングコミュニティの支援が必要という意味で，すべての機能から支援のベクトルの矢印が右側に出ている。

　何らかの形でケアリングコミュニティに結び付いた人は，ケアリングコミュニティの様々な機能の恩恵を受けられるようになる。「二人称関係」を得た人は，ようやく「私的な実存的意味」を深めることができるようになる。そしてそこで自らの「実存的意味」を得た人が，より公共的な場の中で役割を得て「公共的意味」の世界に参画することもできるようになるかもしれない。そのようなルートは矢印の方向によって示されている。そしてこの矢印は，何らかのケアリングコミュニティにおける支援のベクトルであるから，このようなプロセスの中でケアリングコミュニティは具体的な支援機能を発揮する。

　例えば，まず「二人称関係」に結び付けるという支援があり，次にその形成された「二人称関係」から「私的意味」を構築する支援を行い，そこで生成された「私的意味」をさらに「公的意味」にまで表出することを助ける支援，という具合に支援プロセスが進む。もしその人が，何らかのケアが必要であれば，「ケア形成」の軸にある「インフォーマルケア」「フォーマルケア」などから自分に必要なケアを選択して利用することを支援する。「ケア形成」の「公共圏」の領域に「マネジドケア」という項目があるが，「公共圏」においてはインフォーマルケアとフォーマルケアなど，様々なケアが適切に「マネジメントされ

てケアされる」という含意がある。

　また，この図では個別支援のプロセスだけでなく，システム形成，主体形成
のプロセスも示している。例えば「システム形成」は，「私的意味の形成」「公
的意味（共通善）の形成」，そして「法的意味の形成」を経て「システム」とし
て形成されることが矢印の方向性によって示されている。矢印はケアリングコ
ミュニティにおける支援のベクトルであるから，「私的意味」の形成がなされ
た後はそれを「公的意味」にしていく何らかの努力と支援が，そして「公的意
味」を「法的意味」にしていく何らかの努力と支援が必要であることが示され
ている。

　この「システム形成」に関わって，注目していただきたいのは，「関係形成」
軸と「システム」軸が交わったところにある，「抽象的法関係」という項目で
ある。この「抽象的法関係」は，「法的意味の形成」に関与していないことに
着目してほしい。むしろ「抽象的法関係」は，「法的意味」が確定されてはじ
めてその効力が発揮される。このベクトルが逆にならないことが重要である。
なぜなら「法的意味」は「抽象的な関係性」からは創発しえないからである。
私たちは法治国家に生きている以上，何らかの法的関係の中に生きているが，
それは私たちの関係を法的には規定するが，法的関係だけでは「ケアリングに
よる意味」は生成されない。例えば，仮に「偽装結婚」をしたカップルを考え
てみよう。法的に婚姻関係が成立すれば，その二人は法的には「夫婦」とみな
されるが，その二人の関係はあくまで「偽装」であるので，そこに実存的意味
を問うような関係性は生じない[8]。つまり，人は「法的関係」のみ（あるいは「シ
ステム」的関係のみ）では，基本的に自らの「実存的意味」を見出すことができ
ないということである。現在の社会福祉のケアサービスは多くが法制化され，
法的に提供されている。これらのサービスは当然重要であるが，人は「法的関
係」だけでは十分に自分の「実存的意味」を深化することができない。もちろ
ん，「システム」を運用するケア提供者が，「システム」の中にあっても「実存
的意味」を持ち，その「実存的意味」に基づいて「人間的ケア」を提供できる
可能性はある。しかし，「システム」によるケア提供は，常に，「無味乾燥のケ

304	第3節　ケアリングコミュニティの実在的構造と8つの分析枠組みの構造連関

アになる可能性」を意識しておかなければならない。このような問題認識を持つためにも，この「抽象的法関係」に注目する必要がある。「抽象的法関係」から「三人称（関係）」「二人称関係」の方向に矢印が伸びているのは，「抽象的法関係」は「三人称」「二人称」関係の中に位置づけなおされないと，「意味」を生成する関係性にはならないことを示している。

　さて，最後に主体形成のプロセスについても確認しておこう。主体形成のプロセスは主に「親密圏」と「公共圏」における様々なケアリング実践を通して，最終的には「システム」構築と「システムの運営管理能力」を身につけることである。特に，「親密圏」と「公共圏」における上向きの矢印は，下のものを基底にその上部の具体的な「システム」や「ケア」をつくっていくことを表しているが，このような「関係」から「意味」「意味」から「システム」，そしてより具体的な「ケア」という形で自分たちの思いを徐々に具現化していく中で，人間の主体的な力量が形成される。それは，「アノミー」状況に置かれていた人が「ケアリング能力」「市民的公共性能力」「システム構築・管理能力」を徐々に身につけていく過程である。裏を返せば，このような形で豊かなケアリングコミュニティ実践に関わることができなければ，十全な主体形成は図れないということでもある。特に十全な主体形成を図るためには，「親密圏」のみの「ケアリング」だけでは十分でなく，また「公共圏」における「討議」だけでも十分でない。「親密圏」「公共圏」「システム」各領域にわたっての実践を経る必要がある。

　例えば，子どもたちの福祉教育を考えた場合，「システム構築」を経験する福祉教育を行うことは重要である。そのような福祉教育を行うには学校のみの実践では十分ではない。例えば，子どもたちの視点で「福祉のまちづくり」を考える。それが，実際に自治体の「公的委員会」や「議会」の場で提案され，実際にそれがシステムとして結実していく。そのような取り組みがなされなければ，福祉教育の効果は十全なものにはならない。

　なお，上記以外にも，この図では，例えば「二人称関係」と「三人称関係」は相互に矢印が出ていて，相互規定的であることを示している。「二人称関係」

は二人称に閉じる可能性があるため「三人称」の視点を持つことがその限界を克服することにつながるし，「三人称関係」は逆に関係が「客観化」されやすいため，人と人との関係が親密になれない可能性がある。したがって，両者は双方の長所と短所を相互に補い合う関係になる。

　同様に，「私的意味」「公的意味」「法的意味」も相互規定的（相互補完的）な関係になっている。「私的意味」はいわば「良心の自由」に相当し，どのような主義・主張を持つのも自由であるが，それは「公共圏」における「公的意味」，社会システムにおける「法的意味」の領域を侵さないことが条件になる。例えば「信教の自由」は保障されなければならないが，「公共圏」に対し破壊的に作用するその「信仰」に基づいた行為は，「公的意味」，あるいは「法的意味」としても認めることはできない。一方で我々は「公的意味」「法的意味」のみに従って生きるわけではない。自由な「趣味」や「嗜好」を持つことは私たちの生活を豊かにする。それらは「公的意味」「法的意味」では充足されない。

　また，「公的意味」として議論されたもの，「法的意味」として法律化されたものが，私たちの「私的意味」に影響を及ぼすこともある。例えば，法制化された「権利」が私たちの私的生活の中で今まで気づかなかった「価値」に気づかせてくれる場合がある。例えば「障害者差別解消法」は，障害を持つ方に対する「不当な差別的取り扱いの禁止」「合理的配慮の提供」という2つの理念を具現化したが，この法律の制定によって障害を持つ方に対する「ケアの意味」を変化させた人もいるだろう。このような形で，「私的意味」「公的意味」「法的意味」は相互規定（補完）的な関係にある。

　以上検討してきたように，ケアリングコミュニティの機能は相互に連関している。そして，これらが全体として円滑に機能するとき，ケアリングコミュニティは「より良いケアの提供」「より良い実存的意味の生成」「より良いシステム構築」「より良い関係性の構築」，そして「より良い人々の主体形成」を図ることができると考えられる。

　特にケアリングコミュニティの実践に意識的に関わる専門職は，このようなケアリングコミュニティの内的構造連関を意識しながら，それぞれの領域にお

いて意図的な専門的介入を行う必要があるだろう。その専門的介入の視点を提供できることも，このケアリングコミュニティの実在的内的構造連関を明らかにしたことの意義である。

第4節　ケアリングコミュニティ概念の地域福祉理論　及び実践への適用可能性

　本節では筆者が検討してきたケアリングコミュニティ概念が，地域福祉の理論において，また地域福祉実践においてどのような形で適用可能かについて考察する。

　筆者がケアリングコミュニティ概念を検討してきた背景には，地域包括ケアシステムや地域共生社会といった現代の社会福祉の方向性について，それらが本来の思想を伴わず，単なる財政的な課題への対応という形で行われてしまうことへの危惧があった。筆者はこの問いに対して「ケアリングコミュニティ」という言葉に着目し，この言葉の概念を検討することを通して，今後の地域福祉実践の規範になるような「価値」の構造を明らかにしようとしたわけである。本節では，本研究を通して得られた知見が，今後地域福祉の理論と実践にどのように適用できるかについて考えてみたい。

(1)　地域福祉の哲学的基盤としてのケアリングコミュニティ概念

　まず，ケアリングコミュニティ概念が，地域福祉の哲学的基盤としてどのように位置づけられるかを検討する。

　地域福祉の理論は，わが国においては1970年代における高齢化社会の進展と，社会福祉内部の思想的変化として，①施設から地域へ，②金銭的補償から対人援助（関係形成）サービスへ，③事後的福祉から予防的福祉へ，④福祉国家的受動的福祉から市民主体的地域福祉へという流れの中でその理論的基盤が整えられていったといえる。なお，ここで筆者が挙げた社会福祉内部の思想的変化の要約は，1974年の岡村重夫の著書『地域福祉論』に拠っている（岡村 1974：1-11）。

　その後の地域福祉理論と実践の歴史的過程をごく簡単に記述すれば，①に関しては高齢社会の進展とともに，1970 年代〜1980 年代を通して在宅福祉サービスの進展が進み，1990 年の八法改正，2000 年の社会福祉法成立と，介護保険法施行を経て，施設から地域へという動きは加速してきたといえる。

　②金銭的補償から対人援助（関係形成）サービスへ，という動きも，概ね①と同じような流れで進展してきたといえるが，近年は地域社会の希薄化に拍車がかかり，世帯人員の減少にともなって，単身高齢者の問題，孤立死の問題が顕在化してきた。また，生活困窮者支援の課題が浮上し，金銭的補償と対人援助サービスの両方を行うことが必要になっている。

　③については介護保険導入後，何度かの改正を経て，介護予防サービスが導入されてきた。ただし，それが単なる介護保険費用抑制策としてしか機能していないのではないかという点については注視する必要がある。

　④については，1998 年の NPO 法の成立，2003 年の地域福祉計画の法制化，またボランティア活動や市民意識の高まり，2008 年の「新しい地域福祉のあり方研究会報告」，2017 年の「我が事・丸ごとの地域共生社会政策」などの経緯を経て，市民主体の地域福祉の推進の理念・法制度は徐々に整備されてきたといえる。もっとも現実に市民主体の地域福祉推進を十全に展開できている基礎自治体は未だ少なく，地域住民が重要な役割を担う「地域共生社会の実現」が「国主導」で進められているという現実がある。

　武川正吾は 2000 年の社会福祉法の成立による「地域福祉の法定化」などを根拠に，社会福祉の中で地域福祉が重要な役割を占めるようになってきたとし，そのようなプロセスを「地域福祉の主流化」とした（武川 2006：1-2）。武川は，地域福祉の主流化の諸側面を 5 点述べており，筆者なりに要約すればそれは，①人口の高齢化による地域福祉の不可欠化，②地域福祉への関心の高まりと活動の担い手の増大，③社会福祉協議会が中心となった地域福祉活動の拡充，④地方自治体の地域政策の保健・医療・福祉へのシフト，⑤地方分権改革の中でのローカル・ガバナンスへの注目である（武川 2012：193-194）。ただ，この武川の地域福祉の主流化論は，現代社会の「現象面」は捉えているが，今後の地

域福祉の方向性については必ずしも明確ではない。

　この点，大橋謙策は自身のコミュニティソーシャルワークの意義を強調する中で，「コミュニティソーシャルワークは新しい社会福祉を切り拓く実践思想であり，新しい社会福祉システムを創造する哲学である」（大橋 2015：8）と明確に地域福祉の「目指すべき」方向性を示している。大橋が，地域福祉の思想や哲学，実践思想としてのコミュニティソーシャルワークにこだわるのは，地域福祉を単に現代に現象する様々な福祉課題に対する対症療法的実践として捉えていないことに由来する。大橋の地域福祉の思想は，第 1 に，誰もが社会の一員として生活できる「共に生きる社会の実現」，第 2 に，「ただ生きている」だけで良いのではなく，その人が社会，経済，文化など，あらゆる分野の活動に参加でき，自己実現して地域の中で「自立した生活」を営むことができるという「地域自立生活支援」，第 3 に，社会の統治システムを行政主導でなく，人々の相互の信頼と互酬，協働で実現する，「住民主体のコミュニティづくり」という形で整理することができる（大橋 2015：8）。そして大橋は，このような地域福祉の思想，哲学の新しい取り組みの一つとして，「新しい社会システムとしてのケアリングコミュニティである福祉コミュニティの構築」を掲げている（大橋 2015：9）

　筆者がこのような大橋の「新しい社会福祉の思想・哲学としての地域福祉」という捉え方が重要だと考えるのは，地域福祉を単に時代の状況に合わせた場当たり的な対応としての方法論として見るのではなく，人間存在の根底に立ち返った時，地域における生活やそこでの人々の関わり，そして地域社会そのものを自ら主体的に創っていくという営みの中に，人間の喜びや幸せ，充実感や自己実現，生きがいがあるということの認識に基づいて，いわば，人間存在の根底に関わるものとして，「地域福祉」を構想している点である。人間の幸福を考え，実践する社会福祉において，人間存在の哲学的考察とそれに基づいた実践が無ければ，社会福祉実践そのものが「形骸化」し，さらには人を援助しているつもりでいて，かえって人々をシステムの下に隷属させる片棒を担ぐことにもなりかねない。

　同様の問題意識は，稲垣久和にも共有されている。稲垣は，社会福祉学が，実証的科学の方向性を示す傾向を批判し，むしろ「"生活世界の意味の充実"を目指す実践的哲学的営みとして位置づけるべき」ことを主張する（稲垣2013：11-12）。それは社会福祉学が，「対人（personal）援助サービスという，優れて価値の中枢に関わる人間学的，倫理学的実践内容をかかえている分野であることと深く関係している」（稲垣 2013：10）。

　さて筆者は，これまでの論考の中で，例えば「ケアの倫理」の分析を通して，「ケアの倫理」や「ケアリングの理論」が，近代以降の「主一客二元論」に基づいた「客観主義的パースペクティブ」への一つのアンチテーゼとして主張されてきたことを紹介した。また，ベックの近代化論や，ハーバーマスの「生活世界」と「システム」の概念を検討する中で，近代化の進展とともに人々の「個人化」が進み，それに伴って人々を社会に再統合する「システム」が肥大化し，その結果人々の豊かな「生きる意味（実存）」の源泉である「生活世界」が「システム」によって植民地化されているという現代社会の認識を取り上げた。このように見たとき現代の「社会福祉システム」は，ベックがいうように，私たちの意図に反して人々の「個人化」を促進してきた可能性が高い。

　このような認識に立った時，仮にこれからの社会福祉課題に対応しようとする「地域福祉」が，単に既存の「システム」の限界を補うための「次世代システム」にすぎないとしたら，哲学・思想を伴わないそれは，ますます人々の「個人化」と「孤立化」を促進してしまうと考えられる。

　筆者は，地域福祉の思想・哲学としてケアリングコミュニティ概念を検討した。このケアリングコミュニティ概念自体は，当然ながら，地域福祉の思想・哲学をすべて網羅するものではない。ただ，筆者が本論文で提示したケアリングコミュニティの哲学は，人間の存在論的把握を基盤にしたケアリングコミュニティ全体の構造とメカニズムを，哲学的に明らかにできたことにその意義があると考えている。

(2) 「地域包括ケアシステム」及び「地域共生社会」政策におけるケアリングコミュニティ概念の示唆

　「地域包括ケアシステム」と「地域共生社会政策」が求められてきた背景は，既存の社会福祉・社会保障「システム」に限界が生じ，新たな社会福祉の「システム」が要請されたことと捉えることができる。より具体的には，超高齢社会の進展とそれに伴う社会保障財政の逼迫，人々の孤立化と孤立死の増大，新しい貧困（生活困窮）問題の出現，障害者の地域自立生活支援の課題，子どもの貧困・虐待への対応など，既存のシステムでは対応が困難な課題が量的にも質的にも増大してきたことがある。

　既存の「システム」で対応できないものを「新しいシステム」で対応しようとするのは，「システム」の「システム」による補完という事態である。検討してきたように，システムの限界をシステムによって補完することは，原理的には「システム化の徹底」であり，それのみでは「システム」が作り出す新たなリスクを増大させる可能性がある。それを押しとどめるには，ベックの言う「システムについての政治的意思決定の仕組み」が必要となる。

　厚生労働省の「地域共生社会の実現に向けて（当面の改革工程）（以下「実現に向けて」）」を読むと，国もこれから作るべき「ケアシステム」が人々の「ケアの価値」を重視しながら進めなければいけないということに自覚的であることが伺える。例えば，「実現に向けて」には，なぜ「縦割り」を克服しなければならないのか，なぜ「つながり」を再構築しなければならないのかについて，丁寧な記述がみられる。また，「なぜ地域なのか」という問いを立て，「地域」において共生社会を実現することの意義が述べられており，「地域」が自分の生活に身近であるがゆえに，そこでの生活課題を「我が事」として捉えること，高齢者，障害者，子どもといった人々が多様にふれあうことにより，人々が充実感や生きがいを得ることができること，そして「支え手」「受け手」という関係を超えて，多様性を尊重し支え合う包摂社会としての地域文化を作ることができることなどが述べられている。（厚生労働省「我が事・丸ごと」地域共生社会実現本部 2016：3-4）。このような「地域共生社会」の理念は，筆者がこれま

で検討してきたケアリングコミュニティの姿にきわめて近い。このような共生社会が作れれば，筆者も理想的だと感じられる。

　一方で懸念もある。それは先ほども指摘したように，これらの政策が「システム」の側から出されたものであるということである。「システム」の側から出された新しい「システム」の形が，たとえ理想的なケアリングコミュニティの価値をその内容に含んでいたとしても，それが人々の間で「ケアの意味」として内面化され，「人々の意思」によって運営されなければ「システム」は形骸化する。

　この点について，例えば「地域包括ケアシステム」の具体的な進め方の指針の中で，「地域ケア会議」や「協議体」の設置などのあり方を示していることは注目に値する。これらに個別支援に関する情報交換，連携から，政策形成に至るまでの役割を位置づけているし，「協議体」については，地域における社会資源を関係者が共に考えながら進めるという意味で，一つの「公共圏」を保障することを示している点で重要である。

　ただ，このような「公共圏」を適切に運営していくためには，「討議倫理」に基づく「協議の場の設定」が重要になるだろう。前節で取り上げた，長野県茅野市の「ターミナルケア部会」のように，多様な「親密圏」に支えられた豊かな「公共圏」の場をいかに作り出せるかということが課題となる。このような「公共圏」の設定と，それを「討議倫理」に基づいて運用する仕組みづくりや人材育成も必要であろう。これらの課題を，ケアリングコミュニティ概念にしたがって乗り越えることができれば，「地域包括ケアシステム」「地域共生社会政策」は，各自治体において理想的な「ケアリングコミュニティ」の具現化を図ることができるかもしれない。

(3) コミュニティソーシャルワーク実践におけるケアリングコミュニティ概念の適用

　本項では筆者のケアリングコミュニティ概念が地域福祉実践においてどのように適用可能かをより具体的に検討するため，地域福祉の実践概念であるコミ

ュニティソーシャルワークにおいて，ケアリングコミュニティ概念がどのよう
に適用されるかを考察する。

　第1に大橋謙策の示しているコミュニティソーシャルワークの機能の11項
目を取り上げ，それぞれのコミュニティソーシャルワークの機能を展開する際，
ケアリングコミュニティ概念の知見がどのような形で用いられるかを検討する。
第2にコミュニティソーシャルワークの展開プロセスに添って，ケアリングコ
ミュニティ概念がどのように適用されるかについて検討する。

　大橋謙策は，コミュニティソーシャルワークの機能について，11項目を挙
げているが（大橋 2015：27-28），この11のコミュニティソーシャルワークの機
能において筆者のケアリングコミュニティ概念がどのように適用されるか，そ
れぞれの項目ごとに考察する。

① アウトリーチ型のニーズキャッチ機能

　ニーズを抱えているのにもかかわらず，豊かなケアリングコミュニティにつ
ながることのできていない者には，その人の「関係形成」の支援を展開し，そ
の人を「ケアリング」状態につなぐことが求められる。この時気をつけること
として，アウトリーチした相手が「家族」などの閉ざされたケアリング関係の
中にいる場合，単なる「孤立」からの関係構築ではなく，閉ざされた「二人称
関係」を「三人称関係」へと昇華する支援が必要である。また「三人称関係」
に昇華させる場合にも，その人がすでに持っている「ケアの意味」を尊重しつ
つ支援する必要がある。今までの閉じられた関係から別の関係につながることで，
当人が別の「ケアリング能力」を発揮し，エンパワーメントされる可能性が高
まる。そのような意味でも，「二人称」から「三人称」への昇華は重要である。

② 個別支援を大切にしながら，家族全体を支援する機能

　家族における「ケアリング」が円滑に機能しない理由の一つは，家族関係が
「二人称関係」の中に閉ざされ，「ケアリング」の限界によってケア負担が過剰
な重荷となり，時に虐待，DV，ネグレクトなどの様相を呈する場合である。

今一つは「親密圏」が「システム」によって植民地化されている場合で，この場合は家族の中で，「ケアリング」に基づいた「ケアの意味の生成」がなされていない。例えば，「経済合理的」に生きることが良いこと，という教育方針で育てられた子どもが，自身の「実存的意味」を見出せずに「引きこもる」ような場合も考えられる。前者の場合は，「二人称」のケアリング関係に適切に介入し，第三者的な倫理的ケアリングによって「ケアの重荷」を取り除き，正常なケアリング関係を回復する支援が必要であろう。後者の場合は，家族の中にある「システム志向」を取り除き，正常なケアリング関係が生じるような支援が求められる。

③ ICF（国際生活機能分類）に基づいた自己実現型ケア方針の立案機能

　ICF は，ケアリングコミュニティ概念においても稲垣の ICF－四世界論として位置づいている。そして大橋のいう，「自己実現型ケア方針」は，「実存的意味に基づいたケア」と解釈することができ，筆者のケアリングコミュニティ概念において中核概念として位置づいている。この機能を展開する際に重要なことは，その人の状態を世界1〜世界4のレベルで正確に把握しながら，専門職側がパターナリスティックにケア方針を決めるのではなく，「実存」と「実存」同士でその人のケア方針の決定に関わり，その人の「実存的意味」を最大限に尊重しながら，決定していくことである。それは，単にケア方針の決定に関わる専門職が，対象者の決定に「唯々諾々と従う」事とも異なる。「ケアの意味」をめぐっては，その人の実存がいかに豊かになっていくかを考慮しつつ，ケアに関わる人々の「討議」によって合意が形成される必要がある。その決定にはその人のケアを提供する家族や専門職，近隣，友人なども関与する必要がある。
　大橋は，ケア方針の決定において，「求めと必要と合意」を重要視しているが，その人の「求め」が単純にその人の「実存」を豊かにするとは限らない。その人に必要なケアは何かを，ケアに関わる人々が考え，その必要性を討議してケア方針を決定することが，その人のケアリングにとってより良い効果をもたらすと考えられる。そして，このような決定は，システム志向的なコミュニケー

ションでは達成されない。ケアは「人と人」とが「実存と実存」で関わることに意義がある。「ケア方針の決定」という事態は，まさにその関係の最たる実践現場であろう。

④ 個別ごとのケアマネジメントにおける専門多職種連携，インフォーマルケアを有機化する個別支援ネットワークの開催，コーディネート機能

　この機能に関しては，実施されている様々なケア，ケアリングに関して，そのケアリング関係を調整する機能として位置づけられる。ケアリングは人間存在の基底にあって，人としての喜びを感じる源泉でもあるが，それが重荷となることで関係者が押し潰されてしまうこともある。ケアリングの限界を補完するには，「システム」による一時的補完と，より多くのケア関係を築くことによる補完があり，後者の方が本質的な解決策になる。このようなコーディネートを行うためには，その人に関わる関係者がケアリング関係を調整し，新たなケア関係を構築することを通して，フォーマル，インフォーマルを問わず適切にコーディネートしていく必要がある。

⑤ 福祉サービスを必要とする人およびその家族のエンパワーメントを促し，継続的に対人援助する機能

　エンパワーメントを促進する必要がある場合，何らかの理由でその人がディスパワーの状態に置かれていることが想定される。ケアリングコミュニティ概念においては，その人の「実存」の状態が「ケアの意味」に満たされていない場合に人はディスパワーの状態になると捉える。「ケアの意味」は適切な他者との関係性の中で生まれてくる。「ケア」が重荷になっていたり，「システム」がその人の「生活世界」を侵食していたりする場合は，「ケアの意味」の生成が十全に行われない。したがって，エンパワーメントを行うには，その人のケアリング関係の状況を的確にアセスメントし，その人のディスパワー状態を作り出している関係性に介入し，新たな関係性をコーディネートして，エンパワーメントを図る視点が求められる。

⑥　インフォーマルケアの開発と組織化機能

　近年，地域社会の関係性の希薄化が進み，人々の「孤立化」が問題となっている。これは「システムによる生活世界の植民地化」の一形態だが，「植民地化」に対抗するためにも「親密圏」における，インフォーマルな人々の関わりは重要である。

　「親密圏」は自然発生的に形成されるが，ケアを必要としている人に適切な「親密圏」が見つからない場合は，コミュニティソーシャルワークの機能で意図的に形成する必要もある。「親密圏」におけるインフォーマルケアは，「システム」によるフォーマルケアを補完するだけでなく，独自の意味づけを持っている。基本的に「システム」によるケアは，本来の「ケアの意味」を生み出す「親密圏」等によるケアの「一時的代替」にすぎない。現代社会は「システム」によるケアが前面化しているため，あたかもインフォーマルケアが「システム」を補完しているように見えるがそれは誤りである。そのような意味でも，「ケアの意味」を豊かに生み出す「親密圏」としてのインフォーマルケアの開発機能は重要である。

⑦　個別支援に必要なソーシャルサポートネットワークの組織化と支援ネットワークのコーディネート機能

　この機能は④の機能にも類似しているが，対象者を継続して支援していくためのソーシャルサポートネットワークをいかに組織化し，そのネットワークをいかにコーディネートするかという機能が含まれる。この機能には，多様なケアをマネジメントしコーディネートする，「公共圏」における「マネジドケア」の展開が当てはまる。

　ちなみに，大橋のソーシャルサポートネットワークの考え方は，社会学者 J.S. ハウスの①情緒的サポート，②手段的サポート，③評価的サポート，④情報的サポートに拠っている（大橋 2015：4）。①情緒的サポートは「親密圏」からも「システム」からも提供される可能性があるが，「親密圏」におけるサポートのほうが本質的である。②手段的サポートは「親密圏」と「システム」をう

まく組み合わせる必要があるだろうし，③評価的サポートは「親密圏」による評価，「公共圏」による評価，「システム」による評価では意味合いが少しずつ異なる。④情報的サポートは誰から得た情報かによって，受け取り方が異なる可能性がある。いずれにしても，様々な領域場から提供される様々なケアを調整し，その人が最も落ち着いて生活ができる「ケアリング」のバランスを調整することが重要になるだろう。

⑧　サービスを利用している人々の組織化とピアサポート活動の促進機能

　この機能については意図的な「親密圏」の形成という形で具現化されるべき課題である。ピアサポートやセルフヘルプグループは，通常の「親密圏」ではうまく自己を表出することができなかったり，あるいは，「ケアの意味」の共有がなかなか図れなかったりする人たちにとって，自己の「実存」を同じ境遇を持つ人たちとの安心感のあるコミュニケーションの中で表出できるという意味で重要である。

　自然発生的に生まれる「親密圏」は，多様で雑多なケアリングの場になるという点で重要であるが，時には「よい意味で統制された親密圏」を意図的に作ることは重要であろう。ケアリングは「実存の表出」によってはじめて可能になるが，社会的少数者等，何らかの理由で「実存の表出」が困難な人にとって，安心して自己表出ができる場は，自身の「実存の意味」を深めるという点で重要である。またこのような場は，「公共圏」に対して少数者の「ケアの意味」を育み，提示していく母体ともなる。通常の「親密圏」では生成されない「ケアの意味」がこのような意図的な「親密圏」によって生成され，それが「公共圏」に表出されることは，少数者の課題にケアリングコミュニティ全体が気づくきっかけにもなる。

⑨　個別問題に代表される地域問題の再発予防及び解決策のシステムづくり機能

　個別の問題の中でケアリングコミュニティ全体で解決が図られる必要があるものは，「公共圏」の中で討議され，必要なものはシステム化することが必要

になる。特に「親密圏」のみでのケアリングに限界がある課題は、「公共圏」における討議の対象とし、「正義の倫理」として機能する「法・制度」化を行い、システムとして運用していくことが求められる。さらに大橋は、このような問題が「公共圏」で話し合われることで、他の住民が地域福祉の課題に気づく福祉教育的機能にも触れていたが、「公共圏」における討議、そして「システム」化のプロセスを通じて、人々の主体形成も促進される。

⑩　市町村の地域福祉実践に関するアドミニストレーション機能

　市町村単位の地域福祉実践は、「システム」を含む実践になる。「地域福祉実践システム」のアドミニストレーションを行うためには、人々の生成する「ケアの意味」をどのように「システム」に反映させるかが重要となる。コミュニティソーシャルワークは単に「システム（行政）」のみにアドミニストレーションを任せるのではなく、「親密圏」そして「公共圏」を用いて常にシステムに「ケアの意味」を送り続け、「システム」がその「ケアの意味」に基づいて運営されるような場の設定、そして適切なアドミニストレーションへの連結を図らねばならない。例えば地域福祉計画の策定委員会だけでなく、地域福祉計画運営管理委員会などを住民参画で設けることや、計画評価の仕組みを工夫し、量的な評価だけでなく質的なケアの意味の評価もできるような体制づくりを図っていくことが求められる。

⑪　市町村における地域福祉計画づくり機能

　この機能は、⑩のアドミニストレーション機能とも共通する部分があるが、地域福祉計画はケアリングコミュニティ概念では、「システム」形成を図るための「公共圏」における討議の場と位置づけることができる。地域福祉計画づくりのプロセスにおいては、ケアリングコミュニティ内にある様々な個人、「親密圏」におけるケアリングの実態を把握し、そこで生成されている「ケアの意味」を探りながら、ケアリングコミュニティ全体で共有するべき「ケアの価値」を適切な討議を通して形成し、それに基づいて「システム」を構築・運営して

いくというプロセスが求められる。地域福祉計画がそのような丁寧なプロセスで策定され，適切に運営・管理された場合に，コミュニティ内のケアリングは，人々の実存を豊かにする形で行われるようになる。

　以上，大橋の11のコミュニティソーシャルワークの機能に即して，その機能を地域福祉実践で展開していく際，ケアリングコミュニティ概念がどのような形で適用されるかを考察した。ケアリングコミュニティ概念は，コミュニティソーシャルワーク機能を展開する際，その倫理的・哲学的基準として，実践の正当性の根拠となる枠組みを提示する。

　表4-②は，上記の大橋の11のコミュニティソーシャルワークの機能と，筆者のケアリングコミュニティの8つの分析枠組み，そして実践上の課題をまとめたものである。この表では，コミュニティソーシャルワークの11の機能を実践する際に，ケアリングコミュニティの分析枠組みがどのように活用できるかを検討した。また，ケアリングコミュニティの8つの分析枠組みを用いた実践の課題を記した。

　表に整理すると分かるように，コミュニティソーシャルワークの機能は，個別支援といったミクロの領域から，小地域のコミュニティづくりといったメゾ領域，自治体レベルの計画づくりやシステムの運営管理などのマクロ領域など多岐にわたり，8つの分析枠組みは，それぞれの実践領域にまたがって，適切かつ多様に用いられるべきであることがわかる。

　また，図4-⑤では，コミュニティソーシャルワークのプロセスと筆者のケアリングコミュニティ概念の分析枠組みの布置図を作成した。

　この図では，コミュニティソーシャルワークのプロセスが，まず「アウトリーチ」から始まり，「個別ケア」の段階，「親密圏形成」の段階，「ピアサポート形成」の段階あたりまででは，「ケアの倫理（倫理的ケアリング）」が主に適用される段階としている。また，その基盤としての人間の利他的・利己的形質（自然的ケアリング）に影響を受ける。

　その後，「公共圏形成」，ケアの公共的アプローチとしての「チームケア」，

表 4-②　大橋謙策のコミュニティソーシャルワークの 11 の機能と，ケアリングコミュニティの 8 つの分析枠組みの対応及び実践上の課題

大橋謙策のコミュニティソーシャルワークの 11 の機能	活用すべきケアリングコミュニティの 8 つの分析枠組み	実践上の課題
①アウトリーチ型のニーズキャッチ機能	自ケ，倫ケ，コ	孤立している人の発見（ケアリング関係へつなぐ関係形成）。二人称関係（親密圏）のみから，三人称関係（公共圏）への昇華。これらを行うためには，近隣地域住民の協力が不可欠のため，小地域レベルでのコミュニタリアニズムに基づいた「公共圏形成」が求められる。
②個別支援を大切にしながら，家族全体を支援する機能	自ケ，倫ケ	自然的ケアリングの限界を調整。倫理的ケアリングができるように支援する。同時に「システム」に対抗できる「親密圏」を強化する。
③ICF（国際生活機能分類）に基づいた自己実現型ケア方針の立案機能	自ケ，倫ケ，ス，経，科，討	「求めと必要と合意」に基づいたケア方針の立案。「ケア」には「システム」も用いるが，ケア方針の決定にあたっては，その人の「意味」を最重要視しなければ，「自己実現」は図れない。また適切な「討議」のプロセスを大事にする必要がある。
④個別ごとのケアマネジメントにおける専門多職種連携，インフォーマルケアを有機化する個別支援ネットワークの開催，コーディネート機能	自ケ，倫ケ，ス，経，科，討	個別のケアリング関係を調整する。ケアリング関係の限界に対しては，「システム」を補完的に導入するが，「システム過多」にならないよう，ケアリング関係による「意味」の生成が行なわれるように支援する。
⑤福祉サービスを必要とする人および家族のエンパワーメントを促し，継続的に対人援助する機能	自ケ，倫ケ，ス	エンパワーメントのため，ディスパワーの原因が，「ケアリングの限界」によるものか，「システム過多」によるものか等を分析する。またその人及び家族のスピリチュアリティを含めた「意味の生成」のメカニズムを解明し，エンパワーメントに向けた支援を行う。
⑥インフォーマルケアの開発と組織化機能	自ケ，倫ケ，コ	自然的ケアリングを活かしながら，倫理的ケアリングができるような多様な親密圏を組織化する。コミュニタリアニズムに基づいた，その地域に合ったインフォーマルケアを開発する。
⑦個別支援に必要なソーシャルサポートネットワークの組織化と支援ネットワークのコーディネート機能	自ケ，倫ケ，コ，ス，科，討	その人の「意味の生成」を支えるソーシャルサポートを形成する。ソーシャルサポートは，親密圏，公共圏，システム，スピリチュアリティの各領域を活用し，その人が情緒的，評価的，手段的，情報的にサポートされるよう，各分析枠組みを用いて構築する必要がある。
⑧サービスを利用している人々の組織化とピアサポート活動の促進機能	倫ケ，正，討	ピアサポートは，自然的ケアリングでは形成し難い，一定の倫理的ケアリングによって構築される「統制された親密圏」と言い得る。特定の人々が安心して「自己の意味」を表出できる「親密圏」を意図的に形成する。
⑨個別問題に代表される地域問題の再発予防及び解決策のシステムづくり機能	自ケ，倫ケ，正，コ，科，経，討	コミュニティを基盤とした公共圏において，地域問題の予防及び解決システムを構築する。人々のコミュニティへの参画を保障しながら，住民の主体形成も促しながら，住民主体のより効果的・効率的なシステム構築をめざす。
⑩市町村の地域福祉実践に関するアドミニストレーション機能	自ケ，倫ケ，正，コ，ス，科，経，討	⑨で構築されるシステムを含みつつ，そのシステムを市町村基礎自治体単位で適切に運営する。自然的ケアリング，倫理的ケアリングが適切に行われ，「意味の生成」に基づいたシステム構築を運営・管理し，またケアリングの限界を補完する正義の倫理（法・制度）を適切に（効果的・効率的）に運用する。
⑪市町村における地域福祉計画づくり機能	自ケ，倫ケ，正，コ，ス，科，経，討	市町村基礎自治体における，ケアリングコミュニティの全体を構想し，構築する。8 つの分析枠組みすべてを用い，「意味の生成」を大事にし，かつケアリングの限界を補完するシステムの構築を，適切な合理性判断と，合意に至るプロセスを大事にする討議倫理を用いて地域福祉計画として策定する。

※自ケ＝自然的ケアリング（動物行動学），倫ケ＝倫理的ケアリング（ケアの倫理），正＝正義の倫理，コ＝コミュニタリアニズム，ス＝スピリチュアリティ，科＝科学的合理性，経＝経済的合理性，討＝討議倫理
出所）筆者作成

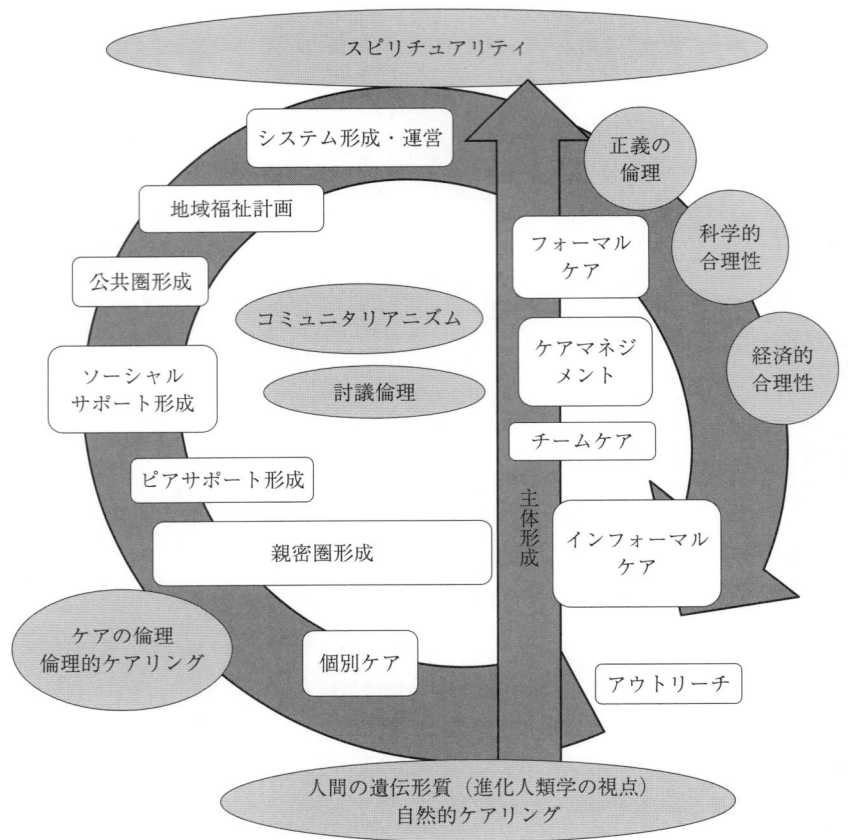

図 4-⑤　コミュニティソーシャルワークのプロセスとケアリングコミュニティ概念の分析枠
　　　　　組みの布置図

出所）筆者作成

また右側にはそれをマネジメントする「ケアマネジメント」と，それによって
作られる「ソーシャルサポート」を配置した。この「公共圏」のエリアでは，
主に「コミュニタリアニズム」と，「討議倫理」が大きな役割を果たす。また
その上部にある「地域福祉計画」は，「公共圏」と「システム」の間をつなぐ
役割があり，コミュニティの様々な人が公共的に討議した内容が「地域福祉計

画」として合意され，その計画に基づいて，「システム」が構築，実施される。

「システム形成・運営」に関わっては，何を「正義の倫理」とするかを「公共圏」で合意した内容に基づいて，「法化・制度化」が求められ，また「科学的合理性」「経済的合理性」の知見を活かしたケアの合理化，効率化も同時に求められる。しかし，そのような普遍的・合理的「システム」のみのケアでは限界があるため，矢印の最終的な方向は，多様な主体（システム，NPO，親密圏，インフォーマルケア）からなる，マネジメントされたソーシャルサポートの形成につながり，そして最も本来的なケアの場である「親密圏領域」の「インフォーマルケア」の場に行きつくことになる。

また，これらの過程を通じて，地域の人々の主体形成が促進される。この円環が弁証法的に徐々にコミュニティ内のケア環境を豊かにし，また人々の主体形成を促していくことにより，それぞれの人々の「実存」を豊かにする「ケアの意味」が作られていく。なお，スピリチュアリティは，コミュニティソーシャルワークのプロセス全体に関わり，コミュニティソーシャルワークが促進する「ケアリング」による「ケアの意味の源泉」として機能する。

〈注〉
1) ここでは詳しく述べていないが，他の項目間でも，相補的緊張関係は想定できる。「共通善」と「正義の倫理」「ケアの倫理」と「市場のシステム」「ケアの倫理」と「法・制度・国家」などはわかりやすい例だろう。このほかにも「システム」内でも，「科学の知識（科学的合理性）」と「市場のシステム（経済的合理性）」の間にも，「科学的合理的にはそのケアを行った方がよいが，経済合理的にはそのケアはお金がかかりすぎる」などといったように，相補的緊張関係が想定できる。
2) なお「理想的な討議空間」を構成するための「討議のルール」については，第3章第8節で述べたところだが，「ケア選択」を行う場合にも，「誠実性の原理」や，「非排除性の原理」などの討議倫理は適用することができ，また「討議原理」に基づいた討議の結論の妥当性要求の原理もまた，適用できると考えられる。
3) 援助者利得とはケアする側が，ケアすることによって得られる自尊感情や自己肯定感のことである。セルフヘルプグループは，メンバーが対等な立場でケアし合う場を構成することで，それぞれのメンバーがこの援助者利得を得ることを最大化することが重要になる。
4) ここの人口規模については，エビデンスに基づいた明確な基準があるわけではない。参考にしているのは，地域包括支援センターの設置目安である，人口2〜3万人程度といった日常生活圏域の考え方であるが，日常生活圏域は，介護サービスの提供の視点から

設定されているもので，「協議体」としての規模を確定するものではない。この点について，例えば古代の哲学者アリストテレスは，著書『政治学』の中で，「国家の大きさと人口の限度」について述べている部分があるが，アリストテレスが重視したのは，「政治」が正当に行われるにはどの程度の国家の大きさと人口であれば良いかということである。アリストテレス自身はその明確な規模と人口数を示しているわけではないが，「ひと目で全体を見わたすことが出来る程度の人数で，しかも生活の自足に有利なようにできるだけ大きな人口」という規定を設けている。また，例えば，国家における価値を判断する「裁判」などの観点から見たとき，「ところが裁判において正しく判決し，役職を人の値打ちに応じて正しく割り当てるためには，どうしても市民がおたがいに，誰がどのような人間であるかを知っていなければならない。そういうことがおこりえないところでは，役職の割当も，裁判の判決も，必然的にまずいものになる。というのは，そのどちらの場合にも，実情を知らずにでたらめな決定を行うなら，それは不当な処置となるが，まさにそのことが人口過剰の国には明らかにおこっているからである」と述べている（アリストテレス＝田中訳　2009：314-315）。古代のアリストテレスの時代と，現代では事情が異なるし，必ずしも現代の科学的な水準に適うエビデンスを提示しているわけではないが，「おたがいに知り得る範囲」で政治的意思決定が適切に行われるという指摘は，現代でも重要だと考える。それを勘案すると，いわゆる小学校区（人口1万人程度），多くても中学校区（人口2万人程度）が感覚的に妥当であると考えている。また，先ほど述べた日常生活圏域内において，人々の日常的ケアが行われるのであれば，「ケアを通してお互いを知り得る範囲」がその範囲であるとも考えられる。そのことも踏まえれば，おおよそ2万人程度（あるいはそれ以下）の範囲で「協議体」の人口規模を考えることは一定の妥当性があるのではないかと考える。

5）原田正樹の福祉教育で身につけるべき「当事者性」についての論考は，（原田　2006：34-55）を参照のこと。

6）茅野市の事業効果の一つとして，老人医療費の削減効果がある。2007年において，1人当たり老人医療費は全国平均で78万円であったが，茅野市は57万8174円で，47都道府県で最も平均値が低かった長野県の67万円をさらに大幅に下回っている（原田2009：309）

7）茅野市の地域福祉計画策定のプロセスとその内容を分析した著書としては，土橋善蔵・鎌田實・大橋謙策編（2002）『福祉21ビーナスプランの挑戦——パートナーシップのまちづくりと茅野市地域福祉計画』中央法規出版，また，茅野市を事例に高齢者ケアにおけるフォーマルケアとインフォーマル関係性，効果について多角的に研究した文献として，冷水豊編著（2009）『「地域生活の質」に基づく高齢者ケアの推進』有斐閣がある。

8）もっとも偽装のつもりで関係を結んだことをきっかけに，ケアリング関係に発展する可能性はなくは無い。かつて，アメリカ映画の『グリーンカード』という映画がそのようなテーマを描いていた。しかしここではそのようなケースはあえて考慮しない。

終　章　ケアリングコミュニティ概念の意義と課題

第1節　研究結果の意義と独自性

(1)　地域福祉理論・実践の「メタ理論＝目的概念」としてのケアリングコミュニティ

　本研究の第1の意義と独自性は，地域福祉理論・実践の「目的概念」，すなわち稲垣がいうところの「福祉のメタ理論」として，ケアリングコミュニティ概念を精緻に構築したことである。ただし，これまでの地域福祉理論においても，その「メタ理論」を問うものが無かったわけではない。

　例えば松葉ひろ美は，近年の日本における福祉思想として，糸賀一雄，阿部志郎，そして大橋謙策の名前を挙げている。また福祉思想の研究者として吉田久一を挙げる（松葉　2017：232-234）。

　本書では，糸賀，阿部らの思想を丁寧に取り上げることはできなかったが，糸賀や阿部の宗教的思想を背景にした福祉の実践思想は，先駆的な社会福祉の「メタ理論」であると考えられる。また，松葉は，日本における福祉思想には，「意外なポテンシャル」が包含されているとして，渋沢栄一，田子一民，留岡幸助を取り上げ，それらと二宮尊徳の「報徳思想」との関連を考察している（松葉　2017：241-276）。

　ただ松葉は，第2次世界大戦後の日本においては，経済成長にともなって「皮肉にもそれまで続いてきた福祉の思想をないがしろにしてしまった」と指摘する（松葉　2017：237）。松葉は，吉田久一の「社会福祉はこの終末期の諸現象の中で，『政策提言』や『福祉サービス』のみ盛んであり，社会福祉の『社会性』

や理論は放棄された感がある。そして日本人の無関心さもあり，社会福祉の『倫理』や『宗教』によるその内側の支えもほとんど見られない」（吉田・岡田 2000：287）という指摘を引用し，「吉田が指摘するように，日本での福祉研究は制度や政策研究が中心にあり，加えて思想研究が仮になされる場合でも，欧米から流入したものを中心にし，日本における実践や歴史的文脈の中から生まれたものではない。そのため（中略）日本の福祉思想や福祉の哲学についての研究はほとんど見られないという問題がある」と指摘している（松葉 2017：238）このような状況の中，筆者が今回行った「ケアリングコミュニティ概念」の哲学的検討は一定の意義を持つと思われる。

　特に今回筆者が検討した「ケアリングコミュニティ」概念は，わが国が現在直面する地域福祉の課題，政策的課題を念頭におき，現代のわが国の社会状況の問題を踏まえたうえで考察した哲学的概念である。それは，現代社会を生きる人間の「実存」の問題を歴史的に捉え，人々が現代の「疎外」状況からいかにして「ケアリング」や「コミュニティ」を回復し，地域の中でお互いが共に充実して幸せに暮らすことのできる社会を作り上げることができるかを念頭に構想された，「現代の地域福祉の哲学」である。そのことが本研究の第1の意義であり，独自性である。

(2)　「ケア」「ケアリング」の哲学，「コミュニタリアニズム」「討議倫理」を地域福祉・社会福祉理論に導入した意義

　本研究の第2の意義は，地域福祉・社会福祉の哲学の中に，「ケア」「ケアリング」の哲学を位置づけることができた点である。

　本書のなかで取り上げたいくつかの文献（例えば大橋 2014，広井 2017など）では，すでに「ケア」「ケアリング」の哲学を地域福祉・社会福祉に位置づけようとする試みではあるがまだ一般化されるには至っていない。たとえば社会福祉士養成テキストである中央法規「新・社会福祉士養成講座4巻　現代社会と福祉」のINDEXには，「正義の倫理」の提唱者の「ジョン・ロールズ」の項目はあるが，「ケア」や「ケアリング」の項目はなく，また，ケアの倫理の

提唱者であるギリガンやメイヤロフ，ノディングスの名前も見当たらない（社会福祉士養成講座編 2014：360-367）。本書でみたように，「ケア」「ケアリング」は，人間の「実存的意味」の源泉になるものであり，きわめて重要な概念である。制度・政策など「システム」に関わる「正義の倫理」のみが社会福祉士の養成内容に含まれ，一方の「ケア」「ケアリング」の倫理が含まれていないとなれば，社会福祉学は哲学・思想上のバランスを欠くことになる。

　また，「コミュニタリアニズム」の思想，「討議倫理」なども，本来地域福祉の分野で哲学的な基礎として位置づけられて良い。しかし，これも現在のところ社会福祉士養成の教育内容に一般化しているとは言い難い。本研究の意義は，「ケアリングコミュニティ概念」の哲学的検討を通して，その分析枠組みとして提示した思想・倫理を，地域福祉・社会福祉の理論の中に位置づけた研究として意義がある。

(3)　福祉が対象にする「人間」を「存在論的現象学的」に位置づけた意義

　本書の示した第3の意義は，「ケアリングコミュニティ」概念の中核に，人間を「存在論的現象学」で捉える視点を位置づけた点である。本論文では人間は本来的に「世界─内─存在」，すなわち，「世界」との関係性の中に投げ込まれた存在であり，それゆえ人間は「関係性」を本来的な存在基盤としていることを明確にした。

　もっとも人間を「関係論」的に捉える視点は，これまでの社会福祉学が基本的概念として採用してきたものではある。周知のように岡村重夫は，社会福祉の独自の視点として「社会福祉は社会関係の主体的側面の困難に着目する援助として，他の社会的施策や援助と区別されるのである」としていた（岡村 1983：91）。その意味で社会福祉学の基本的認識は，すでに「人間」の存在論的現象学的な視点を，その理論の内に内包させていた。

　その中で筆者の独自性は，ハイデガーやメルロ＝ポンティの存在論的現象学を基礎に，関係論的存在としての人間の本質を，より精密に規定したことである。人は「関係」に規定される存在であり，かつまたそれが，人が人を「ケア」

することの倫理的責任を規定している。

　一方で「ケア」は「重荷」にもなることから，単に「ケアリング」関係で結ばれていれば良いというものではなく，関係性から人々を解き放つために「正義の倫理」が要請される場合がある。一方，「ケア」は人間の存在論的本来性になっていることから，単に「正義の倫理」による「システム的なケア」だけでは原理的には人の「実存」をケアすることはできない。単に金銭給付を行い，「機能的」な介護サービスや相談援助サービスを展開するだけでは，逆に人々を本来の「人と人」あるいは「人と世界」の関係性から遠ざけ，「システムの奴隷」にしてしまう可能性がある。

　重要なのはケアを提供する人が，その人自身の「実存」を用いて対象者の「実存」をケアできるか，という視点である。そのようなケアを可能にするには，ケアする側が，ケアの対象になる人の「実存」を自らの「実存」をもって共感・理解しようとしなければならない。このように「存在論的現象学」の視点で福祉が対象とする「人間」を位置づけることができたことは，福祉実践の倫理的基盤として重要な意義を持っていると考える。

(4)　「機能」のみではなく，「意味」や「価値」を生成する場としてコミュニティを捉えた意義

　第4の意義は，「意味」や「価値」を生成する場としてコミュニティを捉えた意義である。「意味」や「価値」とはそのコミュニティ内で人々が大切にしようと思っている「思想」や物事の考え方，「倫理」「美徳」などである。ケアリングする「場」としてのコミュニティが，豊かな「意味」や「価値」に満たされていることが，そこで暮らす人々の個々の「実存的意味」を豊かにする。

　そして「ケアの意味の生成」を豊かに生み出すのは，多様に，雑多にコミュニティの中に存在する（あるいは必要に応じて意図的に作られる）「親密圏」の中でのケアリングである。「親密圏」における多様な「ケアの意味の生成」を基盤に，公共圏における「討議」を通して，ケアリングコミュニティの中の豊かな「意味」や「価値」を生成することを検討したところに，筆者のケアリング

コミュニティ概念の意義と特色がある。

(5)　「システム」や「科学的合理性」「経済的合理性」を内に含みながら，それらに還元されない「生活世界」としてケアリングコミュニティを捉える意義

　筆者のケアリングコミュニティ概念の第5の意義は，「システム」や「科学的合理性」「経済的合理性」といった，「目的合理的」概念を内に含みつつ，それらを活用しながらも，それらに還元されない領域として「生活世界」を対置し，「システム」と「生活世界」の相補的緊張関係を捉えながら，ケアリングコミュニティ概念を構想したことである。

　「システム」や「経済的合理性」「科学的合理性」は，現代の「ケア」を考えたとき欠くことのできない要素となっている。しかし，これらの「目的合理的行為」だけでは人間の本来的なあり方に適うケアを提供することはできない。行き過ぎた「システム」化は，私たちの「生活世界」を侵食し，人々の関係性を破壊し，「孤立化」を促進してしまう。

　しかし，「生活世界」と「システム」は，ケアリングコミュニティ内部のケアリングを通した「ケアの意味の生成」を通して編み合わせが可能になる。このような「編み合わせ」によって，人間の本来性である「ケアリング」は確保しながら，ケアリングの限界である「無限のケア」や，「ケアの誤謬性」「出会っていない他者に対するケア責任の免除」といった限界を「システム」によって補うことが可能になる。この生活世界と「システム」の相補的緊張関係の詳細を明らかにできたことが本研究の意義である。

(6)　ケアリングコミュニティにおけるケアリングのプロセス自体を主体形成のプロセスと捉えた意義

　筆者のケアリングコミュニティ概念の第6の意義は，主体形成のプロセスがケアリングコミュティにおけるケアリングのプロセスに内在していることを明らかにしたことである。

　ケアリングコミュニティ内部におけるケアリングのプロセスは，「親密圏」でのケアリングから「公共圏」における「討議」を経て，「システム構築」に至る一連のプロセスのことである。従来の福祉教育論においても地域福祉計画の策定に関わることや，日々の地域福祉実践の中にこそ，福祉についてのリアルな学びがあることが指摘されていたが，筆者は今回，それをケアリングコミュニティ内部のダイナミックなケアリングのプロセスに内在しているものとして，その位置づけを検討した。

　ケアリングコミュニティにおける豊かなケアリングは，人々の主体形成を促し，その人がより幸せに，充実した人生を送るための「学び」としても機能する。多様なケアリングの場を確保し，そこでの豊かなケアリングを通して人々が学び，主体形成を遂げていくことが，人々の幸せの条件としてきわめて重要なのである。

(7)　8つのケアリングコミュニティの分析枠組みの内的構造連関を示した意義

　筆者は自身のケアリングコミュニティ概念を分析するにあたり，①ケアの倫理，②正義の倫理，③コミュニタリアニズム，④進化生物学的視点（自然的ケアリング），⑤経済的合理性，⑥科学的合理性，⑦スピリチュアリティ，⑧討議倫理という8つの分析枠組みを用い，さらにその内的構造連関を示した。

　筆者は，品川哲彦の「ケア」と「正義」の「編み合わせ」の理論に示唆を受け，「ケアと正義」「ケアとシステム」「ケアと経済的合理性」「ケアと科学的合理性」など，ケアと対立する様々な思想，合理的価値観の緊張関係と，相互補完的な関係のあり方を検討した。

　またケアリングによる「意味の生成」の源泉としての「スピリチュアリティ」の位置づけや，人間には本能的にケアする遺伝的形質があることを進化生物学的な視点から導入した。

　さらに，これらの多様な「価値」「倫理」「合理性」を，コミュニティ内で編み合わせるための媒介となる思想として「コミュニタリアニズム」，またその

編み合わせを行う際の正当化の根拠となる討議のルールとして「討議倫理」も導入した。

　これらの8つの分析枠組みが明らかになったこと，その内的構造連関が明らかになったことで，「ケア」に関わる様々な「思想」と「合理性」とが，どのような形で関連し，互いに規定し合い，あるいは補完し得るかを明確にすることができた。

（8）　上記を総合して，包括的な地域福祉実践の哲学を検討した意義

　これまで社会福祉実践の哲学的な検討は，政策や法制度としての社会福祉がどのような論拠のもとにその正当性を持ちうるのかを問う，マクロな政策哲学か，もしくは，社会福祉の対人援助場面に焦点化し，人を支援するとはどういうことか，どのような支援が妥当性を持つのかを問う，ミクロな援助哲学が主なものだった。

　例えばこの2つの哲学は，1950年代の「社会福祉本質論争」において，社会福祉の本質がマクロ的な政策論にあるのか，ミクロ的な援助技術論にあるのかが問われた。しかし，これらの社会福祉の本質を問う哲学的検討は，政策的な社会福祉制度の位置づけや，対人援助における社会福祉援助の固有性を明確にすることはできたが，政策（システム）の枠外で営まれる人々の生活の意味を本質的に問うことや，専門的な支援以外の人々のインフォーマルな助け合い（ケアリング）の意味づけを本質的に問うまでには至らなかった。

　その意味でわが国において1970年代以降活発に議論されてきた地域福祉理論は，当初からマクロ（政策論）とミクロ（援助技術論）の社会福祉の哲学それぞれの限界を補完し，それらを統合することを意図して検討されてきた理論だともいえる。しかしながら，地域福祉理論研究は，現代社会における福祉課題への対応から，いわば実践からの要請として理論化が図られてきたきらいがあり，地域福祉実践はいかにしてその正当性を持つのかといった，地域福祉実践の本質を哲学的に問う研究は少なかったといえる。

　例えば先ほどのマクロな政策論としての社会福祉の正当化問題は，歴史的に

様々な哲学的検討がなされてきた。先ほど取り上げた社会福祉本質論争をはじめ，その以前にも大河内一男らによる検討があった。近年では1990年代後半から2000年代にかけて，ロールズの正義論や，アマルティア・センの潜在能力アプローチを基礎にしたマクロな社会福祉政策の正当化に関する哲学的な議論があった。

　またミクロな援助技術論としても，わが国には岡村重夫の「社会関係の主体的側面への支援」という社会福祉の固有論があり，また国際的にも人間存在を人と環境の相互作用で捉える伝統的な社会福祉援助の本質論が存在する。これらの下敷きになっているのは，社会学的な社会システム理論や，生態学のエコシステム理論である。

　これらに比して，地域福祉理論においては，なぜ「助け合いのコミュニティ」を作ることが正当化されるのか，人々がなぜ「地域」で暮らすことが良いといえるのかといった，地域福祉実践を正当化する哲学的検討が乏しかったことは否めない。もちろんノーマライゼーションの思想やコミュニティケアの思想，ソーシャルインクルージョンの思想など，地域福祉の原理となる思想がなかったわけではない。しかしこれらの思想は，「なぜ地域での生活が人々にとって普通と言い得るのか」「包摂されるということはより根源的にどういうことなのか」「住民主体とは本質的にどのような意義をもつのか」といった，より原理的な考察にまでは至っていなかった。

　ケアリングコミュニティの哲学・思想は，これらのより根源的な問いに対する論拠を提示した。人々の本質が「ケアリング」にあり，この「ケアリング」を通して人々が「生きる意味」を生成するのであれば，人々が豊かに「ケアリング」する場（言い換えれば包摂される場）が地域に確保されなければならない。また，閉じられた「親密圏」の中での二人称の「ケアリング」関係だけでは限界があるため，地域の中に三人称に開かれた「公共圏」としての「ケアリング」の場を設定することも必然となる。また，「ケアリング」の限界を補完する「システム」の形成・運営にあたっては，人々の「ケアリング」に基づいた「意味の生成」を経ることが前提となり，それゆえ基礎自治体におけるそのような「意

味の生成」に基づいた計画策定や政策化，システムの運用がきわめて重要になる。

　これらの哲学的検討によって，人々が地域で共に生きる（暮す）ことの意義，人々が地域の中で支え合うことの意義，住民主体，住民参画で地域福祉計画を策定することの意義など，地域福祉実践の様々な営みを根拠づけることができた。

　このように，本研究の意義は，これまで精緻に検討されてこなかった地域福祉実践哲学の包括的な検討を行ったことにより，地域福祉実践の強固な正当化の根拠を示すことができた点にある。また同時に，社会福祉のマクロ領域とミクロ領域を結節する，これからの社会福祉実践の新たな地平を拓く地域福祉の鍵概念として，ケアリングコミュニティ概念を検討することができた点にある。

第2節　本研究の限界と今後の課題

(1)　より精緻で具体的な哲学・倫理的枠組みを検討する必要性

　今回の研究は，ケアリングコミュニティの全体像の探求に主眼を置いたため，実践上のより細かな具体的行為についての哲学・倫理的な考察を十分に行うことができなかった。

　例えば，「社会的包摂」や「QOL」「システム」を運営する際のアドミニストレーションで検討されるべき倫理や，ケアリングコミュニティの主体形成を図る際のより具体的な福祉教育・ボランティア学習上の倫理，また「科学的エビデンス」を実際にケア場面で適用する際の，コミュニケーション上の倫理など，より詳細に検討すべき内容は地域福祉実践の種類と同じだけある。それらについての研究は，より具体的な実践上の倫理を問うものであり，現場の実際のケアリングの分析を通して明らかにしていく必要がある。

　また本研究では，8つの分析枠組みを研究する際，それらの分野の代表的な論者の理論を主に用いてきた。しかし，各分野にはそれぞれより多くの論考が存在し，そのすべてを本研究で取り上げることはできていない。概念の精度をより高めるためには，各分野最新の研究動向を押さえておく必要があり，また

国内外の文献に今後も目を通していく必要がある。そして最新の研究動向を参照に，本研究の内容を修正しなければならない。

(2)　ケアリングコミュニティ概念を補完する実証的研究の必要性

　本研究は「ケアリングコミュニティ」という概念を地域福祉実践の目的概念とすべく，哲学的な検討を行ってきた。そのこと自体の意義とは別に，地域福祉・社会福祉実践を行っていく場合には「根拠に基づいた実践（EBP）」も推進していくことが求められる。もちろん無条件に「科学的ケア」のみを推奨するものではない。とはいえ，より効果の高い実践を進めていくうえでは，正確なデータに基づいた科学的合理的実践が求められることも間違いない。「科学的リスク」を意識しつつ，より効果の高い支援のあり方を検討することは重要であろう。

(3)　ケアリングコミュニティ概念を具現化する，具体的実践方法の検討

　本研究では，ケアリングコミュニティ概念の構造を明らかにすることを主要なテーマとしていたため，このケアリングコミュニティ概念を用いた実践を，具体的にどのような方法で実践していけばよいかという点については，多く触れられていない。

　本書では，長野県茅野市などの先進的な取り組みに，すでにケアリングコミュニティ概念を先取りしたような実践が行われていることを紹介した。また，「地域包括ケアシステム」や「地域共生社会政策」の中では，人々の「公共圏」への参画を保障する「協議体」の設置が盛り込まれ，この構想が「公共圏」の豊かな実践につながるとしたら，ケアリングコミュニティ概念の具現化につなげることができる。

　しかし，例えば「公共圏」での討議倫理に基づいた「話し合い」は具体的にはどのような「話し合い」の方法で行えばよいのかといった課題について，ハーバーマスや，ボームの，討議倫理や対話のルールの実践現場での適用の仕方などを研究していくことは重要である。

補　論　ケアリングコミュニティ概念の哲学的・思想的価値について
―近年の福祉の哲学的研究の動向を踏まえて―

第1節　補論の目的

　本補論では，本論で詳細に触れられなかった，ケアリングコミュニティ概念の哲学的・思想的価値について，近年社会福祉学の哲学的研究において提起されている諸理論と，筆者のケアリングコミュニティ概念の哲学的・思想的研究とを比較することによって，明らかにすることを目的とする。

　近年，社会福祉学の哲学的研究においては，社会福祉が目指すべき価値や目的について様々な論考が提起されている。その背景には，わが国の福祉課題が深刻化するなか，その解決策を検討するにあたって，科学的な探求だけではなく，より根源的な問いへの哲学的な探求が求められていることがあると考えられる。

　本論において筆者も，社会福祉・地域福祉が行われる「目的」を明らかにするために，「ケアリングコミュニティ」という言葉を手掛かりに，社会福祉や地域福祉が目指すべき「価値＝目的」についての哲学・思想的検討を行った。しかし，本論の目的が「ケアリングコミュニティ」という概念を検討することであったため，取り上げるべき先行研究が「ケア」や「コミュニティ」に関わる論考に偏ったことは否めない。また，社会福祉学に限らず，多様な分野の哲学の知見を援用したことは本論の特質ではあるが，一方で近年の社会福祉学における哲学的知見を十分に取り上げられなかったきらいがある。

　補論においてはこのような問題意識のもと，近年の社会福祉学において，社会福祉が目指すべき価値や目的について探求を行っているいくつかの論考を取

り上げ，社会福祉学内部で現在どのような哲学的探究がなされているかを概観する。その後，それらの論考と，筆者の示したケアリングコミュニティの哲学・思想を比較し，理論上の共通点や相違点，また各理論の関係性について検討する。

第2節　補論で検討対象とする論者，及びその論考の概要

　本補論では，近年の社会福祉学において，社会福祉が目指すべき価値や目的についての論考を発表している，中村剛，岩崎晋也，山本馨の三人を取り上げ，筆者のケアリングコミュニティの哲学と比較する。

　第1に，中村剛の『福祉哲学の継承と再生』を取り上げる。中村は，社会福祉の原理・目的・本質を，先達の福祉哲学や社会哲学，現象学の哲学，聖書研究などから根源的に明らかにしようとしている。中村の論考は，これまでの「福祉哲学」の継承と再生を目的とし，小倉，阿部，糸賀といった福祉哲学の先駆者の業績の捉え直し，ロールズ，セン，バーリン，ホネット，マルガリート，デリダなどの社会哲学の検討，フッサール，ハイデガー，レヴィナスなどの現象学の哲学による福祉の原理の検討，文学や聖書読解を通した福祉哲学の検討など，多様な分野の知見を総合化し，福祉哲学の体系を構築しようと試みている。

　第2に，岩崎晋也の『福祉原理』を取り上げる。岩崎は，自分とは直接には「関係のない他者」を支援する仕組みを「(社会) 福祉」と捉え，著書のサブタイトルにあるように，「社会はなぜ他者を援助する仕組みを作ってきたのか」を問い，関係のない他者を援助する仕組みとしての「福祉」の正当化問題を検討している。岩崎の関心は，「関係のない他者を援助する仕組みとしての福祉」が人間社会にとって必要である理由 (福祉の正当化の根拠) を明らかにすることであり，その意味で「福祉のメタ理論」を検討した論考の一つといえる。岩崎は，「秩序維持型福祉」と「秩序再構築型福祉」というキータームを用い，「社会福祉」が人間の歴史の中でどのようなものとして求められ，それぞれの時代

でどのような正当性を与えられて構築されてきたかを検討している。

　第3に，山本馨の『地域福祉実践の社会理論』を取り上げる。山本は，現代の地域福祉実践は，従来の地域福祉理論では分析することができない「豊饒さ」を持っているのではないかと仮説し，その「豊饒さ」を捉えるには，従来の地域福祉の理論枠組みでは捉えられないものがあるという問題意識を示す。この問題意識から，山本は，従来のコミュニティ・オーガニゼーション理論，コミュニティ・ソーシャルワーク理論，ソーシャル・キャピタル理論では捉えきれない地域福祉実践を分析する枠組みとして，文化人類学分野における「贈与論」，現象学的社会学の「認識論」，政治学における「規模論」を統合的に用いる分析枠組みを示し，既存の地域福祉実践をこの枠組みに当てはめて分析し，地域福祉実践の3つの類型（純粋贈与類型，循環贈与類型，双方向贈与類型）を提示している。

　以上，本補論では，これらの3人の論考を取り上げ，筆者のケアリングコミュニティの哲学と比較することにより，筆者の論考の位置づけを明らかにすることを目的とする。

第3節　中村剛の福祉哲学

(1)　中村剛の福祉哲学の特徴と課題

　中村剛の福祉哲学の内容は，多様な知見を多層に組み上げ，精緻に検討されているため，その概要を簡潔に述べるのは容易ではない。ここでは中村の理論の特質を最低限提示することにとどめる。

　中村は主著『福祉哲学』において，「福祉哲学」を問う理由について，①社会福祉学の可能性，②福祉システムがもたらす思考停止状態への抵抗，③社会福祉に対する地域住民の理解，④社会福祉の発展の4点を挙げている。

　筆者は，「本論」において，システムが生活世界を侵食した結果，ケアリングが機能停止状態に陥るメカニズムを検討した。これは中村のいう「福祉システムがもたらす思考停止状態」であるといえる。またそのことの帰結として，

地域住民の社会福祉に対する無理解あるいは思考停止という課題が生じている。筆者は,「親密圏」―「公共圏」―「システム」の枠組みを使い,この思考停止状態を解決するためのケアリングを,親密圏と公共圏において意図的に取り戻すことの重要性を指摘した。中村の②,③の福祉哲学を問う動機は筆者も共有している。

　中村のいう④社会福祉の発展は,②,③が達成できた時の帰結としてもたらされる効果である。筆者が本論で明らかにしたように,人々の存在のあり様を深く探求したうえでの福祉実践は,社会福祉の発展をもたらすといえる。この点も中村と筆者の見解は一致する。

　筆者と共有する問題意識の一方で,中村の福祉哲学の固有の特質は,①で表明された「社会福祉学の可能性」という問題意識である。この問題意識について,中村は,木原活信の「日本の社会福祉原論研究へのある種のこだわりは,世界の社会福祉研究でみれば,特異なもの,ガラパゴス化した議論といわざるを得ない」(木原 2012:111)という発言を引き,これまでのわが国の社会福祉原論研究の特異性について,反省的な視点を木原と共有しつつ,しかし次のように述べる。

　「ただし,木原はガラパゴス化を必ずしも否定的に捉えているわけではない。外国の影響を受けず,『鎖国』した中で醸し出したが故に,社会福祉の本質や社会福祉とソーシャルワークの差異などの議論を深めることに有効に働いたと述べている。」(中村 2014:2)

　上記を踏まえ,さらに中村は次のように述べる。

　「木原も示唆しているように,社会福祉学の先人が見出した本質に対する問いを継承し,その問いを考え抜くことが出来る福祉哲学を見出すことで,その成果を海外に発信していくことが必要である。そこに日本の社会福祉学の可能性が宿っていると考える。この可能性を顕在化させるために福祉哲学が必要で

ある。」(中村　2014：2)

　このように，中村のいう「社会福祉学の可能性」とは，「ガラパゴス化」したわが国で培われてきた「日本の社会福祉学の可能性」と捉えることができる。日本の「社会福祉原論」へのこだわりを継承し，世界に向けて発信するために「福祉哲学」を探究しようというのが中村の福祉哲学探究のエートスである。

　この部分について筆者は中村と見解を異にする。そのことを説明する前に，まず木原の発言に依拠した中村のこの問題意識の正当性ついて，木原を参照しつつさらに検討する。

　木原は次のように述べている。

　「外国の影響を受けず，『鎖国』したなかで醸し出したがゆえに，むしろ議論を深め，有効に働いたものもある。たとえば社会福祉の本質はなにか，ソーシャルワークと社会福祉の差異はなにか，地域福祉とコミュニティーワークの異同など，の議論である。(中略) 一方で，その反動のようにソーシャルワーク等の新しい理論の"直輸入"現象はこれとは反対に，文化的特性への批判もないまま一方的に外国産を"直輸入"するという皮肉な傾向は依然続いているのも事実である。(中略) 今後は，このような両極端を廃し，真の意味で国際化していくなかで，日本の社会福祉原論の成果を国際的に発信していく必要がある。そのためにいったいなにが欠けているのか，という点は冷静に吟味していく必要があろう。(中略) そのためには先にも触れた福祉哲学の理解が不可欠であろう……(後略)」(木原　2012：112)

　木原はここで，「ガラパゴス化」したわが国の「社会福祉原論」を世界に発信していくためには，「純正」ゆえの，わが国の「社会福祉原論」に欠けているものを冷静に見極めるべきであることを指摘している。では，木原が指摘する，わが国の「社会福祉原論」に欠けている点とは何であろうか。木原はこの後の論考の中で，「社会福祉学のアイデンティティ論」と「歴史的視座："福祉

ファンダメンタリスト批判"」を展開する。「社会福祉学のアイデンティティ論」
では，「アイデンティティはどこかに核として存在する（ある）ものではなく，
不断に構成されていく（なる）という視点こそが重要になっているのである」（木
原 2012：113）とし，そもそも社会福祉学には一つの中心核となるような「ア
イデンティティ」があるべきなのかと疑問を投げかける。また「歴史的視座：
"福祉ファンダメンタリスト批判"」においては，次のように述べている。

　「社会福祉は自らの価値や専門職の主義主張を無前提に絶対視する傾向が顕
著であり，（中略）社会福祉それ自体を相対化することなく盲目的に絶対視する
というのは，（中略）"社会福祉原理主義"，あるいは"福祉ファンダメンタリス
ト"ということになってしまう，これを是とするということでよいのだろうか。
いや，これを回避するために，社会福祉の原理を語るという際に，一方で相対
的にものをみる力というものが養われないといけない。」（木原 2012：113）

　このように木原は，わが国の「社会福祉原理主義（福祉ファンダメンタリズ
ム）」傾向を批判的に捉えている。
　さて，この木原の問題意識を踏まえたうえで，中村の福祉哲学の立論の特徴
を検討してみたい。
　まず中村は，自身の探求する「福祉哲学」という言葉の意味の基礎づけを行
っている。中村は福祉哲学の固有性について，次のように述べている。

　「しかし，福祉哲学の最も固有な特徴は，生活することが困難であったり，
人としての尊厳が傷つけられたりしている，あるいはそのような状況にいる人
に直接関わっている／関わったという経験を基盤にしていることである」（中
村 2014：26）

　中村はこのような認識に基づき，以後「福祉哲学の固有性」を軸に自身の「福
祉哲学」の構築を図っている。

　例えば，中村が大きく影響を受けたとする小倉襄二の "視るべきものを視よ" という言葉であるが，このことについて，中村は次のように述べている。

　「一般の哲学と異なる哲学のあり方を要請したのが小倉襄二の "視るべきものを視よ" という言葉である。(中略) ……哲学の特徴の一つは『自由な思考／思考の自由』である。しかし，"視るべきものを視よ" という言葉は『べき』や『視よ』という言い方が示しているように，それは自由な思考に先行し，それに従うことを要請する義務であり命令となっている。(中略) ……(哲学の；筆者追加) もう一つの特徴は『本質や原理を観る』ことである。福祉哲学も哲学であるが故に，物事の本性 (本質) や根本にあるもの (原理) を観ようとする。しかし，それだけではなく，福祉哲学では "視るべきものを視る" ことが要請される。それは小倉が "人を人とも思わぬ状況" や "無念をのみこむ無数の状況" という言葉で表現したように，人の尊厳が損なわれている状態や状況である」(中村 2014：30)

　これらの中村の「福祉哲学」の考え方について筆者は，中村が「福祉哲学の固有性」にこだわるあまり，木原の指摘する「福祉ファンダメンタリズム」に陥る危険性があると批判的に捉えている。
　筆者は中村が引用する小倉の「視るべきものを視る」という考え方を否定するものではない。しかし中村がそれを「福祉哲学」の固有性の論拠とすることについては異論がある。
　小倉の「視るべきものを視る」は，筆者のケアリングコミュニティの理論では次のように位置づけることができる。
　筆者は，人は「関係的存在」であり「ケアリング」は人間の本来性であることを考察した。しかし人間の自然状態においては，「ケアリング」は「出会った人」にしか働かない。したがって，私たちは「自然的ケアリング」のみに頼るのではなく，「倫理的ケアリング」を展開する必要がある。小倉のいう「視るべきものを視る」という言説は，この「出会っていない他者」にも意図的に

ケアリングの視線を向けるという，「倫理的ケアリング」の重要性を提示したものといえる。つまり，小倉の「視るべきものを視る」という視点は，筆者のケアリングコミュニティ概念の中では，その一要素としての位置づけを持つにすぎない。

　しかし，中村はこれを福祉哲学の出発点（原理）として位置づけてしまう。すると，この「倫理的ケアリング」がその他の倫理を包括的に規定することになる。確かに「視るべきものを視る」倫理的ケアリングは重要である。一方で「自然的ケアリング」は人々の多様で雑多な「意味の形成」という独自の重要性を持つ。また，「視るべきものを視る」だけが，「福祉哲学」の契機になるわけではない。例えば，一つの「視るべきもの」ともう一つの「視るべきもの」の相克から，「福祉哲学」が始まる場合もある。これについて筆者は「善」の相克性から始まるコミュニタリアニズムや討議倫理の必要性をケアリングコミュニティの理論に位置づけた。

　中村のように，「視るべきものを視る」という倫理的ケアリングを，福祉哲学の基底に据えてしまうと，福祉哲学そのものが「規範性」の強い倫理になってしまう危険性がある。福祉哲学が「規範性」の強いものになってしまうと，柔軟な，人間存在の様々な可能性やその裏返しとしての欠点を見落としがちになってしまうということである。

　もっとも中村自身も，現象学的観点から「多様な視点・立場から福祉哲学をすること」を次のよう指摘している。

　「現象学からの学びの一つは，“それぞれの人に世界が立ち現れている”ということである。この根源的な事実が示すことは，本書における社会福祉の経験の学び直しは，あくまで筆者に立ち現れている世界に関することであり，立場の違った人から見れば，社会福祉は違ったように映り理解されるということである。（中略）これら異なる視点・立場，そして経験をしている者が，『社会福祉の経験』という共通基盤の上で対話（福祉哲学）をすることで，それぞれの立場の者が社会福祉に対する理解を深めていくことも今後の課題の一つである。」

（中村　2014：531-532）

　ただこの言説には論理的矛盾がある。中村は，現象学から学べることは“そ
れぞれの人に世界が立ち現れている”ことだと述べている。しかし，後段の部
分では，「社会福祉の経験」という共通基盤の上で対話すると述べている。現
象学的理解を徹底するならば，「社会福祉の経験」という事態も，“それぞれの
人に立ち現れる”。「社会福祉の経験」のみが，特権的に「共通基盤」を持ちう
るわけではない。

　以上の検討を通して，中村の福祉哲学の立論は，「福祉哲学の固有性」を根
底にしているが，その試みは木原のいう「福祉ファンダメンタリズム」に陥る
危険性があると考察する。筆者は，福祉の原理を探求する際には，木原のいう
相対的なものの見方を大切にすべきであると考える。

　しかし上記の問題にもかかわらず，中村は，現象学の知見を取り入れつつ，
福祉の倫理的枠組みを，筆者とは異なるアプローチで哲学的に精緻に構築して
いる。次に中村の福祉哲学の内容について触れ，筆者との共通点，相違点など
をより具体的に考察する。

（2）　中村剛の福祉哲学の内容と構成

　中村の福祉哲学は次のような構成要素に分けることができる。

　構成要素の1つ目は，先ほど挙げた小倉の「視るべきものを視る」や，岩下
壮一，阿部志郎の「呻きに応える」，糸賀一雄の「この子らを世の光に」など，
筆者のケアリングコミュニティでは「倫理的ケアリング」に該当するものであ
る。先述したように，筆者は中村がこの「倫理的ケアリング」を福祉哲学の基
底に置くことについては異論があるが，福祉の哲学的な基盤の一要素としては
重要と捉えている。

　構成要素の2つ目は，現象学的な人間存在の把握である。中村はまずフッサー
ルの「超越論的還元」を用いて，人間存在がそもそも「共に生きる存在」で
あることを導き出す（中村　2014：338-352）。この認識は筆者の現象学を基盤に

したケアリング理論に相似している。また中村はレヴィナスの「顔」の哲学を用いて，「絶対的他者概念」を組み込んだ人間存在の把握を行っている。この部分も筆者の理論と共通する部分である。

　構成要素の3つ目は，スピリチュアルな宗教的思想の福祉哲学への導入である。中村は，主著『福祉哲学』において，「本田神父との対話」という章を設け，「釜ヶ崎で日雇い労働者から学びながら聖書の読み直しをしている本田哲郎神父」（中村 2014：368）との対話を通した福祉哲学の探求を行っている。

　筆者から見れば，この章は全体を通して「スピリチュアルなもの」あるいは「宗教的なもの」を福祉哲学の構成要素の一つとして取り入れた論考として注目される。ただし，筆者が「スピリチュアリティ」概念をかなり広く捉えたものとは異なり，中村はキリスト教の「聖書読解（福音）」の思想に限定して考察を展開している。そのため，スピリチュアリティの理論的位置づけを目的とした考察が行われているわけではない。

　なお，中村はこの「福音」についての考察から，自身の福祉哲学の根幹的な枠組みとなる「ロゴス」と「ダーバール」という2つの枠組みを抽出する。この「ロゴス」と「ダーバール」という枠組みについて，「ロゴス」＝「客観的論理」＝「理性」＝「倫理的ケアリング」，「ダーバール」＝「神の言葉」＝「人間の内面（身体）から発せられる道徳的な思惟」＝「自然的なケアリング」と捉えることができ，筆者の「自然的ケアリング」と「倫理的ケアリング」と相似の枠組みを持っているのではないかと考えている。この点については後ほど考察する。

　また，中村のこの宗教的な思想の導入は，構成要素2つ目の現象学的な人間存在の把握における2つの枠組み，①「超越論的還元」によって導き出される，「共に生きる存在」としての人間理解，②レヴィナスの「顔（＝絶対的他者概念）」（中村の言葉では「超越論的次元を超越するような次元」）（中村 2014：463）によって導き出される「他者を倫理的に優先する存在」としての人間理解に加えて，③「人間の理性による認識を超えた超越的次元＝神の力の働き」（中村 2014：446）（筆者の言葉で言えばスピリチュアリティ）による人間存在の把握，換

言すれば「スピリチュアルな存在」としての人間理解を導入することにつながっている。筆者も，「共感可能な他者」「絶対的他者」「スピリチュアルな存在」との関係から人間存在を把握する人間理解を示した。この部分の理論展開も筆者の考察と相似する。

　さて，構成要素の4つ目は先述した「ロゴス」と「ダーバール」という枠組みである。中村はこのロゴスとダーバールの関係を，ボーマンの整理を援用しながら，図補-①のように整理している。中村は「ロゴス」について，「ロゴスはレゴー（集成する）から派生

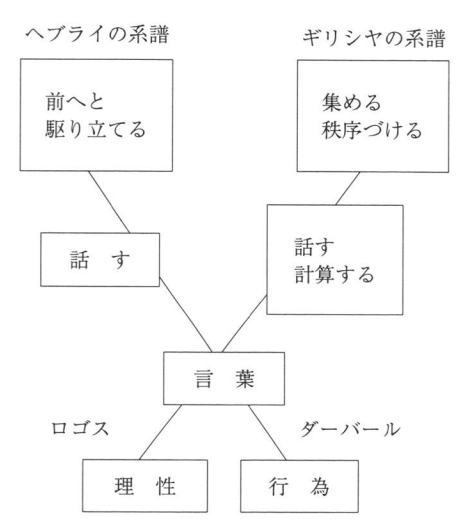

図補-①　ロゴスとダーバール（中村 2014：426）
（ただし，中村も Boman 2003：107 に一部加筆している。）

出所）中村 2014：426

した言葉であり，このことが示すように，ギリシヤの思考は様々なモメントを一定の法則に従って集めて，美しい立派な全体に秩序づけることを特徴とする」（中村 2014：427）と述べる。

　一方，「ダーバール」については，「（前略）ヘブライ人は事実の核心を見出すために本質的なもの，重要なものから，非本質的なもの，外見的なものを分離し，区別する。そしてこれを見出したならば，出来るだけ感銘に鋭く表現することが求められる。彼らは問題の焦点を掴んだならば，長々しい思索の展開によって煩瑣な論証を行うことなどに何の意味も認めなかった」（中村 2014：427）と述べている。

　筆者の，中村の「ロゴス」と「ダーバール」についての理解が正しければ，「ロゴス」の言葉は理性的であり，「ダーバール」の言葉は「行為」を含む（それも長々しい思考を伴わない）という点で直観的・情動的である。

　筆者は情動的な「自然的ケアリング」に対し，理性的な「倫理的ケアリング」を対置させた。中村のロゴスとダーバールの2つの枠組みは，この枠組みと相似する部分がある。例えば中村は，ダーバールについて，『福祉哲学に基づく社会福祉学の構想―社会福祉原論』において，「ダーバールにおける呼びかけ・・・・・と応答の中から，他者への責任＝倫理，命を大切にしようとする愛や尊厳，そ・・・・・・・・してこれらを基盤に形成される正義に気づく（傍点筆者）」（中村 2015：82）と記述している。これはまさに，「自然的ケアリング」と「倫理的ケアリング」を基盤にした「ケアの倫理」の記述と相似する。

　構成要素の5つ目は，社会科学，社会哲学，実践哲学，文学など，多様な分野の科学，哲学，人文学的な知見の福祉哲学への接続である。筆者のケアリングコミュニティの分析枠組みでは，科学的合理性，経済的合理性，システム合理性についての考察と重なる部分がある。例えば，ウルリッヒ・ベックの「再帰的近代化」の理論は，中村も現代の社会福祉の現状を分析する枠組みとして論じられている（中村 2014：233-238）。また「正義論」の系譜については，ロールズ，セン，バーリン，シュクラー，マルガリート，イグナティエフそしてデリダなどを用いて詳細に論じている。また「生活世界のシステムによる植民地化」についての考察を，アクセル・ホネットの「物象化論」に依拠して詳細に論じている。さらに，文学的知見の福祉哲学への適用は，中村の独自性である。

　筆者も他分野の科学的・哲学的知見は，ケアリングコミュニティの構成要素として欠かせないと認識し，ケアの倫理や正義の倫理，科学的合理性や経済的合理性（システム合理性）などの編み合わせのあり方を考察した。筆者は中村に比べ，それらの構成要素の構造連関をより精緻に検討しており，この点は筆者の独自性ということができよう。

　以上，中村の福祉哲学の内容となるその構成要素について，筆者なりの解釈で5点に整理してみた。中村はこの5つの構成要素を最終的には自身の福祉哲学の構造として，①社会福祉の原理，②社会福祉の目的，③社会福祉の本質としてまとめ上げている。その最も要約的なまとめは，中村の主著『福祉哲学』

の終章に記述されている。以下，少し長いが，中村の福祉哲学の全体像を要約的に示す意味で該当箇所を引用する。

（i）社会福祉を根源から理解するために必要とされる視点

　社会福祉を根源から理解するためにはメタノイヤ（筆者注；中村は本田哲郎にならい，『視座を底辺に移し，そこから世界を見直す』（中村 2014：47）という意味を採用している）に次いで，一方では現象学的還元により超越論的次元を分析できる視点をもつことが，他方で，対象化と理論化により経験的次元を分析できる視点をもつことが必要となる。

（ii）Intersubjektivität の働きによって構成される生活世界

　私たち一人ひとりに立ち現れ，そこで暮らしている生活世界は，超越論的間主観性，相互主観性，共同主観性といった，私と他者の『間』で作動しているIntersubjektivität の働きによって構成されている。

（iii）社会福祉の根拠としての生活世界

　生活世界が私たち一人ひとりが現に生き暮らしている『現実』である。生活世界には尊厳という価値が宿っているものの，そこは傷つきやすい世界である。そのような生活世界で発せられる願い，抵抗が社会福祉とは何であるのかを気づかせ，その営みを発展させていく根拠である。

（iv）社会福祉が聴くべき言葉

　この世界には，話されたり書かれたりする言葉や論理といった意味のロゴスとは異なる，より根源的な言葉としてダーバールがある。それは表情や眼差し，言葉にならない心の叫び，『いやだ』という拒否（言葉），あるいは諦めの中で心の奥底にしまわれた無念の想いといった，嘘偽りなどあり得ない真実の声／声なき声（言葉）である。

（v）社会福祉の原理

　筆者が福祉の現場で社会福祉の原理と感じた"声なき声"と"それに応えるように促される力"は，超越的次元において説明すれば神の力の働きとして，超越論的次元を超越していくような次元で説明すれば他者の顔が発する言葉へ

の応答としての責任として，そして，超越論的次元において説明すれば視線触発という志向性として説明できる。

（vi）社会福祉の目的

社会福祉の目的は，この世界に生を受けたすべての人が宿している『尊厳』と『その人固有な潜在的可能性』を顕在化させること（一人ひとりの福祉の実現）である。そしてそれを実現するために，他者の顔の呼びかけに応える責任＝倫理から生じる『善』（ミクロレベル），中間集団によってもたらされる『共通善』（メゾレベル），他者の顔の呼びかけに応える責任＝倫理を基盤とする『正義』（マクロレベル）といった環境における価値や状態を実現することである。

（vii）社会福祉の本質

社会福祉の本質とは，私たちの経験を成り立たせている超越論的次元を突き破り，超越的次元への通路となるような次元で作動している運動（力）であり，レヴィナスによって『倫理』という言葉によって露わにされた人間の『社会性』である。この運動（力）は，他者の顔が発している訴え・呼びかけに応えるように促される力（社会福祉の原理）によって生じ，この世界に生を受けた全ての人が宿している『尊厳』と『その人固有な潜在的可能性』を顕在化へと向かわせる。そして目的を実現するために，人を抑圧する（虐げ，奪い，蔑む）仕組みを分析し，政府と民間の協働をもたらす。また自分のエゴイズムに気づかせ，自分の大切なものを差し出し，重荷（負担）を分かち合う行動をもたらす。このような『社会性』が社会福祉の本質である（中村 2014：519-520）。

以上が中村の福祉哲学の全体像である。以下ではこれを踏まえ，項を変えて筆者のケアリングコミュニティ概念と中村の福祉哲学の類似点と相違点について考察する。

（3）中村の「福祉哲学」と筆者の「ケアリングコミュニティ」概念の類似点と相違点

さて，これまでの論述を踏まえ，中村の「福祉哲学」と筆者の「ケアリング

コミュティ」概念を比較すると，次のような類似点，相違点を指摘することができる。

〈類似点〉

① 人間の存在論的基盤を考察する際，現象学の哲学（超越論的次元と，それを超越するような次元），スピリチュアル（超越的次元）の視点を持っていること。

②①で分析された人間存在の基盤に基づき，人々が「意味」（中村では「尊厳という価値」）を生成して生きる「生活世界」の重要性を指摘していること。

③中村が「社会福祉の目的」においてあげる，個別的「善」（ミクロ），中間集団の「共通善」（メゾ），倫理を基盤とする「正義」（マクロ）という捉え方は，筆者のケアリングコミュニティ概念における「親密圏」における「私的意味＝善」の生成（ミクロ），「公共圏」における「公的意味＝共通善」の生成（メゾ），「私的意味」「公的意味」を基盤として作られる「システム＝正義」（マクロ）という3分類に類似する。

〈相違点〉

① 福祉哲学を探究する方向性の相違

　中村はこれまでのわが国の福祉哲学の知見の継承を軸に，福祉哲学の固有性を明らかにしようとした。これに対し筆者は，「ケアリングコミュニティ」という新しい概念に着目し，これまでの「社会福祉」の枠組みに捉われない，新しい社会福祉，地域福祉の地平を拓く概念として「ケアリングコミュニティ」概念を検討した。

②①の方向性の相違の帰結としてもたらされる理論の特質の相違

　中村の福祉哲学の理論は，「福祉哲学の固有性」という志向性をもっているため，理論の特質として「規範性が高い理論」になっている。大石の「ケアリ

ングコミュニティ」概念にも「規範性」がないわけではない（ケアの倫理，正義の倫理，討議倫理などを含む）が，「進化生物学」等の知見を応用した「自然的存在」として人間を捉える視点や，それぞれの倫理や合理性の限界などを考察しているため，各倫理の「規範性」は限界を内に含んでおり，より相対的なものになっている。

③ その他理論展開上で依拠する知見の細かな相違

　その他，理論を展開するうえで，依拠する知見の微妙な相違がみられる。例えば，両者とも現象学を用いているが，中村がフッサールをより多く取り上げているのに対し，筆者はハイデガー，メルロ＝ポンティに依拠する割合が大きい。「生活世界の植民地化」の議論に対しても，筆者がハーバーマスに依拠しているのに対し，中村はホネットの「物象化論」に依拠している。この他にも細かな相違は多くあるが，紙幅の関係でそれら一つひとつをここで詳しく取り上げて論じない。

(4)　まとめ

　以上，中村剛の「福祉哲学」の論考を，筆者のケアリングコミュニティ概念の論考と比較しながらその内容と構成，理論的特質などを見てきた。まとめれば，中村と筆者の哲学的考察は，いくつかの点で類似している部分がある。特に理論の根幹を成す部分において，現象学を用いる視点，スピリチュアリティを重視する視点，生活世界を捉える視点，それらを組み合わせて，「親密圏（個）」「公共圏（中間集団）」「システム（正義の実現）」を構造的に組み上げる視点などは相当似通っている。

　一方で，中村は「福祉哲学の固有性」にこだわり「規範性」の強い理論的特徴を持つのに対し，筆者のケアリングコミュニティ概念は，新しい社会福祉・地域福祉の哲学を目指して「開放的」な志向性を持っていたため，一定の「規範性」は持つが，各倫理規範の「相対性」が強調され，より多くの他分野の知見を「福祉分野」に持ち込むことが可能な理論的特質を持っていると考えられる。

　中村の「福祉哲学」の課題は，強い「規範性」を持つ理論であるがゆえに，木原のいう「福祉ファンダメンタリズム」に陥る危険性があることである。

　一方，筆者の「ケアリングコミュニティ」概念は，「開放性」を特徴とし，倫理間の「相対性」が特徴であり，そのためファンダメンタルになることは避けられるが，逆に，特定の「思想」に恣意的に「ケアリングコミュニティ」という言葉をのせて用いられてしまうと，「きれいな言葉」「誰かを抑圧する言葉」として機能する危険性がある。

　筆者と中村は，理論構築の方向性は異なるものの，用いた哲学的知見には共通するもの，類似するものも多かった。この共通点，類似点をさらに詳細に論じていけば，より精密な「福祉哲学」が浮かび上がる可能性がある。また，中村の福祉哲学の「固有性（閉鎖性）」と，大石のケアリングコミュニティ理論の「相対性（開放性）」の理論的特徴は，お互いの議論をより深めていくことで，それぞれの欠点を補う形で，それぞれの理論の欠点（ファンダメンタリズムの危険性⇔恣意的な概念仕様の危険性）を克服できる可能性がある。

　これらは今後の課題であるが，中村の福祉哲学の考察の最後にこのことを指摘しておきたい。

第4節　岩崎晋也の『福祉原理』

(1)　岩崎晋也の『福祉原理』の概略

　次に，岩崎晋也の『福祉原理』を取り上げ，筆者のケアリングコミュニティ概念との類似点，相違点等を考察し，それぞれの理論的特徴，及び関係性，課題等について論ずる。

　本項ではまず，岩崎の『福祉原理』の内容について概略的に示す。

　岩崎は，古代国家成立以降，社会秩序の維持手段として「福祉」が要請されたと考える。古代国家成立以前の漂泊バンドや氏族社会，部族社会では，部族内における「関係に基づく援助」が基本であった。しかし，食糧生産の拡大に伴い，大規模な社会を構成することが可能になると，大規模社会の問題点（秩

　序の維持問題）を解決するため，古代都市国家が出現する。この古代国家には，部族社会までの「関係に基づく援助」ではカバーしきれない「関係のない他者への援助」が国家の秩序維持問題としてあらわれる。この問題に対し，「関係のない他者を援助する仕組み」として「福祉」が出現した（岩崎 2018：18-27）。

　岩崎は，この「関係のない他者への援助」を「秩序維持型福祉」と「秩序再構築型福祉」の2つのタイプに分類する。「秩序維持型福祉」は，「関係のない他者」を既存の「関係に基づく援助」で形成された共同体の秩序に取り込むことによって既存の秩序を維持するものである（岩崎 2018：iv）。「秩序再構築型福祉」は，「関係のない他者」同士が新たな関係を構築できるよう援助することで秩序を作り出すものである（岩崎 2018：v）。

　岩崎は，人類史をこの2つのキーワードに焦点を当てて分析し，「秩序維持型福祉」の登場から，その限界によって現れた「秩序再構築型福祉」の発生メカニズムを検討する。

　岩崎によれば，「秩序再構築型福祉」は歴史的に，古代都市国家の救済の限界から登場したキリスト教などの「普遍宗教」，産業革命以後の貧富の格差の拡大を背景にフランス第三共和政で登場した「社会連帯論」，近代市民社会が前提にしてきた成長のための「家父長制モデル」の限界を背景に登場したアマルティア・センの「ケイパビリティの平等」の3回にわたって求められてきた。

　岩崎の目的は現代社会における「新しい社会福祉」の正当化問題であるが，「福祉の正当化問題」の歴史を人類史の中で精緻に記述することで，現代における「秩序再構築型福祉」としての「ケイパビリティの平等」がどのような理由で求められているかについて，説得力のある議論になっている。

　岩崎は，上記の歴史的展開を踏まえ，現代社会における福祉の正当化問題をより精緻に検討するために，①平等に関わる福祉の正当化問題，②自由に関わる福祉の正当化問題，③「福祉」が作り出す公的領域における関係問題という3つの分析枠組みを位置づけている。

　①平等に関わる福祉の正当化問題では，社会が何を社会的不平等と認定するかによって，福祉の正当化の論拠が異なる。古代民主国家では，平等は奴隷や

外国人を除いた「市民の平等」に限られていたため，福祉の正当化は困難だった。しかし，フランス第三共和政以降の社会連帯論は，「自然状態では不平等」な市民が社会を形成しているため，その状態を「社会的債務」と捉え，これを是正するために福祉を行うことを正当化した。そして現代社会では，単なる経済的格差だけでなく，性差や障害の有無などによる不平等の是正や，自由に自分の人生を選択する能力の平等（ケイパビリティの平等）の実現が目指される。

　②自由に関わる福祉の正当化問題では，第1に自己責任と「福祉」の関係，第2にパターナリスティックな福祉と自由との関係が問われる。第1の自己責任と「福祉」の関係では，労働しない（できない）者への福祉の正当化が問題となる。社会連帯論は，労働できない状況に陥ることを「リスク」と捉え，自己責任を問わず「福祉（社会保険）」の対象とした。しかし「家父長制的な健常男性中心社会」では，労働力とはなり得ないがゆえに疎外される女性や障害者等の問題が残った。現在，これらの人々にもようやく目が向けられ，特に「個人化」が進む現代社会において，「現れとしての公（市民社会）」に自由に参加することを保障するような施策が求められている。第2のパターナリスティックな福祉と自由との関係では，かつては福祉がパターナリスティックに提供され，対象者の自由権の侵害が問題となった。現代の「新しい社会福祉」では，「パーソナライゼーション」により，個々の人々の「ケイパビリティの保障」を通して，人々の自由で主体的な選択を擁護しなければならない。

　③「福祉」が作り出す公的領域における関係問題とは，「公的領域」において「関係のない他者」同士を結び付けることを社会がいかに正当化するかに関わる問題である。自然状態では，人々は「関係のない他者」と結びつく動機づけを持たない。では，「関係のない他者」を社会的に結びつける論拠は何になるのか。「社会連帯論」では「社会的債務」「社会的リスク」という概念を用いて，これを人々が相互に持ち合うことで（つまり社会保険のシステムをつくることで）「関係のない他者」同士を結び付ける論拠とした。しかし，「社会連帯論」においては，親密圏における安定した家族の存在を前提として，それによって支えられる家父長制的資本制を維持するためにこの連帯が図られたのであり，

「労働力」とみなされない「社会的弱者」は排除されていた。これに対し，「新しい社会福祉」では，特にベックのいう「第二の近代化＝再帰的近代化」の中で「個人化」した人々が，「現れとしての公（公共圏）」において「他者」と関係をもつことによって自身の生のリアリティ（筆者の言葉では「意味の生成」）を確保することが重要となる。もしそれができなければ，人々は自分とは異質の「関係のない他者」を排除することによって「集合的アイデンティティ」を得ようとする傾向を高めることになる。つまり，「新しい社会福祉」においては，「公共圏」における「関係のない他者」との意味ある関係性をいかにつくり出すかが，「福祉」の正当化の論拠として浮上している（岩崎 2018：240-256　ただしより詳細は，岩崎の著作全体を参照のこと）。

　岩崎は以上の議論を総括して，現代社会における「新しい社会福祉」が目指すべき姿を，「第一の近代」（ベック）以降に出現した福祉国家と，「第二の近代」における公私区分のあり方を比較して図補-②のように整理している。

　この図の説明は岩崎（岩崎 2018：236-237）を参照していただきたいが，この

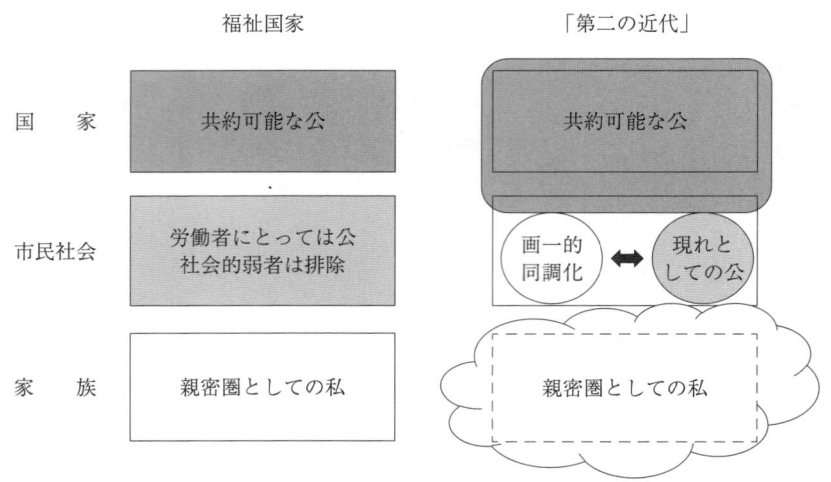

図補-②　福祉国家と「第二の近代」における公私区分

出所）岩崎 2018：236

言説をより理解するためには，「共約可能な公」と「現れとしての公」という，2つの「公共的領域」の意味を理解しておく必要があるだろう。「共約可能な公」とは，社会を構成する人々が合意（共約）のもとで，社会の構成員に対して普遍的に，何がしかの権利の付与を認めているという意味での「公」である。筆者のケアリングコミュニティの理論では「システム」にあたる。これに対して「現れとしての公」は，複数性や差異性（個別性）は担保しながら，「生のリアリティ」を感じられるような「公」である。ケアリングコミュニティの理論では「公共圏」にあたる。この「現れとしての公」を市民社会の中にいかに確保していくかが，現代の「新しい社会福祉」の重要な課題だと岩崎は認識している。

　岩崎は，現代の「新しい社会福祉」においては，「個人化」の傾向に抗して，人々が「公共的領域」において「生のリアリティ」を確保するために，「現れとしての公」の場を確保することが重要だと述べているのである。そのためには，社会的に排除されてきた人々の「ケイパビリティの平等」を実現するための，社会的な「共約（合意）」を得る必要がある。このような場合，「共約可能な公」の担い手は「国家」に留まらなくなる。例えば，「合理的配慮」は「共約された公」として法的に合意された「規範」であるが，その実現は「国家」のみが担うわけではない。市民社会の担い手である私たち一般市民も「共約可能な公」の担い手になる必要がある。つまり市民はその公共的領域の中に，様々な人の「現れとしての公」の場を確保するために，「共約可能な公」の重要な担い手としての役割を果たす必要がある。

　岩崎は現代社会を，第二の近代化により「個人化」が進み，「『生のリアリティ』（社会的アイデンティティ）を感じたいという実存的欲求」（岩崎 2018：254）を持つ人々があふれる社会と捉える。そして「新しい社会福祉」が目指すべき方向性について，「個人化」にともなう「画一的同調化」の圧力に抗い，「現れとしての公」を市民社会の中に確保すること，しかもそれをあらゆる人々の「ケイパビリティの平等」に基づいて，実現していくことと捉えたのである。そして，このような現代の「新しい社会福祉」の展開を，人類史上3回目の「秩序再構築型福祉」の展開と捉えたのだ。

(2)　岩崎の『福祉原理』の理論的特徴と課題―ケアリングコミュニティ理論との比較を通して―

①「システム」としての「福祉」の正当性の探求からの理論展開について

　岩崎の理論的特徴の1つ目は，岩崎の言葉でいえば「関係のない他者」を援助する仕組みとしての「福祉」，つまり「システム」としての「福祉」の正当性を探求することで理論展開を図っている点である。筆者の場合は，「人間の存在的基盤」をなす「ケアリング」を基盤に理論展開を図っており，その点で理論展開上の相違がある。

　岩崎の場合は「福祉システム」の正当化の論拠を人類史的に考察した結果，「生のリアリティ」を実感できる「現れとしての公」の場を確保するための「新しい社会福祉」の理論に辿り着いた。岩崎の「生のリアリティ」は，筆者の「生きる意味」とほぼ相似した概念である。岩崎は，「生のリアリティ」を「現れとしての公」の場で確保するために，現代の「福祉システム」は，「ケイパビリティの平等」の保障を実現せねばならず，その一部は「市民社会（公共圏）」が担う必要があるとした。岩崎の場合，「福祉システム」の正当化の論拠を歴史的に辿った結果，筆者のいう，「生きる意味」を生み出すケアリングの重要性に辿り着いたといえる。岩崎は「システム」の検討から，筆者は「ケアリング」の検討からと，いわば逆方向から理論が検討されたにもかかわらず，両者がほぼ同様の結論を導き出した点は興味深い。ただこの方法論上の相違は，後に述べるように，理論上の帰結として大きな相違をもたらすことにもなっている。

②　人類史学（歴史学）的な手法で，福祉原理を明らかにした点

　岩崎の『福祉原理』の特徴の2つ目は，人類史学（歴史学）的な手法を用いて，自身の福祉原理を明らかにした点である。岩崎は，「援助する動物」としての人間理解から始め，そもそも人間は「関係のある他者」を援助する自然な動機づけをもつが，古代都市国家成立以降，「関係のない他者」をも援助する社会的仕組み（福祉）を発展させてきたという部分に着目し，この「関係のない他

補　論　ケアリングコミュニティ概念の哲学的・思想的価値について　　355

者を援助する仕組み」を人間社会がどのように構築してきたかを人類史学的に精緻に明らかにした。

　このような人類史学的な視点は，筆者も，「ケアする動物としての人間」を捉える視点や，近代化以降の「個人化」「生活世界の植民地化」の歴史的プロセスを導入するなど部分的に用いているが，岩崎のように通史的に徹底して論じているわけではない。この部分は岩崎の『福祉原理』の研究方法論上の特徴といえるだろう。特に近代化以降の「社会連帯論」から，現代の「新しい社会福祉」の論拠となるセンの「ケイパビリティの保障」までの展開を歴史的に位置づける視点は重要だと考える。

③　福祉の仕組みを，「共約可能な公」「現れとしての公」「親密圏としての私」から捉える視点

　岩崎の『福祉原理』の理論的特徴の3つ目は，福祉の仕組みを「共約可能な公」―「現れとしての公」―「親密圏としての私」の3層構造から捉える視点である。これは筆者の「ケアリングコミュニティ」の理論における「親密圏」―「公共圏」―「システム」の3層構造に似ているが，細かい部分では若干の相違がある。

　筆者は，親密圏を「私的意味の生成の場」，公共圏を「共通善」としての「公的意味の生成の場」，システムを「正義の倫理」に基づく普遍的な権利保障の仕組みとして捉えた。この理論の特徴は，まず，親密圏におけるケアリングによって生成される私的意味を原理的基礎に置くことである。次に，公共圏において，私的意味の相克を討議によって「共通善＝公的意味」として生成する。そして，この「公的意味」のうち，より普遍性が高く，人々のケアリングの限界を補完するために必要と考えられるものが，システム（法的意味）として生成される。

　一方，岩崎は，歴史的な視点から次のように理論を展開する。まず，近代社会の福祉国家は，資本主義経済と結びつき，市民社会において，男性雇用労働者中心の「福祉」を展開していた。そのシステムは，家族という「親密圏とし

ての私」も巻き込み，市民社会（資本主義経済での労働）における過酷な競争か
ら一時的に退避できる場所として「近代的家族」を形成し，その場を「女性」
のケアによって担わせた。このように，近代社会における「秩序」は，「女性」
などの犠牲のもとに成り立つ「福祉システム」であった。このような近代社会
の「秩序」は，ベックのいう「個人化」の進行等によって限界を迎える。

　現代社会における「新しい福祉」の仕組みは，このような現代社会の問題に
対応できる「福祉」として機能しなければならない。それにはまず，「むき出
しの個人」に対する手当をいかに成すかが課題になる。この時，岩崎が採用す
るのが「ミニマムな合意としての人権」の保障（岩崎 2018：218-222）を「共約
可能な公」の責任として行うことである。また，先述したように，「生のリア
リティ」の充足のために，市民社会の領域に「現れとしての公」を確保するこ
とである。またさらにそれを可能にするために，センのいう，「ケイパビリテ
ィの平等」を「共約可能な公」の責任において達成することである。

　さて，上記の岩崎の「共約可能な公」「現れとしての公」「親密圏としての私」
の現代社会における関係性は，次のようになる。まず，「親密圏としての私」
は現代社会においては「個人化」の危機にさらされていると捉えられる。した
がって，「親密圏としての私」を喪失した人に対しては，「共約可能な公」によ
る「ミニマムな合意としての人権保障」が対応する。しかし，親密圏の喪失に
よる「生のリアリティの喪失」は，「ミニマムな合意としての人権保障」だけ
では対応できない。岩崎はその「生のリアリティ」を回復する場所を「市民社
会」の「現れとしての公」を設定することで代替することを提案している。そ
して「共約可能な公」の役割として，そのような「現れとしての公」に参加し
づらいと思われる人を包摂するために，「ケイパビリティの平等」を保障する
ことが求められるわけである。

　岩崎のこの3つの領域の関係性は，筆者のそれと相似しているようで，理論
展開には相違がある。

　まず，岩崎の場合，「親密圏」は「生のリアリティ」（筆者でいえば「私的意味

の生成」）を確保する場としては，半ば放棄されている。その代替となるのが「現れとしての公」である。岩崎が，この「親密圏としての私」の役割を半ば放棄するのは，「近代的家族」が事実上「個人化」により崩壊しているから，という理由ではなく，「親密圏」の確保が「共約可能な公」の問題としては取り組むことができない，と考えているからである。岩崎は次のように述べている。

　「しかし，『親密圏としての私』を提供することは，『共約可能な公』の問題と言えないのではないだろうか。また『親密圏としての私』に公的介入を認めれば，それは閉じている空間としての親密圏の破壊になるのではないだろうか。しかし，『共約可能な公』として位置づけられないのであれば，それは共約できない以上，個々人の自由の問題である。親密圏を喪失したものの苦しみに応答するもしないのも個人の自由であり，社会の責任として関与すべき問題ではなくなる。しかし，親密圏の喪失が，放置できない社会問題であるとすれば，何らかの論理で『共約可能な公』の問題として位置づけなければならない。(後略)」(岩崎 2018：214)

　岩崎は，「共約可能な公」の領域は，「親密圏としての私」の領域には介入できないと述べている。なぜなら公的介入は，本来自由であるはずの「親密圏」を脅かし，破壊する可能性があるからだ。その一方で，親密圏の喪失が放置できない問題となれば，何らかの論理で「共約可能な公」の問題として位置づけねばならない。そこで出てくる論理が，「ミニマムな合意としての人権保障」である。これにより岩崎は，「親密圏」への直接的な公的介入はあきらめ，「親密圏」への側面的支援を行うか，ミニマムな人権が保障されない場合は，「人権を保障するために避難できる場所（シェルターや居場所など）を代替的補充性として社会に提供すること」(岩崎 2018：226) を提案する。
　筆者も「共約可能な公」（システム）の領域が，「親密圏としての私」の領域に直接介入する事態は極力避けるべきだろうと考える。しかし，人々の「生のリアリティ」を「親密圏」の中で実現することのできない「福祉」とはいった

い何なのであろうか。この疑義についてはこの後に記述する項目も踏まえてま
とめて後述する。

　次に岩崎の「福祉」の担い手はあくまで「共約可能な公」に設定されるため，
「ミニマムな合意としての人権保障」を行うのも，「現れとしての公」の場を設
定するのも「共約可能な公」の役割として位置づけられる。これは筆者の，「シ
ステム」は「親密圏」と「公共圏」による意味の生成を基盤に形成されなけれ
ばならないという理論展開とは，逆方向の理論展開である。（ただし筆者のいう
「システム」と，岩崎の「共約可能な公」は完全に一致する概念ではない。筆者の場合，
「システム」は概念上「公共圏」とは切り離された独立した領域として設定している
のに対し，岩崎の場合は「共約可能な公」というように，人々が共約（合意）して運
営されるという意味で，「公共圏」の機能を含む概念として捉えられている）。

　このような相違は，岩崎と筆者の探求の基盤の置き所と，それによって規定
される研究方法論上の違いが関係していると考えられる。筆者は人間存在の本
来的あり方を「ケアリング」に設定して概念形成を行ったのに対し，岩崎は「関
係のない他者を援助する仕組み」としての「福祉」の正当化問題を探究の出発
点とした。筆者は，「自然的ケアリング」では解決できないケアを「システム」
で対応した歴史的事実はあると思うが，その「システム」は「関係のない他者
を援助する仕組み」だったということには疑問を感じている。

　筆者の見解はこうだ。岩崎もいうように，部族社会の時代には，「自然的ケ
アリング」に基づく直接的な互恵関係で集団の秩序維持は可能だった。しかし，
「古代都市国家」のように，人間集団が大規模化すると，「自然的ケアリング」
は限界になり，その一部を「システム」で代替する必要が出てくる。しかし古
代都市国家の「システム」は，現代社会のように洗練された「システム」では
ない。「自然的ケアリング」の限界を代替はするが，その代替の程度は供給で
きる資源の不足もあって不十分だったであろう。しかし，困窮する民を放って
いくわけにはいかない。そこで不十分ながら，原初的な「福祉」がシステムと
して提供される。このとき救済の対象は，「自国民の内側にいる人々」が優先
された。自国外の人や，戦争等で得た奴隷は救済の対象とはならなかった。そ

してそのことは，当の自国外の人や奴隷にも自明のことで，そのことそのものに対する違和感や不満は（より厳しい状況に置かれない限りは）なかったであろう。したがってこの程度の「福祉」でも古代都市国家の「秩序」は維持できたであろう。つまり，特にわざわざ「秩序」を維持しようと「関係のない他者」に対する「福祉」が意図的に要請されたわけではないのではないだろうか。統治者は，ただ「自然な感情（自然なケアリングの感情）」に従って，時に「徳政」のような，「自然的ケアリング」では限界のある人々の最低限の「救済」を行っていただけではないか。

　岩崎のいう「秩序再構築型福祉」は「秩序維持型福祉」の対概念であるが，もし「秩序維持型福祉」の枠組みが上記のようにその有効性が疑わしくなれば，その対概念として構成された「秩序再構築型福祉」もその有効性が疑われることになる。例えば，1回目の「秩序再構築型福祉」として登場する普遍宗教であるが，普遍宗教そのものは，おそらく既存秩序を解体して再構築するという，明確なエートスをもって生まれたものではないだろう。既存の「秩序」の中であまりに苦しく，結果的により人間的な対応を求める人々の想いが，一人の（あるいは複数の）預言者の出現により集約化され，大きなうねりとなった結果，既存秩序を「再構築した」と考えるのが妥当であろう。その根底には，自分たちの厳しく，つらい状況をなんとかしたいという人間にとって自然な「ケア」感情があったと考えられる。もちろん，キリスト教などの普遍宗教の教えが，結果的に従来の「自然的ケアリング」の枠組みを超えるより普遍的な教義をもっていたことは間違いない。しかし，それらは結果的に「社会」に選択されたのであって，明確な「関係のない他者に対する支援を行う社会秩序を再構築する」という「意志」に基づいて行われたものではないだろう。つまり，「秩序再構築型福祉」においても，その根底には人々の「自然なケアリング感情」があり，それは，「関係のない他者に対する福祉」として行われたというよりは，当然「関係のある他者とみなした者に対する福祉」を考える中で（つまり自然的ケアリングの中で）営まれてきたこと，と解釈するのが自然ではないだろうか。

　このように考察すると，岩崎の『福祉原理』の「関係のない他者に対する『福

祉』の正当化問題」，という立論は，「関係のない他者に対する『福祉』という仕組みがあった」という「フィクション」を元に展開された理論となってしまい，その理論も，人間の本来的あり方とかけ離れた議論になってしまうのではないだろうか。

　例えば，先ほどの「共約可能な公」―「現れとしての公」―「親密圏としての私」という3層構造の理論枠組みは，現代社会において「親密圏としての私」の役割を半ば放棄してしまうという帰結をもたらしている。たしかに現代社会においては「家族」などの「親密圏」が「個人化」し，その「役割」が危機に直面していることは事実である。しかしそのことと，人間にとって「親密圏」が必要ないということとはイコールではない。たしかに岩崎のように，「関係のない他者を支援するのが『福祉』」だとすれば，「親密圏」による「関係のある人への援助」が「福祉」からの「捨象」の対象となることは論理的に矛盾しない。しかし一方で岩崎は，人間の「生のリアリティ」の充実という課題は，「福祉」が取り組むべき課題として残している。本来，この「生のリアリティ」の充実は，人々が多様な価値観によって，私的に行われる「親密圏」でなされるべき課題である。しかし岩崎はその充実の「場」を「親密圏」ではなく，「公共圏」である市民社会の中の「現れとしての公」で実現しようする。

　筆者は「現れとしての公」が，「公共圏」として必要であるということを否定しない。しかしその前提として，多様な「親密圏」が地域の中に雑多に形成され，そこで人々の多様な「私的意味の形成」が図られることが重要だと考えている。もちろんそのために「ミニマムな合意としての人権保障」や「ケイパビリティの平等」の保障も重要である。しかし，岩崎の立論では，「共約可能な公（システム）」によるそれらの保障が，「親密圏」や「公共圏」における「ケアリング」の営みより，優先されているように思える。その帰結として，「親密圏としての私」の領域が放棄されてしまうとすれば，それは「システムによる生活世界の植民地化」を進めることになってしまいはしないだろうか。

　まとめると，岩崎の『福祉原理』の特徴は，「関係のない他者への援助」としての「福祉」の正当化問題であったが，そもそもこの立論そのものが，適切

な立論であるかを問う必要がある。筆者自身は，人間の本来性を「ケアリング」にあると捉えた。筆者の考える「福祉」とは，「ケアリングという関係性に規定されている人々同士」が，その「ケアリング」の限界がある中で，どうケアし合うか（ケアの重荷をどのように分け合うのか）ということであって，問題になるのは「関係ない人々」とされてしまった人々を，「仲間」の中にどう組み入れていくか（包摂していくか），「自然的ケアリング」の限界を人々はどう乗り越えればいいのか，現代社会の「個人化」の状況の中で人々の「ケアリング」をどう組織化するのか，などになる。

　以上のことを踏まえ，筆者は岩崎の立論を，次のように改変することを提案したい。

　「『福祉』は歴史的に誰を『ケア』の対象にし，誰を『ケア』の対象にしてこなかったか。また本来，『他者をケアする』ことが人間の本来性であるとするならば，歴史的に『福祉』が特定の人を排除してきたのはなぜなのか。そのメカニズムを明らかにする」。

　このように改変すれば，岩崎の『福祉原理』の論考そのものは，きわめて重要な知見を提供する。部族社会までの「自然なケアリング」の限界を，古代都市国家ではどのようにシステムとしての「福祉」として構築してきたのか。近代化以降の「社会連帯論」が「福祉システム」として何を新しく加え，何をどのような理由で取りこぼしてきたのか。ベックのいう第二の近代化により，私たちの「ケアリング」の状況がどのように変化し，今，「新しい福祉」として何に取り組まなければならないのか。岩崎の『福祉原理』は，その理論展開の中で，上記のようなことを詳細に明らかにしている。つまり，岩崎の『福祉原理』の論考は，その立論の出発点を改変し，「福祉」を，「本来，関係性の中でケアリングする人間が，その限界に対応するために人為的につくってきたシステム」と変えるだけで，（一部の結論を除き）説得力のあるものになる。

(3)　岩崎の『福祉原理』と，筆者のケアリングコミュニティ理論の類似点と相違点

　以上，岩崎の『福祉原理』の概要と理論的特徴，及び課題を考察してきた。前項で筆者は岩崎の『福祉原理』の課題を批判的に考察したが，立論についての課題と，その結果もたらされている結論部分の見解の問題点を除けば，岩崎の人類史学的な『福祉原理』の論考は意義ある部分が多い。本項では，筆者のケアリングコミュニティ理論との比較のもと，岩崎と筆者の理論上の類似点及び，相違点を明らかにし，そこから「福祉哲学」の課題として何が明らかになっており，何が今後の課題として残されるかを考察する。

〈類似点〉

① 現代の「福祉」の課題を歴史的に分析する枠組みとして，ウルリッヒ・ベックの「再帰的近代化」の理論を用いている。

　ウルリッヒ・ベックの「再帰的近代化」の理論，特に「個人化」の理論は，岩崎においても，分析枠組みとして重要な位置づけを持っている。特に「第二の近代化」によってもたらされる「個人化」の理論は，現代の社会福祉が課題とする「社会的孤立化」の状況を分析するのに重要な理論枠組みを持っていると考えられる。孤立化を深めるわが国の社会状況や，この問題に関わる社会福祉のあり方を分析するうえで，「個人化」の理論はその重要性を増している。

② 「親密圏としての私」（親密圏）―「現れとしての公」（公共圏）―「共約可能な公」（システム）の3層構造で現代社会の「福祉」のあり方を捉える視点

　上記の3層構造で現代社会の「福祉」のあり方を捉える視点には岩崎と筆者で類似点が多い。特に，「現れとしての公」の役割の重要性を両者とも強調している。筆者の場合は，公的意味（共通善）を形成する場として重要と捉えた。岩崎は，今まで「私的」なものに隠匿されてきた人々が「現れ出る場」として，あるいは，個人化によって，生のリアリティを親密圏で持ちえなくなってしま

った人に生のリアリティを実感する場を提供するという場として重要な役割を
持っていた。

　両者の相違もある。岩崎の場合は，「親密圏としての私」や「現れとしての
公」に対して，「共約可能な公」がどのように支援するか，その支援の正当性
の根拠は何かに主要な関心があった。これに対し筆者は，親密圏—公共圏—シ
ステムの連関は，それぞれの領域の限界性の認識をもとに，私的意味→公的意
味→法的意味の形成という順序で構造化した。

　いずれにしてもこの３層構造から社会を捉える視点は，齋藤純一など，公共
哲学の分野で似たような議論が展開されている。今回は両者で「親密圏」を捉
える見解が異なったように，この３層構造をこれからの「福祉」にどのような
形で位置づけていくかは，今後さらなる議論の深化が必要であろう。

〈相違点〉
①「福祉」の原初的な原理を「関係のない他者への援助の仕組み」と捉えるか，
　「ケアし合う本来性を持った人々のケアリングの営み」として捉えるか。

　前項でも触れたように，岩崎と筆者の理論の最大の相違点は，「福祉」を「関
係のない他者への援助」の仕組みと捉えるか，「ケアしあう本来性を持った人々
のケアリングの営み」として捉えるかである。筆者は前項の最後で，岩崎の立
論の改変を提案した。

　若干補足すれば，岩崎の立論を，「システム」は「自然的ケアリング」の限
界を補い，「関係のない他者」をどう社会の中に取り込むかという形で現出し
たものであり，そのような意味での「関係のない他者への援助」が「福祉」な
のだ，と捉えるならば，筆者の立論と大きな矛盾はなくなる。しかし，岩崎は，
分析枠組みとして，「秩序維持型福祉」と「秩序再構築型福祉」という概念を
導入している。ここで前提とされている岩崎の「人間観」は，「人間は社会の
『秩序』を維持するために合理的に行為する動物である」という人間観であり，
それゆえ「福祉」は，「秩序維持」にせよ「秩序再構築」にせよ，「秩序」のた

めに行われる営みだということになってしまう。

　筆者は人間が，社会の「秩序」を維持するために合理的に行為する動物としての一側面があることは認める。しかし，それは人間の本来性の一部分でしかない。人間の一側面のみに着目して立論をするより，人間の本来性の全体を基盤にしたうえで考察を展開した方が，より真理に近づくことができる。

② 研究方法論上の相違

　岩崎と筆者の相違の第2は，研究方法論上の相違である。岩崎はいわば，人類史学的，歴史学的に『福祉原理』を明らかにしようとしたのに対し，筆者は現象学的な哲学の手法や，多様な分野の知見を総合化することで自身の理論を構築した。

　先ほどの岩崎への批判にかかわらず，筆者は岩崎の人類史学的に福祉原理を考察する方法はきわめて重要な意義を持つと考える。なぜなら「福祉」が，それぞれの時代状況の中でどのようなものとして捉えられ，その時点ではどのような限界があったか，そこから考えられる人間の営みと「福祉」との関係はなんだったかといった知見を，「福祉とは何か」という問いに対して，より多義的で相対的な見方を与えてくれるからである。

　特に，フランス革命後の「社会連帯論」の成立の過程に着目したことや，第二の近代化以降の近代的家父長制における家族と「福祉」の関係を歴史的に捉えた部分は重要である。ただ，後者の近代的家父長制における家族と「福祉」の関係についての論考の帰結が，フェミニズムの「近代的家父長制」が女性等を抑圧してきたという理論に依拠しすぎたきらいがあるため，その帰結として，「親密圏」の捉え方が若干極端に「捨象」されてしまったところがあるように思われる。筆者としては，「近代的家父長制」的な家族が解体された後，人々の「ケアリング」の場としての「親密圏」をどのように取り戻すか，という議論に踏み込んでいただきたかったと考える。この点，岩崎の立論が「共約可能な公」としての「福祉」の正当化問題に焦点化されていたため，その論理的帰結として限界があったことは否めない。しかし，人間の本来性が「ケアリング」

にあるのだとすれば，「個人化」によって「親密圏」から「ケアリング」の場が喪失している現代において，その「ケアリング」の場の保障を「福祉」としてどのように展開するかは重要な課題となる。筆者自身の課題としても提起しておきたい。

第5節　山本馨の『地域福祉実践の社会理論』

　本節では，山本馨の『地域福祉実践の社会理論』を取り上げる。山本は，従来の地域福祉実践の理論枠組みとは異なる社会理論を用いて，地域福祉実践の源泉となっている原理や構造を見出そうとしている。本節では山本の研究内容を紹介し，筆者のケアリングコミュニティ理論との比較を行う。この比較を通して，山本の研究の特徴や意義，また，山本の研究との比較でみるケアリングコミュニティ理論の特徴や意義を明らかにする。

(1)　山本の『地域福祉実践の社会理論』の内容と特徴
　山本の研究目的は，地域福祉実践の「豊饒さ」を分析しうる新しい社会理論の統合的な枠組みを精緻に検討することである。山本は，現代の地域福祉実践は，従来の地域福祉理論では分析することができない「豊饒さ」を持っているという問題意識を持っている（山本 2018：2-3）。山本は，従来の地域福祉理論である，コミュニティオーガニゼーション（以下 CO と略す），あるいはその発展型であるコミュニティ・ソーシャルワーク（以下 CSW と略す）やソーシャルキャピタル理論（以下 SC と略す）では，現代の地域福祉の「豊饒さ」を分析するのは困難であることを指摘する。山本の見解では，CO，CSW は，理想的・目的論的な（新しい）コミュニティの形成を意図しているがゆえに，従来からあるコミュニティ（人と人とのつながり）を生かそうとする実践を分析する枠組みを持たない（山本 2018：65-66）。また SC は「人と人との関係性を生み出すことそのもの」よりも，生み出された関係性（ソーシャルキャピタル）により何らかの「社会的効果」をあげようと意図する理論であり，「関係性そのもの」

を生み出すことを志向する地域福祉実践を分析する枠組みを持っていない。

　山本は上記の問題意識を踏まえ，地域福祉実践の新しい分析枠組みとして，社会学や文化人類学，政治学で用いられている３つの社会理論を分析枠組みとして導入している。一つはマルセル・モースの贈与論であり，２つはアルフレッド・シュッツの（他者の）認識論，３つは政治学者ダールの（社会的・政治的行為を成り立たせるための）規模論である。山本はこの３つの社会理論を統合的に用いる地域福祉実践の分析枠組みを用いて，実際の地域福祉実践事例の３類型を導き出している。

　山本の問題意識は，筆者のケアリングコミュニティ研究と重なる部分がある。筆者のケアリングコミュニティ研究の場合は，地域福祉実践・研究を原理論的に「豊饒化」させる研究であったのに対し，山本の場合は，すでにある地域福祉実践の中に，従来の地域福祉理論を超え出る「豊饒さ」を見出し，その「豊饒さ」を分析する理論的枠組みを検討した。ここに両者の研究方法論上の相違がある。言い換えれば，大石は地域福祉の「意味」「目的」を原理的により精緻に，豊かに検討したのに対し，山本は地域福祉の「豊かさ」を捉える分析枠組み，理論を精緻に検討しようとした。したがって，両者の目的は「地域福祉実践をより豊かにする（地域福祉が捉える枠組みを拡張する）」という点では一致している。そのため，分析視角や分析方法は異なるが，結論（これからどのような社会福祉・地域福祉を目指すべきか）という点では共通する部分が多い。

（2）　山本の３つの社会理論の思想的前提

　まず，山本が「豊饒な地域福祉実践」を分析する枠組みとして採用した３つの社会理論のそれぞれの思想的前提について考察してみたい。

①　贈与論

　山本が採用した３つの社会理論のうち，その最も基底的な位置づけを持つ社会理論は，文化人類学者，マルセル・モースの「贈与論」である。モースの贈与論については，山本が著書の中で次のように紹介している。

　「社会学者・文化人類学者モースは，（中略）物々交換が現代における売買の
出発点とされ，経済の始原の形態とされていることは誤りであり，出発点とな
り始原となるのは贈物の提供，受容，返礼の制度であると述べている。つまり，
モースは人間間の交換の原型は市場ではなく，贈与であると考えたのである。
文化人類学者グレゴリー・ベイトソンはこの点を演繹して，贈物をやりとりす
る人が望むことは，贈物の交換が作り出す人間関係であり，物それ自体ではな
いと述べている。贈物はそれによって社会関係の樹立や再確認に寄与すること
にその特徴があり，逆に市場交換に代表される一般交換は，貨幣を介在させる
代わりに当事者の人格や関係性を介在させないことに特徴がある。貨幣の介在
によって取引は即時決済性をもち，社会関係の再確認等の贈物の効力を将来に
向けてキャンセルしてしまうからである。要するに，人間関係を継続させる機
能を持つ（贈与）のか，断絶する機能を持つ（市場交換）のかということが，贈
与と市場交換の潜在的機能における大きな差異の一つなのである。」（山本
2018：78-79）

　山本の狙いは，地域福祉実践が単に「サービス（財）提供の仕組み（システ
ム）」として行われるのではなく，「人と人との関係を作りだす，あるいは維持
する」実践としても行われていることを，モースの「贈与論」の知見によって
分析することである。
　モースの「贈与論」の背景にある思想は，人間の相互行為の本来的な目的が
「市場における交換」にあるのではなく，「贈与物を媒介に関係を作る，あるい
は維持する」ことにあるのだという思想である。これは「関係」を基盤にした
「ケアリング」が人間の本来性であるという筆者の認識と類似する発想である。
　山本はこのモースの贈与論を演繹し，①純粋贈与，②循環贈与，③双方向贈
与という３つの贈与類型を提示して，地域福祉実践の分析枠組みとして用いて
いる（山本　2018：78-80）。
　山本はこの３つの贈与類型を，５つの地域福祉実践事例（①前橋市社協のボラ

ンティアによる配食・送迎サービス実践，②京都市 A 地区の住民福祉協議会の福祉
マップ，見守り活動，配食サービス，会食会，ふれあいサロンなどの実践，③豊中
市 B 校区の小地域福祉活動，④長野県駒ケ根市社協の「駒ケ根市宅福便事業」，⑤福
山市鞆の浦地区の C 小規模多機能事業所の「地域に戻すケア」）を分析する際の枠
組みとし，①，②については「純粋贈与」型の地域福祉実践，③については
「循環贈与」型の地域福祉実践，④，⑤については「双方向贈与」型の地域福
祉実践と類型化した（山本 2018：81-87）。

　それぞれの類型の特徴をごく簡単に要約すれば，「純粋贈与類型」とは，見
返りを求めないボランティア的活動を主体とするもので，平等で広範囲のサー
ビス提供が可能という利点があるが，個別の関係性を形成する効果は弱い。「循
環贈与類型」は，土地に根付いた助け合いの文化の創出という点に力点が置か
れ，「純粋贈与類型」に比べると小地域内の関係を構築しようという意図が強
くなるが，基本的には直接の「見返り」を求めないサービス提供が基本となる
ため，「双方向」の関係を生み出す力は弱い。「双方向贈与類型」は，上記２つ
の類型に比べ，何らかの「サービス提供」というより，人々の「関係形成」に
重点を置いた贈与類型であり，人と人とが対等な立場で双方向に何らかの贈与
物を送り合うことを通して，その贈与物（サービスや財）に意義を見出すのでは
なく，そのやり取りによって生み出される関係性の形成に意義を見出す類型で
ある。

　山本の狙いは，贈与類型による地域福祉実践の類型化を図ることにより，地
域福祉実践の「豊饒さ」を浮き彫りにするところにある。

　特に山本が意義を見出すのは，「双方向贈与類型」による地域福祉実践である。
「純粋贈与類型」は，「公的サービス」の代替物としての「地域福祉サービス」
にとどまり，「循環贈与類型」も，個別の関係においては「見返り」を求めな
いボランティア的なサービス提供を前提にするため，地域内のより親密な関係
を作っていくには限界がある。これらに比較して，駒ケ根や福山市鞆の浦の「双
方向贈与類型」の実践では，より親密な関係形成が意図されており，そこに山
本は，これまでの地域福祉理論の枠組みでは捉えきれなかった「親密な関係づ

くり」としての地域福祉実践の「豊饒さ」を見出すわけである。

　筆者は，山本のこの類型の妥当性について，各地域福祉実践事例をどのような視角で分析したかによって，その評価は分かれると考えているが，山本が抽象化したこの贈与類型による地域福祉実践の分析枠組みは一定の有効性があると考える。

　筆者のケアリングコミュニティ理論は，人が本来的に「ケアリング」という関係性を存在論的基盤に持っているという認識がある。しかしこの認識を欠いてしまうと，単に正義論的な権利概念を基盤にしたサービス提供の仕組み（システム）を地域の中に展開するだけのものになりかねない。重要なのは，人々が「生活世界」におけるケアリングによって結ばれる関係性を取り戻し，そこから生まれる「意味」に基づいて，社会を形成し直すということである。

　この筆者の問題意識を踏まえると，山本の「贈与類型」による分析枠組みは，その地域福祉実践が，人々の「ケアリング」に基づいた関係性を取り戻し，「生活世界」を豊かにしようとする取り組みなのかを比較・分析する枠組みとして有効性があると考えられる。

②　認識論

　さて，山本の地域福祉実践を類型化する分析枠組みは，モースの贈与論から演繹した「贈与類型」を基盤に，さらに，シュッツの認識論，ダールの規模論を接続して，統合的な分析枠組みとしての社会理論を提示している。次にシュッツの認識論について取り上げる。

　アルフレッド・シュッツは，「現象学的社会学」の創始者としてその名が知られている。シュッツは，「他者を人はどのように認識（理解）するか」という「認識論」に現象学を応用した。

　シュッツのいう（他者の）認識の重要性は次のように説明できる。現象学的に社会の秩序は，主観同士のやり取りによって，社会的に構成されているのであるから，他者が「ともに世界を構築する者」として「信用できる他者」として「認識」できなければ，そもそも社会秩序が成り立たなくなってしまう。「信

表補-① 　市場と各贈与類型の関係

主体／当事者	経済主体	前橋市，京都市A地区の実践	豊中市B校区の実践	駒ヶ根市，福山市C事業所の実践
交換／贈与の種類	市場交換	①純粋贈与類型	②循環贈与類型	③双方向贈与類型
適正規模	拡大可能	大（数万人）	中（数千人）	小（数人～数十人）
範囲	国家・世界	市内～町内	小学校区～近隣	近所づきあい～親しい友人
他者認識	抽象的	機能的	人格的	個性的
資源／移動物	商品	商品化可能な福祉資源	パッケージ化された福祉資源	社会関係の構築
交換／贈与の特徴	市場取引ビジネス	平等で広範囲な贈与	地域単位で循環的な贈与交換	対等な関係の贈与交換
ソーシャル・キャピタル	なし	Bridge（橋渡し）の役割	Bridge（橋渡し）の役割	Bond（私的で強固なつながり）
時間の指向性	極小即時・瞬間的関係短いほど良い	短期間ほとんどなし	長期間長いほど良い	同左
物の移動に伴う関係性	なし	ほとんどなし一般的社会関係／広い社会関係（当該地域に帰属し不快な他者とつきあう）→福祉資源を提供するが，私的なつきあいはしない	一般的社会関係／狭い社会関係（近隣に居住する不快な隣人と共同する）→福祉資源を提供するが，集団活動の間だけのつきあい	私的な社会関係（近所づきあい，友人関係）→福祉資源の提供に留まらない親密なつきあい，快適な他者として受入れ
システム化への親和性	◎親和的システム適合	○可能	○可能	×非親和的なじまない
社会の原子化への対処	原子化を促進	原子化を治癒しない不適応の人を対症療法的に救済する効果	同左対症療法的効果に加えて原子化に対抗する社会を企図	原子化に対抗する社会関係の強化と小規模社会の創出
心理的親近感	遠い ←			→ 近い
関係の質	特定の資源提供金銭授受	善意による一方向的な資源の提供	同左（提供先が特定者）	親密な社会関係（気の合う人同士のつきあい）
個人の選好	不特定個人を識別しない	特定個人の好みを考慮しない	同左	選好に依存個人の好みを重視する
社会関係の濃淡	淡い ←			→ 濃い
代替性	代替可能	代替可能	代替可能	非代替性
総合的理解	貨幣による市場取引	ボランティア力で特定の福祉資源を提供	地域集団が協力して福祉資源を提供	通常の近隣づきあいに福祉の要素を取り込むオーダーメイド福祉のあり方

出所）山本　2018：163

用できない他者」が相手では，その他者との相互作用によって構成される「社会」や「事物」のあり様を確固たるものとして確定できないからである。

　さて，シュッツはこのような問題意識のもと，人が他者を認識する枠組みとして①共在者の世界と，②同時代人の世界の２つの類型を析出した。山本の記述を借りれば，「共在者の世界とは，基本的に他者と時間を共有し，さらに具体的な身体として目の前にしている世界」である。また，同時代人の世界とは，「共在者の世界が時間と空間を共有していたのに対し，時間のみを共有し空間を共有しない人達との関り」であり，「同時代人の世界は，共在者の世界からの距離によって分類される」（山本 2018：117）。

　シュッツはこのように，人間の他者認識はその人との空間的距離によって異なる枠組みを持つことを示した。

　藤村正之は，このシュッツの認識論を援用し，人間が他者を認識する際には，①抽象的認識，②機能的認識，③人格的認識の３つの類型があると提示した（藤村 1999：210）。山本は，この藤村の他者認識の類型を踏まえ，④個性的認識を加えて，自身の認識論の枠組みとして設定した。その際，山本は，地域福祉実践の分析枠組みとしては抽象度の高い①抽象的認識は適さないとして，自身の分析枠組みからは除外している（山本 2018：119）。

　そして，先ほどのモースの贈与論の類型と，この認識論の類型を，地域福祉実践の類型化の枠組みの中で統合し，①「純粋贈与類型」には「機能的認識」を，②「循環贈与類型」には「人格的認識」を，③「双方向贈与類型」には「個性的認識」をあてている。

　ここでは各類型の詳しい説明は省くが，①から③に移行するにしたがって，他者の認識枠組みはより具体性を帯び，抽象的な他者認識が，より具体的な他者認識に徐々に移行していることがわかる。

　山本の狙いは，各地域福祉実践が含意している，「他者の認識の枠組み」を浮き彫りにすることである。より親密な関係形成へのアプローチを重視する山本の意図からすれば，「個性的認識」を重視する「双方向贈与類型」の地域福祉実践を，この分析枠組みによってあぶりだすことができる。また逆に，その

ような他者認識に至っていないその他の地域福祉実践の課題を，類型の比較か
ら明らかにすることもできる。

　さて，筆者のケアリングコミュニティ理論との比較でいえば，筆者はケアの
倫理の意義と限界を示し，ケアの倫理には，「出会った他者」に対して，無条
件で無限定の，実存と実存が触れ合うケアを提供する，という意義がある。逆
に「出会っていない他者」を対象外とする点，無限のケアが要請される危険，
ケアの誤謬性という限界があることを示した。このようなケアの倫理の意義と
限界が展開する場は，山本の分類でいえば，「双方向贈与類型」における「個
性的認識」の実践においてであろう。

　筆者は，ケアの倫理の限界を補完するために，他の倫理概念との編み合わせ
が重要であることを指摘した。例えば，正義の倫理による普遍的権利概念によ
る包摂や，より公共的な場におけるコミュニタリアニズムに基づく「共通善」
の構築が必要であることを示した。山本は，各贈与類型が重層的に地域の中で
作られる地域福祉実践を志向しており，その意味で，各贈与類型ごとの地域福
祉実践の意義と限界を認め，多様な実践が重層的に人々をケアすることを通し
て，より十全な地域福祉実践が展開できることを指摘している。その意味で，
山本と筆者の問題意識は共通しているといえる。

　そのうえで，山本の立論の限界も指摘しておきたい。それは，「双方向贈与
類型」「循環贈与類型」「純粋贈与類型」の各類型間の構造的な連関を分析でき
ていない点にある。これは山本の分析があくまで，地域福祉実践によって提供
される何らかのサービス（財や関係性）の提供のあり方に課題を絞って，地域福
祉実践の分析枠組みを構築したところにその原因があるだろう。大石の場合は，
ケアリングを行う「親密圏」から人々の生活世界における「意味」が生成され，
その意味に基づいて「公共圏」「システム」が形成されるという構造連関を捉
えた。山本の分類では，それぞれの贈与類型の重層的なサービスシステムの必
要性は捉えられても，そのようなシステムをどのようなプロセスで形成すれば
よいかということは捉えられていない。

　一方，山本の類型論の意義は，一見似ているように見える地域福祉実践でも，

その「他者認識」や「贈与」の仕方次第で，異なる実践効果を生み出す可能性
があることを示している点である。この点は，筆者のケアリングコミュニティ
の研究にはない視点であり，より精緻に地域福祉実践を分析する枠組みを示し
ている。

　また認識論に関わっては，山本はシュッツの認識論以外に，フッサールの認
識論とレヴィナスの認識論の違いにも触れて，認識論の類型を補っている。筆
者も，ケアリング概念を検討する際，品川哲彦の分析を援用し，フッサール，
ハイデガー，メルロ＝ポンティ，サルトル，レヴィナス，デリダの各哲学者の
他者認識論を分析枠組みに用いた。

　山本の眼目は，フッサールとレヴィナスの他者認識論を対比することで，各
地域福祉実践に内在する他者認識の枠組みを浮き彫りにすることである。フッ
サールの他者認識の特徴は「相互主観性」というキーワードからわかるように，
基本的に他者を「了解可能な存在」と規定する。一方，レヴィナスの他者認識
の特徴は「絶対的他者」という表現に代表されるように，他者とは，完全には
「了解することが不可能な存在」として規定される。

　山本はこのような対比に基づき，「純粋贈与類型」と，「循環贈与類型」の他
者認識は，基本的にレヴィナスの「了解可能性のない他者」と親和性があると
分析する。一方「双方向贈与類型の実践」は，フッサールの「了解可能な他
者」と親和性があるとする。

　筆者はこの部分の山本の分析は若干論拠が薄いと考えている。なぜなら，純
粋贈与であれ，循環贈与であれ，何らかの関係性を持った者同士は，基本的に
はケアリング関係に入る可能性がある。ケアリング関係が前提にする他者認識
は，「了解可能な他者認識」であり，それに基づいて何らかのケア提供が行わ
れると考えるからである。山本が論拠としているのは，純粋贈与もしくは循環
贈与類型の実践が，「援護者―要援護者との関わりを，あくまで実践の間だけ
の一面的関係とルール化して」おり，「援護者との間に一種の『隔意』が存在
することを，政策設計の前提としている」から（山本 2018：131），ということ
であるが，それは一面的な捉え方だと感じる。山本の類型における純粋贈与類

型においても，循環贈与類型においても，援護者と要援護者の間に，親密な援助関係が生じることは常にある。実践上のルールは，「隔意」を前提にしていても，人間のケアリングは，ルールを超えて展開する場合もある。純粋贈与から双方向贈与に発展することもあり得るだろうし，実践上，援護者側にその「双方向贈与」の関係性を受け入れる素地があれば，純粋贈与は双方向贈与にいつでも転換しうる。

　上記のような疑義はあるが，一方で山本が，レヴィナスの「絶対的他者」概念を次のように捉え，どのような実践類型にあっても，「システム」上のルールを超えるケアリング関係に発展する可能性を指摘していることは重要である。

　「レヴィナスは，実践レベルに存在するこのような『隔意』に基づく規定を超克する方法も，次のように提示している。すなわち，そのような〈絶対的他者〉に対してシステム内で関わるのではなく，個別の社会関係の中で倫理的に考え，他者と対話を行うべく行動することが必要であり，それが人間の善性を基礎づける，という。

　（中略）それは，自分とは異なる他者という理解を保ちながら，なお要援護者と人格的な対話や交流を試みようとする方向性である。地域福祉実践に内在する，あくまでも制度の枠内で行動すべきとの一種の思考の陥穽を乗り越えるための展望を，レヴィナスの他者論が示している」（山本 2018：132）

　ここには，ケアリング関係の中で，「了解可能な他者概念」と「絶対的他者概念」を編み合わせる思想の重要性が指摘されている。筆者のケアリング理論においても，了解可能な他者概念と絶対的他者概念は，実践において相互補完的に用いることが重要であることを述べたが，山本のこの認識と筆者の認識は一致する。

③　ダールの規模論
　次にダールの規模論についての論考を考察する。結論的にいえば，山本が導

入したこのダールの規模論は，筆者のケアリングコミュニティ理論における，親密圏，公共圏をどの程度の規模において構築すればよいかという課題に対して，筆者が検討できなかった理論的枠組みを提供するものと考えている。

　ダールの規模論については，山本の整理を以下に示す。

　「（前略）政治学におけるダールの位置づけは，従来の理念的な民主主義モデルを脱して，実在の民主主義社会がポリアーキーの諸要件をどの程度満たしているか，その影響力の実証分析を行ったというものである。（中略）その結果，『（政治体の決定に参加し責任を持つ）市民有効性』と『（国民の集合的な選好に対応することができる政治体の）システム容力』という二つの相反関係にある基準を設定し，その影響力を分析することによってデモクラシーの規模を規定できることを示した。（中略）そしてスウェーデンの研究において，これらが最大化する規模は1万人程度であり，従来考えているよりはるかに小規模であることも論証したのである」（山本　2018：141）。

　ダールの規模論で重要なのは，「市民有効性」と「システム容力」という基準である。「市民有効性」は市民が公的決定を制御できる程度を表すが，これは政治体の規模が小さいほど有効性が高まる。一方の「システム容力」は，市民の選好（望み，要求）にシステム側が対応できる度合いを表すが，こちらの方は，政治体の規模が小さくなると，資源量もそれに比例して少なくなるため，それに応じて小さくなってしまう。

　ダールはこの2つの基準を同時に満足させる最適規模を研究したが，次のように指摘している。

　「デモクラシーの諸目標は対立しているため，ある目的からすればある規模の単位が，別の目的からすれば別の規模の単位をよしとすることになろう。あらゆる目的に最適なただ1つの単位規模などない」（Dahl & Tufte 1973＝1979：46）

　このダールの指摘を踏まえ，山本は次のように考察する。

　「（前略）地域福祉分野においても，規模の視点によると実践規模が小さいほど参加者の裁量が大きくなるが，反面，援助行為の効率性は小さくなり，要援護者の福祉ニーズに対応しにくくなるという相反関係が存在する……（中略）。ダールの知見のように，地域福祉実践をある目的を達成する基準から見れば，ある規模の単位が最適であり，他の目的では別の規模の単位を良しとするといった規模と目的のバランス関係について議論することが可能になるのではないか」（山本 2018：142）

　山本はこのように捉えて，ダールの「市民有効性」「システム容力」を，「参加者の裁量」と「援助行為の効率性」と読み替え，「この二つの影響力が釣り合うバランスのポイントがそれぞれの福祉実践の最適規模である」（山本 2018：142）と理解することが可能ではないかとしている。

　このようにし考察したうえで，山本は，先ほどの贈与類型に，ダールの規模論を接続していく。

　その結果，①「純粋贈与類型」の地域福祉実践の適性規模は数万人規模，②「循環贈与」類型の適正規模は数千人規模，③「双方向贈与」類型の適性規模は数人〜数十人規模であると考察している（山本 2018：146-150）。

　筆者は，山本が提示した，ダールの規模論は，地域福祉実践の適性規模を分析し，また重層的な規模があることを認識するうえで，重要な枠組みになると考えている。

　ただその際，地域福祉実践を公共圏形成やシステム形成（政策形成）を含んだ概念であると捉えるとすれば，山本のように，ダールの規模論を地域福祉のサービス提供システムの規模論に置き換えるだけではなく，ダールの政治的意思決定の規模論をそのまま用いて「公共圏」の規模を分析したり，ケアリングが有効に機能する規模を分析するために用いたり，サービスマネジメントが有効に機能する規模論に用いたりと，多様な地域福祉実践に規模論を応用して用

いることが有効ではないかと考える。

　例えば，「双方向贈与類型」の適正規模は，数人〜数十人という相対的に小規模であるが，これは，「自然的ケアリング＝親密圏」が有効に機能し得る範囲であると考えられる。一方，「公共圏」はより重層的な規模になると考えられる。インフォーマルケアを組織化する場合は，そこで行われるサービスの内容によっても 100 人〜1000 人単位と適正規模が変わってくることが考えられる。またケアの意味を討議し，「公共的意味」を形成する場合には，フォーマルケアのことも考慮する必要があるため，豊中市のように 1 万人程度の規模が適正な規模になる可能性がある。フォーマルサービスの開発にあたっては，1 万人よりももう少し大きい人口 2〜3 万人程度の日常生活圏域が妥当性を持つ可能性がある。

　このように，ダールの規模論を，単に「地域福祉サービスの提供システム」（特に山本の場合は，インフォーマルサービスの提供システムを前提にしている）の規模分析に適用するだけでなく，多様な地域福祉実践に適用して分析することが可能であると考える。

(3)　山本の地域福祉実践の社会理論の意義と限界

　以上，山本の贈与論，認識論，規模論を統合的に用いた地域福祉実践の社会理論の内容を概説してきた。ここでは，山本の理論がこれからの地域福祉実践，研究にどのような意義をもたらすか，また山本の議論の限界は何かについて若干の考察を行う。

　山本は自身の研究の意義について，地域福祉実践の①領域の拡張，②手法の拡張，③発想の拡張という「地域福祉の豊饒化」に対応できる分析枠組みを提示したことに見出している。

　①領域の拡張とは，地域福祉実践の担い手や，要援護者が多様化した事態に対応する。

　②手法の拡張とは，地域福祉実践の方法論が，CO，CW，CSW と拡張し，さらに既存の社会関係に福祉的要素を取り込むという新たな政策手法（双方向

贈与類型の実践）に拡張してきたという事態に対応する。

　③発想の拡張とは，地域福祉実践が，福祉サービスの投下（福祉サービス（財）の提供）に特化してきた発想から離陸し，近隣の社会関係の構築も地域福祉の目的になったという事態に対応する。

　これらの内，②，③については，これまでの地域福祉実践をどのように評価するかという点で，山本の指摘の妥当性が問われよう。例えば大橋謙策のCSW理論には，ソーシャルサポートネットワークの重要性が位置づけられており，特に情緒的，評価的サポートなど，単なる「サービス（財）」の提供に留まらない関係づくりを志向しており，山本の指摘の妥当性には疑問が残る。

　このような疑問はあるが，筆者自身，ケアリングという「関係性」を人間存在の基盤に置く地域福祉の理論が乏しかったことについては指摘している。山本や筆者の「関係性の構築」に着目した理論は，地域福祉の思想，哲学，理論に乏しかった枠組みを拡張・強化する意義があると考える。

　さらに山本が，自身の理論がこれまでの地域福祉実践，研究のブレイクスルーになるとみている点は，第1に，単一の地域福祉実践類型ではなく，重層的な実践類型が地域福祉実践には内在していることを明らかにした点，第2に，筆者のケアリングコミュニティの理論に引きつけていえば，政策（システム）上の必要性から地域福祉実践を展開するのではなく，「双方向贈与」のような，「控えめな政策実践」から地域福祉実践を展開することの重要性を明らかにした点である。

　第1の論点については，筆者のケアリングコミュニティ理論に引きつければ，「親密圏」―「公共圏」―「システム」からなる重層的な地域福祉実践を析出した点と重なる。第2の論点については，筆者がケアリングによる「親密圏」での「意味生成」から，「公共圏」における「意味の検討」を経て，「システム形成」に至るプロセスを重視した部分と重なる。

　また，山本は，このような2点を明らかにしたことで，「対症療法と根治療法としての位置づけと統合可能性」として，自身の理論の地域福祉実践における効用を考察し，次のように述べている。

　「一般化・システム化による効率化か，当事者重視かという，二種類の政策類型は，原子化した地域社会に対する対症療法の政策と根治療法の政策という区分からも理解可能である。マニュアル化に適する政策が対症療法の政策であり，時間はかかるが当事者の創意工夫の余地が大きい政策が根治療法 (radical treatment) の政策である。

　（中略）しかし，前に述べた通り，双方の政策の延長線上で双方を統合することも，理論上可能ではないだろうか。そのための条件は前述の通り，対症療法の制度依存を見直し，ルールに縛られない個人の自律と成熟を尊重するように質的に変化させること，一方，根治療法は快適な他者との関係を延長し，不快な隣人との共生までその視野に入れること，すなわちプレイヤーが成熟することが必要である。」（山本 2018：205）

　ここで，山本が指摘していることは，筆者がケアリングコミュニティの中で，ケアと正義（その他諸々の分析枠組み）の編み合わせを志向し，ケアリングという根治療法を志向しながらも，その限界を認識して人々が公共圏に参加し，またシステムの活用方法を考えていく（それを担うことができる人々の主体形成＝成熟を重視する）という議論とも相似する。

　以上のように，山本の地域福祉実践の社会理論は，筆者とは異なるアプローチを取りながら，筆者のケアリングコミュニティ理論と類似した価値を見出していると考察することができる。

　山本の考察が特に優れているのは，地域福祉実践の類型を精緻に分析する枠組みを提示したことである。特に，贈与論，認識論，規模論を統合した分析枠組みは，ケアリングコミュニティ理論では具体的に検討できていない内容を含んでいる。

　一方，ケアリングコミュニティの理論においては，地域福祉実践の対象を山本のようにインフォーマルな地域福祉サービスの提供システムに限定していない。親密圏構築，公共圏構築，システム構築といった，各領域場の構築や，主体形成，意味形成の理論が内容に含まれている。結果的に，地域福祉実践のダ

イナミックな構造連関を構築できた点が，筆者のケアリングコミュニティ理論
の意義である。

　そして地域福祉実践をより精緻に検討する枠組みとして「関係性の形成」に
着目したことは両者に共通している。今後はこれらの地域福祉実践の分析枠組
みを用いた，具体的な実践の分析研究とさらに精緻な理論研究が求められると
いえよう。

（4）　山本馨の『地域福祉実践の社会理論』と筆者のケアリングコミュニティ理論の比較の総括的考察

　山本馨の『地域福祉実践の社会理論』と筆者のケアリングコミュニティ理論
を比較したとき，その類似点と相違点は以下のようにまとめることができよう。

〈類似点〉

　両者の類似点として，地域福祉の原理として，「関係的存在」としての本来
性を持つ人間観を採用しているという点が挙げられる。

　その中で山本の独自性は，モースの贈与論から，純粋贈与，循環贈与，双方
向贈与という贈与の3類型を設定したこと，またシュッツの他者の「認識論」
から，機能的認識，人格的認識，個性的認識の3類型を設定したことであろう。
このそれぞれの3類型は，「関係的存在」としての人間を捉える時，その関係
の段階をより詳細に捉える分析枠組みとして活用できる。

〈相違点〉

　山本と筆者の相違点は，研究方法において，山本が地域福祉実践を分析する
枠組みを拡張するために，モースやシュッツやダールの既存の社会理論を用い
て理論構築を行ったのに対し，大石（筆者）は人間存在の本来性を出発点に，
そこから演繹的に地域福祉実践の原理を新たに構築したところにあるだろう。

　より具体的には，筆者が「ケアの倫理」から「関係的存在」としての人間の
本来性を導き出したのに対し，山本はモースの贈与論から「関係的存在」とし

ての人間の本来性を導き出した。モースの「贈与論」は構造論的に人間の贈与の類型論を導き出しており，山本はその類型論に地域福祉実践を当てはめることで，地域福祉実践の類型化を試みた。

　この類型論による地域福祉実践の分析は，実践を類型に当てはめ，客観的に実践を評価する枠組みを提供するという意味では，有用性の高い理論になる。一方で類型論は人間の生の営みを「類型」に還元し，実践の中に個別に生じる個別具体的な「生」のあり方を細かく拾い上げることには適していない。そのため，山本の研究では，各実践が，実際の実践の多様性の部分を一部「捨象」する形で類型化されている感が否めない。

　筆者のケアリングコミュニティの場合，「ケアリング」を基盤に据え，「類型」には還元できない人々の多様な「生」の営みを前提に理論構築している。そのような意味で筆者のケアリングコミュニティ概念は，「開放系」の理論枠組みを持っていると考えられる。

　しかし，「開放系」の理論枠組みは，ややもすれば，理論のまとまりを欠く。筆者の場合はその欠点を補うため，「親密圏」—「公共圏」—「システム」という3層構造からなる，この構造全体自体は「閉鎖系」の「循環構造」を設定し，その中で「ケアリング」による「意味生成（開放系）の循環」を構造化している。

　山本の理論は，「類型論」という（類型の中に閉じるという意味で）「閉鎖系」の理論枠組みを持っている。「閉鎖系」の利点は理論のまとまりがあることだが，一方で人々の個別性を重要視する立場からは，「類型」に収まらない一人ひとりの「生」のリアリティや実践のリアリティをすくいきれない欠点がある。この欠点を補うために山本が用いたエクスキューズが，レヴィナスの「絶対的他者概念」であろう。レヴィナスの「絶対的他者概念」を「類型論」のエクスキューズとして用いることで，「類型」に回収されない，人と人とが出会ったときの「類型（システム）」を超克する，「一回性」的な「生」の個別性の可能性を担保していると考えられる。

　山本の理論は上記のような閉鎖系の理論的特徴を持つが，例えばダールの規

模論などは，筆者の「ケアリング」を基盤にした哲学的研究方法では，検討することが難しい理論枠組みを提供していることは重要である。地域福祉は単に「個別の事例」に関わるだけでなく，地域全体としての（小規模～自治体全体レベルまで，多様な集団レベルが想定できるが）「福祉的状況」の構築を考えねばならない分野である。その際，「個別性」には還元されない，コミュニティの共通理解（共通善）の構築が求められる。そのあり方を求める時，「類型論」は有効な理論的枠組みを提供してくれる。ダールの規模論はその典型で，「市民有効性」と「システム容力」という分析枠組みは，集団としての地域福祉実践の有効な規模を分析する際，有効な視座を与えてくれるだろう。

　まとめれば，「開放系」的な理論枠組み（生の個別性）と，「閉鎖系」的な理論枠組み（類型論）は，地域福祉実践を分析する際，相互補完的に用いる必要のある理論枠組みだといえる。その意味で，山本の「類型論」と筆者のケアリングコミュニティ理論は，相互補完的に用いることで，地域福祉研究・実践のより豊かな展開や分析を可能にできると考えられる。

第6節　福祉のメタ理論としての4者の理論の今後の可能性
―共通点，相違点の比較を踏まえて―

　本節では，これまで検討してきた中村，岩崎，山本の各理論と，筆者のケアリングコミュニティの理論を最終的に比較したうえで，4者の提示した福祉のメタ理論の今後の可能性と課題を検討する。

(1)　4者の類似点の整理

　まず，本項では，4者のそれぞれの福祉のメタ理論の類似点を整理する。これまでの検討で，複数の論者に共通する類似点は，以下の3点である。

　① 現象学的人間理解（フッサール，ハイデガー，レヴィナス，メルロ＝ポンティ，シュッツなど）を「福祉」の原理とする視点（中村，山本，大石）

　②「親密圏」―「公共圏」―「システム」の枠組み（またはそれに類似した枠

組み）で社会福祉の全体像を捉える視点（中村，岩崎，大石）

　③ 現代社会の福祉課題の分析枠組みとしての，ウルリッヒ・ベックの「再帰的近代化」の理論を用いる視点（中村，岩崎，大石）

　また，中村と大石の間だけであるが，以下の類似点も見られた。

　④「福祉」的な行為に人々をつき動かす２側面，「自然（情動）的ケアリング」≒「ダーバール」と，「倫理的（理性的）ケアリング」≒「ロゴス」の対比

　以下，それぞれの項目について，若干の考察を加える。

① 現象学的人間理解（フッサール，ハイデガー，レヴィナス，メルロ＝ポンティ，シュッツなど）を「福祉」の原理とする視点（中村，山本，大石）

　現象学的人間理解は，人間を「関係的存在」として捉えるという点で，福祉の原理的な人間理解の枠組みを提供する。

　筆者は「ケアリング」，中村は，フッサールの「現象学的還元」「間主観性」を用いて他者を「共に生きる存在」として規定した。山本はシュッツの現象学的社会学と，モースの贈与論を接続して，「他者との関係性」の類型論を展開した。

　人間のあり様を「社会関係」の中で捉える視点は，社会福祉学の中で古くから用いられてきたが，現象学的に人間はその本来性として「他者と関係を取り結ぶ存在」であることがこれらの議論からも基礎づけられる。

　現象学的な人間理解としてもう一つ指摘しておかなければならないのは，複数の論者が，レヴィナスの「絶対的他者」概念や「顔」の哲学を，自身の理論の重要な原理として位置づけていることである。レヴィナスの「絶対的他者概念」は，中村や筆者においては，倫理的に他者をケアすることの重要性の基礎となり，山本においては，「類型論」の限界を突破するための（人と人とは「人格的関り」を持つことができることへの可能性の）根拠として用いられている。

　このように現象学的還元により，人間は「関係性的存在」であることが原理

的に明らかにされ，さらにレヴィナスの「絶対的他者」の現象学によって，人は「他者に倫理的に関わる必要のある存在」であることが明らかにされる。そしてこの2つの原理は，福祉の目的として，第1に，あらゆる人の「意味ある関係（ケアリング関係）」を保障すること，第2に，「他者に対して倫理的に関わること，あるいはそのような社会（倫理的な社会）を構築すること」を要請する。このように「現象学的人間理解」は，「福祉の原理」として重要な位置づけを持つ。

②「親密圏」―「公共圏」―「システム」の枠組み（またはそれに類似した枠組み）で社会福祉の全体像を捉える視点（中村，岩崎，大石）

　次に，「親密圏」―「公共圏」―「システム」という3つの枠組み（それに類似した枠組み）で社会福祉の全体像を捉える視点は，中村，岩崎，筆者において，類似していた。ただし3者のこの枠組みの用い方は少しずつ異なる。

　例えば中村は，社会福祉の目的（目指すべき状態）を分析する枠組みとして，ミクロ―メゾ―マクロの3つの次元を設定する。そして，それぞれの次元における社会福祉の目的として，ミクロレベルにおいては「他者の顔の呼びかけに応える責任＝倫理から生じる『善』」，メゾレベルにおいては「中間集団によってもたらされる『共通善』」，マクロレベルにおいては「他者の顔の呼びかけに応える責任＝倫理を基盤とする『正義』」を対応させる（中村 2014：471-473）。

　岩崎は，「共約可能な公」―「現れとしての公」―「親密圏としての私」という3つの枠組みを設定した。岩崎の理論では，現代の「個人化」が進んだ社会における「福祉」の課題として，「生のリアリティ」を感じられる「現れとしての公」の場をどのように確保するかが重要となる。「共約可能な公（システム）」は，人々が「現れとしての公（公共圏）」に参加することを保障するために，センの「ケイパビリティの保障」を行うことを重要な役割とする。また，「親密圏としての私」の領域に対しては，人々の自由な営みを侵害しないようにするために，「共約可能な公（システム）」が直接介入するのではなく，間接的な側面支援か，「ミニマムな人権保障」の対象とする。

　筆者は,「親密圏」—「公共圏」—「システム」を「意味形成」の構造連関として捉えた。筆者は,「親密圏」—「公共圏」—「システム」が,「意味の生成」ということを基盤にしつつ, それぞれの領域の限界を補いながら, 総体として一つの福祉の枠組み(構造)を形成するものと考えた。

　3者それぞれ, 3つの枠組みの活用の仕方は異なっているが, 枠組みそのものの捉え方はほぼ共通している。「親密圏」は人々の個別(私)的な「生」を保障する場として,「公共圏」は人々の「社会(公)的な生」を保障する場として,「システム」は人々の「私的」「公的」な「生」を支えるためのサービスを, 普遍的に(正義にもとづいて)保障する機能として捉えられている。

　この3つの枠組みは,「福祉実践」のそれぞれ「個別支援」「地域福祉」「社会福祉政策」に対応し, 社会福祉実践の構造の全体像を示していると言える。

③ 現代社会の福祉課題の分析枠組みとしてのウルリッヒ・ベックの「再帰的近代化」の理論(中村, 岩崎, 大石)

　次に, 現代社会の福祉課題を分析する枠組みとして, ウルリッヒ・ベックの「再帰的近代化」の理論が複数の論者によって用いられていたことである。特に,「再帰的近代化(第二の近代)」によってもたらされる,「個人化」の理論が現代社会を分析する重要な枠組みを提供していた。

　特にわが国においては孤立化が進行し, 人々の「個人化」の傾向がますます強くなり, そこから様々な福祉課題が生じている。このような事態は, 人々の「意味ある関係」を支援することを目的とする「福祉」にとっては, きわめて深刻な状況といえる。

　ベックの「再帰的近代化」による「個人化」の理論が示したのは, 近代化とともに「自然的ケアリング」で結ばれていた人々の関係が解体され,「システム」に再統合される中で人々の「生きる意味」が失われること。また生活上で生じる様々な「リスク」に「個人」として対処しなければならないという, 人間の「生活リスク」が現代社会においては増大しているという事実である。

　この分析は現代の「福祉」に, 次のような営みを要請する。

386	第6節　福祉のメタ理論としての4者の理論の今後の可能性

　第1に，「個人化」に抗して，人々の「生きる意味」を生成できる「意味ある関係（ケアリング）」の再構築のための支援である。

　第2に，人々が「個人」で生活上のリスクを負わないようにするための，「人間のつながり」（フォーマル，インフォーマルを含めた）の回復である。

　第3に，「システム」は人間の個人化を促進する負の側面があるため，「システム」のみに「福祉」を頼らず（しかしシステムも活用しながら），人間の「意味ある関係（ケアリング）」によって紡がれる人々相互の助け合いの「福祉」を再構築していくことである。

　これらの「福祉」の営みは対象分野にかかわらず，今後，福祉実践の中で普遍的に行われるべきものであるといえる。このように，現代社会の「孤立化」を分析する枠組みとして，ベックの「個人化」の理論は今後ますます重要な位置づけを持つと考えられる。

④「福祉」的な行為に人々をつき動かす2側面，「自然（情動）的ケアリング」≒「ダーバール」と，「倫理的（理性的）ケアリング」≒「ロゴス」の対比

　最後に，中村と筆者とで類似していた，「福祉」的な行為に人々をつき動かす2側面として，「情動的」な側面を持つ「自然的ケアリング（大石）」≒「ダーバール（中村）」と，「理性的」な側面を持つ「倫理的ケアリング（大石）」≒「ロゴス（中村）」の対比である。中村と筆者とで，この2側面についての理論展開が完全に一致しているというわけではない。

　たとえば中村の「ロゴス」と「ダーバール」の対比は，本田神父との対話の中で，聖書読解を深めていき，「福音」についての理解の到達点として提示されたものである。特に，「ダーバール」という言葉に関して，中村は相当丁寧な説明を行っており，筆者の単純な「情動的」な「自然的ケアリング」よりも，宗教的な，スピリチュアルな存在として人間を捉える視点が加味されている。

　中村が「ダーバール」をどのようなものとして捉えているかが端的に示されている部分として，以下の文章を引用する。

　「神は最も小さくされた人たちを選び，その人たちを通して（その人たちと共に）自らの力を働かせている。しかし，誰も神をみることはできない。そのため，神はイエスを通して，自らの力・願いを表す。イエス・キリストは神の言葉なのである。神の力（願い）を理解するためには，まず求められるのがメタノイヤである。それは小さくされた人たちの痛みや苦しみが心に響くところに身を置くことである。私たち人間には肉と魂（心）という側面がある故に，イエス・キリストや小さくされた人たちが身をもって告げている神の願い／言葉（ダバール）（※原文ママ）である福音を感受することが出来る。

　私たちが他者を支援する理由は，私たち人間には肉と魂（心）をもっているが故に他者の苦しみに共感共苦（コンパッション）するからという側面もある。しかし，それだけではなく，その根底には神の願い（力）が働いている。私たち人間はその願い（力）をダバール（※原文ママ）として感じ，応えることが出来る霊（ルアッハ）の側面をもっているが故に，神の願い（力）に触発される。この触発が人を支援へと駆り立てる」（中村　2014：422）

　上記からは，中村が「ダーバール」をより宗教的な概念として捉えていることがわかるが，しかし，その理論展開をよく読むと，その根底にあるのは，「イエス・キリストや小さくされた人たちが身をもって告げている…」（傍点筆者）とあるように，身体的・情動的な「共感」を元にした，「情動的なケアへの衝動」という側面があることがわかる。中村自身は，それは単に「…肉と魂（心）を持っているが故に他者の苦しみに共感共苦」するというだけではなく，そこに「神の願い（力）」の介在があるという，よりスピリチュアルな観点も導入しているが，基本的な枠組みは「理性」＝ロゴスに対する，「情動」＝ダーバールという図式として理解して良いように思われる。

　筆者は，「情動」的なケアへの動機づけについて，動物行動学や進化人類学の知見を応用し，「ケアする動物」としての人間のあり方からこれを考察した。その意味で，筆者の「自然的ケアリング」は，宗教的な意味でのスピリチュアルな視点を持たない[1]。

　一方で筆者は、「自然的ケアリング」が「情動的」であるがゆえにもつ限界について、動物行動学者ドゥ・ヴァールらの知見を用い、「道徳ピラミッド（身近なものを優先する傾向）」を指摘した。またその他のケアリング概念の限界として、「無限のケアの要請」「ケアの誤謬性」なども指摘した。

　筆者は、このような「自然的ケアリング」の限界を補完するために、「情動」だけでなく、理性的に考えてケアを実践する「倫理的ケアリング」の重要性も指摘した。「倫理的ケアリング」は、自分の「ケアの限界」を見極め、「理性的」に正しいケアのあり方を考え、「視界」に入った人だけでなく、意識的に支援が必要な人に目を向ける（視るべきものを視る）ことにより、「自然的ケアリング」の限界を克服しようとする。このように筆者においては、「倫理的ケアリング」は、「自然的ケアリング」の限界を補完する位置づけを持っている。

　中村も同じような位置づけを両者に与えているようである。中村は「ロゴス＝ギリシア的思考」と「ダーバール＝ヘブライ的思考」の関係について、次のように述べている。

　「ヘブライの思考は非本質的なものと本質的なものを区別して見出したならば、出来るだけ簡明に鋭く表現しようとした。しかし、それだけでは納得できないこともあるであろう。見出した本質的なもの（答え）を誰もが納得するような根拠と論理をもって思考を展開することが必要なのである。

　このように福祉哲学は、ヘブライ的思考に基づく『視る』と『聴く』によって問いに気づき、その問いをギリシア的思考に基づいて展開することで、誰もが納得する答え（見解）を見出そうとする営みであるといえる」（中村　2014：429）

　「情動的」な営みであるダーバールに対し、誰もが納得する見解を見出すことで補完するロゴス。このような関係性として、中村はダーバールとロゴスの関係を位置づけている。

　さて、この２側面は人を支援する「動機」として重要な２つの視点を示すが、

「自然的ケアリング≒情動」をケアの動機づけの基盤に据える時には，気をつけなければならないことがある。最新の道徳心理学の研究では，人間の道徳的行為は「情動」に支配される割合が大きく，その結果，現代社会の課題である「分断」が引き起こされる傾向があることがわかってきている（Haidt 2012＝2014）。

　筆者の危惧は，「情動的」なケア動機が持つ限界を認識することなく，福祉哲学の拠って立つ「援助原理」として位置づけてしまって良いだろうかというところにある。

　確かに中村のいうように，苦しみ，虐げられている人の傍らに座し，その人に情動的に寄り添い，支援を展開することは重要である。筆者も「自然的ケアリング」は人々の本来性であり，限界はあっても，それなくしては人間は本来の自分の「意味ある生」を生きることはできないと考えている。

　しかし，「情動的」なもののみに基づく人間の道徳は，時に深刻な社会の分断をもたらす。この点についての認識は，より精緻な議論が求められるといえる。

（2）　4者の相違点の整理と，そこから得られる知見

　次に本項では，4者の理論の相違点を4点に整理し，そこからどのような知見を得られるかを考察する。

①　福祉のメタ理論を「福祉」に固有なものとして検討するか，「福祉」に固有なものにはこだわらず，人間の本来的なあり方の探求を通して，「福祉」のあり方を検討するかの相違

　相違点の第1は，福祉のメタ理論を「福祉」に固有なものとして検討するか，否かについての相違である。

　先述したように，中村の『福祉哲学』は，「福祉」に固有の哲学を探求していることを考察した。これに対し，筆者のケアリングコミュニティ理論は，福祉への「固有性」にはこだわらず，人間の本来性を，「ケアリング」という言

葉を手掛かりに探求することで，その本来性に適った「福祉」のあり方を検討した。

　このような観点から，岩崎と山本の理論の特質も見てみると，岩崎の『福祉原理』は，「関係のない他者を援助する仕組み」としての「福祉」を検討するという問題意識を持っており，その意味では「福祉」の固有のあり方としての正当性を検討した理論であると考えられる。また山本の『地域福祉実践の社会理論』は，これまであまり地域福祉理論研究では適用されてこなかった，社会学，文化人類学，哲学等の諸理論を用いて検討した。この点で山本の論考は「福祉」の固有性にはこだわらない理論であると考えられる。

　先述したように「福祉」に固有な理論として福祉哲学を構想することの課題は「福祉ファンダメンタリズム」に陥る危険性である。中村の福祉哲学は，理論の構築においては多様な分野の知見を活用しているが，理論の出発点に「視るべきものを視る」という規範性の高い倫理を据えているため，結果的に「福祉哲学」としての固有性が際立つ理論になっている。

　岩崎の『福祉原理』は，明確に福祉の「固有の原理」を探求するという意図は見えないが，「関係のない他者を援助する仕組み」を「福祉」と捉えたため，結果的に「福祉」固有の営みが強調される理論になっている。

　筆者は，これからの「福祉」を考える際，「福祉の固有性」を考えることはそれほど重要ではないと考えている。なぜなら，これからの「福祉」はいわゆる「狭義の福祉（生活上に様々な困難を抱え，何らかの支援が必要と認識された人々に対する，直接的・間接的な援助実践の総体）」に限定されるものではなく，人々の多様な「生の営み」すべてに関わるものとして認識した方が良いと考えるからである。

　特定の「福祉」の営みに「福祉」を限定して捉えてしまうと，そこには視野に入ってこない人々の「生の営み」を取りこぼしてしまう恐れがある。中村のように，福祉哲学の固有性をいった瞬間に，いくら中村が「福祉」の内側を広げる理論構築（文学の導入など）を図ったとしても，「福祉」の「内側」と「外側」の境界をどこかで引かなければならなくなる。

　筆者はそのような意味で，木原活信の福祉のアイデンティティについての見解，「アイデンティティはどこかに核として存在する（ある）ものではなく，不断に構成されていく（なる）という視点こそが重要になっているのである」（木原 2012：113），を採用したい。

　「福祉」の固有性を確立したい，あるいは「福祉」の固有の「正当性」を確立したいという願望は，福祉研究者や実践者の「アイデンティティ」を確立したいという欲求から出ているものだろう。しかしそれは福祉研究者や実践者の欲求を満足させてはくれるが，「福祉」が対象とする人々に対して，さほど大きな意味をもたらすものではない。それよりむしろ，「福祉」の営みが人間の本来的なあり方にとってより適合的なものになるように，「人間の本来性」への理解をより深めていく方向性で探求を進めていく必要があろう。その探求さえしっかりと成されていけば，ことさらに「福祉」の固有性を確定しなくても，私たちが対象とする人々に適切な支援を届けることができるのではないのだろうか。

②「福祉」の原理を「関係性」を基盤にした人間の本来性のへの理解を元に位置づけるか，「関係のない他者への援助の仕組み」として検討するかの相違

　この相違は，岩崎が自身の『福祉原理』において，「福祉」の基本的前提を「関係のない他者への援助の仕組み」と捉えたことによって生じた相違である。この点に関して，他の論者は「福祉」を「関係のない他者を援助する仕組み」とは捉えていない。むしろ逆に「現象学的人間観」を基盤に，人間の本来性は「関係的存在」であることを基盤に理論を展開している。

　岩崎が，自身の立論の基本的前提として，「関係のない他者を援助する仕組み」として「福祉」を捉えようとしたことについて，まったく理解できないというわけではない。岩崎自身もまず，人間はそもそも「関係のある他者」には自然にケアすることのできる動物であることを（筆者と同様に）指摘している。そして筆者と同様，このような「自然的ケアリング」には限界があることを，岩崎は認識している。

　岩崎と筆者が相違するのは理論展開の方法である。人間は，「自然的ケアリング」の限界を補完するために，「システム」としての「福祉」をつくった。この時，筆者は，「システム」は「自然的ケアリング」の延長線上に，人々が「意味形成」を通してつくられるものと捉えている。これに対して，岩崎は，「関係のある他者」に対する人間の自然的ケアリングと，「関係のない他者を援助する仕組み」としての「福祉システム」をいったん切り離して考える。なぜ，岩崎は，自然的ケアリングと「システム」を切り離して考えたのであろうか。その根拠を岩崎は，現代の日常的な素朴な状況の描写で表現している。

　「では，『関係のない他者』を助けることはあるだろうか。たとえば，災害時などの緊急事態で『関係に基づく援助』だけでは対処出来ない場合などでは，見知らぬ人であってもお互い助け合うことがある。だがこれは例外的な事態であり，日常的には経験することはあまりない。むしろ『関係のない他者』に関わることは，お節介であり，慎むべき行為と感じる人もいるのではないだろうか。（中略）このように考えてみると，私たちが直接『助ける』ことが出来る範囲は，家族や友人などごく狭い人間関係の範囲に限定されていることがわかる
　しかし人類は，こうした『関係にもとづく援助』とは別に，『関係のない他者』を援助する仕組みを作り出してきた。それを本書では『福祉』と呼ぶ。」（岩崎 2018：ⅱ）

　確かにこのような記述に基づけば，人間は「自然的ケアリング」限界を，「関係のない他者」に対する「福祉」として発展させてきたと位置づけられるように思える。しかし「福祉」は「関係のない他者」を支援する仕組みだ，といい切ってしまうのは素朴な違和感がある。それは人間が本来的に「関係的存在」だからであり，「福祉」が存在するのも「関係的存在である」と捉える「他者」に対して，何らかの「ケア」を提供することが当然必要だと，素朴に私たちが感じるからである。
　ではなぜ岩崎は，「福祉」を「関係のない他者を援助する仕組み」としたの

だろうか。

　それは岩崎の立論が「『福祉』の正当化の理論を明らかにしたい」という，研究上の動機に基づいていたからではないだろうか。もし，人間が本来的に「関係的存在」であることを前提にしてしまうと，「関係的存在である他者」を支援することは，人間として当然の営みになり，「福祉」の正当化を問う必要は無くなってしまう。しかし，人類史学的に見ると，実際の事象としては，「福祉」はその時代の状況に応じて様々な形に変化している。「福祉」は人間の当然の営為として行われてきていないように見える。そうであるならば，「福祉」は人間の当然の営為ではなく，その時代において，人々がそれを「正当なものだ」と見なさない限りは行われなかったはずだ，と捉えられる。その「正当化」の仕組みがどのようなものだったかを問うには，「福祉」を「関係のない他者への援助の仕組み」と捉えた方が，研究上都合が良いのである。

　しかし，「福祉の原理」を研究するときに，ことさら「福祉」の正当性を問う必要性を筆者はあまり感じない。なぜなら，「福祉」の正当性という問題を立論した瞬間に，「正当でない」と認識された「福祉」の営みは行うことができなくなる。もちろん，福祉の歴史研究上，その時代においてどのような形で「福祉」が正当化されたかを研究することは重要な研究であろう。しかしその研究は「福祉の原理研究」ではない。「福祉の原理研究」とは，なぜ「福祉」を行わなければならないのか，という原理を探求する研究である。それは「正当性」を問うような種類の研究ではなく，「どうしてもそうでなければならない」という根本を問う研究である。

　このような意味で，「福祉の原理研究」を行う場合には，「正当性」を問うのではなく，文字通り根本原理を問う研究が求められるといえる。筆者をはじめ，中村や山本は，その福祉の根本原理として，現象学的人間理解に基づく，「関係的存在」としての人間の本来性の認識や，レヴィナスの哲学から，「他者に倫理的に関わる必要性」などの認識を導き出した。このような「原理」に基づいて，岩崎のような人類史学的な「福祉」の歴史を研究することは意義があるだろう。「関係的存在」であるはずの人間が，なぜ「一部の人々」を支援の対

象外にしてきたのか等，岩崎の立論はそのような形に改変することができる。

　したがって，福祉のメタ理論としては，原理的に人間を「関係的存在」として捉えることが重要であることが確認される。

③ 研究方法論上の相違　哲学，歴史学，類型論（社会学）等，学際性の重要性

　この3点目の相違については，福祉のメタ理論を探求する方法として，多様なアプローチがあることを端的に示すものであると考えることができる。

　例えば中村や筆者は，哲学的な思考，特に現象学などに依拠して福祉のメタ理論の探求を行った。中村は哲学的な探求以外にも，各分野の社会理論，聖書読解，文学研究なども取り入れて理論を構築している。筆者も動物行動学や進化人類学，スピリチュアリティ，多様な分野の社会理論を適用して理論を構築している。

　岩崎は歴史学的に福祉原理に迫った。歴史学的研究は，時代状況等に応じて，人間の福祉的営みがどのように変化するのかを捉え，現代の福祉の現状に対する相対的見方を与えることで，福祉の原理的理解に貢献する。先述した岩崎の立論上の課題が気にならなければ，フランス革命後の「社会連帯論」の意義と課題，家父長制的な家族形態下での「女性」や「社会的弱者」の抑圧の問題，「第二の近代化」以降の社会福祉の課題など，重要な論点をあぶりだしてくれる。

　山本は，モースの贈与論，シュッツの他者の認識論，ダールの規模論など，これまでの地域福祉研究では取り入れてこなかった，文化人類学，社会学，政治学分野の知見を用いて，類型論的に地域福祉実践を捉えるこれまでにない枠組みを提示した。社会学的な類型論，構造論等は，社会的に人間が行為する際の一般的な傾向を知るのに役だち，「社会的・関係的存在」である人間の本質的理解の一助となる。もちろん「類型論」は，人間個々の「生のリアリティ」をすくいきれない点で欠点はあるが，類型論と個別の事象への着目を往還的に行うことで，人間存在のより本質的な理解に到達することが可能となる。

　以上のように，福祉のメタ理論は，様々な学問分野の知見を多様に取り入れ，それらの知見を総合化することで，より豊かな知見を得ることができると考え

られる。

④ 理論が「開放系」の特質を持っているか，「閉鎖系」の特質を持っているか

　この相違については，山本と筆者の理論の特徴を比較した際に検討した。山本は理論の帰結として「類型論」に行きつくため，その類型に理論が閉じる（まとまる）という意味で「閉鎖系」の理論的特徴を持つ。一方，筆者のケアリングコミュニティ概念の研究は，理論の「まとまり」をそれほど意識していない。「ケアリングによる意味の生成」という中心となる概念を持ってはいるが，「ケアリングによる意味の生成」という概念自体は，人々の「生」の多様性を前提にしており，何か一つのまとまりのある理論を形成するわけではない。もっとも筆者も，一定の閉鎖的な理論枠組みを提示してはいる。「親密圏」―「公共圏」―「システム」という３層構造でケアリングコミュニティの全体像を示したり，稲垣久和の四世界論を下敷きに，「ケアリングコミュニティの分析枠組みの布置図」を示したりした。これらの構造を示すことで，筆者においても一定の「閉鎖的」な枠組みの中に，自身の理論を集約させようとしている。

　しかし，筆者のケアリングコミュニティ概念の特徴は，上記の構造を示すというより，「ケアリングによる意味の生成」という概念を示すことの方により重心があり，そのような「ケアリングによる意味の生成」をより豊かに行うために，どのような社会構造が必要になるかを検討した結果，先ほどのような「閉鎖系」の構造が現れたと考えられる。それゆえ，先ほどの筆者が示した構造は，構造として「固く定着した構造」というよりは，今後の理論の深まりの中で，変化する可能性のある理論枠組みである。そのような意味で筆者のケアリングコミュニティの理論は「開放系」の理論的特徴を持っている。

　他の二人の理論についてはどうだろうか。まず中村は，「福祉」の固有の哲学を確立するという方向性が強いため，やはり「閉鎖系」の理論的特徴を持つと考えられる。中村の理論は，福祉哲学の固有性の内部では，多様な分野の知見を取り入れる柔軟性を持つが，「固有性」にこだわる結果，逆に他の分野に相互影響を与えるような「開放系」の理論的枠組みは乏しい。岩崎の『福祉原

理』も，「福祉」の正当化問題に焦点を絞っており，「閉鎖系」の理論的特徴を
持っていると考えられる。

　山本の理論は，特に「福祉」の固有性にこだわりを持ってはいないため，「福
祉」に新しい理論枠組みを導入するという点では，「開放系」の研究動機で理
論構築が図られたとも言い得る。しかし，結論として出来上がった理論は，強
固な類型論の枠組みを持っており，その意味で「閉鎖系」の結論を持った理論
だということができる。しかし，先述したように，山本は理論の「閉鎖性」を
突破するために，レヴィナスの「絶対的他者概念」を自身の理論に組み入れ，
「生のリアリティ」に配慮した理論構築を一部している。

　「閉鎖系」「開放系」の理論的特質は，どちらがより良く，どちらが悪いとい
う観点で分けられるものではない。それは理論の目指すべき方向性の違いの認
識に役立つ程度であろう。ただ，それぞれ利点，欠点があり，両者の特質を見
極めながら，それらの欠点をどのように補うかを考慮する必要があるだろう。

　たとえば，「閉鎖系」の利点は，理論をある程度のまとまりのある理論とし
て確定することができる点だろう。理論にまとまりがあった方が，研究・実践
上での理論の活用方法が具体的になる。一方，欠点は，理論に柔軟性を欠く，
ということであろう。「固有論」や「類型論」がわかりやすいが，理論に適合
的でない事象を，「閉鎖系の理論」は排除したり，捨象したりする可能性がある。

　「開放系」の利点はその逆で，理論の柔軟性が高く，様々な状況に応じて，
様々な知見や事象を取り入れ，柔軟に理論構築していけるところが特徴である。
反面，欠点は，理論にまとまりがないため，具体的にその理論をどのように活
用したらよいかわからないというような事態になったり，そもそもの理論の妥
当性を疑われる可能性もある。また，柔軟性が高いことは，理論の「恣意的使
用」を許しやすく，誤った理論の使用を許しがちな点である。

　重要なことは，どちらも過度な「閉鎖性」「開放性」に偏ることを避けると
いうことではないかと考える。そのためにはある程度の理論のまとまりと，一
方で理論の柔軟性を考えることが重要であろう。

　もっとも，理論とはどちらかといえば，固く，「閉鎖的」なものである。理

論というからには，それなりの理論の固さ，まとまりが必要なのはいうまでもない。しかし，「福祉」のように，「理論」の適用が，実践の場面においては人々の多様な「生」を排除，捨象することが多い分野においては，より「開放的」な理論枠組みが適していると考えることもできる。福祉のメタ理論を構築していく際には，この「開放系」と「閉鎖系」ということも考慮した理論構築を図ることも重要であろう。

(3)　各論者の福祉のメタ理論における哲学的・思想的価値

本項では，上記の考察を踏まえ，各論者の福祉のメタ理論における哲学的・思想的価値について簡単にまとめる。

①　中村剛の『福祉哲学』

中村剛の『福祉哲学』は，これまで考察してきたように，「福祉」の固有の哲学を探求するという研究動機を持ち，多様な分野の知見を活用しながら，体系的な福祉哲学を構築しているところにその特徴がある。課題としては，「福祉」の固有性にこだわる結果，「福祉ファンダメンタリズム」に陥る危険性や，柔軟性のない理論構築のため，多様な福祉の現実を捨象してしまう可能性がある点である。

一方，その哲学の内容は，様々な知見を融合して非常に精緻に検討されており，筆者が触れられなかった正義論の系譜や，特定の宗教のスピリチュアリティに基づく福祉の原理的理解も試みられており，深い議論が展開されている。また筆者との共通点は，現象学的人間理解を福祉原理として位置づけている点がある。

これらを踏まえると，中村の『福祉哲学』は現時点において，「福祉」固有の哲学として，もっとも精緻な検討を行った論考の一つとして評価できるだろう。一方で，中村の「福祉」の固有の哲学という視点は，「福祉ファンダメンタリズム」という危険を孕んでいることは否めない。中村が学んだ先覚者の福祉思想は，それぞれ価値の高いものであるが，どちらかといえば，宗教的でき

わめて倫理性の高い実践であるものが多い。それらの実践倫理の重要性はいうまでもないが，しかしこれからの「福祉」を考えると「倫理的ケアリング」だけを中心に据えた「福祉」には限界があると思われる。

　筆者は人間の「自然的ケアリング」に着目した「福祉」の思考や実践はもっとあっていいと考える。もっとも「自然的ケアリング」にも限界があるため，筆者は「倫理的ケアリング」や「システム」，コミュニタリアニズムなど，多様な倫理の編み合わせによるケアリングコミュニティのあり方を構想したわけである。

　ただ筆者の場合も，具体的なケアリングコミュニティのあり方について詳細に提示できているわけではない。いずれ中村の福祉哲学との対話も通し，それぞれの理論をより発展させていくことが望まれる。

② 岩崎晋也の『福祉原理』

　岩崎の『福祉原理』については，「関係のない他者に対する援助の仕組み」と捉えたところに筆者との「福祉」の捉え方をめぐる大きな相違がある。

　しかしその立論上の課題を脇に置けば，岩崎の『福祉原理』の考察は人類史学的，歴史学的な福祉原理の探求方法として，価値ある考察が行われている。

　特にフランス革命後登場した「社会連帯論」としての「福祉」の考察は，近代の共和制の民主主義国家において，既存秩序に頼らない形で一から社会のつながりを再構築する必要性の中から，現代につながる「福祉システム」が形作られてきた経緯を詳細に論じており興味深い。人類がヒエラルキー的な権威や身近な人同士の助け合い以外に，「連帯」による関係性の構築をこの時発明したのであれば，岩崎自身も指摘するように「自己責任論を喧伝する新自由主義が強い現代だからこそ再評価すべきもの」（岩崎 2018：263）である。

　ただ筆者の考えではこの「社会連帯論」は，「システムによる生活世界の植民地化」を孕んだ「福祉」の新しい形であったと考えられる。「社会連帯論」はいわば岩崎のいう「関係のない他者への援助」を，まさに人々の具体的な関係性抜きで（理論上は人々は連帯して社会をつくっているのであるが）国家という

装置を使って実現した。ここで人類は自らの本来性に反して,「関係のない他者」を前提にした「福祉」を全面化してしまったとも言い得る。その結果,現代の人々の「孤立化状況」であるなら皮肉なことである。

いずれにしても,岩崎の『福祉原理』は歴史学的な視点で,現代の社会福祉の現実を相対化する,福祉のメタ理論としての意義を有しているといえる。そして,先述したように,「福祉」の原理の捉え方を現象学的に捉え直し,「関係性」を本来性にする人間がどのように「福祉」を営んできたかという,現象学的な歴史学を実践していけば,より豊かな現代への知見を得ることができると考えられる。

③ 山本馨の『地域福祉実践の社会理論』

山本の『地域福祉実践の社会理論』は,地域福祉実践を分析する枠組みとして,これまでの地域福祉理論が用いてこなかった文化人類学,現象学的社会学,政治学の理論枠組みを組み合わせ,「豊饒な」地域福祉実践を分析する新たな分析枠組み(「純粋贈与類型」「循環贈与類型」「双方向贈与類型」)を提示した。特に山本は現代の「孤立化」の問題への対処を行う地域福祉実践のあり方として,「双方向贈与類型」の地域福祉実践を捉える枠組みを構築した点が興味深い。

筆者においても「意味あるケアリング」ができる関係を取り戻すことが重要と考え,人間の本来性としての「ケアリング」の理解のもと,より親密な関係を作ることを目標にした理論構築を行ったが,「親密圏」をどのようなものとして捉え,それをどのように形成していくかという点に関しては,筆者とは異なる角度から,より精緻に検討している。

また,山本の「類型論」は,ダールの規模論を含み,地域福祉実践を展開するべき適正な規模を考察する枠組みを提供している。これは筆者の理論には無い視点であり,多様な社会理論を組み合わせて「類型的」に事象を分析できる「類型論」の利点が発揮された知見であるといえる。

一方で「類型論」は,理論が閉鎖的になりがちであり個別具体の事象を捨象する可能性がある。山本はそのことについても意識しており,中村や筆者も導

入したレヴィナスの「絶対的他者概念」を自分の理論に一部導入した。これにより，山本の理論は「類型論」の閉鎖性を一部突破し，「純粋贈与類型」「循環贈与類型」「双方向贈与類型」がそれぞれの類型ごとに完全に閉じてしまうのではなく，それぞれの類型が重層的に地域の中で構築される構造を作ることの必要性を，最終的には説いている（山本 2018：200-201）。この考えには筆者も同意する。一方，筆者が検討したような重層的に創られる各層間の構造的な連関については山本は示すことができていない。それは，山本の研究課題が，何らかの財やサービスを提供する仕組みに焦点化されていたため，筆者が述べたような「意味生成」としての地域福祉実践のあり方までは考察していないためである。

　以上のように山本の『地域福祉実践の社会理論』は，地域福祉実践をより詳細に分析するための社会理論の類型的枠組みを提示し，今後のあるべき地域福祉実践の方向性をより詳細に示した点で評価できる。一方，上記のような課題については今後一層の理論展開が期待される。

④ 筆者のケアリングコミュニティの理論

　以上の考察を踏まえて，最後に筆者のケアリングコミュニティの理論の意義と課題について考察したい。

　筆者のケアリングコミュニティの理論は，現象学的存在論の人間把握を基礎に，「ケアリング」する人間の本来性を自身の理論の原理として位置づけた。そこから，「ケアリングを通した生きる意味の生成」が，人間の本来的な「福祉」を考える際には重要であり，そのことを基盤にした，ケアリングコミュニティ概念を構築した。

　筆者の理論は，社会福祉や地域福祉が，人間の本来性に基づけばどのような援助をすることを求められているかを明らかにし，また人間の本来性に基づいた時，これまでの福祉の実践が取り組んでこなかったものがあるとすれば，その本来性に適う福祉の新しい可能性を見出すことも目的にしている。このような意味で，筆者のケアリングコミュニティの理論は，「開放系」の理論的特徴

を持っている。

　筆者が明らかにした知見で重要なものは，人間の本来性には「関係性」が基盤にあるため，まず「社会的孤立」という現代社会の状況は，「福祉」が取り組むべき最重要の課題であることを原理的に明らかにしているところである。しかし一方，人々の「ケアリング」は必ずしも良い側面ばかりではなく，限界があり，その限界を補完するためにも，「ケアリング」以外の様々な営為（システムや，科学的合理性，経済的合理性，コミュニタリアニズム等）を編み合わせて「福祉」を構想することが重要であることを示した点である。そして，それらの編み合わせの基本的な優先順位の考え方を示し，「親密圏」―「公共圏」―「システム」と，人々の「意味の生成」に基づいた各領域の構造連関を示し，その構造連関に当てはめたとき，具体的に地域福祉実践はどのように展開すればよいかを示すことができた点である。

　筆者の理論が他の理論に比べて特徴的であるのは，人間の本来性を現象学的存在論により，「ケアリング」として明確に位置づけた点，そのケアリング概念に基づく「開放系」のケアリングコミュニティ概念を検討できた点，多様な他分野の研究知見を参考に，「ケアリング」や「コミュニティ」の可能性と限界について精緻に明らかにすることができた点などが挙げられよう。

　一方，筆者の理論の課題は，「開放系」の理論であるがゆえに理論のまとまりがなく，「ケアリングコミュニティ概念」の恣意的な利用を許す危険性があることである。本論では筆者なりに，この概念の可能性と限界をできるだけ精緻に記述したつもりであるが，今後より精緻な検討が必要になるだろう。その際，本補論で言及した3者の福祉のメタ理論の研究は，筆者の今後の理論構築にとって参考になるものが多い。今後は3者やそれ以外の福祉のメタ理論研究をさらに比較検討し，より豊かな福祉のメタ理論の検討を行っていく必要がある。

（4）　総括的考察

以上，福祉のメタ理論を提示している筆者を含めた4者の理論を比較検討し，

それぞれの理論の特徴を示すとともに，筆者のケアリングコミュニティの理論が福祉のメタ理論上，どのような意義と課題を持っているかを検討してきた。

　第1に，福祉のメタ理論を検討する際の現象学の哲学の重要性である。現象学の哲学により人間が本来「関係的存在」であり，かつまたレヴィナスの哲学等により，「他者に倫理的に関わること」の重要性があることがわかる。これらは「福祉」の最も根源的な「原理」としての位置づけを持つ。

　第2に，多様な分野の知見を総合して，福祉のメタ理論を構築することの重要性である。各論者は，福祉分野に限らず多様な分野の知見を総合化して福祉のメタ理論を構築していることがわかった。その中にはベックの「再帰的近代化」の理論のように，現代の社会福祉の現状を分析する際には欠かせない理論があることもわかった。今後ますます多様な知見から学び，福祉のメタ理論を豊かにしていく必要がある。

　第3に，理論構築に際して，自身の理論の特質や限界を見定めつつ，研究を展開していくことの必要性である。4者の理論の検討を通し，それぞれの理論の特徴や課題を明らかにした。筆者は自分以外の3者の理論について批判的に検討したが，筆者自身の理論についても様々な批判があることはいうまでもないだろう。本書を読んだ他の論者からの反論もあろうし，筆者の理論そのものに対する課題の指摘も当然あるものと予想する。いずれにせよ福祉のメタ理論は，福祉実践や福祉研究の根幹をなす理論であり，その理論の誤りは大きな影響を福祉学・福祉実践全体に及ぼす。したがって，福祉のメタ理論研究はより批判的に，また論者間の対話を通じてより内容が深められるべきであろう。筆者も，ここで取り上げた各論者やその他の読者の応答を待ち，さらにそれらに応答することを通して，自身の理論をより深化させていきたいと考える。

〈注〉
1) ただ筆者は，人間に自然に備わる「情動的」なケアリングのメカニズムについては，「自然的存在としての人間のスピリチュアリティがある」と捉えている。私たちは，本来的には，傷ついている人を目の当たりにすると，「情動的」にその人を「助けてあげたい」という，「理性」に基づくより「早い」ケアへの動機づけを持つ。この人間の情動的メ

カニズムについては，最新の心理学的，脳科学的研究によりかなり明らかにされてきている部分がある。しかし，それが科学的に明らかになってきたからといって，そのような「情動」につき起こされて行動するとき，私たちは，「自分がなぜそのような行動に駆り立てられるのか」という，「理性」による明確な理由づけを持たぬままに，ある意味では「倫理的」な行動をとる。これは人間の脳に備わったメカニズムによって引き起こされているかもしれないが，人間の「意識」に上ったとき，その「感情」は単なる脳内の物質的なメカニズムには還元できない，「創発」されたものとして立ち現れる。このような意味で，人間の「自然的ケアリング」という行為は，脳内の物質的メカニズムには還元することができない。このような還元不可能性により，人間の「自然的ケアリング」は―完全にそのメカニズムを知り得ないという性格を帯びることによって―スピリチュアルなものとして認識される。

━━━━━━━━━━━●引用・参考文献●━━━━━━━━━━━

秋山薊二（2005）「Evidence-Based ソーシャルワークの理念と方法―証拠に基づくソーシャルワーク（EBS）によるパラダイム転換―」『ソーシャルワーク研究』31(2)，124-132。

秋山薊二（2011）「エビデンスに基づく実践（EBP）からエビデンス情報に基づく実践（EIP）へ――ソーシャルワーク（社会福祉実践）と教育実践に通底する視点から」『国立教育研究所紀要』第140集，29-44。

安藤泰至（2006）「越境するスピリチュアリティ：諸領域におけるその理解の開けへ向けて」『宗教研究』80(2)，293-312。

アリストテレス田中美知太郎・北嶋美雪・尼ヶ崎徳一・松居正俊・津村寛二訳（2009）『政治学』中央公論新社。

浅井篤（2005）「EBM を倫理の視点から検討する」『EBM ジャーナル』7(1)，234-237。

Beck, U. (1986) *Risikogesellschaft - Auf dem Weg in ande Moderne*, Suhrkamp Verlag. (＝1998　東廉・伊藤美登里訳『危険社会――新しい近代への道』法政大学出版局。)

Benner, P. and Wrubel, J. (1989) *The Primacy of Caring: Stress and Coping in Health and Illness*, Prentice Hall. (＝1999　難波卓志訳『ベナー／ルーベル　現象学的人間論と看護』医学書院。)

Boehm, C. (2012) *Moral Origins: The Evolution of Virtue, Altruism, and Sham*, Basic Books. (＝2014　斉藤隆央訳『モラルの起源――道徳，良心，利他行動はどのように進化したか』白揚社。)

Bohm, D. (2004) *On Dialogue*, Routledge. (＝2007　金井真弓訳『ダイアローグ：対立から共生へ，議論から対話へ』英治出版。)

Boman, T. (1954) *Das hebräische Denken im Vergleich mit dem Griechischer, 2 Aufl.* Vandenhoeck & Ruprecht. (＝2003　植田重雄訳『ヘブライ人とギリシャ人の思惟（オンデマンド版）新教出版社。)

Caudill, H. and Weinstein, H. (1969) "Mental care and infant behavior in Japan and America," *Phicatry* 32：12.

Condorcet, M. (1791) *Nature et Objet de l'instruction publique.* (＝1962　松島鈞訳『公教育の原理』明治図書出版。)

Cornell, D. (1999) *Byond Accommodation Ethical Feminism,Decontruction, and the Low*, Rowman & Littlefield Publishers, Inc. (＝2003　仲正昌樹監訳『脱構築と法』御茶の水書房。)

Dahl, Robert (1971) *Polyarchy: participation and opposition*, Yale University Press. (＝1981　高畠通敏・前田脩訳『ポリアーキー』三一書房：2014。岩波文庫。)

Dahl, Robert and Tufte, E. (1973) *Size and Democracy*, Stanford University Press. (＝1979　内山秀夫訳『規模とデモクラシー』慶応義塾大学出版会。)

Daly, M. (2001) *Care Work: The Quest for Security*, Geneva: International Labour office.

Derrida, J. (1997) *De l'hospitalité, Calmann-Lévy.* (＝1999　廣瀬浩司訳『歓待について―パリのゼミナールの記録』産業図書。)

De Waal, F. (1996) *Good Natured: The Origins of Right and Wrong in Humans and Other Animals*, Harvard University Press. (＝2000　西田利貞・藤井留美訳『利己的なサル，他人を思いやるサル―モラルはなぜ生まれたのか』草思社。)

De Waal, F.（2009）*The Age of Empathy: Nature's Lessons for a Kinder Society*, Crown.
（＝2010　柴田裕之訳『共感の時代へ——動物行動学が教えてくれること』紀伊國屋書店。）

De Waal, F.（2013）*The Bonobo and the Atheist: In Search of Humanism Among the Primates*, W W Norton & Co Inc.（＝2014　柴田裕之訳『道徳性の起源：ボノボが教えてくれること』紀伊國屋書店。）

土橋善蔵・鎌田實・大橋謙策編（2002）『福祉21ビーナスプランの挑戦——パートナーシップのまちづくりと茅野市地域福祉計画』中央法規。

Engster, D.（2007）*The Heart of Justice: Care Ethics and Political Theory*, Oxford University Press.

Finlayson, J. G.（2005）*HABERMAS: A Very Short Introduction*, Oxford Univerity Press.
（＝2007　村岡晋一訳『ハーバーマス』岩波書店。）

藤村正之（1999）『福祉国家の再編成——「分権化」と「民営化」をめぐる日本的動態』東京大学出版会。

藤田英典（2004）「誰がどのようにケアするのか？：変動社会における少年犯罪・教育・社会福祉（視聴覚教育法）」国際基督教大学学報. IA,『教育研究』。

Gilligan, C.（1982）*In a Different Voice: Psychological Theory and Women's Development*, Harvard University Press.（＝1986　岩男寿美子訳『もうひとつの声〜男女の道徳観のちがいと女性のアイデンティティ〜』川島書店。）

Glare, P. G. W.（1996）, Oxford Latin dictionary, At the Clarendon Press, Online Etymology Dictionary（2017）, https://www.etymonline.com/（2018.3.2取得）

権田保之助（1931）『民衆娯楽論』巌松堂書店。

Habermas, J.（1981）*THEORIE DES KOMMUNIKATIVEN HANDELNS*, Suhrkamp Verlag.（＝1985　川上倫逸・平井俊彦訳『コミュニケイション的行為の理論』上・中（1986）・下（1987）, 未来社。）

Habermas, J.（1991）*MORALBEWUSSTESIEN UND KOMMUNIKATIVES HANDELN*, Suhrkamp Verlag.（＝1991　三島憲一・中野敏男・木前利秋訳『道徳意識とコミュニケーション行為』岩波書店。）

Habermas, J.（1992）Faktizität und Geltung: Beiträge zur Diskurstheorie des Rechts und des demokratischen Rechtsstaats.（＝2002　川上倫逸訳『事実性と妥当性——法と民主的法治国家の討議倫理にかんする研究』上・下（2003）, 未来社。）

Habermas, J.（1996）Die Einbeziehung des Anderen. Studien zur politischen Theorie.（＝2004　高野昌行訳『他者の受容——多文化社会の政治理論に関する研究』法政大学出版局。）

Haidt, J.（2012）*The Righteous Mind: Why Good People Are Divided by Politics and Religion*, Vintage.（＝2014　『社会はなぜ左と右にわかれるのか——対立を超えるための道徳心理学』紀伊國屋書店。）

原田正樹（2000）「地域福祉のシステム構築と主体形成の視点」大橋謙策・千葉和夫・手島陸久・辻浩編著『コミュニティソーシャルワークと自己実現サービス』万葉舎。

原田正樹（2006）「福祉教育が当事者性を視座にする意味——いのち・私・社会を問うための福祉教育であるために——」『日本福祉教育・ボランティア学習学会年報』11, 万葉舎。

原田正樹（2009）「茅野市における地域福祉計画と保健福祉の特徴——地域福祉研究の観点から」冷水豊編著『「地域生活の質」に基づく高齢者ケアの推進』有斐閣。

原田正樹（2014）「『ケアリングコミュニティ』の構築に向けた地域福祉」大橋謙策編著『講座ケア新たな人間―社会像に向けて　第2巻　ケアとコミュニティ―福祉・地域・まちづくり―』ミネルヴァ書房。

原田正樹（2015）「福祉教育」中島修・菱沼幹男共編『コミュニティソーシャルワークの理論と実践』中央法規，193-203。

原田正樹（2017）「ケアリングコミュニティの構築を目指して」『月刊自治研』59。

Harari, Y. N. (2011) *SAPIENS: A Brief History of Humankind*, Haper. (＝2016　柴田裕之訳『サピエンス全史　上下合本版　文明の構造と人類の幸福 Kindle 版』河出書房新社。)

林貴啓（2011）『問いとしてのスピリチュアリティ：「宗教なき時代」に生死を語る』京都大学学術出版会。

Heidegger, M. (1927) *Sein Und Ziet*, Max Neimeyer Verlag. (＝2017　中山元訳『存在と時間 3』光文社古典新訳文庫。)

Held, V. (2006) *The Ethics of Care*, Oxford University Press.

Hick, J. (1989) *An Interpretation of Religion : Human Responses to the Transcendent*, Yale University Press.

広井良典（1997）『ケアを問い直す―深層の時間と高齢化社会』筑摩書房。

広井良典（2000）『ケア学―越境するケアへ』医学書院。

広井良典（2001）『定常型社会―新しい「豊かさ」の構想―』岩波書店。

広井良典（2009）『コミュニティを問い直す―つながり・都市・日本社会の未来』筑摩書房。

広井良典（2013）「いま『ケア』を考えることの意味」広井良典編著『講座ケア新たな人間―社会像に向けて　第1巻　ケアとは何だろうか』ミネルヴァ書房。

広井良典（2017）『福祉の哲学とは何か――ポスト成長時代の幸福・価値・社会構想』ミネルヴァ書房。

Hollander, Marcus J. and Michael J. Prince (2008) "Organizing Healthcare Delivery Systems for Persons with Ongoing Care Needs and Their Families: A Best Practices Framework," *Healthcare Quarterly*, 11(1) 44-54.；https://www.longwoods.com/content/19497　（2018.8.3 取得）

星野信也（2011）「社会福祉学の失われた半世紀―国際標準化を求めて」岩田正美・岩崎晋也『リーディングス日本の社会福祉　1　社会福祉とは何か』日本図書センター。

稲垣久和（2004）『宗教と公共哲学　―生活世界のスピリチュアリティ―』東京大学出版会。

稲垣久和（2013）『実践の公共哲学　―福祉・科学・宗教―』春秋社。

稲垣久和（2017）「福祉と『宗教の公共的役割』」広井良典編著『福祉の哲学とは何か　―ポスト成長時代の幸福・価値・社会構想』ミネルヴァ書房。

稲沢公一（2002）「セルフヘルプ・グループの原理―相互支援原理を中心に―」『保健の科学』44，489-492。

一般社団法人日本脳損傷者ケアリング・コミュニティ学会ホームページ　http://caring-jp.com/wp/　（2018.10.17 取得）

石川道夫（1998）「キーワードとしてのケアリング」『ケアリングのかたち～こころ・からだ・いのち』中央法規。

岩崎晋也（2018）『福祉原理―社会はなぜ他者を援助する仕組みを作ってきたのか―』有斐閣。

岩田文昭（2004）「〈死法〉の現在と未来」:『岩波講座　宗教 10　宗教のゆくえ』岩波書店。

城ヶ端初子編著（2007）『やさしい看護理論②　ケアとケアリング看護観をはぐくむはじめ

の一歩』メディカ出版。

加藤悦雄（2009）「児童福祉分野におけるケアリングコミュニティの構築とその射程」『作新学院大学女子短期大学部紀要』32。

勝山吉章（2004）「地域と教育に関する考察：地域と地域の教育力の再生をめざして」『福岡大学研究部論集　A，人文科学編』4(3)。

川村隆彦（2011）『ソーシャルワークの力量を高める理論・アプローチ』中央法規。

木原活信（2012）「春季大会シンポジウム　いま社会福祉原論に求められていること」『社会福祉学』52-4。

小林正弥・菊池理夫編著（2012）『コミュニタリアニズムのフロンティア』勁草書房。

小林正弥・菊池理夫編著（2013a）『コミュニタリアニズムの世界』勁草書房。

小林正弥（2013b）「ケアと正義の公共哲学」広井良典編著（2013）『講座ケア新たな人間─社会像に向けて　第1巻　ケアとは何だろうか』ミネルヴァ書房。

小林正弥（2017）「『福祉のポジティブ公共哲学』のビジョン─『福祉の哲学』の公共的展開；政治哲学と福祉）」広井良典編著『福祉の哲学とは何か』ミネルヴァ書房。

Kohlberg, L.（1980）"Stage of moral development as a basic for moral education" in *Molal Development, Moral Education*, Munsey, B（ed）Birmingham Alabama; Religious education press.（=1987　岩佐信道訳『道徳性の発達と道徳教育──コールバーグ理論の展開と実践』広池学園出版部。）

近藤克則（2005）『健康格差社会─何が心と健康を蝕むのか』医学書院。

Kotre, Jone（1984）*Outliving the self: How we Live on in Future Generations*, W. W. Norton & Company, Inc.

公益社団法人日本 WHO 協会（2010）「健康の定義について」

　https://www.japan-who.or.jp/commodity/kenko.html　（2018.8.30 取得）

厚生労働省「我が事・丸ごと」地域共生社会実現本部（2016）地域共生社会の実現に向けて（当面の改革工程）

　https://www.mhlw.go.jp/stf/seisakunitsuite/bunya/0000184346.html　（2018.10.15 取得）

Leininger, M.（1991）*Culture Care Diversity & Universality: A Theory of Nursing*, National League for Nursing, Inc.（=1995　稲岡文昭監訳『レイニンガー　看護論──文化ケアの多様性と普遍性』医学書院。）

Levinas, E.（1961）*Totalité et Infini*, Springer.（=1989　合田正人訳『全体性と無限　外部性についての試論』国文社。）

Mackinnon, C.（1987）*Feminism Unmodified: Discourses on life and Low*, Cambrige: Harvard University Press.（=1993　奥田暁子・加藤春恵子・鈴木みどり・山崎美佳子訳『フェミニズムと表現の自由』明石書店。）

真鍋顕久・古谷健・三谷嘉明（2010）「スピリチュアリティと QOL の関係に関する理論的検討」『名古屋女子大学紀要』56（人・文），41-52。

Marlaine, C.（1999）"Caring and Science of Unitary Human Beings," *Advance in Nursing Science*. 21(4).

Marx, W.（1986）*Ethos und Lebenswelt*, Humburg: Felix Meiner.

増田公香（2009）「ソーシャルワークにおけるエビデンス・ベース・プラクティス（EBP）の出現〜近年のソーシャルワークにおける新たな動向〜」『聖学院大学論叢』21(3)，273-283。

松葉ひろ美（2017）「『生命』と日本の福祉思想」広井良典編著『福祉の哲学とは何か──

ポスト成長時代の幸福・価値・社会構想』ミネルヴァ書房。

松岡廣路（2006）「福祉教育・ボランティア学習の新機軸——当事者性・エンパワーメント——」『日本福祉教育・ボランティア学習学会年報』11，万葉舎。

Mauss, Marcel（1950）*Sociologie et Anthrpologie*, Paris: Presses universitaires de France.（＝2009　吉田禎吾・江川純一訳『贈与論』ちくま学芸文庫。）

Mayeroff, M.（1971）*On caring*, Harper & Row.（＝1987　田村真・向野宣之訳『ケアの本質——生きることの意味』ゆみる出版。）

Merleau-Ponty, M.（1960）*SIGNES*, Gallimard（＝1970　竹内芳郎監訳『シーニュ』みすず書房。）

Merleau-Ponty, M.（1945）*Phenomenologie de la Perception*, Gallimard.（＝1967　竹内芳郎・小木貞孝共訳『知覚の現象学 1』みすず書房，＝1974　竹内芳郎・木田元・宮本忠雄共訳『知覚の現象学 2』みすず書房。）

宮本太郎（2014）「地域をいかに支えるのか」：宮本太郎編著『地域包括ケアと生活保障の再編——新しい「支え合い」システムを創る』明石書店。

森明人（2018）「市町村社会福祉行政のアドミニストレーション～三浦理論・大橋理論から新たな展開へ』中央法規。

森有正（1977）『経験と思想』岩波書店。

森村修（2000）『ケアの倫理』大修館書店。

村井尚子（2013）「気がかりとしてのケア：教育とケアは分離可能か」『大阪樟蔭女子大学研究紀要』3，191-202。

中村剛（2014）『福祉哲学の継承と再生—社会福祉の経験をいま問い直す—』ミネルヴァ書房。

中村剛（2015）『福祉哲学に基づく社会福祉学の構想—社会福祉学原論—』みらい。

中岡成文（2018）『増補ハーバーマス——コミュニケーション的行為——』ちくま学芸文庫。

西平直（2003）「スピリチュアリティ再考—ルビとしての『スピリチュアリティ』」『トランスパーソナル心理学／精神医学』4，8-16。

西村ユミ（2001）『語りかける身体：看護ケアの現象学』ゆみる出版。

Noddings, N.（1984）*Caring: A Feminine Approach to Ethics and Moral Education*, Univ of California Pr.（＝1997　立山善康・清水重樹・新茂之・林泰成・宮崎宏志訳『ケアリング～倫理と道徳の教育　女性の観点から』晃陽書房。）

Noddings, N.（2010）*The Mataernal Factor*, University of California Press.

大橋謙策編著（2014）『講座ケア新たな人間—社会像に向けて　第 2 巻　ケアとコミュニティ　—福祉・地域・まちづくり—』ミネルヴァ書房。

大橋謙策（2015）「新しい社会福祉としての地域福祉とコミュニティソーシャルワーク」中島修・菱沼幹男編『コミュニティソーシャルワークの理論と実践』中央法規。

大橋謙策（2016）「地域包括ケアとコミュニティソーシャルワーク機能」日本地域福祉研究所『コミュニティソーシャルワーク』17，中央法規。

岡村重夫（1974）『地域福祉論』光生館。

岡村重夫（1983）『社会福祉原論』全国社会福祉協議会。

ONLINE ETYMOLOGY DICTIONARY（2017）https://www.etymoline.com（2018.11.20 取得）

小野達也（2014）『対話的行為を基礎とした地域福祉の実践——「主体—主体」関係をきずく——』ミネルヴァ書房。

Piketty, T. (2013) *Le Capital au XXIe siècle*, Le Seuil. (＝2014　山形浩生・守岡桜・森本正史訳『21世紀の資本』みすず書房。)

Popper, K. and Eccles, J. C. (1977) *The Self and Its Brain: An Argument for Interactionism* Springer. (＝1986　西脇与作訳『自我と脳（上）』思索社。)

Reddy, V. (2008) *How infants Know minds*, Harvard University Press. (＝2015　佐伯胖訳『驚くべき乳幼児の心の世界』ミネルヴァ書房。)

佐伯胖 (2017)『「子どもがケアする世界」をケアする—保育における二人称的アプローチ入門—』ミネルヴァ書房。

齋藤純一 (2000)『公共性』岩波書店。

齋藤純一 (2017)「ハーバーマスの公共哲学」山岡龍一・齋藤純一編『公共哲学』一般財団法人放送大学教育振興会。

Sandel, M. T. (1998) *Liberalism and the Limits of Justice second edition*, Cambridge University Press. (＝2009　菊池理夫訳『リベラリズムと正義の限界—原著第二版』勁草書房。)

Sandel, M. J. (2012) *What Money Can't Buy: The Moral Limits of Markets*, Farrar Straus & Girou. (＝2012　鬼澤忍訳『それをお金で買いますか——市場主義の限界』早川書房。)

佐藤陽 (2016)「高齢者が相互に支え合う意義—要援護高齢者の力を活かす場づくり—」『十文字学園女子大学紀要』46。

佐藤学 (1995)『学び　その死と再生』太郎次郎社。

佐藤豊道 (2007)「アメリカにおけるソーシャルワークの理論と実践—エビデンスベースドの着想と日本への取り込み—」『社会福祉研究』100，52-58。

佐藤豊道 (2008)「エビデンス・ベースド・ソーシャルワーク—成立の過程と意義—」『ソーシャルワーク研究』34(1)，4-23。

Schütz, Alfred (1932) *Der sinnhafte Aufbau der sozialen Welt: eine Einleitung in der verstehende Soziologie*. (＝1982　佐藤嘉一訳『社会的世界の意味構成—ヴェーバー社会学の現象学的分析』木鐸社。)

島薗進 (2007)『スピリチュアリティの興隆：新霊性文化とその周辺』岩波書店。

冷水豊編著 (2009)『「地域生活の質」に基づく高齢者ケアの推進』有斐閣。

品川哲彦 (2007)『正義と境を接するもの：責任という原理とケアの倫理』ナカニシヤ出版。

Smith, M. C. (1999) "Caring and the science of unitary human beings," *ANS Adv Nurs Sci*. Jun; 21(4) : 14-28.

Solnit, R. (2009) *A Paradise Built in Hell: The Extraordinary Communities That Arise in Disaster*, Viking Adult. (＝2010　高月園子訳『災害ユートピア——なぜそのとき特別な共同体が立ち上がるのか』亜紀書房。)

社団法人日本看護協会 (2007)『看護にかかわる主要な用語の解説—概念的定義・歴史的変遷・社会的文脈—』日本看護協会。

社会福祉士養成講座編集委員会編 (2014)『新社会福祉士養成講座4巻　現代社会と福祉第4版』中央法規。

高橋信幸・浜崎裕子・花城暢一・森雄一 (2006)「離島・過疎地域におけるケアリング・コミュニティ形成に関する研究（その1）—長崎県西海市崎戸地区におけるインフォーマルサポートの活性化に向けて」『長崎国際大学論叢』第6巻。

武川正吾 (2006)『地域福祉の主流化——福祉国家と市民社会〈3〉』法律文化社。

武川正吾 (2012)『政策志向の社会学——福祉国家と市民社会』有斐閣。

竹内啓二 (2012)「スピリチュアル・ケアとスピリチュアリティに関する近年の研究動向
　モラロジー研究の新たな展開への示唆を求めて」『麗澤学際ジャーナル』20(1)，55-68。
田中秀央編 (1993)『羅和辞典』研究社。
地域包括ケア研究会 (2010)『地域包括ケア研究会報告書〜今後の検討のための論点整理
　〜』https://www.mhlw.go.jp/houdou/2009/05/h0522-1.html　(2018.10.15 取得)
辻邦生 (1977)「解題」森有正『経験と思想』岩波書店。
筒井孝子 (2014)『地域包括ケアシステム構築のためのマネジメント戦略—integrated care
　の理論とその応用』中央法規。
上野千鶴子 (2011)「ケアとは何か」『ケアの社会学〜当事者主権の福祉社会へ〜』太田出版。
Vamvakas E. C. (2004) "Evidence-Based Practice of Transfusion medicine: is it possible
　and what do the word mean?" *Transfus Med Rev*, 18 267-278.
Watson, J. (1985) *Nursing: Human Science and Human Care; A Theory of Nursing*.
　Appleton-Century-Crofts.（=1992　稲岡文昭・稲岡光子訳『ワトソン看護論：人間科学
　とヒューマンケア』医学書院。)
Watson, J. (2012) *HUMAN CARING SCIENCE: A THEORY OF NURSING*, second edi-
　tion JONES & BARTLETT LERNING, LCC.（=2014　稲岡文昭・稲岡光子・戸村道子
　訳『ワトソン看護論——ヒューマンケアリングの科学　第 2 版』医学書院。)
Weber, M. (1922) *Soziologische Grundbegriffe*; Wirtschaft und Gesellschaft J. C. B. Mohr.
　（=1972　清水幾太郎訳『社会学の根本概念』岩波文庫。)
山口光治 (2014)「ソーシャルワークにおけるエビデンス・ベースド・プラクティス—高齢
　者虐待の事例検証を通して—」『国際経営・文化研究』18(2)，111-123。
山本馨 (2018)『地域福祉実践の社会理論—贈与論・認識論・規模論の統合的理解—』新曜
　社。
吉田久一・岡田英己子 (2000)『社会福祉思想史入門』勁草書房。

・事項索引・

［著者プロフィール］

大石　剛史（おおいし　たけし）

1975 年　静岡県生まれ
　東北福祉大学総合福祉学研究科（社会福祉学専攻）修了。博士（社会福祉学）
　国際医療福祉大学医療福祉学部助手，同講師，同准教授を経て，
現　　職　東北福祉大学総合福祉学部准教授
専　　門　地域福祉論，福祉教育論，ケアとコミュニティに関する哲学的研究
主要著書　『地域福祉論』（共著　学文社　2005）
　　　　　『地域福祉論―理論と方法―』（共著　第一法規出版　2009）
　　　　　『よくわかる高齢者福祉』（共著　ミネルヴァ書房　2010）
　　　　　　　　　　　　　　　　　　　　　　　　　　　　　　　ほか他数

ケアリングコミュニティの理論
　―社会福祉の新しい地平を拓く地域福祉のメタ理論

2024 年 9 月 30 日　第 1 版第 1 刷発行

　　　　　　　　　　　　　　　　　　　　　編著者　大石　剛史

発行者　田中　千津子　　〒153-0064　東京都目黒区下目黒 3-6-1
　　　　　　　　　　　　電話　03（3715）1501 代
　　　　　　　　　　　　FAX　03（3715）2012
発行所　株式 学文社　　https://www.gakubunsha.com
　　　　会社

© Takeshi OISHI 2024　　Printed in Japan　　印刷所　新灯印刷

ISBN978-4-7620-3379-7